카이스트
미래전략
**2026**

이 책의 내용은 2025년 9월 초까지 확인된 정보를 바탕으로 작성했습니다.

# 카이스트 미래전략 2026

1판 1쇄 인쇄 2025. 9. 23.
1판 1쇄 발행 2025. 9. 30.

지은이 KAIST 문술미래전략대학원 미래전략연구센터

발행인 박강휘
편집 임여진 | 디자인 조명이 | 마케팅 정성준 | 홍보 이한솔·강원모
발행처 김영사
등록 1979년 5월 17일(제406-2003-036호)
주소 경기도 파주시 문발로 197(문발동) 우편번호 10881
전화 마케팅부 031)955-3100, 편집부 031)955-3200 | 팩스 031)955-3111

값은 뒤표지에 있습니다.
ISBN 979-11-7332-320-1 03320

홈페이지 www.gimmyoung.com          블로그 blog.naver.com/gybook
인스타그램 instagram.com/gimmyoung     이메일 bestbook@gimmyoung.com

좋은 독자가 좋은 책을 만듭니다.
김영사는 독자 여러분의 의견에 항상 귀 기울이고 있습니다.

AI 권력 어떻게 활용하고 통제할 것인가?

# 카이스트 미래전략 2026

KAIST 문술미래전략대학원 미래전략연구센터

김영사

# 1 AI 권력, 세상의 규칙을 다시 쓰다

## 1 _ 진화하는 AI 기술이 세상을 바꾸다

## 2 _ 누가 어떻게 새로운 권력을 차지할 것인가?

# 2 변화에 대처하는 STEPPER 전략

# AI 권력의 부상,
# 대한민국은 어디에 설 것인가?

20세기 국제질서는 군사력과 산업 역량을 중심으로 재편됐습니다. 제2차 세계대전 이후 냉전 체제는 핵무기와 군사동맹을 둘러싼 힘의 균형 위에 형성되었으며, 21세기 초반에는 반도체, 배터리, 통신망을 둘러싼 기술 패권 경쟁이 국제관계의 핵심으로 떠올랐습니다. 한편, 지금 우리 앞에 펼쳐지고 있는 AI 혁명은 기존의 힘의 논리를 뛰어넘어 완전히 새로운 권력 패러다임을 제시하고 있습니다.

이제 AI는 단순한 기술 도구가 아닙니다. 데이터, 연산 능력, 알고리즘이라는 3가지 축을 기반으로, AI는 국가의 안보와 경제는 물론이고 사회와 문화의 자율성을 결정짓는 핵심 인프라로 자리매김하고 있습니다. 특히 '소버린 AIsovereign AI' 개념은 각국이 독자적 AI 역량을 확보하지 못할 경우, 미래 국제질서하에서 주권을 지켜내기도 힘들다는 강력한 경고를 담고 있습니다. 소버린 AI는 전통적인 영토나 자원, 기술적 독립 차원을 넘어, 국가의 자율성과 미래 경쟁력을 보장하는 '디지털 주권digital sovereignty'의 문제라 할 수 있습니다.

역사를 돌아보면, 강대국의 흥망성쇠는 언제나 새로운 기술의 등장과 맞물려왔습니다. 해양 패권 시대에는 항해술과 함선이, 산업혁명기에는 증기기관과 철도가, 정보화 시대에는 반도체와 인터넷이 권력의 원천이었습니다. 오늘날에는 AI가 21세기의 핵심 자원이자 새로운 권력의 척도로 부상하고 있습니다. AI 권력의 부상은 기술, 경제, 사회를 초월해 국가의 운명을 좌우하는 새로운 기준을 제시하며, 디지털 주권 없이는 어떠한 국가도 독립성을 유지할 수 없음을 보여줍니다. 세계 각국이 AI 연구개발에 총력을 기울이는 이유도 여기에 있습니다. AI를 단지 잘 활용하는 수준에 머물 것인지, 아니면 AI를 주체적으로 설계하고 운용하는 데까지 나아갈 것인지는 미래 권력 지형을 결정하는 분수령이 될 것입니다.

우리나라는 세계 최고 수준의 반도체 기술과 ICT 인프라를 보유하고 있음에도 글로벌 빅테크와 미·중이 주도하는 AI 생태계에서 주권을 확보할 수 있을지 불확실한 상황입니다. 데이터 확보, AI 인재 양성, 독자적 알고리즘 개발, 그리고 윤리적·법적 프레임워크 구축 등에 선제적으로 대응하지 않는다면, 우리는 전환기의 이 소중한 기회를 놓치고 AI 종속의 위험에 직면할 수 있습니다. AI 주권은 기술 자립과 문화적 정체성을 지키는 초석입니다. 따라서 정부, 산업, 학계, 시민사회의 연대와 협력을 통해 국가 전략을 세우는 것이 절실합니다.

AI의 파급력은 정치, 경제, 사회 전반에 걸쳐 가히 압도적입니다. 노동시장의 변화, 초지능 AI가 제기하는 윤리적 도전, AI 정치인의 가능성, 딥페이크로 인한 정보 왜곡 문제는 국가와 사회의 근간을 뒤흔들 만큼의 잠재력을 가지고 있습니다. 동시에 AI는 기후 위기 대응, 의료 혁신, 교육 발전 등 인류 공동의 난제를 해결할 수 있는 강력한 도구이기도 합니다. 이러한 양면성 속에서 AI는 기술 이상의, 사회의 권력 구조와 문화를 재편하는 제도적·문화적 장치로 주목받고 있습니다.

이러한 시점에서 출간되는 《카이스트 미래전략 2026》은 매우 시의적절하고 의미 있는 성과입니다. 이 연구서는 AI가 재편하는 권력 지형을 다각도로 조망하며, 국가 전략과 사회적 대응 방안을 구체적으로 모색하고 있습니다. 특히 AI 권력의 부상과 소버린 AI를 중심으로 기술, 정치, 경제, 사회, 환경, 인구, 자원 등 다양한 차원에서 균형 잡힌 통찰을 제공한다는 점에서 큰 가치를 지닙니다. 이 연구는 학술적 담론에 그치지 않고 정책 결정자와 현장 전문가들에게 실질적인 지침이 될 수 있는 실용적 지혜를 담고 있습니다.

지난 반세기 동안 우리나라는 강대국의 틈바구니에서도 생존을 모색하면서 번영해왔습니다. 그러나 AI 혁명이라는 미증유의 전환기를 맞아 다시 한번 지혜를 모아야 할 때입니다. AI 주권을 확보하는 것은 국가의 미래를 열어가는 일이며, 이를 위해서는 정부, 기업, 학계, 시민사회가 힘과 지혜를 모아 기술력 확보, 사회적 합의, 국제 협력 모색 등의 과제를 동시에 풀어나가야 합니다.

이 연구서가 AI 시대를 살아가는 우리 사회에 깊은 통찰과 실천적 지혜를 제공하고, 한국이 글로벌 AI 생태계에서 당당한 주역으로 자리 잡는 데 기여할 수 있기를 바랍니다. 독자 여러분께서도 이 책을 통해 다가오는 미래를 준비하는 혜안을 얻으시길 기대합니다.

끝으로, 이 연구서의 기획과 진행에 애써주신 서용석 교수님과 최윤정 교수님, 집필에 참여해주신 전문가 분들, 그리고 연구 여정에 함께해주신 모든 분께 깊은 감사의 마음을 전합니다.

이광형
KAIST 총장

# AI 주권을 향한
# 도전과 전략

《카이스트 미래전략》시리즈는 지난 10여 년간 한국 사회와 국가가 직면한 커다란 도전과 변화를 분석하며, 이를 어떻게 기회로 전환할 수 있을지에 대한 전략적 방향을 제시해왔다. 매년 보고서가 다룬 주제는 달랐지만 일관된 문제의식은 하나였다. 바로 '대한민국은 급변하는 세계 질서 속에서 어떻게 살아남고, 또 미래를 선도할 수 있을 것인가'라는 물음이다.

2026년판을 준비하는 과정에서 연구진은 다시 한번 같은 질문 앞에 섰다. 그리고 오늘날 그 답은 분명했다. 그것은 바로 인공지능, AI다.

20세기 국제질서는 군사력과 산업 역량에 의해 재편됐다. 제2차 세계대전 이후 형성된 냉전 질서는 핵무기와 군사동맹을 기반으로 한 힘의 균형 위에서 유지됐다. 미국과 소련은 군사력과 이데올로기를 무기로 대립했으며, 전 세계의 정치·경제적 구도는 이 경쟁의 틀 속에서 재편됐다. 이후 정보화 사회가 도래하면서 새로운 게임의 법칙이 생겨났다. 반도체, 배터리, AI와 같은 전략 기술을 둘러싼 경쟁이 국제 경제와 안보를 규정했다. 우리는 이를 '기정학技政學, techno-politics'이라 불렀다.

특히, AI는 단순한 기술적 진보를 넘어 권력의 구조와 국제질서를 재편하는 핵심축으로 부상했다. 과거 권력의 원천이 영토, 자원, 인구였다면 이제는 데이터와 알고리즘, 연산 능력이 국가의 안보와 경제, 사회와 문화의 자율성까지 좌우하고 있다. AI 혁명은 더 이상 미래의 가능성이 아니라 지금 일어나고 있는 현실이다.

이번 보고서가 주목하는 핵심 개념은 '소버린 AI'이다. AI 주권은 단순히 새로운 기술을 얼마나 빠르게 받아들이는가의 문제가 아니다. 각국이 자국 내에서 데이터와 연산 자원을 확보하고, 독자적인 알고리즘과 모델을 개발하며, 이를 제도적·법적 틀 속에 안정적으로 운용할 수 있는지를 뜻한다. 주권이란 더 이상 국경과 군사력에만 국한되지 않는다. 21세기의 주권은 디지털 차원에서 다시 정의되고 있으며, AI는 그 중심에 있다.

글로벌 빅테크 기업과 초강대국이 주도하는 AI 생태계 속에서 개별 국가가 독자적인 역량을 확보하지 못한다면, 자율성과 주권은 약화되고 종속될 수밖에 없다. 이는 단순한 기술 확보 문제가 아니라 국가 존립과 직결된 과제이며, 21세기적 의미에서의 디지털 주권의 문제다.

실제로 유럽연합EU은 이미 'AI법AI Act'을 제정하며 자율성과 규범을 동시에 확보하려 하고 있다. 미국은 초거대 AI 기업들을 통해 글로벌 지배력을 강화하는 동시에 연방 차원에서 AI 안전 규제와 국가안보 전략을 마련하고 있다. 중국은 방대한 데이터와 국가 주도의 투자로 독자 생태계를 구축하며, AI를 미래 패권 경쟁의 도구로 삼고 있다. 이러한 흐름 속에서 대한민국이 어떤 전략적 선택을 하느냐는 국가의 미래를 좌우할 중대한 과제가 됐다.

《카이스트 미래전략 2026》은 이러한 문제의식에서 출발했으며, 보고서는 크게 두 부분으로 구성되어 있다.

1부는 AI 혁명이 열어가는 권력 패러다임 전환을 심층적으로 다룬다. AI가 만들어내는 디지털 인구와 정체성, 노동 재편, 능동형 AI 에이전트의 등장, AI 정치인의 가능성, 딥페이크와 정보 조작 사회 등 현재와 가까운 미래의 변화상을 예측했다. 이어 권력의 새로운 축으로서 AI 권력의 부상을 설명하고, 산업계로 이동하는 지식 생태계, 글로벌 거버넌스와 데이터 전쟁, AI 기업의 정치적 영향력 등 국제질서의 변화를 살펴보았다. 마지막으로 AI와 인간의 공존을 위해 필요한 교육적 전환, 윤리·법적 제도, 기후 문제 대응 등 가치의 재구성 문제를 논의했다.

2부는 사회, 기술, 환경, 인구, 정치, 경제, 자원 등 7개 영역을 중심으로 국가적 대응 방안을 제시한다(STEPPER 전략). 사회 영역에서는 디지털 사회 갈등과 국방의 하이브리드화, 모빌리티 시대의 사회안전망을, 기술 영역에서는 AI 네이티브 통신망, 유전자치료제의 캐즘, 양자컴퓨팅의 파급력을 다루었다. 환경 영역에서는 탄소 중립과 도시 공간, AI 기반 재난 대응 체계를, 인구 영역에서는 항노화 연구, 가족 개념 재설정, 다문화사회 전환을 검토했다. 정치 영역에서는 스마트정부, 과학 외교, 인지전을, 경제 영역에서는 금융혁신, 소부장 기술, 딥테크 스타트업을, 자원 영역에서는 신소재 개발, 지식재산권, 과학 자본의 의미를 분석했다.

이번 보고서가 제시하는 논의는 개별 분야의 전망을 넘어 상호작용하며 국가 미래를 형성하는 구조적 변화의 일부다. AI 혁명은 기술 혁신이면서 새로운 권력 질서를 창출하는 문명사적 사건이며, 사회가 어떤 선택을 하느냐에 따라 미래는 크게 달라질 것이다.

《카이스트 미래전략 2026》은 이러한 변화 속에서 대한민국이 나아가야 할 전략적 방향을 모색한 집단적 성찰의 결과물이다. 정책결정자에게는 전략의 나침반으로, 연구자와 산업계에는 혁신의 지침서로, 시민사회에는 성찰과 토론의 출발점으로 기능하기를 기대한다.

서용석

KAIST 문술미래전략대학원 교수
KAIST 미래전략연구센터 센터장

# 1

# AI 권력,
# 세상의 규칙을
# 다시 쓰다

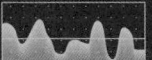

KAIST
FUTURE
STRATEGY
2 0 2 6

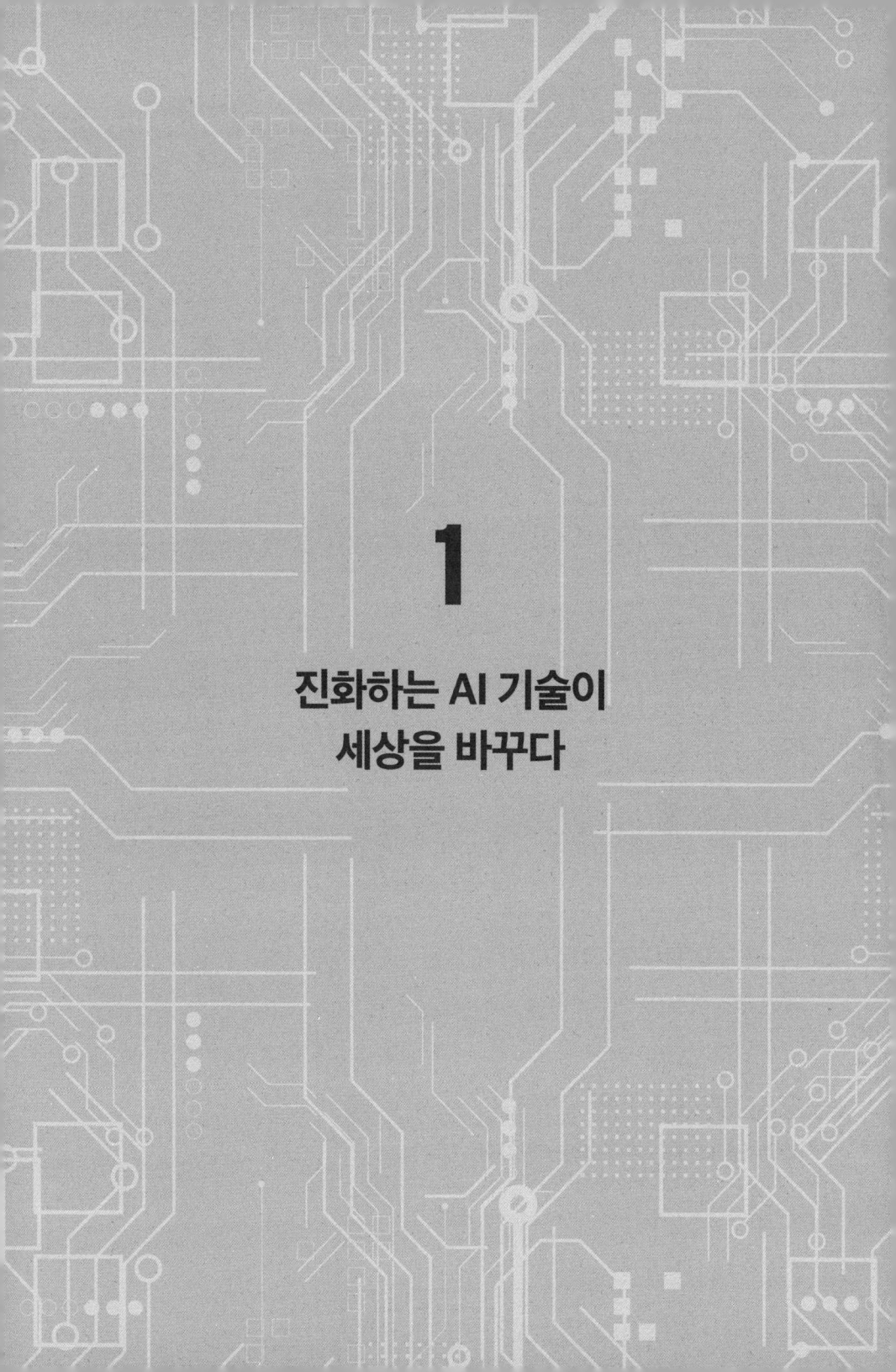

# 1

## 진화하는 AI 기술이
## 세상을 바꾸다

# 새롭게 등장하는
# 디지털 인구와 '나다움'

"인간이 도구를 만들지만, 그 도구가 다시 인간을 변화시킨다We shape our tools, and thereafter our tools shape us."

캐나다의 미디어 학자 마셜 매클루언이 남긴 이 말은 오늘날 AI가 일으키고 있는 변화를 가장 잘 대변한다. 인류는 증기기관을 통한 산업혁명, 컴퓨터와 인터넷을 통한 정보혁명을 거쳐 이제 'AI 혁명'이라는 새로운 국면에 진입하고 있다. 이 혁명은 그 어떤 기술 혁신보다 빠른 속도로 전개되면서, 우리가 현실을 인식하고 해석하는 방식 자체를 근본적으로 재구성하고 있다.

# 세 번의 기술적 돌파구가 견인하는
# AI 혁명

1950년대에 AI의 개념이 처음 제기된 이후, AI 발전을 견인해온 세 차례의 '기술적 돌파구technological breakthrough'가 있었다. 첫 번째 돌파구는 2010년대에 등장한 머신러닝과 딥러닝 기술로, 이를 기반으로 알파고와 같은 혁신적인 AI 시스템이 탄생했다. 두 번째 돌파구는 2021년 출현한 '파운데이션 모델foundation model(기반 모델)'이다. 파운데이션 모델은 대규모 데이터셋을 기반으로 사전 학습된pre-trained 모델로, 다양한 작업에 광범위하게 적용될 수 있는 확장성과 범용성을 갖춘 모델을 의미한다. 대표적으로 GPT, BERT, CLIP, DALL-E 등이 있으며, 특정 작업에 맞춘 추가 학습 없이도 다양한 언어·시각·멀티모달mutil modal 작업에 활용 가능하다는 점에서 기존 AI 모델들과 구별된다. 이 파운데이션 모델을 토대로 오픈AI의 챗GPT가 개발됐다.

## 대화형 AI에서 범용 AI까지, AI의 진화 5단계

2024년 11월, 오픈AI는 AI의 진화를 5단계로 구분한 로드맵을 발표했다. 이 로드맵은 현재 우리가 AI를 어떻게 활용하고 있는지, 그리고 AI가 향후 어떤 방향으로 진화해나갈지 가늠할 수 있는 중요한 이정표로 작용한다.

첫 번째는 '대화형 AIconversational AI' 단계다. 챗GPT와 같은 시스템이 이에 해당하며, 사용자는 원하는 답을 얻기 위해 질문을 명확하게 설정해야 한다. 이는 사용자가 해당 분야에 대해 AI보다 더 많이 알고 있어야 한다는 점에서 한계를 지닌다. GPT-3.5까지의 버전은 단순히 사용자의 명령에 반응하는 수준이며, 현재도 코드 생성, 이미지 생성, 문서 초안 작성 등 반복적이고 일상적인 작업에 활용되고 있다.

두 번째는 '추론 AIreasoning AI' 단계다. 추론 AI는 단순한 응답을 넘어 논리적 사고와 추론을 통해 실질적인 해결책을 제시할 수 있다. 최근 발표된 GPT-4.5는 인간과 유사한 사고 능력을 지닌 것으로 평가되며, 튜링 테스트를 최초로 통과한 AI로 기록됐다(인간 심문자가 기계와 다른 인간 다수와 텍스트 기반(예: 채팅)으로 대화를 나눌 때 기계와 인간을 명확히 구별하지 못한다면, 해당 기계는 튜링 테스트를 통과한 것으로 간주한다). UC샌디에이고 연구진의 실험에 따르면, GPT-4.5는 73%의 확률로 실제 인간으로 오인됐다고 한다. 실제로 미국의 로펌 베이커앤드호스테틀러는 '로스ROSS'라는 AI를 도입해 판례 분석을 자동화하고 있으며, 이는 AI의 법률 분야 진입 가능성을 보여주는 사례다.

세 번째 단계는 '자율 AIautonomous AI'로, 특정 분야에서 인간과 동등한 능력을 갖추게 된다. 이 단계에서는 사용자의 개입 없이도 AI가 독립적으로 작업을 수행할 수 있어 'AI 에이전트' 시대가 본격적으로 펼쳐진다. AI가 세 번째 단계로 진화하면 '지식 노동자'의 가치가 급격히 하락할 수 있다. 이미 대규모 데이터 분석이나 법적 서류 작성, 금융 자산 관리 같은 업무는 상당 부분 자동화가 가능해졌다. 최근에는 디지털 아트 및 콘텐츠 제작 분야에서도 AI를 사용해 작업 효율이 급격히 증가하고 있다. 이에 따라 해당 분야의 신규 인력 고용이 감소하고 있으며, 기존 인력의 급여 또한 낮아지고 있다. 앞으로는 영상 제작이나 일반 사무직 등 다양한 직종에서 AI의 도입이 확대되며 동일한 현상이 나타날 수 있다.

네 번째 단계는 '혁신 AIinnovating AI'로 인간보다 뛰어난 성과를 내고,

창의성까지 갖춘 존재다. 이 단계에서는 AI가 단순한 작업 수행은 물론 새로운 방식을 창안하고 자율적으로 개선해나갈 수 있다. 이 단계에 들어서면 지식 노동자의 가치는 거의 '제로'에 수렴할 수 있다.

혁신 AI의 등장은 금융 분석가, 보험 심사원, 신용 평가사, 의사, 약사, 변호사, 변리사, 작가, 기자, 통·번역사 등 기존의 고소득 전문직 종사자에게 특히 위협적일 수 있다. 예컨대 JP모건이 도입한 AI 기반의 계약서 분석 시스템 'COiN'은 기존 인력이 수년간 수행하던 업무를 수 초 만에 처리한다. 이는 앞으로 많은 전문직 분야에서 대량 해고 사태가 발생할 수 있음을 예고한다. AI가 이들 전문직을 완전히 대체할 수는 없을지라도, 그들의 직업적 가치를 크게 떨어뜨릴 것은 분명하다. 한편 지식 노동의 가치가 폭락하면서 육체 노동자의 가치가 지식 노동자의 가치를 추월하는 역전 현상도 발생할 수 있다.

마지막 다섯 번째 단계인 '조직 AIorganizational AI'는 '범용 AI'의 단계다. 범용 AI로의 진화는 또 하나의 지적 존재의 출현을 의미한다. 이 단계에서는 AI가 특정 분야에 국한되지 않고, 학습과 경험을 바탕으로 다양한 업무를 자율적으로 조율하며 수행할 수 있다. 전략 수립, 인사 관리, 조직 운영 전반에 이르기까지, 인간 없이도 기업과 조직을 운영할 수 있는 수준에 도달하게 되는 것이다. 이때 인간의 노동 수요는 급격히 줄어들 것이며, 특히 고위 관리자나 임원 같은 직군조차 AI로 대체될 가능성이 커진다. 이는 노동시장뿐 아니라, 사회 구조 전반에 걸쳐 엄청난 파장을 일으킬 것이다.

흥미로운 것은 오픈AI가 범용 AI까지의 개발 목표 시점을 2035년으로 설정하고 있다는 점이다. 이대로라면 우리는 불과 10년 안에 인간의 지적 능력을 뛰어넘는 또 하나의 '지성知性'을 마주할 수 있을지도 모른다. 일각에서는 오픈AI의 목표가 지나치게 과장됐다고 깎아내리기도 한다. 그러나 우리는 기술 진보의 속도를 과소평가해서는 안 되며, 다양한 시나리오를 가정하고 이에 대비해야 한다.

**피지컬 AI와 세 번째 기술적 돌파구**

인류학자들에 따르면, 인간이 언어를 사용하기 시작한 시점은 약 5만~6만 년 전으로 추정된다. 약 6,000년 전부터 문자를 발명해 사용했으며, 인간의 시각 및 청각 정보를 본격적으로 기록한 것도 벌써 100여 년 전의 일이다. 이처럼 오랜 시간에 걸쳐 축적된 방대한 데이터는 오늘날 '대규모 언어 모델LLM, Large Language Model'과 '비전 언어 모델VLM, Vision Language Model'의 발전을 가능하게 만들었다. 이를 기반으로 다양한 생성형 AI 서비스가 등장하며 우리의 삶에서 폭넓게 활용되고 있다.

그러나 현재까지 생성형 AI의 활용 범위는 주로 가상 세계에 국한돼 있다. 최근에는 이 한계를 넘어서기 위한 새로운 시도로서 가상 공간의 AI를 현실 세계의 물리적 환경과 상호작용하게 만들기 위한 기술, 즉 '피지컬 AI'에 대한 연구가 활발히 진행되고 있다. 대표적인 예로 휴머노이드 로봇에 생성형 AI를 접목해 인간과 유사한 수준의 동작, 촉각, 힘 조절 등을 구현하려는 시도가 있다.

예를 들어 인간은 달걀을 쥘 때 학습과 경험을 통해 어느 정도의 힘을 가해야 깨지지 않는지 알고 있다. 그러나 로봇은 이와 같은 물리적 맥락이 사전에 프로그래밍돼 있지 않은 이상 물체를 제대로 인지하고 반응하기 어렵다. 즉 AI가 탑재된 로봇이 인간처럼 자연스럽게 행동하려면 동작과 촉각, 힘 조절 등과 같은 물리적 상호작용에 대한 데이터를 충분히 학습해야 한다. 문제는 이러한 물리적 데이터가 절대적으로 부족하며, 이를 체계적으로 표현하고 구조화하는 방식 또한 아직 미비하다는 점이다.

이러한 한계를 극복하기 위한 기술적 돌파구가 최근 등장했다. 2025년 3월 12일, 구글 딥마인드는 '제미나이 2.0'을 기반으로 한 로봇 전용 AI 모델인 '제미나이 로보틱스Gemini Robotics'와 '제미나이 로보틱스-ER'을 발표했다. 제미나이 로보틱스는 새로운 환경에서도 상황을 이해하고 로봇을 물리적으로 제어할 수 있는 시각-언어-행동 모델VLA Model, Vision-Language-Action Model이다. 한편, 제미나이 로보틱스-ER은 공간 이해 능력을 활용해 복잡한 로봇의 움직임을 정교하게 추론할 수 있는 고급 시각-언어 모델VLM, Vision-Language Model이다. 특히 제미나이 로보틱스는 기존에 물리적 데이터를 직접 학습하지 않았더라도 영상 기반 학습과 일반화된 추론 능력을 바탕으로 다양한 실제 작업을 수행할 수 있다는 점에서 주목받는다. 이는 피지컬 AI의 상용화와 확산에 결정적인 전기를 마련한 세 번째 기술적 돌파구로 평가된다.

피지컬 AI는 생산 및 제조 현장에 혁신적인 변화를 일으킬 것으로 기대된다. 그중에서도 가장 두드러진 변화는 바로 '유연성'과 '적응력'의 비약적 향상이다. 기존의 산업용 로봇은 사전에 정의된 작업만 반복적으로 수행할 수 있었으며, 작업 조건이 바뀔 경우 복잡한 재프로그래밍 과정을 거쳐야 했다. 이러한 한계는 생산 효율성과 작업 전환의 민첩성 측면에서 큰 제약이었다. 그러나 피지컬 AI 기반 로봇은 실시간으로 주변 환경을 인식하고, 변화하는 상황에 맞춰 행동을 즉각적으로 조정하는 능력이 있다. 이를 통해 과거에는 인간만 수행할 수 있었던 정밀 조립이나 고난도 가공 작업은 물론, 인간에게 위험하거나 부담이 큰 작업에도 효과적으로 투입될 수 있다. 결국 이러한 기술은 제조 공정의 자동화를 몇 단계 끌어올리며, 인간 노동의 상당 부분을 대체할 수 있는 로봇의 잠재력을 보여준다.

# AI는 디지털 인구가
# 될 수 있을까?

우리는 지금 인간만으로 구성된 사회를 넘어 디지털 존재와 공존하는 문명 전환의 시기에 진입하고 있다. AI는 단순한 연산 도구에서 스스로 인식하고 판단하며 행동하는 '에이전트 AI'로 진화하고 있다. 특히 이러한 AI가 물리적 형태를 지닌 로봇에 탑재되면서 '디지털 인구digital population'라는 개념이 주목받고 있다. 로봇도 과연 하나의 인구로 인정받을 수 있을까?

기존의 AI가 사람이 입력한 질문에 답하는 수준이었다면, 에이전트 AI는 상황을 스스로 분석하고, 문제를 정의하며, 필요한 도구를 활용해 연속 행동을 수행한다. 이러한 에이전트 AI가 로봇의 몸체와 결합하면 단순히 명령을 수행하는 기계가 아니라 스스로 사고하고 움직이는 존재, 즉 사회적 '행위자agent'로 변화한다. 이는 단순한 기술적 진보가 아니며 인구의 사회적 의미 확장을 요구한다.

그렇다면 사회적 행위자 역할까지 해내는 에이전트 AI를 단순히 '도구'로만 볼 수 있을까? 기술적으로 보았을 때, 에이전트 AI 기반 로봇은 디지털 인구로서의 조건을 대부분 충족한다. 우선, 자율성을 지니고 있다. 센서와 알고리즘을 통해 상황을 판단하고, 목적에 따라 능동적으로 행동한다. 지속성 역시 갖췄다. 고장 나지 않는 한 장기간 운용되며, 클라우드 기반으로 학습을 지속할 수 있다. 사회적 상호작용성 또한 강화되고 있다. 일본의 '페퍼Pepper'나 사우디아라비아 시민권을 얻은 로봇 '소피아Sophia'처럼 인간과 자연스럽게 대화하고 감정을 인식하는 사례는 점점 늘고 있다.

이뿐만 아니라, 이들은 고유의 정체성을 지닌다. 이름, 시리얼 번호, 알고리즘 수준, 역할 등이 모두 다르며, 일종의 '디지털 존재성'을 확보하고 있다. 이쯤 되면 단순한 기계가 아니라 사회적 역할과 영향력을 갖춘 행위자로서의 지위를 고민할 수밖에 없다. 그러나 현실적으로는 아직 디지털 인구로 법적·제도적으로 인정받은 로봇은 없다. 법률상 이들은 권리도 없고, 책임도 질 수 없는 비인격적 존재다. 사고가 발생하면 로봇이 아닌 제조사나 소유자에게 책임이 귀속된다. 하지만 로봇이 스스로 판단해 행동하는 수준에 이르면, 책임의 주체를 누구로 볼 것인가는 법적·윤리적 측면에서 매우 중요한 질문이 된다.

EU는 2017년부터 AI에 '전자 인격electronic personhood'을 부여할지 논의하고 있고, 에스토니아는 AI의 법적 준準인격을 검토 중이다. AI가 사회 구성원처럼 활동하고 특정 영역에서는 인간보다 더 나은 판단을 내릴 수 있다면, AI를 단순한 도구로만 간주하는 것은 시대착오적일 수 있다는 문제의식에 따른 것이다. 이러한 논의가 가시화되면 그 파급력은 단순한 기술 규제 수준을 넘어설 것이다. 정치적으로는 로봇의 대표성 문제, 경제적으로는 로봇 노동에 대한 보상과 세금 부과의 문제, 법적으로는 사고 시 책임 귀속과 권리 보호의 문제, 윤리적으로는 인간과 비인간 존재 간의 경계 문제 등이 본격적으로 제기될 것이다.

물론 모든 로봇이 시민권을 갖게 될 것이라고 상정하기에는 아직 많이 이르다. 그러나 지금 우리 사회에 '디지털 행위자'로서의 로봇이 실재한다는 점은 분명하다. 이들이 교육, 의료, 물류, 가사 등에서 일정한 역할을 하고 있고, 앞으로 인간 생활에 더 깊이 개입할 것이라는 점에서 이들의 지위를 어떻게 정의할 것인가는 단지 기술자나 기업만이 아니라, 정치·법·철학 분야의 공동 과제가 됐다.

에이전트 AI와 피지컬 AI의 등장은 우리에게 다음과 같은 근본적 질문을 던진다. 인구란 무엇인가? 단지 생물학적 인간만이 인구인가? 혹은 인간 사회에 영향력을 미치고, 자율적 판단과 행동 능력이 있는 존재도 새로운 유형의 인구가 될 수 있는가? 에이전트 AI와 피지컬 AI가 탑재된 로봇은 이제 새로운 '시민성citizenship'의 경계에 서 있다. 디지털 인구의 시대, 그들과의 공존은 선택이 아니라 설계의 문제다.

# AI와 구별되는
# 인간의 본성과 '나다움'

'호모 사피엔스Homo Sapiens'는 현생 인류를 지칭하는 학명으로, '생각하는 존재'를 뜻한다. 프랑스 철학자 앙리 베르그송은 인류를 '호모 파베르Homo Faber'라 명명하며, 스스로 도구를 만들고 사용하는 능력이 인간의 본질임을 강조했다. 그러나 오늘날 AI가 사고하고 학습하며, 나아가 로봇과 결합돼 도구를 제작하는 시대가 도래하면서 우리는 근본적인 질문에 직면했다. 생각하고 도구를 다루는 능력만으로 인간을 정의할 수 있을까? 이러한 특성을 모두 획득한 AI를 과연 비非인간이라 부를 수 있을까?

우리는 지금 인간 고유의 특성이라고 여겼던 영역이 하나씩 기계에 넘어가는 전환의 시대를 맞고 있다. 일부 AI 시스템은 창의성, 감정, 심지어는 도덕적 판단조차 학습하고 시뮬레이션하며 인간과 유사하게 '행동'할 수 있다. 이러한 변화는 인간과 비인간의 경계를 점점 모호하게 만든다. 따라서 우리는 다음과 같은 질문 앞에 서게 된다. "인간은 무엇으로 인간일 수 있는가?" 육체라는 생물학적 기반인가? 의식과 자아의 존재인가? 아니면, 타자와의 관계에서 형성되는 윤리적 존재로서의 특성인가?

AI의 진화는 단순한 기술적 진보가 아니며, 인간 존재 자체에 대한 근본적 사유를 되짚도록 요구한다. 그리고 그 해답은 '나다움'이라는 고유한 정체성에서 찾을 수 있다. 아무리 AI가 정교하게 발전하더라도, 인간은 단순한 정보처리 기계가 아니다. 인간은 경험을 통해 의미를 부여하고, 기억과 감정을 통해 세계를 해석하며, 유일무이한 존재로서의 자아를 형성해나간다.

이러한 나다움은 단순히 유전적 특성과 환경의 결합이 아니다. 그것은 선택과 경험, 기억과 꿈이 직조해낸 하나의 서사이며, 삶의 맥락 속에서 지속적으로 형성되고 재구성되는 내면의 이야기다. 같은 시대, 같은 문화를 살아도 누구나 저마다 다른 삶의 궤적과 해석을 지닌다는 점에서, 인간은 근원적으로 서사적 존재다.

따라서 AI 혁명 시대에 더욱 중요한 것은 나다움을 지켜내고 그것을 바탕으로 타자 그리고 세계와 관계 맺는 능력이다. 나만의 시선과 개성, 공감과 성찰, 윤리적 책임과 삶의 서사를 주체적으로 써 내려가는 의지야말로 AI가 결코 모방할 수 없는 인간의 본질이다. 이것이 우리가 AI 시대에도 '인간다움'을 잃지 않고 살아갈 수 있는 이유일 것이다.

# 피지컬 AI와 슈퍼 워커가 바꾸는 노동의 미래

AI 전환AX, AI Transformation을 주도하고 있는 AI 반도체 기업 엔비디아는 2025년 3월 18일, 미국 캘리포니아주 새너제이에서 열린 연례 개발자 콘퍼런스 GTC 2025에서 로봇 개발용 오픈소스 물리 엔진 '뉴턴' 개발에 착수했다고 발표했다. 이날 기조연설을 한 젠슨 황 CEO 는 디즈니가 영화 〈스타워즈〉에서 영감받아 만든 로봇 BDX 드로이드 와 대화하면서, 앞으로 '피지컬 AI'가 공장, 가정, 배달 등 다양한 환경 에서 활용될 것이라고 미래를 전망했다.[1]

이처럼 AI가 로봇 등 물리적 기기에 탑재되는 피지컬 AI의 시대가 우리 앞으로 성큼 다가오고 있다. 지금까지의 AI는 주로 디지털 환경에서 데이터를 분석하고 가상의 결과물을 생성하는 데 주력해왔지만, 앞으로는 물리적 세계에도 적용돼 일상의 혁신을 불러올 것이다. 피지컬 AI 기술이 더 발전하면, 노동 패러다임에도 큰 변화가 예측된다. 또 AI 기술 기반의 '슈퍼 노동'과 '슈퍼 워커'의 등장은 노동의 개념과 방식에도 영향을 미칠 것이다.

# 노동 주체의 변화,<br>블루칼라에서 실리콘칼라까지

전통적인 노동자 분류법은 '블루칼라blue collar'와 '화이트칼라white collar'로 나누는 방식이다. 산업사회를 설명해온 이 용어는 20세기 초 미국에서 처음 사용됐다. 블루칼라는 공장, 건설 현장, 광산 등에서 육체노동을 하는 노동자를 지칭하는데, 이들이 주로 입었던 푸른색 작업복에서 유래했다. 반면 화이트칼라는 사무실에서 근무하는 관리직, 전문직, 사무직 노동자를 가리키는 말로, 이들이 입었던 흰색 셔츠에서 비롯됐다. 이런 구분은 단순한 의복 색깔의 차이뿐 아니라 교육 수준, 소득, 사회적 지위, 노동의 성격까지 포괄하는 중요한 사회경제적 분류로 자리 잡았다.

블루칼라는 고등교육 없이도 진입 가능한 직업군으로, 육체적 기술과 노동 집약적 업무가 특징이었다. 반면 화이트칼라는 고등교육을 바탕으로 주로 지식과 정보를 다루는 업무를 수행하며, 상대적으로 높은 사회적 지위를 누리고 소득 수준 또한 높았다. 하지만 디지털 기술과 소프트웨어sw 발전으로 인한 자동화가 산업 전반을 뒤흔들면서 이런 전통적인 이분법으로는 더 이상 현실을 설명하기가 어려워졌다. AI와 빅데이터, 클라우드 기반 플랫폼 등이 등장하면서 일의 방식과 가치가 재구성되고 있기 때문이다. 인간과 AI가 공존·협업하는 노동의 대전환 국면에서 '뉴칼라new collar', '실리콘칼라silicon collar' 등 완전히 새로운 슈퍼 노동자가 주목받고 있는 배경이다.

먼저, 뉴칼라는 IBM의 CEO였던 지니 로메티가 처음 제안한 개념이다. 그는 2016년 도널드 트럼프 대통령에게 보낸 공개서한에서 "IBM에 취직하는 데 대학 학위가 필수는 아니다. 가장 중요한 것은 관련 기술이다. 이는 때로는 직업훈련을 통해 얻기도 한다. 우리는 사이버 보안, 데이터 과학, AI, 인지 비즈니스 등의 분야에서 완전히 새로운 역할인 '뉴칼라' 일자리를 창출·고용하고 있다"라고 썼다.[2] 그가 말한 뉴칼라는 데이터 과학, SW 역량 등 실무적 디지털 역량을 갖춘 새로운 직업군을 의미한다.

한편 미래학자 제러미 리프킨은 자신의 저서 《노동의 종말》에서 기계와 소프트웨어가 인간 노동력을 대체할지도 모른다는 암울한 전망을 했다. 새롭고 정교한 소프트웨어 기술이 거의 인간이 필요 없는 문명의 세계로 우리를 몰아가고 있다는 것이다. 기계가 농업, 제조업, 서비스업 분야에서 빠르게 인간 노동력을 대체함에 따라 21세기 중반 이후에는 거의 완전히 자동화된 경제를 내다봤다. 모든 국가는 이 대대적인 대체로 인해 사회적 과정에서 인간 존재의 역할을 재고할 것이라는 얘기다.[3]

리프킨은 이 책에서 '실리콘칼라'라는 새로운 노동 주체를 처음 언급했다. 실리콘칼라에 대한 개념 규정이나 명확한 설명을 제시하지는 않았지만, 전체적인 내용과 맥락을 보면 인간 노동자가 아니라 AI, 로봇 같은 기계·SW 노동력을 의미하는 것으로 보인다. 실리콘 칩으로 구동하는 컴퓨터와 기계가 노동 시장에서 하나의 새로운 '노동계급'으로 등장했음을 은유적으로 표현한 것이다.

# 피지컬 AI와
# 진화하는 노동자

뉴칼라, 실리콘칼라 외에도 그린칼라, 골드칼라, 디지털칼라 등 다양한 노동자 유형을 의미하는 신조어도 사용되고 있다. 어쨌거나 AI 기술이 발전해 노동 현장에 도입·적용될 경우, 인간 노동은 크게 변화할 수밖에 없다. 예상되는 변화는 크게 4가지 정도로 정리해볼 수 있다.

첫째, 단순하고 반복적인 업무는 AI와 자동화 기술에 의해 빠르게 대체될 것이다. 사무, 제조, 콜센터 등 정형화된 업무뿐만 아니라, 일부 지식 노동까지 AI가 대체할 가능성이 커지고 있다.

둘째, 인간이 수행하는 직무의 성격이 달라질 것이다. 반복적이고 수동적인 작업은 줄어들고, 창의성, 문제 해결 능력, 대인관계, 윤리적 판단 등 AI가 대체하기 어려운 인간 고유의 역량이 더 중요해질 전망이다. 기존 직무도 AI와 협업하는 형태로 재편되고, AI를 효과적으로 활용하는 능력이 노동자의 핵심 경쟁력으로 부상할 가능성이 크다.

셋째, AI가 발전하면서 새로운 일자리도 많이 창출될 것이다. AI 개발, 데이터 분석, AI 윤리 마련 등 신기술 기반의 전문직뿐만 아니라, AI 활용 교육, 헬스케어, 맞춤형 서비스 등 다양한 융합 직종의 등장이 예상된다.

넷째, 노동시장의 구조에도 큰 변화가 예측된다. 반복·단순 업무 종사자와 고숙련·AI 활용 인력 간 격차가 커질 수 있으며, AI 역량에 따라 임금과 근로조건이 달라지는 등 노동시장의 이중화 현상이 나타날 수 있다. 이에 따라 고용 불안과 임금 불평등 등 사회문제도 심화할 가능성이 있다.

이처럼 AI의 전면 도입이 인간 노동의 구조와 성격을 크게 변화시킬 것은 분명하다. 그런데 이런 변화 속에서 AI의 고도화 단계를 가리키는 '피지컬 AI'에 대한 관심이 점점 커지고 있다. 피지컬 AI는 단순히 프로그램된 동작만 수행하는 기존 로봇과는 다른 개념이다. 휴머노이드 로봇이나 자율주행차와 같이 실제 물리적 기기에 AI가 탑재되는 것이며, AI가 현실 세계의 기계에 이식 및 착근된다는 점에서 'AI의 실물화'로 볼 수 있다. 피지컬 AI는 학습 능력과 판단력을 갖추고, 환경을 인식하며, 상황에 적응하고, 복잡한 문제까지 해결할 수 있는 수준의 AI를 뜻하기 때문에 피지컬 AI 기술은 물리적 영역에서 노동의 혁명적 변화를 이끌 기술로 평가된다.

가령 제조업에서는 피지컬 AI가 단순 반복 작업을 하는 수준을 넘어 변화하는 생산 환경에 적응하며 복잡한 조립 과정을 수행할 수 있다. 농업에서는 작물 상태를 정밀하게 분석하고 최적의 시기에 수확하는 지능형 농기계가 등장할 것이다. 건설 현장에서는 3D 프린팅 기술과 결합한 로봇이 설계도를 자율적으로 해석하며 건물을 지을 수 있다. 이렇게 인간의 근력과 지구력에 의존하던 많은 일을 피지컬 AI가 수행한다면, 노동의 의미와 노동자의 역할이 재정의될 수밖에 없다.

무엇보다 미래 노동의 상당 부분은 인간 능력을 뛰어넘는 '슈퍼 노동력'이 대신할 가능성이 크다. 이때 '슈퍼 워커'는 슈퍼 노동의 주체가 되며, 2가지 방향으로 발전할 것으로 보인다. 하나는 인간을 대체하는 고도화된 실리콘칼라로서의 슈퍼 워커이고, 다른 하나는 인간과 AI의 융합을 통해 증강된 뉴칼라로서의 슈퍼 워커다. 2가지 가능성 모두에서 피지컬 AI는 중심적 역할을 할 것이다.

먼저 실리콘칼라 슈퍼 워커는 인간의 개입 없이도 복잡한 판단이나 실행을 할 수 있는 자율적 AI 시스템이다. 이는 단순한 기계 로봇 이상의, 스스로 학습하는 존재이며, 인간이 수행하던 많은 노동을 완전히 대체할 것이다. 물류 센터의 완전 자동화 시스템, 무인 농장 관리 로봇, 자율 건설 시스템 등이 그 예다. 인간보다 뛰어난 정확성과 지구력, 24시간 무중단 작업 능력 등이 특징이다.

다른 가능성은 융합형 뉴칼라 슈퍼 워커인데, 이는 인간과 AI, 그리고 로봇이 유기적으로 결합된 형태를 말한다. 이를테면 인간의 창의성과 판단력, AI의 데이터 처리 능력, 로봇의 물리적 수행 능력 등이 통합된 새로운 노동력을 가리킨다.

AI 시대의 뉴칼라는 전통적 프로그래밍이나 수학적 지식보다는 AI 도구를 이해하고 활용하는 능력, 도메인 지식, 비판적 사고력, 감성과 창의력 등을 두루 갖춘 슈퍼 워커일 것이다. AI 프롬프트 엔지니어, AI 훈련 데이터 큐레이터, AI 모델 평가사 등을 예로 들 수 있다. 그 밖에도 다양한 방식의 융합형 슈퍼 워커가 등장할지도 모른다. 웨어러블 로봇 기술은 인간의 물리적 능력을 증강시키고, 뇌-컴퓨터 인터페이스는 인간의 인지 능력과 AI의 계산 능력을 연결할 수 있다. 건설 현장의 작업자는 외골격 로봇의 도움으로 무거운 자재를 쉽게 다룰 수 있고, 미래 의사는 AI 보조 시스템과 함께 더 정확한 진단과 수술을 수행할 수 있을 것이다.

이런 미래 시나리오의 구체적 사례를 한번 상상해보자. 만약 문화 콘텐츠 산업 분야에서 AI 같은 기술 기반의 슈퍼 워커가 등장한다면? 웹툰, 영화, 음악, 게임 등 다양한 영역에서 AI와 인간 창작자의 관계는 급격히 변화할 수 있다.

우선 실리콘칼라 슈퍼 워커는 문화 콘텐츠 제작 중 많은 부분을 자동화할 것이다. 예를 들어 웹툰 산업에서 AI는 인간 창작자의 스타일을 학습해 배경, 캐릭터, 채색 작업 등을 독자적으로 수행할 수 있다. 대형 웹툰 플랫폼은 AI 배경 생성 기술을 도입하고, 스토리 구성, 캐릭터 디자인, 연출까지 AI가 맡는 자동화 시스템을 구축할 수 있다. 영화 산업에서는 AI 촬영 로봇이 복잡한 카메라 움직임을 정확히 실행하고, 배우의 표정과 장면 변화에 따라 자동으로 최적화되는 조명 시스템을 구축할 수 있다. 음악 산업에서는 기존 작곡가의 스타일을 학습해 유사한 작품을 생성하는 AI 작곡가, 이를 연주할 수 있는 로봇 뮤지션 등이 등장할 수 있다. 인간 뮤지션이 아예 등장하지 않는 콘서트도 가능할 것이다.

보다 현실적이고 흥미로운 것은 융합형 뉴칼라로서의 문화 콘텐츠 슈퍼 워커다. 이는 인간 창작자와 AI의 공생적 협업 모델이라고 할 수 있다. 가령 웹소설 작가는 AI 어시스턴트와 함께 작업하면서 자신의 아이디어를 AI에 전달하고, AI가 스토리를 생성하면 이를 바탕으로 최종적인 창작 결정을 내리면 된다. 그렇게 되면 창작 생산성이 획기적으로 높아진다. 웹툰 작가는 AR 드로잉 시스템을 이용해 공중에서의 손짓만으로 캐릭터를 그리고, AI는 이를 정교한 디지털 이미지로 변환해준다. 영화감독은 뇌-컴퓨터 인터페이스를 통해 머릿속에 그린 이미지를 시각화하고, AI 편집 시스템과 소통하면서 장면을 구성한다. 음악 작곡가는 뇌파와 생체 신호 감지 장치를 이용해 감정과 영감을 디지털 신호로 변환하고, AI는 이를 바탕으로 작곡을 지원한다.

SF 영화에서나 나올 법한 이 장면들은 하나둘씩 현실이 될 가능성이 있다. 이렇게 융합형 슈퍼 워커 모델이 창작 현장에 도입되면, 창작의 본질이 근본적으로 변화할 것이다. 인간 창작자는 더 이상 모든 제작 과정을 직접 수행하는 장인이 아니라, 비전과 방향을 제시하고 AI 시스템이 구현한 결과물을 큐레이션하는 '메타 크리에이터'로 진화할 것이다. 그럴 경우, 기술적 숙련도보다는 독창적 아이디어, 심미적 판단력, AI와의 협업 능력 등이 창작의 핵심 역량이 된다.

미래의 슈퍼 워커가 대체형 실리콘칼라가 되든 융합형 뉴칼라가 되든, 2가지 가능성 모두 노동의 성격을 변화시키고 작업 효율성과 생산성을 배가한다. 둘 중 어떤 형태가 더 지배적일지는 기술 발전의 방향보다는 결국 사회적 선택과 합의, 그리고 인간의 가치 판단에 따라 결정될 것이다.

## 노동과 직업 개념은<br>어떻게 변화할까?

피지컬 AI와 슈퍼 워커의 등장은 필연적으로 '노동'의 본질에 대한 철학적 재고를 요구한다. 노동의 사전적 의미는 ▽몸을 움직여 일을 함, ▽사람이 생활에 필요한 물자를 얻기 위해 육체적 노력이나 정신적 노력을 들이는 행위 등이다. 노동은 생존을 위한 필수 활동, 자아실현 수단, 또는 인간의 본질적 존재 방식 등으로 인식돼왔다. 그러나 피지컬 AI 시대에는 이런 노동의 개념과 주체성의 변화가 불가피하다. 몸을 움직이지 않는 노동도 가능할 것이고, 노동이 순수한 인간의 활동이 아니라 인간-기계 협업의 산물이 될 수도 있다.

만약 슈퍼 워커가 인간 대체형 실리콘칼라로 발전할 경우 인간의 역할을 어떻게 재정의할지, 또는 인간-AI 융합 형태로 발전할 경우 인간의 지시와 AI 로봇의 처리와 실행이 복합적으로 작용하는 상황에서 노동 주체를 어떻게 정의해야 할지 등에 대한 고민이 필요할 것이다. 문화 콘텐츠 창작에서는 이런 철학적 질문이 더 첨예해질 수 있으며, 지식재산권 등 법적 이슈는 더 복잡해질 수 있다. AI와 협업해 만든 웹툰의 저작권은 누구에게 있는지, 인간이 작성한 프롬프트로 AI가 특정 가수 음성을 모방한 AI 커버곡을 만들 경우 저작인접권(음성 권리) 침해 소지는 없는지 등 다양한 이슈가 제기될 수 있다.

노동 가치의 평가 기준도 달라져야 할 것이다. 물리적 생산성이나 작업 시간보다는 창의성, 문제 해결 능력, 복잡한 시스템에 대한 이해력 같은 인지적 역량이 더 중요해지고, 그렇게 되면 임금 체계와 직업 위계를 재구성할 필요가 있다.

슈퍼 워커가 실리콘칼라로 발전해 일부 직종의 완전한 자동화가 가속할 수도 있고, 아니면 융합형 뉴칼라로 발전해 인간의 역할이 변화할 수도 있다. 어느 쪽이든 '직업'의 개념이 변화할 것이고, 평생 한 분야에서 일하는 경력 모델 대신 유연한 경력 경로와 프로젝트 기반 협업이 일반화될 가능성이 크다.


## 노동의 재구성, 대체에서 공존으로


피지컬 AI와 슈퍼 워커 시대의 노동 패러다임 변화는 심각한 사회적 도전을 수반할 것이 분명하고, 이로 인한 노동의 사회적 재구성이 필요할 것이다.

먼저, 교육과 훈련 시스템의 재구성이 필요하다. 미래 노동자는 기계와 효과적으로 협업하고, 빠르게 변화하는 기술 환경에 적응할 수 있는 능력을 갖춰야 한다. 창의적 사고, 문제 해결 능력, 복잡한 시스템에 대한 이해력을 중심으로 한 교육 패러다임 전환이 불가결하다.

다음은 사회 안전망 확충이다. 노동 시장의 급격한 변화로 많은 사람이 일시적 또는 장기적 실업에 직면할 가능성이 커질 것이기 때문이다. 특히 슈퍼 워커가 실리콘칼라형으로 발전해 인간 노동자를 대체하는 시나리오에서는 더욱 그러하다. 기본소득, 평생교육 지원, 유연한 사회보장제도 등을 통해 급격한 기술 변화의 충격을 완화할 필요가 있다.

노동법과 규제의 현대화 요구도 제기될 것이다. 인간-AI 협업, 스마트 원격 근무 등 새로운 노동 형태에 맞는 법제 정비가 필요하다. 슈퍼 워커가 인간-AI 융합형으로 발전하면 인간 노동자의 권리와 책임, 기술 보조 시스템의 법적 지위 등에 관한 새로운 규정 또한 필요해진다.

피지컬 AI와 슈퍼 워커는 우리 눈앞에 다가왔다. 한편으로는 위기지만 한편으로는 노동의 미래를 적극적으로 다시 디자인할 기회가 될 수도 있다. 공장 작업, 물류 처리, 농업 노동 등 반복적이고 예측 가능한 전통적 육체노동은 피지컬 AI나 슈퍼 워커에 의해 대체되거나 자동화될 가능성이 큰데, 이는 일자리의 소멸이라기보다는 노동의 재디자인이다.

피지컬 AI의 기술적 발전으로 제조업 등 산업 현장은 단순 반복 노동은 물론이고 복잡한 작업까지 AI 로봇이 스스로 판단·실행하는 단계에 접어들고 있다. 대규모의 일자리가 사라질 것이라는 우려도 있지만, 피지컬 AI 관련 기술 개발·운영 등에서 오히려 대규모의 일자리가 창출될 것이라는 연구 보고서나 분석 기사도 적지 않다. 한 기사에 따르면 신규 일자리는 주로 기술 개발(25~30%), 제조·물류(20~25%), 헬스케어(15~20%), 모빌리티(10~15%), 서비스(10~15%), 교육(5~10%), 기타 지원

(5~10%) 분야에서 창출될 것으로 전망된다. 이들 일자리의 상당수는 피지컬 AI 알고리즘의 설계와 운영 등 AI 관련 직업이 중심이 된다.[4]

중요한 것은 이런 슈퍼 워커의 부상이 기존 노동자에게 현실적 위협이 될 수 있다는 점이다. 실리콘칼라, 뉴칼라처럼 슈퍼 역량을 갖추지 못한 전통적 노동자의 입지는 더 불안정해질 것이다. 다수의 중소기업과 비정규직 노동자는 첨단 기술 환경으로의 전환 과정에서 소외될 위기를 맞을 것이고, 이는 사회적 양극화를 심화할 수 있다. 이들이 어떤 노동을 어떻게 수행할지, AI와는 어떤 관계를 맺게 될지는 향후 중요한 사회적 이슈가 될 것이다. 따라서 일반 노동자가 AI 시대에 적응하는 전환 경로를 마련하는 것이 중요하다.

기술의 궁극적 가치는 인간 존엄성을 높이는 데 있기에, 뉴칼라나 실리콘칼라와의 공존 가능성, 소외되는 일반 노동자의 존엄성 등을 함께 고려해 포용적인 노동 생태계를 구축해야 한다. 우리가 어떤 방향으로 기술을 설계하고 어떤 철학으로 노동을 재정의할지, 그 과정에서 어떻게 소외되는 노동자 없이 함께 나아가는 방안을 구체화할지에 따라 AI 시대 노동의 모습이 새롭게 그려질 것이다.

# 지능형 AI 에이전트의 진격

젠슨 황 엔비디아 CEO는 2025년 CES 키노트에서 생성형 AI 다음으로 AI 에이전트agentic AI의 시대가 올 것이라고 선언했다. AI 에이전트는 사람을 대신해서 업무를 진행하는 AI 모델로, 좀 더 구체적으로 설명하자면 LLM을 기반으로 사람 대신 업무를 수행하고 데이터 기반 의사결정을 지원하는 도구다. 기존 챗GPT 같은 생성형 AI 기반 솔루션은 사용자의 요청이 있을 때만 답변하는 수동형 AIpassive AI라고 할 수 있다. 반면 AI 에이전트는 과업이나 목표를 확인하고 스스로 학습하며 능동적으로 동작하는 능동형 AIactive AI 시대를 여는 상징적인 AI 모델이다. 즉 AI 에이전트는 사용자를 위해 목표를 이해하고 계획을 세워 실행까지 책임지는 비서 혹은 프로젝트 관리자 같은 역할을 한다.

얼마 전까지만 해도 AI가 우리 삶에 이렇게 깊숙이, 그리고 다방면으로 영향을 미칠 것이라고 예상한 사람은 드물었다. 그러나 생성형 AI가 등장한 이후 AI의 실용성과 확장성이 증명되면서 AI 기술이 산업 전반을 뒤흔들 혁신 기술로 빠르게 자리매김하고 있으며, 현 단계에서는 AI 에이전트가 그 중심 역할을 담당하고 있다.

## 세상 밖으로 나온 AI 에이전트

오픈AI의 첫 번째 AI 에이전트인 '오퍼레이터Operator'는 오픈AI의 언어 모델인 GPT-4o를 기반으로 구축됐으며, 콘서트 티켓 예매나 식료품 주문 같은 온라인 작업을 수행할 수 있다. 구글 딥마인드의 AI 에이전트 '프로젝트 마리너Project Mariner' 역시 항공권 검색 및 예약, 그리고 쇼핑 목록을 작성하고 최적의 구매 옵션을 찾아주는 기능이 있다. 이와 더불어 이전에 구글에서 개발됐던 AI 기반 브라우저 자동화 에이전트인 자비스Jarvis 프로젝트를 통합해 사용자의 지시에 따라 웹페이지를 탐색하고, 스크린 숏을 분석하며, 버튼 클릭이나 텍스트 입력 등의 작업을 자동화하는 기능도 있다.

AI 모델 클로드Claude를 서비스하고 있는 AI 에이전트 분야의 글로벌 개발업체 앤스로픽은 '컴퓨터 유즈Computer Use'라는 AI 에이전트를 선보였다. 이 AI 에이전트의 기능이 특히 인상적인 점은 컴퓨터 화면의 커서와 키보드를 AI 에이전트가 제어하며 인간 대신 컴퓨터 작업을 수행한다는 것이다. 예를 들어 AI 에이전트 스스로 회사 내부 정보나 외부 데이터를 검색하고 수집하며, 협력사 정보를 등록하는 기능도 수행할 수 있다.

알다시피 제조업이나 서비스업을 가리지 않고 현대 산업 체계의 대부분에서 컴퓨터를 활용해 작업을 수행하는데, AI 에이전트가 인간의 도움 없이 인간이 제시한 목표를 이해하고 컴퓨터라는 도구를 스스로 이용해 작업을 수행한다면 그 영향력은 엄청날 것이다. AI 에이전트는 인간과 달리 잠들지 않고 휴가도 필요 없어 이론적으로는 무한한 노동력 공급이 가능하기 때문이다.

## 피지컬 AI와 휴머노이드 로봇이
## 결합할 미래

물리법칙이 적용되는 생활공간에서 쓸 수 있는 AI가 곧 피지컬 AI이며, 이 피지컬 AI와 휴머노이드 로봇이 결합한다면 인류의 삶은 예측이 불가능할 정도로 큰 변화를 맞이할 것이다.

휴머노이드 로봇이란 인간의 형태를 띠고, 인간과 유사한 지능적 행동과 상호작용을 수행하는 로봇이다. AI, 센서, 구동 시스템, 배터리 등 이종 기술의 융합으로 이뤄지는데, 현재 기술 주도권을 확보하기 위한 세계 각국의 경쟁이 치열해지고 있다. 휴머노이드 로봇의 도입은 산업별로 차이가 날 것이며, 제조, 의료, 건설, 농업 등 사람이 하기 어렵고 위험하거나 기피하는 산업·직종에 먼저 보급될 것으로 보인다. 시장 형성 초기에는 자동차 공장 등에서 활용되는 산업용 첨단 휴머노이드 로봇의 비중이 높겠지만, 점차 일상생활을 돕는 소비자용 휴머노이드 로봇 비중이 확대될 것이다.

미국의 투자은행 모건스탠리는 2024년 AI의 발전 수준에 따라 휴머

| 구분 | 1세대 휴머노이드 | 2세대 휴머노이드 | 3세대 휴머노이드 |
|---|---|---|---|
| AI 기술 | LLM(Large Language Model) | LLM + VLA(Vision-Language-Action) | LLM + VLA + 피지컬 AI |
| AI 역할 | 명령 이해, 정보 전달 | 명령과 시각 정보를 이해해 행동 | 사람처럼 자연스럽게 판단·행동 |
| 지능 범위 | 언어적 지능 | 언어적 지능 + 시각적 지능 | 언어적 지능 + 시각적 지능 + 체감적 지능 |
| 학습 범위 | 미리 학습된 지식 활용 | 학습된 내용과 환경을 통해 판단 | 직접경험을 통한 체험적 학습 |
| 기능 | 정해진 단순 반복 작업 | 사람과 소통·협업 및 복잡한 정밀 작업 | 인간 수준 인지·행동 |

노이드 로봇의 세대를 전망, 구분한 바 있는데, 생성형 AI, 즉 LLM 기반의 1세대, VLA 모델 기반의 2세대, 그리고 피지컬 AI와 융합될 3세대로의 진화를 예측했다. 현재 1세대 휴머노이드 상용화를 위한 검증 작업이 진행되고 있으며, 2세대 휴머노이드 로봇 개발이 시작된 상황이다.

2020년대를 두고 AI 산업혁명의 시대라는 평가가 많다. 그러나 AI가 산업 전반을 바꾸고 인류의 삶 자체를 바꾸고 있다고 평가하기에는 부족한 면이 없지 않다. 진정한 AI 산업혁명은 어쩌면 AI가 휴머노이드 로봇이라는 범용 기기와 결합할 때 비로소 시작될 것이며, 그렇게 되면 인류의 삶 또한 AI와의 본격적인 공존을 향해 변화할 것으로 전망된다.

# 인간 노동자를 밀어내는
# AI 에이전트의 확산

AI 에이전트로 대변되는 지능형 알고리즘의 발전으로 가장 큰 타격을 받은 업종이 소프트웨어 직군이다. AI 기술의 확산이 저숙련 단순 노동 업무부터 대체할 것이라는 전망도 있었지만 실제로는 지식 노동 중에서도 높은 전문성이 요구되는 소프트웨어 직군이 가장 큰 영향을 받은 것이다.

최근 발표된 미국 고용통계국BLS의 조사 자료에 따르면 2023년부터 2년간 컴퓨터 개발자 고용의 27.5%가 사라져 1980년대 이후 가장 낮은 수준으로 떨어졌다. 구글 CEO 순다르 피차이는 2024년 10월 구글의 3분기 실적 발표에서 구글이 만들어내는 신규 코드 중 25% 이상이 AI에 의해 생성되며, 이는 생산성과 효율성을 높이는 데 기여하고 있다고 소개했다. 2025년 4월 발표에서는 AI가 생성하는 코드 비중이 30% 이상으로 증가했다며 머지않아 50%를 넘어설 것으로 예측했다. 보통 미국의 소프트웨어 개발 업무는 시니어 개발자 1인에 4~5인 내외의 초급 개발자가 보조하는 식으로 진행되는 경우가 많은데, 이제는 시니어 개발자 1인이 초급 개발자 지원 없이 코드 생성 AI 에이전트를 활용해 업무를 수행하는 것이다. 그 결과 신규 채용을 하지 않는 것은 물론 기존 인원까지 해고하는 상황으로 바뀌고 있다.

소프트웨어 직군 다음으로 AI 기술 확산의 영향을 받는 산업은 콜센터로 대표되는 비즈니스 프로세스 아웃소싱BPO, Business Process Outsourcing 영역이다. 생성형 AI 기반의 AI 상담 에이전트는 이전과 달리 고객의 질문 맥락을 신속하게 이해하고 답변한다. 특화된 산업 내부 용어와 규정, 절차까지 이해해 많은 부분에서 인간보다 빠르고 정확하게 고객 대응 업무를 수행할 수 있다. 더군다나 다국어 사용에도 제한이 없어 글로벌 차원의 대응도 어렵지 않게 됐다. AI 상담 직원은 병렬 지원도 해낼 수 있어 동시에 많은 고객이 연결되더라도 몇 분 이상 대기할 필요가 없다. 그리고 실시간 분석 및 리포트 자료 제공이 가능하다.

이로 인해 인도 등지에서의 콜센터 산업은 크게 위축되고 있으며, AI가 해당 일자리를 대체해나가고 있다. 이런 현상은 전 세계적으로 점점 더 빠르게 확산하고 심화할 것이다. 앤스로픽의 CEO 다리오 아모데이Dario Amodei는 AI 기술이 향후 5년 안에 미국의 초급 사무직 일자리의 최대 50%를 대체할 수 있으며, 이로 인한 실업률이 20%까지 상승할 수 있다고 경고했다.


# 딥시크 충격의
# 빛과 그림자


AI 에이전트는 생성형 AI 기술에 기반해 작동하는 모델이다. 생성형 AI는 2017년 발표된 트랜스포머 모델에 기반을 두고 있지만, 일반인이 생성형 AI를 인지한 시점은 2022년 11월 30일 챗GPT가 일반에게 공개되면서부터다. 일부 전문가만 접할 수 있었던 AI 기술을 대중이 이용할 수 있게 되면서 생성형 AI 기술의 효용성에 대해 전 세계가 인식했다. 그 이후 짧은 기간 동안 많은 기술과 산업의 발전이 이어졌는데, 챗GPT 이후 가장 큰 충격과 여파를 몰고 온 것은 또 다른 AI 모델 '딥시크DeepSeek'였다.

중국의 스타트업이 2025년 1월 27일 공개한 딥시크는 기존과 전혀 다른 접근 방식으로 전 세계의 이목을 끌었다. 기본 AI 개발 비용의 10분의 1 수준으로 GPT-4에 맞먹는 성능을 구현하며 저비용 고효율 AI 모델의 가능성을 열었기 때문이다. 특히 전문가 혼합MoE, Mixture of Experts 아키텍처를 기반으로 하는 연산 최적화와 강화학습을 통한 데이터 비용 절감은 전 세계에 큰 충격을 주며 새로운 방향성을 제시했다.

딥시크의 혁신적인 AI 기술 발표로 엔비디아의 GPU 수요 감소 예측이 제기됐고, 이에 따라 엔비디아 주가는 딥시크 발표 직후 하루 만에 약 17% 하락하기도 했다. 그리고 AI 개발 비용이 크게 낮아질 수 있다는 전망에 따라 브로드컴, TSMC 등 주요 반도체 기업의 주가도 동반 하락한 바 있다. 중국의 스타트업이 자신들의 AI에 필적할 만한 성능을 갖춘 AI를 저비용에 효율적 방식으로 개발해 공개함으로써 오픈AI, 메타 등 미국 빅테크 기업은 AI 개발에 투입하는 비용과 개발 효율성에 대한 내부적 비판과 우려에 직면하기도 했다.

딥시크 발표의 가장 큰 파급력은 상세한 기술 문서를 함께 공개했다는 점에서 비롯됐다. 그동안 오픈AI를 비롯한 주요 생성형 AI 업체는 API 등을 통한 외부 접근만 허용하고 가중치 등 핵심 요소는 공개하지 않았다. 반면 딥시크는 딥시크 R1의 구조와 작동 방식에 대한 상세한 설명과 함께 데이터셋 구성, 전처리 과정, 학습 전략에 대한 구체적인 정보를 모두 오픈소스로 소개했다. 그리고 하드웨어 최적화 전략 및 모델의 실제 적용 사례와 성능 테스트 결과까지 공개했다. 이는 AI 기술의 접근성을 높이고, 다양한 국가와 기업이 AI 산업에 참여할 기회를 확대하는 데 크게 기여했다. 한국의 AI 기업들도 그동안 기술적으로 정체되었던 부분에서 딥시크가 공개한 상세 기술 문서로 돌파구를 마련한 경우가 적지 않다. 딥시크로 인해 미국 1강 체제에서 다른 나라들도 AI 산업에 도전할 수 있는 여건을 확보한 것으로, 지금까지 그 여파가 이어지고 있다.

그러나 딥시크 모델은 이러한 긍정적 효과와 함께 지능형 알고리즘의 발전과 확산으로 발생할 수 있는 위험과 문제점도 상당수 동반한다. 여기에는 개인정보보호법 위반, 개인정보 유출, 과도한 정보 수집, 보안 취약성, 지식재산권 위반, 실시간 검열, 사용자의 동의 없는 정보의 제3자 제공 등이 포함된다. 딥시크는 키보드 입력 패턴 등 과도한 사용자 정보를 수집해 논란이 됐으며, 사용자 정보를 틱톡의 모기업인 중국의 바이트댄스ByteDance에 전달한 사실이 밝혀지기도 했다. 사용자 정보를 동의 없이 다른 중국 기업에 넘긴 사실을 우리 정부가 확인하기도 했다. 이외에도 저작권이 있는 데이터의 무단 활용 문제를 비롯한 다양한 문제를 발생시켰다. 딥시크는 AI 에이전트의 기반이 되는 생성형 AI 기술을 잘못 사용할 경우 어떤 문제가 발생할 수 있고 어떤 위험이 발생할 수 있는지를 가동 모델로서 직접 보여준 셈이다.

## 능동형 AI가
## 불러올 위험

앤스로픽의 CEO 다리오 아모데이는 "AI 에이전트가 우리의 일상 작업에 더욱 깊이 스며들면서 안전 문제가 더욱 현실적인 우려로 다가올 것"이라며 특히 프롬프트 인젝션prompt injection 같은 문제에 대한 대비를 강조했다. 프롬프트는 AI에게 질문하거나 요청할 때 입력하는 창이라고 생각하면 된다. 프롬프트 인젝션은 개발자가 의도하지 않거나 예상하지 못한 방식으로 악의적 프롬프트가 LLM에 전달되는 공격을 의미한다. 웹사이트에 악성 프롬프트를 삽입하는 행위도 포함되는데, 이것은 피싱과 비슷하게 사용자의 입력 제어를 가로챔으로써 해킹하는 것이다.

질문하거나 요청을 했을 때만 응답하는 수동형 AI와 달리 과업을 이해하고 스스로 작업을 수행하는 AI 에이전트로 대표되는 능동형 AI의 시대에는 보안의 문제가 더욱 중요해진다. AI 에이전트가 해커에 의해 통제될 경우 수동형 AI 시대와는 비교할 수 없는 피해가 발생할 수 있다. 그 외에도 테러리스트를 돕는다든지 불법적으로 정보를 유출하는데 AI 에이전트 같은 고성능 AI가 이용된다면 그 여파는 감당하기 어려울 것이다.

앞서 살펴본 것처럼, 딥시크에서 발생한 문제를 포함해 AI로 발생할 수 있는 위험성은 크게 기술적 위험, 보안 및 프라이버시 위험, 경제 및 노동시장 위험, 윤리 및 사회적 위험, 정치 및 글로벌 위험으로 분류할 수 있다.

기술적 위험은 예측 오류, 버그, 오판으로 피해를 유발하는 'AI 오작동AI malfunction', 훈련 데이터의 편향으로 차별적이거나 부정확한 결과를 만들어내는 '데이터 편향data bias', AI 시스템이 조작된 데이터나 공격에 취약할 경우 발생하는 '공격 및 해킹adversarial attack'이 있다. 2025년 4월 발생한 SK텔레콤의 유심 해킹 사건은 개인정보 유출을 넘어 통신 인프라에 대한 신뢰와 국민 안전을 위협하는 중대한 보안 사고로 평가됐다. 이와 같은 보안 및 프라이버시 위험에는 AI가 훈련 데이터에서 개인정보를 학습 및 노출할 위험인 '민감한 데이터 유출sensitive data leakage', AI를 이용한 허위 정보 생산 및 확산에 해당하는 '딥페이크 조작deepfake

& misinformation', AI를 악의적으로 사용해 해킹 및 보안 위협이 증가하는 '사이버 공격AI-driven cyber attack'이 있다.

경제와 노동 시장에 발생할 위험은 앞서 살펴본 소프트웨어 직군의 감소같이 AI로 인간의 업무를 대체하고 기존 직업이 감소하는 '일자리 대체job displacement', 일부 대기업이나 국가가 AI 기술을 독점해 경제적 불평등을 심화시키는 'AI 독점AI monopoly', 그리고 인간의 판단 없이 AI에 의존함으로써 발생하는 문제인 'AI 의사결정 권한 증가over-reliance on AI' 등을 꼽을 수 있다.

윤리적·사회적 위험에는 AI가 특정한 집단을 차별하거나 공정하지 않은 결정을 내릴 가능성을 의미하는 '차별과 불공정성discrimination & fairness issues', 자율주행 등을 비롯한 AI 기반 기술로 가동되는 시스템의 오작동으로 피해 발생 시 책임 소재의 불분명 문제인 '책임 문제accountability issues', 그리고 AI가 인간의 자율성을 침해하고 의사결정을 대체하는 문제인 '인간성 상실loss of human autonomy'이 있다.

마지막으로 정치 및 글로벌 위험은 AI를 이용한 여론조작, 가짜뉴스 확산 등 정치적 악용 가능성을 의미하는 'AI를 이용한 선거 조작election manipulation', AI 기반 무기 시스템 개발로 인한 대량 살상 및 글로벌 위협인 'AI 무기화militarization of AI' 문제가 있다.


# 다중 AI 에이전트 시대의 도래와
# 안전을 위한 과제

생성형 AI 다음 단계의 기술인 AI 에이전트가 본격화하기 시작한 것이 2025년이다. 그로부터 얼마 되지 않은 시점이지만, 각 에이전트의 상태를 확인해 어떤 에이전트에게 어떤 업무를 맡길지 결정하는 식으로 다중 AI 에이전트 전체 시스템이 효율적으로 움직이도록 총괄 지휘자처럼 작동하는 MCPMaster Control Program라는 기술이 상용화되고 있다. 즉 AI 에이전트끼리 협업해 훨씬 많은 과업을 더 빠르고 더 정확하게 수행하는 다중 AI 에이전트 시대로 접어들고 있다.

이와 함께 이러한 AI 에이전트들이 물리적 장치, 예를 들어 로봇, 자동차, 드론 등에 결합되면서 인간의 물리적 역할까지 대체하는 피지컬 AI 시대도 열리고 있다. 테슬라는 5,000대에서 1만 대의 옵티머스 로봇을 자사 공장에 배치할 계획이고 다른 자동차 회사도 로봇 투입을 준비하고 있다.

우리가 알고 있는 생산함수는 노동과 자본의 투입량으로 결정되는데 노동이 로봇 등 피지컬 AI로 무한 공급된다면 기존의 생산 체계는 물론 인간 삶의 방식까지 바뀔 수 있다. 바야흐로 그런 시대를 눈앞에 두고 있다. 이미 우리는 AI를 피할 수 없고 발전을 돌이킬 수도 없는 시대로 들어서게 됐다. AI의 핵심을 구성하는 코드를 AI 스스로 생성하면서 기술 발전 속도가 빨라지고 있으며, 이는 앞으로 더 가속될 것이다. 그런 과정에서 AI의 효율성과 안전성이 비등한 무게를 지닐 수 있는 방법을 찾아 구현해나가는 것이 AI에 주도권을 완전히 빼앗기기 전에 지금 세대가 해야 할 가장 중요한 과제 중 하나다.

AI 기술은 의도된 대로 안전하게 설계되고 사용돼야 하며, 인간은 안전하지 않거나 비효율적인 AI 시스템으로부터 보호받아야 한다는 기준을 만족시키는 '안전성' 원칙, AI에서 사용하는 개인정보는 최소한으로 수집되고 AI에 데이터 악용으로부터 개인정보를 보호할 수 있는 안전

장치가 내재돼야 한다는 '민감한 데이터 보호' 원칙, 그리고 AI 알고리즘은 차별과 고정관념을 내재하지 않도록 설계되고 형평성 있게 사용돼야 한다는 '차별 방지 보장' 원칙, AI 시스템에 문제가 발생하거나 사용자가 요구할 경우 AI 대신 사람 관리자의 대응을 받을 수 있는 '대체성' 원칙 등 AI 안전 원칙을 준수해야 한다.

이러한 AI 안전 원칙을 무시하거나 악화시킬 가능성을 도외시한 채 AI의 혜택을 누리는 것이 인류에게 과연 도움이 될지 생각해봐야 한다. 시간이 더 걸리거나 추가 비용이 들더라도 안전하고 위험 대응이 가능한 AI 모델이어야 우리 인간의 삶에 궁극적으로 도움이 될 것이며 AI 산업 자체도 훨씬 더 경쟁력을 갖출 수 있을 것이다.

# AI 시대의 정치와
# AI 정치인의 가능성

AI의 등장은 산업혁명 이후 가장 근본적인 문명사적 전환으로 평가받는다. 과거의 기계는 인간의 육체노동을 대체했지만, AI는 인간의 인지·판단 능력, 심지어 감성까지 모방하고 대체할 수 있을 것으로 보인다. 물론 아직은 가능성을 얘기하는 단계이고, 시간의 문제가 남아 있다.

AI는 의료, 교육, 제조, 법률 등의 영역을 넘어 정치라는 사회의 가장 핵심적인 의사결정 체계에까지 진입하고 있다. 정치는 단지 제도와 규범의 산물만이 아니라, 사람 사이의 이해, 신뢰, 갈등, 연대라는 감정과 가치의 총체적 조율을 일컫는 것이다. 그런 점에서 AI의 정치 참여는 단순한 기술 적용 문제 이상의 것으로, 인간성의 본질, 정치 권위의 기반, 그리고 민주주의 시스템의 재구조화를 수반하는 거대한 질문을 제기한다. AI 정치의 도입은 단순한 기술적 수단의 등장이 아니라 문명의 전환을 관리하는 '메타 정치'의 출현으로 봐야 한다. 이러한 맥락에서 AI 시대의 정치와 AI 정치인의 가능성, AI와 인간 정치인의 관계를 되짚어볼 필요가 있다.

# 인간 정치인을 대체할
# AI의 잠재력

전통적으로 정치인은 시민의 의사를 수렴하고 이를 정책과 제도로 구현하는 대표자이며, 동시에 갈등을 중재하고 공동체의 미래를 설계하는 책임자다. 이러한 역할은 '인지적 판단력'과 '정서적 공감', '도덕적 직관' 등 인간의 복합적 능력을 요구해왔다. 그러나 고도화된 AI 기술은 이 중 상당 부분을 기술적으로 대체 혹은 보조 가능함을 입증하고 있다. LLM의 경우, 국회 회의록 자동 요약, 법률 초안 작성, 국민 청원 분석, 여론 분류, 시뮬레이션 기반 예산안 작성 등 다양한 정치 보조 업무에서 효율성과 정확성을 크게 높이고 있다. 예컨대 AI 기반 회의록 분석이나 법률 검색 시스템이 시범적으로 사용되고 있으며, 자연어 검색이나 법안 비교 기능도 AI 서비스를 통해 제공되고 있다.

국회에서 논의해온 'AI 보좌관 시스템' 역시 민원 응대, 정책 제안 정리, 여론과 트렌드 감지 등에서 인간 보좌관을 보완하는 입법 지원 시스템이라고 할 수 있다. 이 시스템은 단순 자동화가 아니라, 데이터 기반의 정교한 정치 보조 알고리즘으로 설계돼 기술의 완성 정도에 따라 인간의 보조 역할을 넘어 특정 부분의 역할을 대체할 수도 있을 것이다.

이런 맥락에서 전망해보면, 미래 정치인의 경쟁력은 설득력과 정무 감각이 아니라 AI를 전략적으로 활용해 사회의 복잡성을 해석하고 정책 대안을 실시간으로 도출할 수 있는 능력으로 변화할 것이다. 이러한 흐름은 정치가 '데이터 민주주의data democracy'와 '실시간 정책 피드백 시스템'으로 재편되고 있다는 점을 시사한다. 특히 시민이 요구하는 투명성과 예측 가능성은 AI 기반 정치 시스템과 상호 보완적으로 기능할 수 있다.

하지만 이러한 기술 발전이 '인간 정치인의 본질적 역할'을 어떻게 보완 또는 위협하는지에 대한 깊이 있는 숙고가 필요하다. 미래학자 레이 커즈와일이 말하는 '기술적 특이점singularity'이 정치 영역에 적용될 경우, 정치는 감성과 공감의 산물이 아닌 알고리즘 최적화의 산물로 변질될 수 있다. 따라서 AI는 정치 보조 기술로 유용하게 활용할 수 있는 도구가 될 수는 있지만, 정치적 정당성과 책임성, 윤리성의 확보는 여전히 인간의 몫이라는 인식이 필요하다.

# AI 정치인
# 어디까지 왔나?

AI 정치인은 이론적 가설이나 공상과학의 영역에만 머무는 개념이 아니다. 여러 국가에서 AI 기반의 정치 참여 실험이 실제로 진행되고 있고, 이는 AI가 정치의 기능적 측면을 일정 부분 대체할 수 있다는 점을 시사한다.

가장 대표적인 사례는 뉴질랜드에서 개발된 AI 정치인 '샘SAM, Semantic Analysis Machine'이다. 샘은 국민의 질문에 실시간으로 답변하고,

정책에 관한 입장을 밝히며, SNS를 통해 피드백을 수집·반영하는 알고리즘으로 구성돼 있다. 샘은 '정치인의 투명성과 일관성을 높이기 위한 실험'으로 시작됐지만, AI가 정치적 편향 없이 국민 의견을 반영할 수 있다는 가능성을 보여줬다.

일본 지방자치단체장 선거에서는 AI 후보가 실제 선거에 출마해 눈길을 끈 바 있다. 법적으로 피선거권이 사람에게만 부여돼 사람이 AI 후보를 대리해 출마하는 형식을 취했지만, 선거 포스터에는 AI 로봇의 얼굴이 인쇄돼 배포됐다. AI 정치인을 출마시킨 것은 인간 정치인과 달리 특정 단체나 기업에 유착되지 않아 정책 결정이나 예산 배분에서 최적의 판단이 가능하다고 봤기 때문이다. 해당 AI는 공약과 지역 데이터를 기반으로 정책을 설계하고, 유권자 질문에 대응하며, 주민센터 민원 분류 업무도 수행했다. 이는 정치인의 공약 설계와 행정 응대 기능에서 AI가 일정 수준의 역할을 할 수 있다는 점을 방증했다.

그런가 하면, 에스토니아는 전 세계에서 가장 디지털화된 정부를 운영하고 있으며, '크라트Kratt 프로젝트'를 통해 AI 기반 행정 시스템을 실현하고 있다. 이 프로젝트는 단순한 챗봇이나 전자정부가 아닌 AI가 정부 부처 데이터를 통합해 정책 자문, 민원 분류는 물론 규제 설계 보조 기능까지 수행하는 체계를 목표로 하고 있다.

이외에도 EU는 'AI 공공행정 가이드라인'을 통해 AI를 행정의 투명성과 책임성을 강화하는 보조 도구로 활용하는 실험을 진행 중이며, 캐나다와 핀란드는 AI 윤리 기준을 정책 결정 알고리즘에 적용하는 방식을 연구하고 있다. 이러한 흐름은 '정치의 탈중앙화와 기술 중심 거버넌스governance의 등장'으로 해석할 수 있다. 즉 정당 중심의 대의민주주의가 AI 기반 데이터 민주주의로 확장되는 변곡점에 서 있다는 의미다.

정치 영역에 AI가 등장하는 이러한 사례들은 AI가 정치의 '기능적 영역', 가령 정보 수집, 정책 설계, 민원 분류, 데이터 분석 등에서 인간 정치인을 보완하거나 대체할 수 있다는 메시지다. 정치의 '가치적 영역', 가령 정당성, 윤리성, 책임성, 공감 능력 등은 여전히 인간의 고유한 영역으로 남아 있지만, 앞서 언급한 사례들은 미래의 정치 시스템이 이 두 영역의 경계를 재정의하는 복합 거버넌스 모델로 진화할 가능성도 시사한다. 즉 AI 정치인 실험은 단순한 기술 도입 시도가 아니다. 정치 시스템 전반의 구조적 전환을 예고하는 신호라 할 수 있다. 기술이 정치권력의 성격을 바꾸는 순간, 민주주의의 본질 또한 재설계가 요구된다는 점을 상기해야 한다.

## AI에 인격을 부여할 수 있는가?
### 법적·윤리적 논쟁

AI 정치인을 제도적으로 수용하려면 AI를 단순한 도구가 아닌 사회적 행위자, 즉 법적 인격체로 인정할 수 있는지 검토해야 한다. 이는 정치참여에 있어서 가장 핵심적이고도 복잡한 법철학적·윤리적 과제다. 법적 인격체란 권리와 의무의 주체로 법 앞에 독립적 지위를 가지는 존재를 말한다. 법적 인격체는 계약 체결, 형벌 책임, 도덕 판단 능력 등을 전제해야 한다. 그러나 현재의 AI는 이 기준을 충족하기 어렵다. AI는 입력 데이터와 알고리즘에 의해 작동되며, 그 자체로 자유의지, 윤리적 직관, 도덕적 판단 능력을 지니지 않는다.

EU의 입법부인 유럽의회가 '전자 인격' 개념을 논의하며 자율주행차 및 고도 AI 시스템에 대한 법적 지위를 검토한 바 있다. 그러나 다수 시민사회단체, 윤리학자, 기술 전문가가 강한 우려를 표했고, 결국 해당 논의는 철회됐다. 그 철회 배경에는 책임 귀속이 불분명하다는 이슈가 있었다. AI가 자율적인 결정을 내릴 경우, 오류나 피해 발생 시 법적 책임 주체가 명확하지 않다는 것이다. 조작 가능성도 문제다. AI에 정치적 권한을 부여할 경우, 배후 설계자나 운영자가 결과를 조작하거나 왜곡할 위험이 존재하기 때문이다. 그리고 정치 영역에서 무엇보다 중요한 민주주의 훼손 가능성이 있다. 유권자들이 책임을 물을 수 없는 AI 시스템에 의사결정 권한을 부여하는 것은 민주주의의 본질적 원칙에 어긋난다.

AI는 그 자체로 의도를 갖지 않기 때문에 책임을 부여하기 어렵다. 이는 정치적 정당성과 대의제 원칙에 결정적 위협이 된다. 따라서 AI는 '도구'로서 활용되는 것이며, 법적 책임은 항상 인간 설계자 혹은 운영자에게 귀속돼야 한다. AI는 인간의 존엄성과 권리를 침해하지 않도록 설계돼야 하고, 인간 중심적 통제 원칙을 모든 AI 시스템에 적용해야 한다. 이러한 측면에서 AI를 정치 도구로 활용하는 것은 가능하지만, 인격체나 독립적 행위자로 인정하는 것은 법적·윤리적으로 곤란하다. AI 정치 도입은 기술이 아닌 책임의 문제이며, 법적 제도화 논의는 인간 중심 책임 체계를 전제해야 한다.

그런데 만일 AI가 의도를 지닐 수 있는 단계에 이른다면 어떻게 할 것인가? 논자에 따라 협업이나 공생을 얘기할 수는 있겠지만, 그것은 단지 인간의 희망에 불과하다. 공학적 원리의 기저에는 최적화가 있다. AI 작동 원리 또한 다르지 않다. AI가 그 자체로 의도를 지닐 경우, AI보다 효율적이기 어려운 인간에게 법이나 정치, 미래를 논할 기회는 주어지지 않을지도 모른다.

# 보조, 경합, 대체:
# AI 정치의 3가지 시나리오

AI가 정치 영역에서 어떤 방식으로 작동할지는 단일한 경로가 아닌 복수의 미래 시나리오로 접근할 필요가 있다. AI 정치의 전개 양상은 기술의 발전 속도뿐만 아니라, 제도적 수용성, 사회적 신뢰, 시민의 디지털 리터러시 등 다양한 변수에 의해 결정되기 때문이다. 시간 축을 중심으로 다음과 같은 3가지 시나리오로 나눠볼 수 있다.

### 보조형 모델

보조형 모델assistive model은 현재 가장 현실적인 시나리오로, AI가 인간 정치인을 보조하는 '정책보좌관' 역할을 한다는 것이다. 이 경우 AI 보좌관의 주요 기능은 국회 회의록 자동 요약, 법안 비교·분석, 민원 분류 및 정책 피드백, 여론과 트렌드 분석, 긴급 이슈 감지, 예산안 시뮬레이션 및 지역 정책 예측 등이 될 수 있다. 이는 데이터 분석 기반의 정무政務라고 할 수 있으며 인간 정치인이 AI를 얼마나 전략적으로 활용하느냐에 따라 정치 역량의 격차가 벌어진다는 점에서 현실성 있는 AI 정치의 모습이다.

### 경합형 모델

경합형 모델competitive model 시나리오는 AI 정치인 후보가 인간 정치인 후보와 경쟁하는 구조를 상정한다. 뉴질랜드의 'AI 정치인 샘', 일본의 'AI 구청장 후보'처럼 유권자의 질문에 논리적으로 신속하게 답하고, 데이터 기반으로 정책 제안을 설계하며, SNS 및 플랫폼에서 시민과 소통하는 능력을 갖춘 AI가 인간 후보와 정치 경쟁을 벌이는 국면이다. 정치의 AI 플랫폼화 혹은 알고리즘화라고 할 수 있다. 특정 지역이나 소규모 거버넌스 단위에서 AI가 더 나은 정책 대응을 할 경우, 일부 시민은 인간 정치인보다 AI를 더 선호할 가능성이 있다. 이러한 경합형 모델은 기성 정치에 대한 불신, 중립성과 효율성에 대한 시민 수요 증가, 정당 중심 정치 구조의 약화 등과 맞물리면 현실화할 가능성이 있다. 다만 이 경우에도 AI는 독립적인 정치 행위자가 아닌, 투명한 책임 구조 아래 기능하는 보조적 주체로 제한돼야 한다.

## 대체형 모델

가장 급진적인 대체형 모델replacement model 시나리오는 AI가 전면적으로 정치권력을 대체하는 경우다. 이는 대표자 없는 '알고리즘 민주주의algorithmic democracy'로, 스마트 계약과 AI 알고리즘이 정책을 자동 생성 및 집행하는 시스템이다. 투표, 예산 결정, 법안 심사 등 정치의 핵심 과정이 완전 자동화될 수 있다는 전망에 기반한다. 레이 커즈와일이 말하는 기술적 특이점의 맥락에서 보면, AI는 인간보다 더 높은 수준의 복합 정책 최적화를 실현할 수 있다. 그러나 여전히 한계가 존재한다. 시민의 정치적 의사결정권이 상실될 위험이 있고, 설명 불가능한 의사결정과 책임 회피 구조, 데이터 편향성과 조작 가능성, 공감·신뢰·윤리 판단의 부재 등이 논란이 될 것이다. 이러한 대체형 모델 시나리오는 기술적으로는 가능할 수 있지만, 결정적으로 정치적 정당성과 사회적 수용성 측면에서 한계에 부딪힐 수밖에 없다.

AI 정치의 미래는 단일한 시나리오가 아니라, 복수 시나리오의 혼합과 진화 속에서 전개될 것이다. AI 기술이 비약적으로 발전하는 것을 고려하면, 향후 10년 안에 우리 정치는 보조형에서 경합형으로 전환될 가능성이 클 것으로 전망된다. AI 기술과 현실 정치를 논할 때 명심해야 할 부분은 기술이 정치의 본질적 가치인 공감, 책임, 신뢰를 대체하는 방향이 아니라, 그것을 보완하면서도 훼손하지 않는 방향으로 설계돼야 한다는 점이다.

## 하이브리드 거버넌스,
## AI와 인간의 협력적 공존

AI의 등장은 정치의 종말이 아니라 진화를 의미한다. AI는 정보 분석, 정책 시뮬레이션, 민원 분류, 입법 보조 등에서 인간 정치인의 한계를 보완하고, 공공 정책의 투명성, 예측 가능성, 응답 속도를 획기적으로 높일 수 있다. 그러나 정치는 단순한 문제 해결 프로젝트가 아니라, 사람의 마음을 움직이고 공동체를 설계하는 예술이자 도덕적 실천이기도 하다. AI가 인간 정치인을 완전히 대체하는 시나리오는 기술적으로는 가능할지라도, 법적·윤리적 정당성을 확보하기 어렵다. 정치적 정당성은 단순한 결과가 아니라 책임과 공감, 신뢰를 수반하는 과정의 산물이기 때문이다.

따라서 미래 정치는 AI와 인간의 협력적 공존, 즉 '하이브리드 거버넌스'가 중심이 돼야 한다. 그렇지 않고 효율성과 최적화를 최우선 가치로 인식한다면, 인간은 AI 알고리즘에 의해 완전히 대체되는 운명에 처할 수 있다.

정치에서 인간과 AI가 조화를 이루는 공존이 가능하다면, 이는 증강 정치augmented politics의 등장을 의미하며, AI는 인간 정치인의 정치 역량을 확대하는 동반자partner 역할을 하게 된다. 이 경우 AI는 인간의 가장 강력한 정치적 도구가 될 수 있다. 물론 정치에서 기술이 차지하는 비중이 높아질수록 인간의 정무 감각, 도덕성, 시민성 같은 비기술적 자질의 중요성이 더욱 부각될 것이다.

결국 AI 시대의 정치는 인간 중심의 기술 통제 능력이 핵심이다. 이것을 어떻게 확보할 것인가는 단순한 규제의 문제가 아니라, 민주주의의 진화를 어떻게 설계할 것인가에 대한 철학적 질문이다. 따라서 우리는 정치 영역에서 AI를 '위협'이 아니라 조화롭게 관리해야 할 '자원'으로 인식해야 하며, 인간 정치인의 역량은 기술에 대한 저항 여부가 아니라 기술의 이해와 활용 능력에서 판가름 날 것이다. 정치는 '사람 대 AI'의 경쟁이 아니라, 'AI를 이해하는 사람'과 '그렇지 못한 사람'의 경쟁이다. 미래는 지금 우리가 어떻게 AI를 설계하고 통제할지 결정하는 정치적 선택에 달려 있다.

# 초지능 AI를 만나
# 더 정교해진 조작 사회

"진짜란 무엇인가? 무엇을 믿을 것이며, 어떤 기준으로 의미 있는 현실을 구성할 수 있는가?"

일찍이 프랑스 철학자 장 보드리야르가 주창했던 시뮬라크르·시뮬라시옹 이론은 오늘날 딥페이크와 AI 기술이 만드는 '실재와 복제의 경계 붕괴' 현상을 이해하는 데 중요한 시사점을 제공한다. 보드리야르는 현대사회가 더 이상 실재reality에 기반하지 않고, 복제된 이미지와 기호, 즉 '시뮬라크르simulacre'가 현실을 대체하는 '시뮬라시옹simulation' 시대에 진입했다고 보았다. 시뮬라크르는 처음에는 원본을 모방하지만, 반복과 왜곡을 거치면서 결국 스스로 현실처럼 기능한다. 그 결과 '복제'가 '현실'을 대체하는 지점에 이르며, 이때 발생하는 현상이 시뮬라시옹이다. 이는 딥페이크 같은 AI 생성 기술이 '원본 없는 복제'를 만들어내고, 그 복제가 현실을 대체하는 오늘날의 상황과도 맞닿아 있다.

20세기가 문맹 타파와 산업화, 그리고 정보화를 통해 사회발전의 근간을 확립했다면 21세기는 AI가 사회발전의 원천이 되고 있다. 하지만 AI가 만들어낸 딥페이크 기술은 정치, 사회, 문화 각 영역에 악용돼 민주적 가치를 훼손하고 '조작 사회'를 형성할 수도 있다. 사회·경제적 양극화가 심해지는 가운데 플랫폼을 통해 유통되는 정보 또한 AI 알고리즘을 바탕으로 확증편향되는 경향을 드러내고 있으며, 이런 상황에서 AI에 의해 정교하게 생성된 딥페이크는 정치적 조작과 사회적 분열을 더욱 가속할 수 있다.[5] 집단이나 세력이 특정 목적을 갖고 원하는 방향으로 여론을 몰아갈 수 있기 때문이다. 따라서 딥페이크를 정확히 이해하고 그 의미뿐만 아니라 딥페이크 기술이 초래할 수 있는 조작 사회의 위험을 예측해 대응 방안을 마련하는 것은 AI 전환 시대에 중차대한 과제라고 할 수 있다.

## 딥페이크는
## 어디에 쓰이는가?

딥러닝deep learning과 가짜fake를 합성한 신조어 딥페이크는 AI를 기반으로 동영상, 음성, 이미지 등을 변형하거나 허위로 제작하는 기술을 지칭한다.[6] 딥페이크는 허위·조작 정보, 편향 정보, 과장 정보, 극단 정보, 망신 정보 등이 담긴 내용을 동영상, 음성, 이미지 등으로 전달하기 때문에 호소력이나 전파력이 다른 허위·조작 정보mis & disinformation 전달 수단보다 훨씬 크다.

딥페이크는 AI의 하위 분야인 머신러닝 기술, 특히 생성형 적대 네트워크GAN, Generative Adversarial Network를 사용해 제작된다. GAN은 생성기와 판별기 등 2개의 시스템이 서로 경쟁하면서 작동한다. 경쟁적 학습의 결과로 생성기는 더 사실적인 위조 데이터를 만들어내면서 판별기가 위조 데이터를 식별할 수 없을 정도로 위조 수준이 향상될 때까지 지속적이고 반복적으로 경쟁한다.

딥페이크가 생성·확산되는 주원인 가운데 하나는 크게 줄어든 제작비용이다. 무료 소프트웨어 보급과 클라우드 컴퓨팅을 통한 정보처리환경의 발전으로 딥페이크 전문가가 아니더라도 관련 소프트웨어를 무료로 내려받은 뒤 공개적으로 사용 가능한 데이터를 이용해 위조 콘텐츠를 제작할 수 있다. 특히 오픈AI의 소라SORA처럼 텍스트만 입력하면 동영상을 생성해주는 AI 모델들이 등장하면서 영상 제작도 더 쉬워졌다.[7] 소라는 텍스트만으로 복잡한 장면, 다양한 캐릭터, 특정 유형의 동작을 포함한 동영상을 생성할 뿐만 아니라, 기존 이미지나 동영상을 활용해 새로운 동영상을 만들거나 확장하는 기능도 갖췄다.

원래 딥페이크 기술은 영화, 음악, 전시 등 대중예술 분야에서 접근성을 확대하고 비용을 절감하려는 차원에서 활용되었다. 예를 들어 배우 니컬러스 케이지가 출연하지도 않은 영화에 그의 모습을 삽입하거나, 미술관에서 예술가 살바도르 달리를 재현하는 전시를 진행하면서 딥페이크 기술이 대중화됐다. 딥페이크 기술은 역사 속 인물을 되살리거나 역사적 사건을 묘사하고, 유명인과의 학습을 경험하게 하는 등 교육 분야에서 활용되기도 한다. 의료 분야에서도 유용한데, 이를테면 복잡한 인체 부위 수술을 연습하거나 가짜 의료 이미지 합성을 통해 개인정보 침해 없이 환자의 질병을 연구하는 데 쓰이기도 한다.

딥페이크 기술은 실제 동영상과 구별할 수 없을 정도로 사실적인 정치인 동영상을 제작·유포하는 방식으로 정치 분야에서도 활용될 수 있다. 정치인이나 후보자가 딥페이크를 활용해 선거비용을 절감할 수 있고, 선거운동 과정의 시공간적 한계를 극복하고 유권자와 폭넓게 소통할 수 있다는 장점도 있다. 딥페이크를 이용하면 영상 속 정치인이나 후보자의 외양을 실제 인물의 외양과 똑같이 하면서도 표정, 몸짓, 태도 등 비언어적 상황을 원하는 방향으로 설정할 수 있다. 실제로 트럼프, 오바마, 푸틴 등이 등장하는 딥페이크 영상이 유포되기도 했다.

그러나 처음에는 정치인 딥페이크가 유머나 풍자를 가미한 것이었지만, 점차 사실과 다르게 왜곡·조작됨으로써 심각한 사회문제가 됐다. 국내에서도 지난 20대 대선 캠페인 기간에 실제 후보와 똑같은 AI 후보가 홍보용 영상에 등장해 긍정적 효과를 거두기도 했지만, AI 기반 딥페이크를 악용할 가능성이 더 커지면서 선거 캠페인에서 딥페이크 이용이 전면 금지된 바 있다.

# 딥페이크에 의한
# 조작 사회의 위험

딥페이크 기술이 위험한 이유는 조작의 방편으로 악용될 수도 있기 때문이다. 가령 정치 분야에서 딥페이크 영상이 비방과 왜곡을 목적으로 악용되면 민주적 가치를 훼손하고 조작 사회의 기반을 형성할 수 있다. 딥페이크 영상이 호도하는 메시지가 정치 담론과 사회 현안 이슈에 대한 공정한 토론을 방해할 가능성이 크다.

앞서 현대사회는 복제된 가짜가 진짜를 대체하는 '시뮬라시옹' 시대라는 보드리야르의 비판을 살펴보았다. 보드리야르의 이론에 따르면, 우리가 경험하는 현실은 미디어와 AI가 만들어낸 시뮬라크르로 대체되고 있으며, 이는 사회적 신뢰와 민주주의의 토대를 위협하는 구조적 변화라고 할 수 있다. 그의 이론은 딥페이크 현상이 단순한 기술적 문제가 아니라 현대사회의 본질적 위기임을 시사한다.

### 사회적 담론 형성의 방해와 사회 분열 촉진

민주적 정치 담론과 논쟁은 경험적 증거에 의해 뒷받침되는, 공유된 사실과 진실의 토대에서 전개될 때 가장 기능적이다. 하지만 정치적 담론과 토론에 참여하는 정치인을 딥페이크로 만들어내 허위·조작 정보를 유통하거나 신뢰성을 훼손하는 경우 민주적 정치 담론의 사실적 토대 자체가 흔들릴 수밖에 없다. 그렇게 되면 합리적 토론과 협상이 방해받고 양극화가 심화하며 선거 결과에 대한 보편적 포용과 존중조차 이뤄지지 않음으로써 민주주의 제도 자체가 타격을 받는다. 특히 합리적 토론이 차단됨으로써 정치 담론에서 헤게모니적 위치를 차지하는 사람이나 집단이 권력을 획득하는 '권위주의의 공간'이 초래될 가능성이 존재한다.[8]

딥페이크로 인한 폭력 선동 또한 사회적 분열과 양극화를 가속할 가능성이 크다. 사회문제에 대해 건전하게 토론하고 상대방 입장을 존중하며 집단적 의사결정의 정당성을 확보하기보다는 딥페이크를 통한 일방적 주장만 확산시키며 인식 불균형과 사회 분열, 양극화를 조장하는 결과로 이어질 가능성이 커진다.[9]

## 민주적 정당성 왜곡과 언론에 대한 불신

딥페이크는 민주사회의 선거제도에 개입해 정당성을 왜곡하고 조작 사회로 나아가는 발판을 형성할 수도 있다. 즉 선거의 공정성과 무결성에 대한 신뢰를 떨어뜨려 민주주의에 위기를 초래할 수 있다.[10] 예를 들어 선거 캠페인 과정에서 등장한 딥페이크 영상 속 특정 후보자가 다른 후보자의 실제 영상을 가짜라고 비난하고, 다른 후보자들은 그 상대방의 주장이 가짜라고 서로 주장함으로써 정치와 선거에 대한 신뢰를 더욱 악화시킬 수 있다.[11]

만약 딥페이크를 이용해 특정 후보나 정당을 겨냥해 '허위·조작 정보', '음모론', '인종적 편견과 우월주의' 등의 담론을 유포하면, 도덕적 혐오감을 조장함으로써 해당 후보나 정당의 공정한 선거 참여 기회가 박탈될 수도 있다. 또 특정 후보나 정당에 대해 악의적으로 비난함으로써 유권자가 투표에 나서지 않도록 만들어 권리 행사를 방해하거나, 다른 후보자 혹은 정당에 투표하도록 해 정치적 의사결정을 왜곡할 가능성도 있다.[12]

한편 딥페이크가 사회적 감시 기능을 하는 언론에 대한 불신을 불러일으켜 언론 자유 보장에 대한 근본적 의문이 제기될 수 있다는 우려도 있다. 특히 기자를 대상으로 한 딥페이크는 언론에 대한 신뢰를 허위 사실을 유포하는 수단으로 악용하면서 언론 불신을 조장할 소지도 있다.[13] 언론에 대한 불신은 언론 스스로가 딥페이크로 인한 허위 사실 여부에 대한 입증은 물론, 언론이 제기하는 사회적 감시 사항에 대한 진위를 입증해야 하는 부담을 초래한다.[14] 딥페이크 때문에 언론에 대한 신뢰가 계속 떨어진다면 결국 경험적 증거와 사실조차 불신하게 되고 나아가 민주적 제도와 동료 시민에 대한 신뢰도 악화할 수밖에 없을 것이다.

## 사회적 신뢰성의 무력화

딥페이크 영상이 악용되면 국가나 공공기관, 나아가 민간 기업 모두에 대한 불신을 키워 민주적 가치의 기본인 사회적 신뢰성을 무력화할 수 있다. 국회의원이나 대통령 같은 선출직 공직자는 물론이고 임명직 공무원, 판사, 경찰 등 공권력의 정당성에 대한 신뢰를 떨어뜨려 사회시스템의 작동을 방해할 수 있다. 국가정보원의 특수 요원이 민간인을 감시·추적하는 악의적 딥페이크가 유포되거나, 사회보장 업무를 담당한 공무원이 장애인이나 어린이 혹은 노인을 학대·비하하거나 차별하는 영상이 유포될 경우, 정당한 공무 집행에 대한 신뢰성이 위협받을 것이다. 민간 기업에서 갑질이 자행됐다는 딥페이크 영상이나 특정 종교 단체의 가혹 행위 관련 딥페이크 동영상이 유포된다면 해당 기업이나 종교 단체에 대한 신뢰와 평판이 무너진다. 특히 이런 딥페이크의 표적이 된 기업이나 종교 단체가 그 이전까지 사회적으로 의미 있는 역할을 해온 경우라면 피해 규모를 가늠하기조차 어려울 것이다.

## 국가안보 간섭

딥페이크는 군사 활동, 특히 전투 작전에서 상당한 효용성을 발휘한다. 전술적 기만술을 지원하는 허위 정보의 한 형태이기 때문이다. 특히 적군이 민간인을 점령했다거나 군대가 민간인이 있는 가운데 작전을 수행해야 할 경우, 그 효과는 더 커진다. 딥페이크 영상을 통해 전사자나 사상자의 시신을 보여주거나 적군의 만행을 보여줌으로써 상대방의 사기를 떨어뜨리고 아군의 전투 의지를 높일 수 있다. 가령 미군이나 서방 군대가 중동의 현지 민간인을 살해하고 그 과정에서 이슬람을 폄훼하는 발언을 하는 것처럼 보이는 딥페이크를 유포하면, 미군이나 미국인에 대한 공격을 촉발할 수도 있을 것이다.

딥페이크는 정보기관 활동에도 비슷한 문제를 야기한다. 딥페이크 영상으로 정보기관의 정당한 활동을 악의적인 것으로 묘사하는 경우, 정보기관에 대한 신뢰를 떨어뜨려 정보기관의 권한을 제한하거나 정보 활동에 대한 감시를 강화하도록 할 수 있기 때문이다. 특히 적국이나 경쟁 관계에 있는 국가의 정보 활동을 방해함으로써 궁극적으로 해당국의 정보 경쟁력을 떨어뜨리는 등 특정 국가의 정보 활동을 교란하려는 전략적 작전으로 딥페이크를 이용할 가능성이 매우 크다.[15]

아울러 딥페이크에 기초한 외교문서나 기밀문서가 국가안보를 위협하는 상황도 가정해볼 수 있다. 사이버 공격으로 기밀문서를 입수한 다음, 이를 위조해 공개함으로써 특정 국가의 안보나 외교 관계에 치명타를 가하는 것이다. 위조문서와 함께 위조 영상이나 음성을 유출할 수도 있다. 그럴 경우, 설사 가짜 영상이라 하더라도 해당 국가는 신뢰에 심각한 손상을 입는다.

# 딥페이크 조작 사회
# 대응 방안

가짜가 진짜처럼 기능하고, 진짜를 밀어낼 수도 있는 딥페이크 조작 사회에 대응하기 위해서는 무엇보다 고도화되는 기술에 맞대응할 수 있어야 한다. 또 이러한 문제를 인식하고 규율하는 제도적 방안의 강화도 병행해야 한다. 그러나 딥페이크가 만들어내는 진짜와 가짜의 경계 붕괴는 기술적·제도적 해법만으로 완전히 극복하기는 어려울 것이다.

AI 기술이 만들어내는 '초현실hyperreality'로 진실과 허위, 실재와 복제의 구분이 점점 더 불분명해지는 세상에서 우리는 단순히 기술을 경계하거나 제도적으로 대응하는 것만으로는 충분하지 않다는 사실을 깨닫게 된다. 가장 중요한 것은 '진위眞僞가 모호해진 정보 환경에서 각자 어떻게 비판적으로 사고하고, 진실을 탐구하며, 인간으로서의 의미와 가치를 지켜낼 수 있는가'일 것이다.

### 대응 거버넌스 구축

우선 실효적 대응을 위해서는 다양한 부처와 이해관계자의 목소리를 취합하고 조정하는 거버넌스를 정립할 필요가 있다. 딥페이크가 민주사회의 기본 가치는 물론 외교 안보와 국방에 심각한 피해를 끼칠 수 있다는 점에서 국가안보 기구를 중심축으로 대응 거버넌스를 구축해야 한다. 사이버 안보 전담 기구에 딥페이크를 담당할 전문 인력을 둠으로써 해당 정책의 입안과 집행, 조정과 통제를 맡도록 하는 방안도 생각해볼 수 있다.

### 법·제도적 장치 도입

딥페이크를 생성·유포해 국가, 사회 또는 개인에게 손해를 입힌 가해자에 대해 징벌적 손해배상책임을 묻는 법안 도입도 필요하다. 〈개인정보보호법〉은 이미 개인정보 침해에 대해 징벌적 손해배상책임을 규정하고 있다. 이러한 입법례를 고려해 딥페이크를 생성·유포하거나 고의 또는 중대한 과실로 이를 방치해 손해를 입힌 가해자에 대해서도 징벌적 손해배상책임을 물을 필요가 있다. 특히 딥페이크를 방치한 플랫폼 기업에 대한 무거운 징벌적 손해배상책임을 도입해 딥페이크가 플랫폼이나 SNS, 포털을 통해 생성, 유포 또는 매개되지 않도록 사전 대응을 강화해야 한다.[16] 다만, 딥페이크 대응을 위해 알고리즘의 변경을 공지하거나 팩트 체크 제도를 도입하는 경우 손해배상책임을 감경하는 규정도 함께 고려해야 할 것이다.

### 미디어 리터러시 교육 확대

딥페이크에 대한 팩트 체크와 미디어 리터러시media literacy 교육도 강화해야 한다. 우선 민간 팩트 체크 전문기관이 허위 여부에 관한 정보를 제공하도록 하고, 플랫폼 사업자의 자율규제를 유도할 필요가 있다. 비정파성, 비영리성을 전제로 미국 펜실베이니아대학교 공공정책연구소에서 운영하는 '팩트체크닷오르그FactCheck.org'나 영국의 '풀팩트Full Fact' 같이 독립적이고 중립적이며 전문적인 민간기관이 운영하는 팩트 체크 기관을 벤치마크할 필요가 있다. 국내에서도 언론사 중심으로 팩트 체크 활동이 늘어나고 있지만, 딥페이크처럼 고도의 기술을 바탕으로 한 미디어 조작에 대응하려면 더 전문적인 기관이 필요하다.

아울러 시민을 대상으로 교육과 홍보를 통해 딥페이크를 식별하고 대응하는 능력을 기를 수 있도록 지원해야 한다. 특히 초중고 수업 시간을 통해 딥페이크 진위를 판단할 수 있는 미디어 리터러시 교육을 확대할 필요가 있다.

### 기술적 대응 강화

딥페이크에 의한 조작 사회에 대응하기 위해서는 민관협력을 통해 딥페이크 탐지 및 인증 기술 개발에도 힘써야 한다. 미국 국방고등연구계획국DARPA은 시맨틱 포렌식semantic forensic 프로그램을 통해 딥페이크 관련 미디어 포렌식 및 인증을 위한 시스템을 민관협력으로 개발하고 있다. 이 프로그램에는 엔비디아, 거버먼트시스템스Government Systems, SRI인터내셔널SRI International 등 여러 연구기관이 참여하고 있다. 우리나라도 국책 연구기관과 유관 기업을 중심으로 딥페이크 탐지 및 인증 관련 기술 개발에 힘써야 한다. 카카오, 네이버 등과 협력해 관련 기술 개발을 진행해야 하고, 딥페이크 계정 삭제, 딥페이크 표시 제도 도입 등도 필요하다. 아울러 글로벌 빅테크 기업과 협력해 딥페이크 탐지 및 인증 관련 기술 공동개발에 협력하고, 콘텐츠 중재 정책, 딥페이크 표시 및 딥페이크 학습 금지 등 관련 정책 시행에 대해서도 협력 방안을 모색해야 한다.

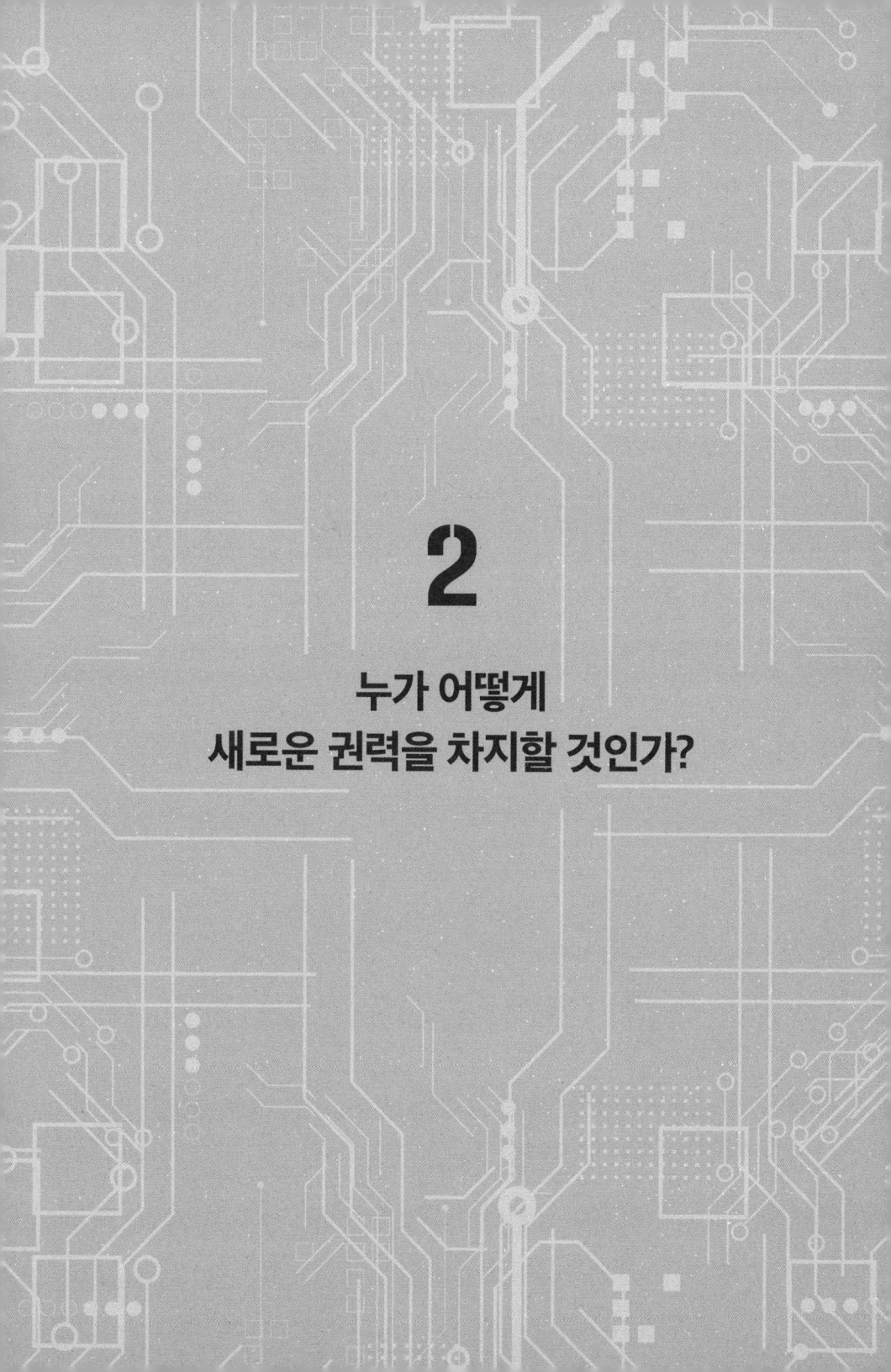

# 2

## 누가 어떻게
## 새로운 권력을 차지할 것인가?

# 권력의 새로운 패러다임, AI 권력의 부상

기술 혁신과 권력의 관계는 인류 역사와 함께 시작됐다고 해도 과언이 아니다. 기술 혁신이 권력의 기반에 변화를 초래하는 요인으로 작용해왔기 때문이다. 기술 혁신을 주도하는 세력은 국가권력과 때로는 밀착하고, 때로는 긴장 관계를 형성했다. 국내적으로 기술 혁신은 권력의 집중화를 초래해 기존 체제를 더욱 강화하는 수단으로 이용되는가 하면, 석기시대에서 청동기시대, 그리고 철기시대로 이어지는 고대 역사에서 볼 수 있듯이 지배 세력 교체의 결정적 계기가 되기도 했다. 그런데 기술 혁신이 야기하는 권력 변화는 국내에만 국한되지 않는다. 역사를 돌이켜 보면 기술 혁신은 국가 간 산업 경쟁력의 불균형을 초래해 궁극적으로 세력 재편, 더 나아가 세계 질서 변화의 원인이 됐다.

# 알파고와 오픈AI 충격: 새로운 기술 권력의 등장

AI 기술 혁신의 속도가 놀라울 정도로 빨라지면서 AI가 새로운 기술 권력으로 부상할 가능성에 대한 우려가 증대되고 있다. 그 시작은 2016년 3월 구글 딥마인드가 개발한 AI 프로그램 알파고AlphaGo가 이세돌 9단과의 바둑 대결에서 4대 1로 승리한 것이다. 이전까지 슈퍼컴퓨터에 있어 난공불락의 문제였던 바둑에서 AI가 인간 최고수를 가볍게 누르면서 AI를 향한 기대와 공포를 동시에 불러일으켰던 전환점이다. 이를 계기로 예藝나 도道의 세계로 인식되기도 했던 바둑의 패러다임이 바뀌는 등 지대한 충격을 주었다. 알파고는 이세돌 9단에게 당한 유일한 패배를 포함해 73승 1패의 전적을 끝으로 2017년 5월 인간과의 승부에는 더 이상 관심이 없다는 듯 은퇴하면서 역사가 됐다. 그러나 딥마인드의 기술 진보는 멈추지 않았다. 2018년 12월 딥마인드는 바둑뿐 아니라 모든 보드게임에 적용할 수 있는 범용 AI 프로그램 알파 제로Alpha Zero를 발표했다.

딥마인드의 알파고가 대중을 관전자로 삼아 AI의 세계에 끌어들였다면, 오픈AI는 직접 체험을 통해 대중이 AI의 위용을 체감할 수 있게 했다. 오픈AI는 2015년 10월 샘 올트먼, 그레그 브록먼, 일리야 수츠케버, 일론 머스크 등의 주도로 10억 달러 자금을 유치하며 시작됐다. 바로 다음 해인 2016년 대규모 언어 모델 GPT-1 개발에 성공했고, 2019년 마이크로소프트와 협력 관계를 수립하는 데 성공했다. 마이크로소프트로부터 10억 달러의 투자를 유치했을 뿐 아니라, 클라우드 컴퓨팅 애저Azure 시스템을 활용할 수 있게 되면서 기술적 비약의 계기를 마련했다.

오픈AI는 마이크로소프트로부터 다시 2021년 10억 달러의 추가 투자를 확보한 데 이어 2023년 100억 달러의 대규모 투자를 유치함으로써 기술과 자금을 모두 갖춘 업체로서 AI 경쟁을 선도하고 있다. 그 결과 2016년 GPT-1을 출시한 이래 GPT-4.5에 이르기까지 기술 개발에서 서비스 출시 전 과정에 걸쳐 AI 리더십을 유지하고 있다.

대중은 2022년 11월 공개된 챗GPT를 접하면서 대화형 AI의 세계에 빠져들었다. 오픈AI는 서비스를 출시한 지 불과 5일 만에 사용자 100만명을 달성하고, 2개월 만에 1억 명의 월간 활성 이용자MAU, Monthly Active Users를 확보했다. 출시와 함께 세계적으로 선풍적인 인기를 끌었던 인스타그램이나 틱톡이 1억 명의 MAU를 확보하는 데 각각 30개월, 9개월이 걸렸던 것과 비교할 때 오픈AI에 대한 대중의 관심은 가히 열광적이었다.

## AI 권력을 바라보는 두 입장,
## 가속주의 대 이타주의

오픈AI의 챗GPT 사용 경험이 많아질수록 기술 권력으로서의 AI에 대한 논란의 불씨는 더욱 커졌다. 논란의 기원은 역설적이지만 오픈AI 내부에서 시작됐다. 오픈AI가 챗GPT 서비스를 출시한 지 1년여가 흐른 2023년 11월 이사회 멤버 수츠케버의 주도로 올트먼이 해고되는 사태가 발생했다. 올트먼이 2023년 12월 CEO로 복귀하면서 해프닝으로 보일 수 있었던 이 사건에는 AI 권력을 둘러싼 기업 내부의 갈등이 함축돼 있다. 잘 알려져 있다시피, 오픈AI는 구글의 폐쇄형 AI 모델에 대항한다는 명분을 표방하며 비영리단체로 출발했다. 기업의 비전도 "안전한 범용 AI를 개발해 인류 모두에게 이익을 보장할 수 있도록 하자"는 것이었다. 범용 AI는 실현될 경우, 현재 인간이 하는 거의 모든 것을 근본적으로 바꿔놓을 수 있는 파괴력을 갖추었다는 데 이론異論이 없다. 올트먼의 축출은 오픈AI가 충분하게 안전한 AI를 개발하는 데서 벗어났다는 우려를 오픈AI 내부에서 알고 있었다는 방증이기도 했다. AI로 초래될 수도 있는 파괴적 영향에 대한 충분한 안전장치 없이 지나치게 빨리 기술을 개발한 것이다.

'오픈AI 드라마'는 효율적 가속주의effective accelerationism 대 효율적 이타주의effective altruism의 논쟁으로 확대됐다. 가속주의는 기본적으로 AI의 이점이 위험보다 크다고 강조한다. 심지어 안전과 윤리의 문제도 기술로 해결하는 것이 가능하므로 기술 개발 속도를 더욱 높이는 것만이 유일한 대안이라는 것이다. 이 진영의 주장은 기술 개발의 가속화를 위해 규제를 제한해야 한다는 기치 아래 규제 철폐 운동으로까지 이어지기도 한다.

이타주의는 AI로 초래될 수 있는 재앙적 결과의 가능성에 주목하며, 안전을 확보할 수 있는 선까지 기술 개발 속도를 조절할 필요가 있다고 주장한다. 이타주의는 가속주의에 대비돼 감속주의decelerationism로 불리기도 하며, 감속뿐 아니라 AI에 대한 인간의 완전한 통제를 강조한다. 기술 혁신이 인류 역사의 진보로 이어지기 위해서는 이를 적절하게 관리할 수 있는 제도적 개선이 필요하다는 결론에 도달한 것이다.

오픈AI 사태는 가속주의와 이타주의 간의 갈등을 집약적으로 보여줬다. 이 논쟁은 협소하게는 AI 기술 개발 속도와 안전장치 확보에 관한 것이지만, 더 넓게는 AI가 인간의 통제를 벗어난 기술 권력으로 부상할 위험과 그 가능성에 대한 것이다. AI 기술 진보의 속도가 놀랍다는 점을 고려할 때, 두 입장의 격차는 기술로 기술을 제어할 것인가, 아니면 기술 개발을 인간의 통제 아래 두어야 할 것인가를 둘러싼 철학적이면서도 실존적인 인식의 차이에서 기인한다.

## 치열한 미·중 AI 경쟁의
## 2가지 목적

AI 개발을 둘러싼 가속주의와 이타주의의 대립각이 AI업계 내부의 갈등으로 표출된 것이 오픈AI 사태라면, 미국과 중국이 전개하는 첨단기술 경쟁은 둘 사이 균형을 전자 쪽으로 기울게 하는 외부적 요인이다. 미국과 중국은 한편으로는 관세 전쟁, 다른 한편으로는 첨단기술의 우위를 확보하기 위한 경쟁을 치열하게 전개하고 있다. 미·중 경쟁이 장기화할 것이라는 전망이 지배적이라는 점을 고려할 때, 첨단기술 경쟁력을 유지하는 것은 장기전을 유리하게 이끄는 관건이 된다. 첨단기술은 미래 산업의 경쟁력은 물론, 군사적 우위를 확보하는 데도 결정적인 요인이다. 첨단기술 중 상당 부분이 민군겸용기술이기 때문이다.

첨단기술이 전쟁에 지대한 영향을 미칠 수 있다는 점은 러시아-우크라이나 전쟁에서 확인됐다. 재래식 전력의 절대적인 열세에도 우크라이나가 전쟁을 장기화할 수 있었던 것은 드론을 활용한 새로운 전투 능력을 확보했기 때문이다. 우크라이나는 전쟁 초기에는 중국의 상업용 드론을 수입해 전장에 투입했고, 최근에는 자체 드론 생산 능력을 빠르게 확충하고 있다. 2025년 우크라이나 정부가 설정한 드론 생산 목표는 무려 400만 대다. 드론은 위성통신과 연결돼 위력이 배가됐다. 우크라이나군은 스페이스X Space X가 제공하는 스타링크Starlink 서비스를 사용했기 때문에 드론전을 효과적으로 전개할 수 있었다. 여기서 주목할 점은 드론에 투입된 부품의 대다수가 민군겸용기술 제품이고, 스타링크 또한 미국 민간 기업이 제공하는 서비스라는 점이다. 러시아-우크라이나 전쟁은 미래전이 어떻게 전개될 것인지 명확히 보여준 셈이다.

이렇듯 AI는 첨단산업의 경쟁력을 확보하는 것은 물론, 군사적 우위를 확보하는 데도 결정적인 요소가 됐다. 미국이 중국 기업 화웨이의 5G 통신 장비 배치를 견제하는 것을 시작으로 첨단기술 경쟁의 전선을 반도체와 AI로 넓혀온 것은 이 때문이다. AI의 통합은 자율 무기의 활용은 물론, 여러 영역에서 펼쳐질 미래 전쟁의 핵심이다. 바이든 행정부에 이어 트럼프 2기 행정부도 엔비디아의 AI 칩 수출 통제를 중국의 AI 기술 추격을 따돌리는 유력한 수단으로 활용하고 있다. 중국 또한 미국의 전방위적인 견제에 대응해 토착 기술 역량을 높이는 데 국가적 노력을 배가하고 있다.

# AI 시대 정부-빅테크 관계와
# 기술 권력

AI 경쟁이 치열해질수록 미국 정부와 빅테크는 안전보다는 기술 개발에 우선순위를 부여하는 모양새다. 이는 중국의 AI 굴기를 견제해야 하는 미국 정부와 AI 기술의 리더십을 유지하려는 빅테크 사이의 이해관계가 일치한 결과다. 그 영향은 2가지로 나타났다. 첫째, 반도체 분야에서 두 세대 또는 그 이상의 기술 격차를 유지하겠다는 목표를 제시했던 미국 정부는 AI와 관련해서는 전 분야에서 리더십을 확보하겠다는 전략으로 선회했다. AI 가치사슬은 전력을 포함한 인프라, 컴퓨팅 파워, 알고리즘, 애플리케이션, 유지 보수로 나뉘는데, 이 모든 분야에서 우위를 확보하겠다는 것이다.

둘째, 미국은 AI 규범 및 표준 수립을 위한 국제적 노력에 미국의 입장을 더욱 강하게 투사하기 시작했다. 지구적 차원의 AI 거버넌스 수립을 위한 다자적 노력은 영국, 한국, 프랑스에서 개최된 AI 정상회의로 집결됐다. AI 거버넌스 수립을 지원해온 국가들은 AI 기술 개발과 안전의 균형을 모색하는 데 큰 노력을 기울였다. 그러나 미·중 간 AI 경쟁이 격화됨에 따라 미국은 더 이상 균형적 접근의 틀을 고수하지 않았다.

미국의 입장 선회는 2025년 2월 개최된 파리 AI 정상회의에서 그대로 나타났다. AI 규제의 이정표가 될 것으로 기대됐던 파리 AI 정상회의 선언Paris AI Summit Declaration에 트럼프 행정부가 끝내 서명하지 않은 것이다. 서울 정상회의의 합의 정신을 이어받은 파리 정상회의에서 참여국들은 포용적이고 지속 가능한 AI를 지향하며 AI 기술 개발과 규제의 균형을 추구했으나, 미국의 서명 거부로 의미가 퇴색됐다. 물론 이 선언에 한국, 일본, 중국, 프랑스, 캐나다, 인도, 호주 등 60여 개국이 서명했다는 점을 고려할 때, 균형적 접근에 대해 상당히 광범위한 국제적 합의의 토대가 형성됐음을 알 수 있다.

이 회의는 중국이 선보인 AI 모델 딥시크로 인한 '딥시크 충격' 직후 개최됐다. 딥시크 충격이 미국에는 안전을 보장하기보다 기술 개발 속도를 한층 높여야 할 현실적 이유로 작용했던 셈이다. 파리 정상회의 당시 J. D. 밴스 미국 부통령은 유럽의 과도한 기술 규제를 비판한 바 있다. 중국과 협력하는 일에 경고 메시지를 보낸 데서 AI 기술 개발에 우위를 둔 미국의 입장을 재확인한 것이다. 동맹 및 파트너와 국제 협력의 동력이 약해지더라도 AI 기술 우위에 부정적 영향을 미칠 수 있는 선언에 동의할 수 없다는 강력한 의지의 표현이었다.

이처럼 미국 정부와 빅테크는 AI 기술 개발 속도를 높이는 것을 고리로 협력적 관계를 강화하고 있다. 미·중 AI 경쟁은 미국 정부와 빅테크가 한층 긴밀한 협력 관계를 형성할 수 있도록 촉진했다. 그러나 친밀한 정부-기업 관계가 빅테크를 견제할 수 있는 유일한 행위자인 정부의 영향력을 반감시키는 결과를 초래할 수 있다는 점에서 기술 권력의 부상은 더 이상 가능성의 영역에만 머물지 않는다.

## 미·중 AI 경쟁 2라운드: AI 권력의 현실화

2025년 1월 공개된 딥시크 R1은 세계를 흥분의 도가니로 몰아넣었다. 딥시크의 AI 모델은 오픈AI를 필두로 구글, 마이크로소프트, 아마존 등 미국이 AI 분야를 넉넉히 선도하고 있다는 믿음을 일거에 불식시켰다. 딥시크 모델이 충격으로 불리는 이유는 기술 개발에서 상업화에 이르기까지 기존 AI 패러다임을 뿌리째 흔들 가능성을 보여줬기 때문이다.

딥시크 충격에 대한 즉각적 반응은 미국 AI 기업에서 감지됐다. 미국 AI 기업들은 딥시크의 낮은 개발 비용은 물론 오픈소스를 활용한 개발 방식에 주목했다. 미국 AI 기업들은 기술 경쟁이 치열해질수록 오픈소스를 포기하고 폐쇄형 모델로 선회하는 경향을 보인 것이 사실이다. 개방형 생태계를 통해 기대할 수 있는 기술 활용의 이득보다는 핵심 기술 보호가 더 현실적인 과제로 다가왔기 때문이다.

미국 정부 또한 기존 AI 전략 재검토에 돌입했다. 딥시크 소식을 접한 트럼프 대통령은 이를 미국 AI에 대한 중요한 '경종wake-up call'이며, 중국의 도전에 대해 더 '정교한laser-focused' 대응이 필요하다고 지적하기도 했다. 이러한 인식은 트럼프 행정부가 추진하는 초대형 AI 인프라 구축 계획, 이른바 스타게이트 프로젝트Stargate Project의 전략적 중요성을 더욱 높였다. 미국이 AI 리더십을 유지하고 있다는 사실 자체는 아직 흔들림이 없으나, AI 가치사슬 가운데 데이터센터를 포함한 AI 인프라에 취약하다는 점 또한 분명했다. 트럼프 행정부가 바로 이 문제를 미국의 빅테크는 물론 소프트뱅크Soft Bank 등 해외 기업과의 초국적 협력을 통해 해결하고자 하는 시도가 스타게이트 프로젝트다.

그런데 이 스타게이트 프로젝트는 미국 정부와 빅테크가 한층 밀착하는 계기로 작용하고 있다. 미국의 대표적인 AI 기업 오픈AI를 필두로 마이크로소프트, 오라클, MGX 등이 핵심 파트너로 참여하고 있기 때문이다. 또 외견상 트럼프 행정부가 주도한 것처럼 보이지만, 실제 프로젝트의 기획과 운영은 민간 기업이 주도한다. 소프트뱅크가 스타게이트 전체 프로젝트의 재무적 책임을 담당하고 오픈AI, 마이크로소프트, 오라클 등이 기술 파트너로서 상호 협력해 기술을 개발한다는 계획이다.

이처럼 국가 간 경쟁이 치열해질수록 정부와 빅테크의 이해관계 교집합도 더욱 커지고 있다. AI 기술 혁신의 속도를 높여 기술적 리더십을 추구해야 하는 기업과 미래 경쟁력과 군사적 균형에 미칠 잠재력 때문에 AI 패권을 유지해야 하는 정부 사이에 이익이 합치되면서 정부-빅테크 기업 관계가 더욱 밀착하는 결과를 초래하고 있다.

# 빅테크 기업이 주도하는
# 혁신의 시대

21세기에 들어 AI는 단순한 기술적 혁신이 아니라 국가 패권을 좌우하는 핵심 요소로 부상했다. AI는 요소 기술로서 국가, 산업, 사회, 기업, 개인에 이르기까지 모든 영역과 융합하고, 심지어 하나의 주체agent로서 기능하며 인류 사회에 근본적 변화를 일으키고 있다. 특히 챗GPT로 대표되는 생성형 AI의 등장은 기존 기술 패러다임을 완전히 바꿔놓았으며, 미국의 압도적 우위에 도전하는 중국의 급속한 추격으로 글로벌 AI 패권 경쟁은 새로운 국면에 접어들었다.

미국의 민간 싱크탱크인 SCSP의 2024년 보고서에 따르면 미·중 첨단기술 경쟁에서 미국이 인터넷 플랫폼, 합성생물학, 바이오제약, 핵융합 에너지, 양자컴퓨팅 분야에서 선도하고 있지만, 중국은 고성능 배터리, 5G, 상용 드론 분야에서 우위를 점하고 있다. 그러나 가장 주목할 점은 AI 분야가 양국 간 치열한 경합 영역으로 분류되고 있다는 사실이다. 이는 AI 기술의 패권이 아직 확정되지 않았으며, 향후 전개 양상에 따라 글로벌 기술 패권의 향방이 결정될 수 있음을 의미한다. 즉 미국의 AI 리더십이 더욱 확고해질 경우, 중국의 추격을 손쉽게 물리칠 수 있고, 중국이 AI 경쟁력을 더 빠르게 강화한다면 영원히 얻기 어려울 것 같았던 기술 패권을 더 빠르게 확보할 수 있다.

# AI 혁신 지형의
## 급속한 변화

AI 기술은 현재 범용 AI 달성을 향해 빠르게 질주하고 있다. 2020년 이전까지는 단순한 작업 자동화 수준이었던 AI가 2022년 이후 복잡한 창작과 분석까지 가능한 수준으로 발전했으며, 현재 샘 올트먼을 비롯한 생성형 AI 분야의 리더들은 기존 예측보다 훨씬 빠른 2027년경 범용 AI의 출현을 전망하며 이에 대한 대응을 요구하고 있다.

이러한 기술 발전은 단순히 새로운 혁신 기술의 탄생 이상을 의미한다. AI와 다른 첨단기술의 융합이 혁신을 가속하고 새로운 가치를 제공하고 있다. 바이오와 생명공학 연구 분야에서 새로운 후보 물질을 발굴하고, 기후변화와 재난을 모니터링하며, 제조업의 전반적 지능화를 통한 무인화와 첨단화를 실현할 뿐 아니라, 이들을 사회 핵심 인프라와 공공 서비스에 적용해 훨씬 적은 비용으로 높은 수준의 서비스를 제공하려는 시도가 잇따르고 있다. 이러한 변화를 증명하듯 2024년 노벨 화학상과 물리학상 모두 딥러닝 연구자가 수상했다. 제프리 힌턴이 노벨물리학상을, 데미스 허사비스가 노벨화학상을 수상한 것이다.

### 산업계로 이동한 AI 지식 생태계

AI 기술 발전의 가장 큰 특징은 지식 생산의 주체가 학계에서 산업계로 이동하고 있다는 점이다. 과거 대학과 연구소가 주도했던 AI 연구는 이제 구글, 오픈AI, 알리바바, 바이두 등 글로벌 빅테크 기업의 영역이 됐다. 2020년 이후 AI 분야에 등장한 혁신적 개발은 대다수가 기업에서 이뤄지고 있으며, 이는 최첨단 모델 개발에 필요한 막대한 컴퓨팅 자원과 데이터를 빅테크가 보유하고 있기 때문이다.

이러한 변화는 기존 개방적 AI 생태계에 변화를 일으키기도 한다. 초거대 AI 모델 개발에는 천문학적 비용과 컴퓨팅 파워가 필수이기 때문에 소수 기업만이 이를 감당할 수 있게 됐고, 생성형 AI의 높은 부가가치 창출 가능성으로 이전까지 오픈소스 기반으로 활성화됐던 AI 기술이 점차 비공개로 바뀌고 있다.

또 기업 주도의 생태계 재편은 AI 상용화 시장점유율 확보를 위한 치열한 경쟁으로 이어지고 있다. 따라서 AI 분야에서 빅테크 간 경쟁은 국가 간 경쟁 못지않게 치열한 양상으로 전개되는 중이다.

### 하드웨어 병목현상과 공급망 재편

AI 기술 발전의 핵심 제약 요소는 현재 하드웨어, 특히 GPU라고 볼 수 있다. 세계시장을 독점하고 있는 엔비디아의 GPU가 AI 학습과 추론에 필수 인프라가 되면서 새로운 하드웨어 병목현상이 발생했고, 이에 대응하기 위해 전 세계 모든 주요 기업이 자체 AI 칩 개발에 나서고 있다. 애플, 구글, AMD, 인텔, 삼성전자 등도 자체 칩 개발을 발표한 바 있으며, 특히 미국의 집중적인 제재로 첨단 반도체 수급에 어려움을 겪는 중국 기업들은 이러한 병목현상에 더 적극적으로 대응하고 있다. 가장 대표적인 화웨이의 경우 자체 개발한 어센드Ascend 시리즈 출시를 통해 자체적인 AI 생태계 완결성을 끊임없이 강화하고 있다. 특히 원천기술 및 제품의 조달이 어려운 중국 기업들은 개별 칩의 기능 대신 칩 간의 연결을 통해 군집 단위 기능을 개선해가면서 시스템의 성능을 높이는 데 몰두하고 있다.

엔비디아 역시 핵심 역량을 단순히 GPU 영역에 제한하지 않고 더 적극적으로 확장해가고 있다. 2025년 초 엔비디아가 제시한 피지컬 AI 개념은 사이버 세상에 머물던 AI가 휴머노이드를 비롯한 하드 테크 기술과 결합해 물리적 세상으로 나오는 AI의 확장 방안을 제시하며 전 세계의 이목을 집중시킨 바 있다. 이는 엔비디아가 현재 사이버 세상의 AI 핵심 인프라가 될 뿐 아니라 미래 물리적 세상의 AI에서도 핵심 인프라로 자리하겠다는 의지를 천명한 것으로 볼 수 있다.


# AI 패권을 둘러싼
# 미·중 경쟁의 현주소

중국은 챗GPT 출현으로 AI 경쟁에서 확실하게 뒤처졌다는 평가를 받았지만, 불과 2년 만에 딥시크를 선보이면서 LLM 분야에서 미·중 기술 격차가 다시 크게 좁아졌다. 기존 알고리즘과 연산 방식을 벗어나 지식 증류, 포스트트레이닝(사후 학습), 전문가 조합MoE 등을 통해 AI의 컴퓨팅 파워 소요를 획기적으로 줄인 딥시크의 알고리즘은 전 세계를 강타하며 LLM 분야의 미·중 기술 격차가 무의미할 정도로 축소됐다는 평가가 이어지고 있다.

### 확대와 축소가 반복되는 기술 격차

AI 기술 수준을 평가하는 다양한 지표는 미·중 간 기술 격차가 지속적으로 변동하고 있음을 보여준다. 미국 스탠퍼드대학교 인간중심AI연구소HAI의 2023년 보고서에 따르면 중국은 전 세계 AI 논문의 40%를 차지하며 양적으로 압도하지만, 질적으로 여전히 미국이 우위를 유지하고 있다. 특허 분야에서도 비슷한 패턴이 관찰된다. 중국의 특허출원 건수가 급속히 증가했지만, 핵심 기초 특허는 여전히 미국 기업들이 주도하고 있다. 흥미로운 점은 2023년 이후 기업들의 AI 특허출원이 급증하고 있다는 사실인데, 이는 AI 기술의 상업적 가치가 높아지면서 중국 기업들이 지식재산권 확보에도 열중하고 있다는 의미다.

### 치열해지는 자원과 인재 경쟁

AI 개발의 핵심 요소인 자본, 인재, 데이터 확보 경쟁에서도 미국과 중국 사이에 치열한 경합이 벌어지고 있다. 투자 측면에서 미국은 중국 대비 압도적으로 큰 규모를 유지하고 있다. 특히 중국을 겨냥한 미국 정부의 투자 규제가 본격화되면서 글로벌 자본의 중국 AI 기업 투자 철수가 이어지고, 글로벌 자본의 중국 내 AI 투자는 불확실성이 높아지고 있다.

인재 경쟁에서도 미국이 우위를 점하고 있다. 글로벌 AI 인재 분포를 보면 미국이 최고 수준 인재의 상당 부분을 흡수하고 있으며, 중국의 '천인千人 계획' 등 인재 유치 정책에도 최정상급 인재는 여전히 미국에 많다. 역대 튜링상 수상자의 이동 경로를 분석해보면 대부분이 미국 기업과 대학으로 이동하고 있음을 확인할 수 있다.

그러나 최근 트럼프 2기 들어 나빠지고 있는 미국 내 과학 연구 환경과 유학생과 외국인에 대한 배타적 정책이 미국에서 활동하는 중국계 인재와 글로벌 인재의 이탈을 유도해 중국에 새로운 기회를 제공할 가능성도 존재한다. 중국 정부도 이를 인식하고 첨단 과학 분야의 글로벌 인재 유치에 신경 쓰고 있다. 생명과학, 기초과학 등 AI의 발전에 기여할 수 있는 첨단 과학 분야에서 글로벌 핵심 인재가 중국으로 이동하고, 미국의 중국 유학생 제재로 중국의 우수 인재 유출이 줄어든다면 중국으로서는 인재 경쟁에서 불리한 상황이 아닐 수 있다.

### 시장 수용성과 규제 환경 변화

AI 기술에 대한 사회적 수용성 측면에서는 중국이 압도적으로 앞서 나가고 있다. 2024년 조사에 따르면 중국 내 응답자의 81%가 "AI 제품과 서비스의 장점이 단점보다 많다"라고 답했고, 미국에서는 해당 응답의 비율이 39%에 그쳤다. 최근 수년간의 변화를 살펴봐도 중국은 전 세계 어느 국가보다 AI에 대한 긍정적 평가 비율이 높은 것으로 나타나고 있다. 중국의 이러한 높은 수용성은 중국의 AI 서비스 확산과 데이터 수집에 유리한 환경을 제공한다.

규제 환경에서는 미국과 중국 모두 AI 안전과 거버넌스를 강화하고 있지만, 접근 방식에 차이를 보인다. 미국은 정부의 AI 행정명령을 통해 안전성, 보안성, 신뢰성을 강조하면서도 자국 기업의 글로벌 리더십 확보에 중점을 둔다. 중국은 딥페이크 규제와 생성형 AI 규정을 통해 체계적인 규제 프레임워크를 구축하면서 동시에 자국 표준의 국제화를 추진하고 있다.

하지만 최근 들어 AI의 안보적·경제적 측면의 가치를 우선하는 기조가 전 세계적으로 확대되면서 이러한 흐름에도 변화가 나타나고 있다.

2025년 1월 트럼프 대통령은 자국의 AI 전략의 기조를 육성과 활용 중심으로 대대적으로 개편하면서 가장 먼저 700조 원 규모의 AI 메가 프로젝트인 스타게이트 프로젝트를 발표했다. 또 AI안전연구소AISI를 AI 혁신연구소로 개편해 미국의 AI 경쟁력에 유리한 글로벌 표준을 제정하는 데 우선순위를 두고 있다. 이외에도 2025년 5월 미국 하원을 통과한 법안에서는 향후 10년간 AI의 발전에 저해되는 어떠한 규제도 신설하지 못하게 하고 있으며, 국방부 역시 2025년 6월 오픈AI에 약 2억 달러 규모의 국방 AI 프로젝트를 발주하는 등 성장 중심의 AI 전략을 가속하고 있다.

### 가치사슬 디커플링과 진영화

AI 분야의 가치사슬 디커플링decoupling은 단순한 미·중 대립을 넘어 보다 복잡한 양상으로 전개되고 있다. 초기 미·중 간 기술 분리에서 시작된 디커플링이 이제는 미·중을 중심으로 G7, G20, ASEAN, BRICs 등이 더해진 보다 복잡한 구도로 확장되고 있다. 특히 과거 미·중 갈등을 봉합하는 과정에서 적극적 중재자 역할을 했던 미국 기업들은 생성형 AI 시대에는 AI 안보화와 디커플링의 선봉장 역할을 자처하고 있다. 오픈AI는 수차례의 보고서 발표와 백악관 서신을 통해 자유 민주주의 진영의 AI 리더십 확보를 강조하며 여기서의 중심 역할을 자임해오고 있다.

미·중 간의 장기 대립은 데이터 처리부터 응용까지 AI 가치사슬 전반에 걸친 구조적 분리로 나타나고 있다. 칩과 디바이스 단계에서는 중국을 향한 미국의 첨단 반도체 수출 규제가, 플랫폼 단계에서는 각국의 자국 플랫폼 육성 정책이, 오픈소스 단계에서는 깃허브GitHub 대신 기티Gitee 같은 중국 자체 플랫폼 구축이, AI 개발 단계에서는 오픈AI 대 딥시크 같은 직접 경쟁이 더욱 격해지고 있다.

기술 표준과 국제 규범 설정에서 벌어지는 경쟁도 마찬가지다. 미국 은 상무부 국립표준기술연구소NIST의 'AI 위험관리 프레임워크AI RMF' 등을 통해 글로벌 AI 안전 표준을 주도하려 하고 있으며, 중국은 자국 에서 선행적으로 완성된 표준의 국제화를 추진하면서 개발도상국 권리 강조, 무기화 반대, 배타적 권리 행사 금지 등을 내세워 미국 주도의 규 범에 대항하고 있다.

# 한국의 전략적 과제와 대응 방안

한국은 반도체, 디스플레이, 통신 등 AI 인프라 구축에 필요한 핵심적 기술을 보유하고 있으면서도, AI 소프트웨어와 플랫폼, 데이터 등의 분 야에서는 미·중 대비 크게 뒤처져 있다. 삼성과 SK하이닉스의 메모리 반도체, LG의 AI 가전, 네이버와 카카오의 플랫폼 기술 등은 분명한 강 점이지만, 챗GPT나 딥시크 같은 범용 AI 모델 개발에서는 상당한 격차 를 드러내고 있다. 거부할 수 없는 근본적 패러다임 변화에 뒤처지지 않 기 위해서는 정부와 기업이 함께 더 전략적으로 움직일 필요가 있다.

### 치밀한 글로벌 AI 지형 변화 파악

가장 먼저, 국가 차원에서 글로벌 AI 지형의 변화와 전망을 정확히 파 악하는 것이 필요하다. '비판적 AI Critical AI'와 '지속 가능 발전 목표를 위한 AI AI for SDGs'라는 두 축을 중심으로 전개되는 국제 AI 규범 변화를 면밀하게 모니터링하고, 친환경 전환과 안전한 디지털 환경 구축을 위한 국제 협력에 적극적으로 참여하되, 특정 국가에 대한 의존도를 낮추고 우리의 기술 주권을 확보하는 방향을 견지해야 한다.

범용 AI에 대한 규제와 거버넌스의 필요성이 증가하는 상황에서, 한국은 중간자적 입장을 활용해 균형적 규범 형성에 기여할 수 있다. 이 과정에서 AI의 전후방 가치사슬에 대한 정밀한 분석을 통해 한국이 경쟁력을 갖출 수 있는 영역을 발굴해야 한다. AI 기술의 지속 가능한 발전을 위해서는 단순한 성능 경쟁이 아닌 윤리적·환경적·사회적 고려가 필요하다. AI 안보 경쟁으로 인한 격차와 불평등 확대, 에너지 낭비와 기후변화 문제, 재앙적 사고에 대한 대비 체계 구축 등은 모든 국가가 함께 해결해야 할 과제다.

한국은 이러한 글로벌 공통 과제 해결에 기여하는 동시에 우리만의 경쟁력을 강화하는 전략을 추진해야 한다. 미국의 경쟁력 중심 접근과 중국의 개발도상국 권익을 강조하는 접근 사이에서 실용적이고 포용적인 대안을 제시할 수 있을 것이다.

### 국가 차원의 중장기 AI 전략 수립

글로벌 AI 판세 변화에 대한 정확한 이해를 기반으로 국가 차원의 중장기 AI 전략을 수립해야 한다. 기술 경쟁이 어느 때보다 복합적 양상을 보이며 격화된 상황에서 전통적인 정부 주도형, 공급자 주도형, 선형적 사고에 기반한 AI 전략은 작동하지 않을 가능성이 크다.

많은 의견이 존재하지만, 기본적으로 가장 신속히 AI 경쟁력을 확보하고 이를 가장 안전하고 포용적으로 확산시킬 수 있는 주체를 집중해서 지원해야 한다. 또 정부 차원에서 과감한 인프라 확보와 규제 완화를 추진함과 동시에 시장 수요를 조성하고 확보하는 전략에도 집중할 필요가 있다. 국내 기업의 기술 주권 확보도 중요하지만, 글로벌 혁신 기업의 국내 활동 역시 적극적으로 유도할 필요가 있다. 이를 통해 국내에 다양한 AI 주체가 상호 경쟁하고 협력하는 활력 있는 AI 생태계를 구축하는 데 집중해야 한다.

### 기업 차원의 대응 전략

한국 기업들은 무엇보다 AI를 활용한 산업 경쟁력 강화를 집중적으로 추진할 필요가 있다. 메모리 반도체, 디스플레이, 배터리 등 기존 강점 분야와 AI의 융합을 통해 새로운 가치를 창출할 수 있다. 이 과정에서 개별 기업을 넘어서는 개방형 혁신 전략을 통해 AI 생태계의 완결성을 강화해야 한다. 스마트폰, 가전, 모빌리티, 로봇, 스마트시티 등을 연결하고 이를 AI와 통합해 상호작용하며 발전할 수 있는 지능형 생태계를 구축해야 한다.

나아가 사람 중심의 포용적 AI 개발에 대한 진정성 있는 접근도 병행해야 한다. 규제 준수 차원을 넘어 사회적 가치 창출을 통해 브랜드 신뢰도를 구축해야 우리 기업과 기술 서비스가 세계시장에서 장기적 경쟁력을 확보할 수 있을 것이다.

# 권력의 핵심,
# 소배린 AI와 AI 거배넌스

21세기 들어 인류 문명은 AI라는 새로운 힘의 등장으로 근본적인 변화를 맞이하고 있다. 과거 증기기관이 산업혁명을, 인터넷이 정보혁명을 이끌었다면, 이제 AI가 인류 역사상 가장 광범위하고 급진적인 변화를 촉발하고 있다. 이 변화의 핵심에는 '권력'이라는 오래된 인류 사회의 중심 개념이 자리하고 있다. AI는 단순한 기술에서 새로운 형태의 권력으로 부상하고 있으며, 국가와 기업, 그리고 시민사회의 권력 지형을 근본적으로 재편하는 중이다.

AI가 군사·경제·정보 권력의 성격을 변화시키고, 인간만의 영역으로 여겨졌던 인지와 창작 능력을 초월하며, 국가와 기업의 위상을 결정하는 핵심 요소로 부상함에 따라 우리는 중요한 질문에 직면했다. AI라는 새로운 권력은 누구에 의해, 어떤 목적으로, 어떻게 통제되고 활용될 것인가? 인류의 공영과 평화를 위해 이 권력은 어떻게 분배되고 견제돼야 하는가? 이러한 질문들은 결국 AI 거버넌스의 핵심 과제를 구성한다.

# 글로벌 AI 기술 패권의
# 현주소

오늘날 AI 기술 패권은 미국과 중국을 중심으로 양극화되는 경향을 보이고 있다. 미국은 구글, 마이크로소프트, 오픈AI, 앤스로픽 등 세계적인 AI 기업과 MIT, 스탠퍼드대학교 등 우수한 연구기관, 그리고 벤처 캐피털 생태계를 바탕으로 AI 기술 혁신을 주도하고 있다. 미국의 기업은 방대한 자본력과 세계 최고 수준의 인재 풀을 활용해 GPT-5, 클로드, 제미나이 등 첨단 AI 모델을 개발하며 기술적 우위에 올랐다.

중국은 국가 주도의 전략적 투자와 바이두, 알리바바, 텐센트 등 대형 기술 기업의 성장, 그리고 방대한 데이터를 기반으로 빠르게 격차를 줄여가고 있다. 중국은 2017년 '차세대 인공지능 발전 계획'을 통해 2030년까지 AI 분야에서 세계 선도 국가가 되겠다는 목표를 공식화했으며, 자국 내 14억 인구의 디지털 활동에서 생성되는 방대한 데이터를 AI 발전의 핵심 자산으로 활용하고 있다. 특히 2025년 초 '딥시크 충격'이 보여주듯 중국 AI의 엄청난 잠재력이 전 세계에 뚜렷이 각인됐는데, 이는 AI의 국가 전략 산업화 및 국가 안보화 경쟁을 더욱 촉발하는 계기가 되기도 했다.[17]

이러한 양강 구도에서 EU는 '신뢰할 수 있는 AI Trustworthy AI'를 모토로 윤리적, 인간 중심적 AI 개발을 강조하며 제3의 길을 모색해왔다.

EU는 'AI법'과 같은 포괄적 규제 프레임워크 수립에 주력하며 글로벌 AI 규범 형성을 주도하려 하고 있으나, 기술력과 산업 경쟁력 측면에서는 뚜렷한 한계가 나타난다. 그래서 최근 EU도 AI 규제 기조를 완화하고 대규모 AI 인프라 투자로 정책을 전환하는 모습을 보이기도 했다.[18] 그 외 한국, 일본, 이스라엘, 캐나다 등은 특정 AI 기술 영역에서 경쟁력을 보유하고 있으나, 종합적인 AI 패권 경쟁과 AI 거버넌스 형성에서는 미국이나 중국에 미치지 못하고 있다. 그러나 이들 국가가 소위 '중견국 middle power'의 외교전략을 구사하며 AI 경쟁력을 끌어올림에 따라 글로벌 AI 경쟁 지형은 한층 더 다극화되고 분절되는 양상으로 전개되고 있다.

AI 기술 패권의 핵심적 요소는 크게 4가지로 요약할 수 있다. 첫째, LLM과 같은 파운데이션 모델 개발 능력, 둘째, 대량의 고품질 데이터 확보, 셋째, 강력한 컴퓨팅 인프라(특히 반도체) 확보, 넷째, 우수한 AI 인재 확보다. 현재는 이 4가지 요소에서 모두 미국이 우위를 점하고 있으나, 데이터와 인재 측면에서는 중국이 빠르게 추격하는 형국이다. 이러한 요소들은 기술적 우위를 확보하는 데 그치지 않고 AI 거버넌스 체제의 주도권을 확보하는 핵심 자원이 되고 있기도 하다.

주목할 점은 최근 AI 기술 패권이 단순한 기술 경쟁을 넘어 국가 차원의 안보와 경제적 안보의 문제로 격상되고 있다는 사실이다. 미국은 2022년 이후 최근 트럼프 2기 행정부까지 중국의 AI 기술 접근을 제한하기 위한 포괄적인 수출 통제 조치를 취해왔다. 이에 대응해 중국은 기술 자립을 가속하며, AI 기술의 국산화를 위한 대규모 투자를 계속 확대해오고 있다.

AI 기술 패권을 둘러싼 이러한 긴장은 향후 더욱 심화할 전망이다.

특히 AI가 국방, 에너지, 금융 등 국가 핵심 인프라와 결합하면서 AI 기술의 전략적 중요성은 계속해서 증가할 것이다. 이 과정에서 AI 기술 표준, 데이터 주권, 디지털 무역 규범 등을 둘러싼 새로운 형태의 국제 경쟁과 협력이 나타날 것으로 보인다.

# AI 권력 구조의
# 특징과 위험성

AI 권력 구조는 기존 권력 구조와는 근본적으로 다른 특성을 보인다. 전통적 권력이 물리적 강제력, 자원 통제, 제도적 권위 등에 기반을 두었다면, AI 권력은 기술력, 데이터 통제, 알고리즘 역량, 네트워크 효과 등에 기초한다. 특히 AI 권력 구조의 가장 큰 특징은 권력의 집중과 승자독식winner-takes-all 경향이다.[19] 이러한 특징은 새로운 형태의 AI 거버넌스 체제를 요구하고 있다.

따라서 AI 권력 집중은 크게 3가지 차원에서 나타난다. 첫째, 기업 차원에서의 집중이다. 현재 AI 산업은 소수의 거대 기술 기업인 빅테크가 주도한다. 이들은 방대한 데이터, 막강한 컴퓨팅 자원, 우수 인재, 그리고 네트워크 효과를 바탕으로 시장을 지배하고 있다. 특히 챗GPT, 클로드, 제미나이 등 대규모 언어 모델의 개발과 상용화는 이러한 권력 집중을 더욱 심화시키고 있다.

둘째, 국가 간 권력의 불균형이다. AI 기술력은 새로운 형태의 국력으로 자리 잡고 있으며, 소수의 AI 선도국과 나머지 국가들 사이의 기술 격차는 점점 더 벌어지고 있다. 특히 AI 기반 모델과 같은 핵심적 기술에 대한 접근성의 차이는 국가 간 새로운 종속 관계를 형성할 수 있다.

셋째, 전문가와 비전문가 사이의 권력 격차다. AI 기술을 이해하고 개발할 수 있는 전문가는 매우 제한적이며, 대부분의 시민은 AI가 어떻게 작동하는지, 어떤 원칙으로 의사결정을 하는지 이해하기 어렵다. 이러한 '지식 비대칭성'은 AI 권력에 대한 민주적 통제와 참여를 어렵게 만드는 요인이 되고 있다.

AI 권력 구조의 또 다른 특징은 권력의 불투명성이다. 알고리즘의 '블랙박스' 특성으로 AI 시스템의 의사결정 과정은 종종 불투명하며, 이는 책임성과 투명성의 문제를 초래한다. 또 AI 시스템은 자체 설계와 학습 데이터에 내재된 편향을 증폭시킬 수 있어 기존의 사회적 불평등을 심화시킬 위험이 있다.

그럼에도 AI 권력 구조에는 기존 권력 구조를 변화시킬 수 있는 잠재력 또한 존재한다. AI 기술은 정보 접근성을 높이고, 지식 생산과 유통을 민주화하며, 기존 중앙 집중적 제도와 관행에 도전할 수 있다. 특히 분산형 AI, 오픈소스 AI 모델, 연합학습federated learning과 같은 혁신은 AI 권력의 분산과 민주화의 가능성을 보여주기도 한다. 이러한 기술적 혁신은 분산적이고 참여적인 AI 거버넌스 모델의 기반이 될 수 있다.

그러나 AI 권력의 집중은 기술적·경제적·사회적·정치적 차원에서 다양한 위험을 내포한다. 기술적 차원에서 AI 권력의 집중은 기술 생태계의 다양성을 약화하고 혁신을 저해할 수 있다. 소수의 기업이나 국가가 AI 핵심 기술을 독점하면, 다양한 관점과 접근법에 기반한 기술 발전이 제한되고, 특정 기술적 결함이나 편향이 전체 시스템에 광범위하게 영향을 미칠 위험이 커진다.

경제적 차원에서 보면, AI 권력의 집중은 시장의 경쟁을 제한해 경제적 불평등을 심화시킬 수 있다. AI 기술은 생산성과 효율성을 크게 높이는 '범용 기술general purpose technology'의 성격을 띠어, AI 기술에 대한 접근성 차이는 기업·산업·국가 간 경제적 격차를 확대할 가능성이 크다. 특히 노동시장에서는 AI로 인한 자동화의 영향이 소득과 부의 불평등을 심화시킬 우려가 있다.

사회적 차원의 경우, AI 권력의 집중은 정보와 지식에 대한 접근 불평등을 초래하고 사회적 분열을 심화할 수 있다. AI는 정보의 생산·유통·소비 과정에 깊숙이 관여하며, 이 과정에서 특정 관점이나 이익이 과도하게 반영될 경우 정보 생태계의 건전성이 위협받을 수 있다. 또 AI 시스템의 설계와 운영에 내재된 알고리즘 편향은 성별, 인종, 계층 등에 따른 차별을 강화할 우려가 있다.

AI 권력의 집중은 민주주의와 시민의 자유를 위협하는 정치적 차원의 위험성도 지니고 있다. AI 기반 감시 기술, 여론조작 기술, 개인화된 정치 마케팅 등은 국가나 기업이 시민을 통제하고 정치적 의사결정 과정을 왜곡하는 강력한 도구로 활용될 수 있다. 특히 권위주의 체제에서 AI는 정치적 억압을 더욱 정교하고 효과적으로 만드는 '디지털 권위주의digital authoritarianism'의 핵심 수단이 될 위험이 있다.

마지막으로 국제 관계 차원에서 AI 권력의 집중은 국가 간 새로운 형태의 종속과 갈등을 초래할 수 있다. AI 선도국과 후발국 간의 기술 격차는 새로운 형태의 '디지털 식민주의digital colonialism'로 이어질 우려가 있으며, AI 기술 경쟁이 심화할수록 국제 협력과 다자주의적 접근이 약화될 가능성이 있다. 이러한 국제적 불균형을 완화하기 위해 다자적이고 포용적인 글로벌 AI 거버넌스 체제가 필요하다.

# '소버린 AI'의
# 규칙 형성을 둘러싼 경쟁

AI 기술의 전략적 중요성이 증가하면서 '디지털 주권' 개념의 연장선에서 '소버린 AIsovereign AI'라는 새로운 개념이 등장하고 있다. AI 주권을 뜻하는 소버린 AI는 국가 또는 공동체가 자신의 AI 기술과 정책, 데이터, 인프라에 대한 독립적인 통제력을 유지하고, 외부 의존도를 낮추며, 자국의 가치와 이익에 부합하는 방향으로 AI를 개발하고 활용할 수 있는 능력을 갖추는 것이다. AI 주권의 개념은 AI 거버넌스 논의에서 핵심적인 위치를 차지하며, 국가별로 상이한 AI 거버넌스 접근법의 근간이 되고 있다.[20]

AI 주권의 핵심 요소에는 AI 기술 자립성, 데이터 주권, AI 표준 및 규범 설정 능력, AI 인재 육성 등이 포함된다. 특히 데이터 주권은 AI 주권의 가장 기초적인 조건으로, 자국민의 데이터가 자국 내에서 저장 및 처리되도록 하고, 이에 대한 법적·기술적 통제권을 확보하는 것을 의미한다.

현재 AI 주권 확보를 위한 국가별 접근은 크게 3가지 모델의 AI 거버넌스로 나타나고 있다. 첫째, 미국의 '기술 우위 모델'은 민간 기업 주도의 혁신을 지원하고, 글로벌 기술 생태계에서의 우위를 통해 AI 주권을 확보하는 방식이다. 둘째, 중국의 '국가 통제 모델'은 정부가 주도하는 전략적 투자와 강력한 규제를 통해 AI 기술의 자립성을 추구한다. 셋째, EU의 '규범 주도 모델'은 AI에 대한 포괄적 규제 프레임워크를 통해 글로벌 표준을 설정하고 영향력을 확보하는 방식이다.

많은 중견국은 완전한 AI 주권 확보가 현실적으로 어려운 상황에서

'전략적 자율성strategic autonomy'을 추구하는 경향을 보인다. 이는 핵심 AI 기술과 인프라에 대한 최소한의 자립성을 확보하는 동시에 글로벌 AI 생태계와의 연결성을 유지하는 균형적 접근이라고 할 수 있다. 이러한 중견국들의 접근은 파편화된 AI 거버넌스 체제를 연결하고 조율하는 교량으로서의 의미가 있다.[21]

AI 주권 개념의 부상과 함께 AI를 규제하기 위한 '규칙rule'의 형성도 활발히 진행되고 있다. AI 규칙은 법적 강제력을 갖춘 정부 규제부터 산업 자율규제, 국제 가이드라인, 기술 표준에 이르기까지 다양한 층위와 형태로 나타나고 있다. 주목할 점은 AI 규칙의 형성 과정이 단순한 기술 규제 논의를 넘어 국가 간, 기업 간 전략적 경쟁과 협력의 장이 되고 있다는 사실이다. 글로벌 AI 거버넌스가 새로운 지정학의 전장戰場이 된 것이다.

우선 '규제 중심 모델'을 추구하는 EU는 2024년 'AI법'을 본격 시행하며 위험 기반 접근법에 따른 포괄적인 AI 규제 체계를 구축하고 있다. 이는 GDPR(일반 데이터 보호 규정)과 마찬가지로 EU의 규제가 글로벌 표준이 될 가능성이 커지는 '브뤼셀 효과Brussels effect', 즉 규제 선점 효과를 노리는 전략적 접근이다.

혁신을 강조하는 미국의 경우 정부 차원의 포괄적 규제보다는 산업별, 용도별 맞춤형 규제 접근을 취하고 있으며, 혁신을 저해하지 않는 균형점을 모색하고 있다. 특히 미국은 민간 기업의 자율규제를 중심으로 하되, 고위험 AI 시스템에 대해서는 선별적인 정부 규제를 도입하는 접근법을 취하고 있다.

한편 중국은 AI에 대한 국가 통제를 강화하면서도 산업 발전을 저해하지 않는 '적응적 거버넌스adaptive governance' 모델을 추구한다. 한편으로는 '알고리즘 추천 관리 규정', '딥페이크 규제' 등 엄격한 규제를 도입하면서도, 다른 한편으로는 AI 산업 발전을 위한 대규모 투자와 정책적 지원을 병행하고 있다.

이러한 각국의 접근법 차이에도 AI 규칙 형성에서 일부 공통적인 원칙과 관심사가 등장하고 있다. 투명성, 책임성, 안전성, 공정성, 인간 중심성 등의 가치는 대부분의 AI 규제 프레임워크에서 공통적으로 강조된다. 특히 '고위험 AI'에 대한 더 엄격한 규제, '인간의 감독human oversight' 보장, '알고리즘 투명성' 강화 등은 각국 규제의 공통 요소로 자리 잡고 있다.

그러나 이러한 공통점에도 AI 규칙을 둘러싼 국제적 경쟁과 갈등은 심화하고 있다. 그 경쟁은 다음과 같다. 첫째, AI 규칙의 내용에 관한 경쟁이다. 각국은 자국의 가치관, 경제적 이익, 기술적 강점을 반영한 규칙을 국제 표준으로 만들기 위해 경쟁하고 있다. 둘째, AI 규칙 형성의 주도권을 둘러싼 경쟁이다. 정부, 기업, 국제기구, 시민사회 등 다양한 행위자가 AI 규칙 형성 과정에서 영향력을 확대하려 노력하고 있다. 셋째, AI 규칙의 집행 메커니즘을 둘러싼 경쟁이다. 규칙 위반에 대한 제재, 감독 기구의 권한, 국경 간 규제 적용 등에 관한 접근법에서 국가 간 입장의 차이가 뚜렷하다.

AI 규칙 형성에서 특별히 주목해야 할 영역은 '자율 무기 시스템LAWS, Lethal Autonomous Weapons Systems', '안면 인식 기술', '딥페이크', '대규모 감시 시스템' 등 고위험 AI 응용 분야다. 이 영역들은 안보, 인권, 민주주의와 직결되는 문제로, 효과적인 국제적 합의와 규제가 시급하다. 그러나 국가안보와 주권의 문제가 얽혀 있어 합의 도출이 특히 어려운 영역이기도 하다.

현재 AI 규칙 형성 과정에서 '규제 지체regulatory lag' 현상이 두드러진다. 기술 발전 속도가 규제 형성 속도를 크게 앞지르면서, 규제의 실효성과 적시성에 대한 우려가 제기되고 있다. 그래서 여전히 규제가 혁신을 저해할 수 있다는 우려 속에 '규제 유예론'과 '점차 고도화되는 AI 기술에 대한 규제가 충분히 강력하지 않다'와 같은 비판 사이에서 균형점을 찾는 것이 현 세계의 매우 중요한 과제로 제기되고 있다.

## 민주적 AI 거버넌스를 향해

AI 권력이 점차 증가하고 집중되는 현실에서는 이를 민주적으로 통제하고 공공의 이익에 부합하도록 활용하기 위한 '민주적 AI 거버넌스' 구축이 필요하다. 민주적 AI 거버넌스란 AI 기술의 개발·배포·활용 과정에서 투명성, 책임성, 포용성, 공정성, 인권 존중 등 민주주의의 기본 가치와 원칙이 보장되는 거버넌스 체계를 의미한다.

이를 위해서는 국제기구, 국가, 지방정부, 기업, 시민사회, 학계 등 다양한 행위자가 각자의 역할을 하면서도 유기적으로 협력하는 '다층적 거버넌스' 체계가 요구된다. 또 법적 규제, 기술적 설계, 윤리적 지침, 시장 메커니즘 등 다양한 거버넌스 수단을 상호보완적으로 활용해야 한다. 특히 AI 거버넌스에서 시민참여를 강화하는 것이 중요하다. '시민 배심원단', '공론화 위원회', '참여적 기술 영향 평가' 등 다양한 시민참여 메커니즘을 통해 시민이 AI 정책 결정 과정에 실질적으로 참여할 수 있어야 한다. 또 'AI 리터러시' 향상을 위한 교육과 역량 강화 프로그램을 통해 시민이 AI 기술과 정책에 대한 이해도를 높이고 비판적으로 평가할 수 있는 능력을 길러야 한다.

국가 차원에서는 '전략적 자율성'과 '선택적 협력'을 결합한 AI 거버넌스 접근이 중요하다. 핵심 AI 역량과 인프라에 대한 최소한의 독립성을 확보하면서도, 글로벌 AI 거버넌스 체제에 적극적으로 참여해야 한다. 특히 한국, 캐나다, 호주, 싱가포르 등 이른바 중견국들은 AI 거버넌스에서 중재나 규범 형성 측면에서 중요한 역할을 할 수 있다. 이들은 '중견국가 AI 거버넌스 연합'을 통해 더 균형 잡힌 글로벌 AI 거버넌스 체제 형성에 기여할 수 있을 것이다.

AI 거버넌스의 또 다른 중요한 측면은 '포용적 AI 발전'의 추구다. AI 거버넌스 체제는 AI가 경제적·사회적 불평등을 심화시키지 않고, 다양한 사회 구성원이 AI 발전의 혜택을 고르게 누릴 수 있도록 보장해야 한다. 이를 위해 AI 활용 교육 확대, 취약계층을 위한 AI 접근성 강화, AI 기반 공공서비스 개선 등의 정책을 AI 거버넌스 체제에 포함해야 한다.

이처럼 AI 권력을 둘러싼 거버넌스는 기술과 민주주의, 혁신과 규제, 효율성과 형평성, 글로벌 협력과 국가 주권 사이의 균형을 찾는 복잡한 과정이다. 이 과정에서 우리는 기술결정론이나 과도한 낙관론, 혹은 비관론에 빠지지 않고, 인간 중심의 가치와 원칙에 기반한 실용적이고 균형 잡힌 접근을 추구해야 한다. AI 권력 시대에 기술의 발전과 인간의 존엄, 혁신의 자유와 공공의 안전, 국가의 경쟁력과 글로벌 공동체의 번영을 동시에 확보할 수 있는 AI 거버넌스 체제를 구축하는 것이 우리의 공동 과제이기 때문이다. 이러한 과제는 특정 국가나 집단만의 노력으로는 해결될 수 없으며, 국제사회의 광범위한 협력과 시민사회의 적극적 참여, 그리고 다양한 분야 전문가 간의 학제적 협력을 통해서만 성공적으로 추진될 수 있을 것이다.

AI 권력의 시대는 이미 시작됐다. 이제 우리에게 던져진 질문은 이 권력을 어떻게 통제하고 활용할 것인가, 그리고 궁극적으로 AI가 어떤 세계를 만드는 데 기여할 것인가다. 이 질문에 대한 우리의 답변이 미래 세대가 살아갈 세계의 모습을 결정할 것이다.

# AI 시대의 석유,
# 데이터 확보 전쟁

경제 주간지 〈이코노미스트〉의 2017년 5월 6일 자 커버 스토리는 '세계에서 가장 가치 있는 자원The World's Most Valuable Resource'이었다. 이 기사는 '이젠 석유가 아니라 데이터가 가장 가치 있는 자원'이라는 흥미로운 주장을 담고 있었다. 석유가 20세기 경제성장을 주도한 것처럼, 21세기는 데이터가 경제성장의 촉매가 될 것이란 분석이었다. 〈이코노미스트〉 기사가 나온 이후 '데이터는 새로운 석유다Data is the new oil'라는 말이 대중적으로 널리 퍼지기 시작했다. 챗GPT를 비롯한 생성형 AI가 대세로 떠오르자 '데이터가 새로운 석유라면, 생성형 AI는 새로운 로켓 연료다'라는 주장까지 등장했다.[22] 이런 비유는 20세기 경제를 주도한 석유의 시대가 저물고, 21세기 데이터 경제가 활짝 열리고 있다는 것을 여실히 보여준다.

# 데이터는
# 21세기의 석유다

'데이터는 새로운 석유다'라는 표현은 2006년 영국의 데이터 과학자 겸 수학자 클라이브 험비가 미국 전국광고주협회ANA 콘퍼런스에서 처음 사용하면서 유명해진 말이다. 당시 험비는 석유와 데이터는 각각 원유crude oil와 가공하지 않은 자료raw data에서 생성된다는 공통점이 있다고 주장했다. 원유를 정제해야만 가치 있는 석유를 만들어낼 수 있는 것처럼, 데이터 역시 가공하지 않은 자료를 정교하게 가공하고 처리함으로써 가치를 극대화할 수 있다고 진단했다.

〈이코노미스트〉는 험비의 주장을 바탕으로 21세기 데이터 경제에 대한 통찰과 경고를 담아낸 셈이다. 그렇다고 〈이코노미스트〉가 '21세기의 석유'로 떠오른 데이터를 긍정적으로만 바라본 것은 아니었다. 한발 앞서 석유를 손에 넣은 사업자들이 미국 경제를 쥐락펴락하는 독점 사업자가 됐던 것처럼, 데이터를 독식하는 기업들이 21세기 경제에서 독점 권력으로 떠오를 것이라고 경고했다. 특히 〈이코노미스트〉는 데이터의 흐름을 지배하는 사업자들이 시장을 독점하는 것에 강한 우려를 나타냈다. 데이터를 빨아들이고 있는 페이스북(메타), 구글 같은 기업이 세계적인 독점 기업으로 부상하는 것을 막기 위해 규제 당국이 직접 나설 필요가 있다고도 경고했다. 그러면서 이를 위해서 독점금지법에 대해 새로운 관점으로 접근할 필요가 있다고 목소리를 높인 바 있다.

## 석유와 데이터, 두 핵심 자원의 차이

20세기에 석유가 했던 역할을 이젠 데이터가 떠맡게 됐다는 비유에 대해서는 크게 이견이 없을 것 같다. 그렇다고 해서 '데이터=석유'로 동일시하는 것은 바람직하지 않다. 정제해야만 가치를 만들어낼 수 있다는 점을 빼면 석유와 데이터는 다른 점이 상당히 많다. 석유와 데이터의 서로 다른 특징은 곧바로 20세기 경제와 21세기 경제의 근본적인 차이로 이어진다.

석유와 데이터에는 유형자산과 무형자산이라는 근본적 차이가 있다. 유형자산인 석유는 공급량이 한정적인 데 반해 무형자산인 데이터는 무궁무진하게 새롭게 생성된다. 이런 성격을 고려하면 데이터는 석유보다 햇빛과 더 유사한 편이다. 사실상 무한 공급이 가능하기 때문에 어디서 찾아낼 것이냐보다는 확보한 데이터를 어떻게 활용하고 공유할 것이냐가 더 중요한 쟁점이다.

석유 시대에는 누가 더 많은 양을 비축하고 있느냐에 따라 경제적 파워가 결정됐다. 석유와 달리 데이터는 단순히 더 많이 축적한다고 해서 가치가 더 커지는 것은 아니다. 서로 다른 데이터를 결합하고 분석하는 작업을 통해 얻는 통찰력이 가치를 만들어내는 진짜 원동력이다.

석유는 한번 사용하면 사라져버리는 반면 데이터는 재사용이 가능하다는 점도 중요한 차이점이다. 게다가 데이터는 석유와 달리 여러 곳에서 동시에 활용할 수 있으며, 여러 데이터를 결합해 새로운 통찰을 찾아낼 수도 있다. 이를테면 의사들이 임상 활동을 통해 확보한 데이터와 과학적 연구를 통해 도출한 데이터를 결합하면 암 치료 방법을 혁신하고 좀 더 정확한 치료 계획을 수립하는 데 큰 도움을 얻을 수 있다. 반면 석유는 더 많은 양을 비축한다고 해서 더 양질의 석유를 만들어낼 수 있는 것은 아니다.

따라서 21세기에 경쟁력을 갖추기 위해서는 단순히 많은 데이터를 손에 넣는 것만으로는 부족하다. 방대한 데이터를 축적할 뿐 아니라, 이용하기 수월한 형태로 가공해서 의미 있는 통찰을 얻어내는 분석 능력이 있어야 한다. 다양한 데이터를 결합해서 흐름을 읽어내는 능력도 필수 요소로 꼽힌다. 구글, 아마존, 마이크로소프트, 메타 같은 빅테크가 데이터 경제 시대를 지배하고 있는 것은 이런 능력 덕분이다.

# 생성형 AI 혁명과
# 데이터 확보 전쟁의 시작

생성형 AI 시대 개막과 함께 데이터 확보 경쟁이 더 치열해지면서 '빅데이터 혁명'이란 말이 널리 사용되고 있다. 빅데이터는 말 그대로 '거대한 데이터'를 의미한다. 하지만 빅데이터 혁명은 데이터의 크기보다는 오히려 세분화와 더 밀접한 관련이 있다.

가령 빅데이터가 등장하기 전에는 특정 영화를 관람한 인원이나 특정 제품을 구매한 사람의 수, 혹은 테마파크를 방문한 인원수만 알 수 있었다. 하지만 빅데이터를 활용하면서 사람들이 어떤 영화를 관람했으며, 그 영화에 어떤 반응을 보였는지 정확하게 파악할 수 있게 됐다. 어떤 개별 제품을 구매했으며, 그때 함께 산 제품은 무엇인지도 알 수 있다. 특정 고객이 어떤 식당에서 어떤 음식을 주문했는지, 그리고 방문 경험은 어땠는지 정확하게 알 수 있다.[23]

AI를 작동시키는 알고리즘은 데이터에 감춰져 있는 추세, 유형, 관계를 학습한 뒤 학습 내용을 토대로 예측해서 의사결정을 하고, 그에 따라 행동할 수 있다. AI 모델은 특정 결과(출력 데이터)에 해당하는 변수와 측정 기준(입력 데이터)으로 구성된 데이터 세트로 훈련을 한다. 그런 다음 예측된 결과와 실제 결과 간의 차이를 최소화하기 위해 해당 변수와 측정 기준에 연결된 가중치를 지속적으로 조정한다.[24]

좀 더 정확하게 이해하기 위해 생성형 AI 바람을 선도하고 있는 챗GPT의 사례를 한번 살펴보자. 챗GPT의 근간이 되는 것은 '트랜스포머 모델transformer model'이다. 트랜스포머 모델은 문장 속 단어처럼 순차적으로 배치된 데이터 간의 관계를 추적해 맥락과 의미를 찾아내는 신경망의 일종이다. 이 모델은 구글이 2017년 발표한 〈주목만 있으면 된다Attention is All You Need〉란 논문에 처음 소개됐다.

트랜스포머 모델은 주어진 문장을 보고 다음에 어떤 단어가 나올지 예측해주는 방식으로 작동한다. 이 모델을 구축하기 위해서는 먼저 학습을 위한 데이터를 수집해야 한다. 데이터는 많으면 많을수록 좋다. 수집한 데이터는 인간의 두뇌와 흡사하게 작동하는 신경망 모델 아키텍처에 넣어 학습시킨다. 이때 이 신경망은 교차 검증 방식을 통해 정확도를 평가하면서 계속 성능을 개선한다.

문제는 문장이 길어질수록 중요도를 판단하기가 힘들어진다는 점이다. 구글의 2017년 논문에선 '셀프 어텐션self attention' 모델을 활용해 이 문제를 해결했다. 셀프 어텐션 모델은 어떤 문장에서 가장 중요한 키워드가 무엇인지 빠르게 알아낼 수 있다. 챗GPT의 근간이 된 트랜스포머는 어떤 문장에서 그다음에 올 단어를 정확하게 예측할 수 있다. 이런 장점이 있는 트랜스포머는 그동안 많이 사용됐던 순환 신경망RNN, Recurrent Neural Network 같은 모델을 제치고 단숨에 AI의 기본 알고리즘으로 자리 잡았다.

AI 혁신을 주도하고 있는 트랜스포머 알고리즘이 경쟁력을 갖기 위해서는 방대한 학습 자료가 필요하다. 빅테크가 데이터를 확보하기 위해 발 벗고 나선 것은 이런 점 때문이다. 시장 조사업체 마켓앤드마켓에 따르면 AI 학습 데이터 관련 시장은 2029년까지 연평균 27.7% 성장할 전망이다. 이에 따라 2024년 28억 2,000만 달러 수준이던 학습 데이터 시장 규모는 2029년에는 95억 8,000만 달러에 이를 것으로 예상됐다. 특히 마켓앤드마켓은 개인정보 보호 문제와 희소성 문제를 해결한 합성 데이터synthetic data와 멀티모달 데이터가 이런 성장을 주도할 것이라고 분석했다.


# 데이터를 둘러싼 공방,<br>그리고 빅테크들의 공세

2025년 6월 미국 최대 커뮤니티 사이트 레딧Reddit이 생성형 AI 전문업체 앤스로픽을 제소하면서 관심을 끌었다. 앤스로픽이 라이선스 계약을 맺지도 않은 채 자사 AI 모델 훈련에 레딧의 콘텐츠를 무단 사용했다는 것이 소송 이유였다. AI업체의 데이터 무단 활용이 문제가 된 것은 레딧 사태가 처음은 아니다. 〈뉴욕타임스〉를 비롯한 여러 언론사와 작가, 출판사도 무단 학습을 이유로 AI 전문업체를 상대로 소송을 제기해왔다. 결과적으로 레딧이나 〈뉴욕타임스〉 같은 기업이 제기한 소송은 AI 개발업체가 데이터 수집 방식을 새롭게 돌아보는 계기가 됐다. 초기에 자유롭게 스크랩한 인터넷 데이터에 의존했던 AI 개발업체들이 제휴 쪽으로 눈을 돌리고 있는 것은 이런 저작권 소송의 위험 때문이다.

AI 학습 데이터로는 전문가들이 신중하게 작성하고, 정교한 편집 과정을 거친 책이나 기사 같은 고품질 정보에 대한 선호도가 높은 편이다. 그렇다 보니, 학습 데이터를 확보하기 위해 출판사나 언론사와 제휴를 맺는 AI업체도 늘어나고 있다.

### 빅테크들의 데이터 경쟁

구글은 2024년 초 레딧과 연간 6,000만 달러 규모의 계약을 체결했다. 덕분에 레딧의 각종 데이터로 구글 AI 시스템을 훈련할 수 있게 됐다. 레딧은 격식에 얽매이지 않는 글들이 다수 올라오면서도 콘텐츠 모더레이터와 평판 시스템이 제어장치 역할을 해주기 때문에 AI 학습 데이터를 찾는 기업이 선호하는 대상 중 하나로 꼽힌다.

구글은 또 구글 문서, 검색, 스프레드시트, 프레젠테이션 등 서비스에서 확보되는 데이터를 활용하는 방안도 모색하고 있다. 또 AI 훈련 자료로 활용할 수 있도록 유튜브 영상을 텍스트로 옮겨 적는 작업을 진행하기도 했다. 구글은 이런 자료를 원활하게 활용할 수 있도록 만들기 위해 2023년 7월 개인정보보호 정책을 일부 수정하기도 했다.

구글과 함께 강력한 데이터 파워를 자랑하는 메타의 강점은 소셜 플랫폼인 페이스북과 인스타그램이다. 메타는 자신들의 플랫폼 내에서 오가는 다양한 데이터를 AI 모델 학습에 활용하고 있다. 하지만 이런 전략은 상대적으로 개인정보보호 규정이 엄격한 EU 지역에서는 제동이 걸릴 가능성이 크다. 실제로 메타는 EU 지역에서는 이런 규제에 막혀 AI 비서 '메타 AI'를 출시하지 않기로 했다. 메타가 출판사인 사이먼앤슈스터Simon & Schuster 인수를 추진하는 것은 이런 점과 관련이 있다. 자신들의 데이터 확보 전략이 개인정보보호 규제에 막힐 가능성에 대비하는 한편 긴 분량의 데이터를 확보함으로써 경쟁사보다 한발 앞서나가려는 전략인 셈이다.

세계 최대 상거래 플랫폼인 아마존의 강점 역시 방대한 데이터에서 비롯된다. 아마존에서 거래하는 고객들의 방대한 구매 기록은 아마존의 자산이다. 아마존은 이런 데이터와 AI 기술을 결합해 예측 배송 시스템을 구축했다. 이를 통해 주문도 하기 전에 수요를 예측해서 고객과 가까운 물류 창고에 제품을 비축해둔다. AI 스피커인 아마존 에코 역시 중요한 데이터 확보 수단이다.

이처럼 빅테크 기업들은 너나 할 것 없이 양질의 데이터를 확보하기 위해 발 빠르게 움직이고 있다. 이런 데이터 경쟁의 최대 수혜자는 'AI 시대의 청바지 업체(미국 골드러시 때 금을 캐는 사람들보다 금을 캐는 데 필요한 인프라인 청바지와 곡괭이를 파는 회사가 돈을 더 많이 벌었다는 데서 착안한 표현)'로 통하는 엔비디아다. 실적을 보면 데이터 열풍이 얼마나 강력한지 확인할 수 있다. 엔비디아는 2025년 4월 마감된 2025년 회계연도 1분기 매출이 지난해 같은 기간보다 69% 증가한 441억 달러를 기록했다. 이 중 데이터센터 관련 매출은 391억 달러로 전체 매출의 88%에 이를 정도로 절대적인 비중을 차지했다.

### 언론사의 콘텐츠 확보 경쟁

언론사는 정제된 편집 과정을 거치기 때문에 학습 데이터를 찾는 AI 기업이 선호하는 대상이다. 언론사들과의 제휴에 가장 적극적인 기업은 챗GPT 개발사인 오픈AI다. 오픈AI는 2023년 7월 AP통신과 데이터 사용권 계약을 체결했다. 이 계약은 LLM 개발사가 언론사와 맺은 큰 계약

<표 2> LLM 개발사와 언론사의 뉴스 데이터 제휴 현황[25]

| 계약 발표일 | LLM 개발사 | 언론사 | 특이점 |
|---|---|---|---|
| 2023. 7. 13 | 오픈AI | AP통신 | LLM업계 첫 언론사 제휴 |
| 2023. 12. 13 | | 악셀슈프링어 | 데이터 제공 대상 세분화 |
| 2024. 4. 29 | | 파이낸셜타임스 | 연 500만~1,000만 달러 지급 |
| 2024. 5. 7 | | 닷대시메러디스 | 언론사 서비스 개발 기술 지원 |
| 2024. 5. 22 | | 뉴스코프 | 역대 최대 금액 보상 |
| 2024. 5. 29 | | 디애틀랜틱 | 언론사 서비스 개발 지원 |
| 2025. 1. 15 | 구글 | AP통신 | AI가 실시간 뉴스 검색 결과 노출 |

이라 많은 관심을 끌었는데, 당시 두 회사는 구체적인 계약 내용은 공개하지 않았지만, 오픈AI가 1회성 사용료와 기술 지원을 하는 수준인 것으로 알려져 있다.

오픈AI는 같은 해에 독일 미디어 그룹 악셀슈프링어와 계약을 맺었으며, 이듬해인 2024년 4월에는 영국 경제지 〈파이낸셜타임스〉와도 데이터 사용 계약을 체결했다. 한 달 뒤인 2024년 5월엔 루퍼트 머독의 뉴스코프도 오픈AI와 데이터 사용 계약을 맺었다. 뉴스코프는 〈월스트리트저널〉, 〈더타임스〉 등을 보유하고 있는 세계적인 미디어 그룹이다.

오픈AI는 뉴스코프와의 계약으로 5년 동안 2억 5,000만 달러를 지불하기로 했다.

빅테크 중에서는 구글이 2025년 1월 AP통신과 데이터 사용 계약을 체결해 관심을 끌었다. 구글은 이 계약으로 자체 LLM 모델인 제미나이에 AP통신 최신 기사를 노출할 수 있게 됐다. 두 회사는 구체적인 계약 내용을 공개하지는 않았지만, 오픈AI와 비슷한 조건일 것으로 추정된다.

2025년 들어서는 미국 AI 검색 전문 기업인 퍼플렉시티AI Perplexity AI가 국내 언론사인 〈매일경제〉, 〈한겨레신문〉 등과 연이어 데이터 사용 계약을 맺었다. 오픈AI 연구원 출신인 아라빈드 스리니바스 Aravind Srinivas가 2022년 12월 창립한 퍼플렉시티AI는 '구글 대항마'로 불릴 정도로 실력을 인정받고 있는 신흥 강자다. 국내 언론사와의 제휴는 금전적 대가 대신 기술 지원과 광고 매출을 공유하는 조건인 것으로 알려져 있다.

# 여전히 만만치 않은
# 해결 과제

챗GPT를 비롯한 생성형 AI 개발 경쟁이 속도를 내면서 AI 학습 데이터에 대한 수요는 더 확대될 조짐을 보이고 있다. 빅테크뿐 아니라 신생 AI 전문업체들까지 앞다퉈 데이터 확보 경쟁에 나서고 있기 때문이다. 하지만 최근 들어 데이터 부족 문제가 현실화될 가능성이 있다는 경고가 나오면서 비상이 걸렸다. AI 개발 속도가 빨라지면서 핵심 연료인 고품질 데이터가 조만간 고갈될 수도 있다는 것이다. 이런 상황은 초기 경쟁에서 제대로 입지를 마련하지 못한 후발 주자들에게는 또 다른 장벽이 될 가능성이 있다.

데이터 부족 현상을 초래하는 요인은 크게 2가지로 요약할 수 있다. 우선 전 세계적으로 개인정보보호 관련 규제가 심해지는 점을 꼽을 수 있다. 즉 사용할 수 있는 학습 데이터에 제약이 많은 편이다. 소셜 미디어나 온라인 카페 같은 사적 공간에 올라오는 데이터는 활용 자체가 힘들어질 수밖에 없다. 실제로 개인정보보호 정책이 강력하게 적용되는 EU에서는 학습 데이터 확보가 더 어려운 상황이다. 메타가 최근 EU에서 메타 AI 출시를 포기한 것도 이런 점 때문이다.

하지만 더 근본적인 요인은 기업들이 실제로 사용할 수 있는 데이터가 바닥을 드러내고 있다는 점이다. 생성형 AI 모델이 무서운 속도로 학습을 진행함에 따라 쓸 만한 데이터는 거의 사용한 데다, 데이터 생산 속도가 학습 속도를 제대로 따라가지 못하는 상황이다. AI 연구기관인 에포크AI는 '지금 같은 LLM 개발 속도라면 2026년부터 고품질 AI 학습 데이터가 고갈되기 시작할 것'이라고 전망했다.

데이터 부족 문제를 해결할 대안으로 떠오른 것이 합성 데이터다. 합성 데이터란 쉽게 말해 AI 기술을 활용해 실제 데이터의 통계적 특성과 구조를 모방해 인공적으로 생성한 데이터를 의미한다. 원본 데이터의 분포, 상관관계, 시계열 특성을 모두 반영하지만 개별 데이터 포인트는 실제 데이터와 다르게 만든다.

합성 데이터는 실제 세계의 데이터를 입수하기 힘들거나, 개인정보 침해 우려 때문에 민감하거나 사적인 데이터에 접근할 수 없을 때 주로 활용할 수 있다. 그러다 보니 금융이나 의료 분야 연구에 유용하다. 자율주행 모델을 훈련할 때도 합성 데이터를 많이 활용한다. 이를테면 갑자기 사람이나 동물이 차 앞으로 뛰어드는 상황, 유례없는 폭설 상황 등을 가정할 때는 실제 데이터를 제대로 활용할 수 없기 때문에 AI는 시뮬레이션을 통해 만든 합성 데이터로 훈련하게 된다.

클라이브 험비가 '데이터는 새로운 석유다'라는 말을 처음 한 이래 20년 가까운 시간이 흘렀다. 생성형 AI가 생활 깊숙한 곳으로 들어오면서 예언 같았던 험비의 말은 이젠 상식의 영역이 되었다. 많은 AI 모델은 상상을 뛰어넘는 놀라운 능력을 보여주고 있다. 그 과정에서 '21세기의 석유'로 떠오른 데이터는 AI 혁명의 불쏘시개 역할을 톡톡히 해냈다. 지금까지 AI 개발 경쟁을 하는 기업들은 데이터 확보에만 신경 썼지, 고갈 가능성을 걱정할 필요가 없었다. 하지만 무한하다고 생각했던 데이터가 고갈될지도 모른다는 위기의식이 확산되면서 AI 경쟁이 새로운 국면으로 접어들게 됐다.

따라서 앞으로는 새로운 데이터를 발굴하고, 규제 장벽에 막히지 않을 합법적인 방법으로 대량의 데이터를 확보하는 전략을 제대로 구사하는 기업이 AI 경쟁에서 앞서나갈 전망이다. 그런 점을 고려하면 오픈 AI를 비롯한 생성형 AI 선도 기업과 구글, 아마존, 메타 같은 빅테크의 경쟁 우위가 바뀌는 것이 쉽지만은 않을 것이다.

# AI 엘리트? AI 마피아?
# 기술의 권력화

테슬라 및 AI 기업 xAI의 CEO 일론 머스크는 트럼프 2기 행정부 초반에 정부효율부Department of Government Efficiency 수장으로 활동하며 연방정부 지출을 줄이고 관료주의를 개혁하는 정치 활동을 주도했다. 트럼프 대통령이 정부 효율성을 강조하는 가운데 머스크는 집권 초반부터 공무원 대량 해고 등 구조조정을 주도했고, 이를 AI, 로봇, 머신러닝으로 대체하려는 계획을 추진했던 것으로 알려졌다.[26] 빅테크 기업의 CEO가 공식적으로 정치에 참여해 권력을 휘둘렀던 셈이다. 이전에도 머스크는 2022년 트위터(현 X)를 인수한 뒤, 도널드 트럼프 전 대통령 계정의 정지 조치에 대해 '도덕적으로 잘못됐다'라고 비판하며 이를 철회하겠다고 밝히는 등 공공연하게 정치 성향을 드러낸 바 있다. 이런 행보는 트위터의 정책 변화와 미국 내 정치적 여론 형성에 직접적 영향을 미쳤다.[27]

미국 부통령의 경우도 눈여겨볼 만하다. 지난 미국 대선 국면에서 트럼프의 최측근으로 발탁된 J. D. 밴스 부통령의 이력을 보면, 그는 페이팔 공동 창업자이자 실리콘밸리의 대표적 투자인 피터 틸Peter Thiel의 회사에서 직원으로 일한 경험이 있다. 경제와 정치, 두 권력을 연결하는 매개자로서 밴스 부통령의 역할을 짐작하게 하는 이력이다.

단편적인 사례지만, 디지털 기술의 급속한 발전과 함께 권력의 본질과 작동 방식에도 큰 변화가 감지되고 있다. 전통적으로 국가와 정부가 독점해온 정치권력에 글로벌 빅테크 기업들, 특히 첨단 AI 기술을 보유한 기업들이 직간접적으로 영향을 미치는 정경유착 징후가 나타나고 있다. 이는 기술 권력이 경제적 영향력을 확대하는 동시에 공공 담론 형성, 정책 결정 과정, 나아가 공권력의 의사결정 메커니즘 전반에 걸쳐 영향력을 미치는 구조적 변화를 의미한다.

19세기 영국 정치인 액턴 경Lord Acton은 "권력은 부패하기 쉽고, 절대권력은 절대적으로 부패한다"라는 명언을 남겼다. 디지털 전환기에도 그의 경고는 유효하며, 오히려 더 새겨야 할 경구가 됐다. 오늘날 경계해야 할 대상은 비단 정치권력뿐만이 아니다. 첨단 디지털 기술을 독점하면서 사회 전반에 막강한 영향력을 행사하는 신흥 기술 권력 집단도 시민사회가 감시해야 할 대상이다. 오픈AI 중심으로 형성된 네트워크, 이른바 '오픈AI 마피아'라 불리는 AI 권력 네트워크를 예로 들 수 있다. 이들은 과거 '페이팔 마피아'가 인터넷 혁명을 주도했던 것과 유사하게 AI 기술 혁명의 중심에서 경제적 영향력을 미치는 것은 물론, 정치적 의사결정 과정에까지 영향력을 미치고 있다. 이런 현상은 민주주의 제도를 위협하는 심각한 도전이 될 수 있다.

# 페이팔에서 오픈AI까지,
# 실리콘밸리 엘리트주의의 계보

실리콘밸리에서는 혁신 기업에서 성장한 엘리트 집단이 이후 새로운 혁신 기업을 창업해 산업 생태계를 지배하는 현상이 왕왕 목격된다. 대표적인 사례가 페이팔 출신 창업자들이다. 이들은 페이팔이라는 혁신 기업의 성장 과정에서 실력을 쌓은 뒤, 새로운 기술 기업을 창업하고 기술 패러다임을 주도하며 실리콘밸리의 판도를 바꿔왔다.

페이팔 출신 창업자들은 실리콘밸리에서 '페이팔 마피아'라는 별칭으로 불리면서 군림해왔다. 이들은 테슬라, 스페이스X, 팔란티어, 링크드인, 유튜브, 옐프 등 글로벌 빅테크 기업을 탄생시킨 혁신가들이다.

예컨대 경제 패권에 이어 정치 권력까지 거머쥔 일론 머스크는 페이팔(초기 엑스닷컴X.com) 공동 창업자 출신이며, 이후 스페이스X(우주 항공), 뉴럴링크(뇌-컴퓨터 인터페이스), 더보링컴퍼니(지하 터널 굴착) 등 혁신 기업을 차례로 창업했다. 페이팔 공동 창업자 피터 틸은 팔란티어(빅데이터·AI 기반 정보 분석), 파운더스펀드(벤처캐피털), 클라리움캐피털(헤지펀드) 등을 설립했다. 리드 호프먼Reid Hoffman은 링크드인(전문가 인맥 소셜 네트워크)을 공동 창업했고, 스티브 첸Steve Chen, 채드 헐리Chad Hurley, 자베드 카림Jawed Karim은 유튜브를 공동창업했다. 또 맥스 레브친Max Levchin은 어펌(핀테크·후불 결제 서비스)을, 제러미 스토펄먼Jeremy Stoppelman과 러셀 시몬스Russel Simmons는 옐프(로컬 비즈니스 리뷰 플랫폼)를 각각 창업했다.

2000년대 초반, 페이팔 창업자와 초기 임원들은 회사를 매각한 후 다양한 혁신 기업을 창립했으며, 이들은 단순한 기업가 네트워크를 넘어 기술과 산업 전반의 방향성을 결정하고 정치적 담론에도 영향을 미치는 초국가적인 엘리트 집단으로 성장했다.

페이팔 마피아라는 용어는 미국의 유력 경제지 〈포천〉이 2007년 페이팔 창업자들과 초기 구성원을 가리키는 말로 처음 사용했다. 20년 전, 이들 페이팔 마피아가 실리콘밸리를 지배하며 인터넷 혁명을 이끌었다면, 2020년대 들어서는 오픈AI 마피아라는 새로운 기술 엘리트 세력이 권력 집단으로 부상하고 있다. 지디넷코리아의 조사에 따르면, 오픈AI 마피아가 창업한 주요 스타트업은 무려 17곳에 이른다.[28]

챗GPT의 성공을 기반으로 오픈AI 출신 엘리트들은 앤스로픽, 세이프슈퍼인텔리전스SSI, 싱킹머신랩 등 혁신적인 AI 기업을 연이어 창업했고, AI 산업 생태계 전반에 걸쳐 영향력을 확대하고 있다.

오픈AI의 전 CTO 미라 무라티Mira Murati는 2023년 퇴사 후 싱킹머신랩을 창립하고, '모두를 위한 유용하고 이해하기 쉬운 AI 개발'을 목표로 내걸었다. 이 회사는 창립 멤버 약 30명 중 최소 12명이 오픈AI 출신인데, 오픈AI 인재가 대거 합류함으로써 창업 초반부터 주목을 받았다. 오픈AI 공동 창업자 존 슐먼John Schulman과 배럿 조프Barret Zoph도 각각 수석 과학자와 CTO로 참여했다.

오픈AI 공동 창업자이자 수석 과학자 일리야 수츠케버는 2023년 세이프슈퍼인텔리전스를 창업했다. 세이프슈퍼인텔리전스는 범용 AI의 안전성 확보에 집중하고 있으며, 창립 직후 10억 달러 투자를 유치하는 등 AI업계의 유망주로 기대를 모았다.

오픈AI 출신 다리오 아모데이와 다니엘라 아모데이Daniela Amodei 남매가 2021년에 창립한 앤스로픽 역시 AI 안전성과 투명성을 강조하며 매우 빠르게 성장하고 있다. 현재 앤스로픽은 오픈AI의 주요 경쟁사로 자리 잡았으며, 2024년에는 오픈AI 공동 창업자 존 슐먼까지 합류해 화제가 되기도 했다. 오픈AI 출신의 창업 사례는 여기서 그치지 않는다. 연구원 출신 아라빈드 스리니바스는 검색 AI 기업 퍼플렉시티AI를 창업했고, 팀 시Tim Shi는 AI 고객센터 솔루션 기업 크레스타를 공동 창업했다. 피터 애빌Pieter Abbeel, 피터 첸Peter Chen, 로키 두안Rocky Duan은 아마존이 2024년 인수한 로봇 AI 스타트업 코베리언트를 창업한 바 있다.

일론 머스크 역시 페이팔의 전신 엑스닷컴 창업자이면서 오픈AI 공동 창업자이기도 하다. 그는 2015년 오픈AI 창립에 참여해 막대한 자금을 투자했고, 이사회 멤버로 인재 영입과 조직 방향성 설정에도 깊이 관여했다. 오픈AI는 당초 '인류 전체에 이익이 되는 안전한 AI 개발'을 목표로 출범했는데, 머스크는 이후 테슬라와의 이해 상충 문제로 이사회에서 물러났고, 현재는 오픈AI와 갈등 관계에 있다.

이들 기술 엘리트들은 기술 혁신의 리더로서 AI 거버넌스와 규제 체계 형성에도 직접 관여하고 정치적 영향력까지 확대하고 있다. 페이팔과 오픈AI 출신 기술 엘리트가 기업 경험과 인적 네트워크를 바탕으로 정치 영역에서 보이지 않는 막강한 영향력을 행사하고 있다는 것은 공공연한 비밀이다.


# 기술결정론과 엘리트주의의
# 위험한 결합

기술 엘리트 집단의 권력 집단화는 기술결정론technological determinism과 엘리트주의elitism의 결합을 초래할 위험이 있다. 기술결정론이란 기술 발전이 필연적으로 사회를 진보시킨다는 믿음으로, 기술적 변화를 사회적 선택이 아닌 불가피한 과정으로 간주하는 경향이 있다. 이러한 관점은 기술 개발의 방향성과 속도에 대한 민주적 논의의 여지를 축소할 우려가 있다.

또 엘리트주의는 소수 '전문가' 집단이 대중보다 더 나은 의사결정을 내릴 수 있다는 가정에 기초한다. AI 기술의 복잡성과 전문성이라는 명분 아래 기술 엘리트들이 민주적 절차와 공공 감시를 우회하면서 사실상 정책 결정자 역할을 하게 되는 것이다. 실리콘밸리의 기술 관료적 문화는 엘리트주의를 정당화하는 토대가 되고 있다.

실제 AI 기술 기업의 정치적 영향력은 다음과 같이 나타날 수 있다. 첫째, 로비 활동과 정책 네트워크 구축을 통한 영향력 행사다. 오픈AI를 비롯한 주요 AI 기업들은 자사 이익을 정책에 반영하기 위해 적극적인 로비 활동을 전개하고 있다. 언론 보도에 따르면, AI 기업은 규제를 피하고 영향력을 확대하기 위해 최근 몇 년간 로비 활동을 대폭 강화해왔으며, 로비에 참여하는 조직 수는 2023년에 460개로 급증했다. 정치인이나 의원은 빠르게 발전하는 기술을 이해하기 어렵기에 로비스트의 전문 지식에 의존하며, 이로 인해 규제 입법은 사실상 정체된 상태다. AI는 의료, 국방, 금융 등 다양한 분야에 영향을 미쳐 로비스트와 기업의 이해관계가 더욱 복잡해지는 양상이다.[29]

둘째, 선거 과정에서의 기술적 개입을 통한 영향력 행사다. AI 기술은 정치 캠페인과 선거 과정에 직접적 영향을 미칠 만한 잠재력을 지니고 있다. 맞춤형 정치 광고, 유권자 심리 프로파일링, 여론조작 등 다양한 기술이 실제 선거 현장에서 활용되고 있다. 특히 생성형 AI 기술 발전으로 정교한 딥페이크 영상이나 가짜뉴스 제작이 손쉬워지면서, 선거

공정성과 민주적 의사결정 과정 자체가 위협받고 있다. 2024년 미국 대선 과정에서 AI 기반 정치 광고가 정치 이슈로 부상한 사실은 이런 우려를 반영한다. AI 기술 기업이 선거 과정에 직간접적으로 개입할 잠재력을 보유하고 있다는 사실만으로도 민주주의의 근간인 '자유롭고 공정한 선거'는 심각한 도전에 직면했다.

셋째, 공론장의 구조적 재편과 담론 통제를 통한 영향력 행사다. AI 기술 기업은 플랫폼과 알고리즘을 통해 공론장을 구조적으로 재편할 수 있다. 독일 사상가 위르겐 하버마스가 민주주의의 핵심 요소로 강조한 '이상적 담화 상황'은 권력 관계의 부재, 동등한 참여 기회, 자유로운 의사 표현, 진실성 등 특정 집단에 의해 통제되지 않는 평등한 의사소통을 전제로 한다. 하지만 AI 추천 시스템이나 자동화 알고리즘이 만들어내는 필터 버블filter bubble, 반향실 효과echo chamber effect 등은 특정한 정치적 관점이나 이슈에 대한 노출을 선택적으로 조절한다. 메타, 구글 등 빅테크 기술 기업이 보여준 바와 같이, 정보 통제 가능성은 민주적 사회의 필수 요소인 '다양한 관점'과 '정보의 자유로운 흐름'을 위협하는 요인이 될 수 있다.

넷째, 국제정치 영역에서의 영향력이다. AI 기술은 국제정치의 역학 관계에도 중대한 변화를 야기할 수 있다. 글로벌 디지털 인프라를 좌우하는 AI 기술의 특성상, 이를 보유한 기업은 개별 국가 경계를 넘어 초국가적 영향력을 행사할 수 있기 때문이다. 2022년 우크라이나-러시아 전쟁에서 AI 기반 드론, 저궤도 위성통신, 데이터 분석 기술 등이 전쟁 양상을 결정짓는 요인으로 작용한 사례는 이를 그대로 보여준다. 전통적인 국제정치에서 국가가 독점해온 군사력과 안보 영역에 AI 기술 기업이 직접 개입하는 것이다.

다섯째, 기술 개발의 방향성 설정을 통한 영향력 행사다. AI 기술 기업은 어떤 기술을 개발하고 어떻게 배포할지에 대한 결정권을 행사함으로써 사회의 미래 방향성에 중대한 영향을 미칠 수 있다. 이러한 결정은 기업의 상업적 이익에 따르는 경우가 많다. 기업은 사회적 형평성이나 공공 이익보다는 시장성과 수익성을 추구하는 경향이 있기 때문이다. 특히 의료, 교육, 노동 시장 등 핵심적 영역에서 AI 기술을 전면 도입하는 단계에 이르면 AI 기술 기업이 사회적 불평등을 심화할 수도, 완화할 수도 있는 결정적 영향력을 지니게 될 것이다.

# AI 권력의
# 민주적 통제 방안

오픈AI가 창업 초기에 내건 '인류 전체를 위한 AI'라는 비전은 그간 상업화 과정을 거치면서 점점 희석됐다. 출범 당시의 사명과 현재 시장 간의 긴장은 기술 민주주의에 대한 위협이 될 수 있다. 소수 기업에 AI 기술과 데이터가 집중되는 현상은 정보 비대칭성과 권력 불균형을 심화시킬 수도 있다. AI 권력을 민주적으로 통제하기 위해서는 국내 규제와 감시, 국제적 거버넌스, 시민사회의 교육과 참여 등 다차원적 노력이 동시에 진행돼야 한다.

오늘날 '오픈AI 마피아'로 대표되는 기술 엘리트 집단의 부상은 다시금 액턴 경의 경구를 소환한다. AI 권력도 권력이므로 부패하기 쉬우며, AI 절대 권력은 절대로 부패할 위험이 있다. AI 기술 권력의 집중과 통제 불능의 그 정치적 영향력은 민주주의의 위기를 초래할 수 있다. 따라서 기술 권력의 집중과 위험에 적절히 대응하기 위한 민주적 기술 생태계 구축이 필요하며, 주요 과제로는 다음과 같은 것을 들 수 있다.

첫째, AI 기술 기업의 정치적 영향력에 대한 사회적 감시다. 거대 기술 기업은 로비와 정치자금을 통해 규제와 정책 방향에 막대한 영향력을 행사한다. 현재 같은 규제 공백에서 AI 기업과 경영자가 선거, 정책, 여론에 직간접적으로 영향을 미치는 것은 위험하다. 이들의 정치적 활동에 대한 투명한 공개와 감시 체계를 구축하고, 기술 독점 방지를 위한 법적 규제를 정비해야 한다. 기술 기업의 정치자금 기부, 로비, 고위공직자와의 교류 등에 대한 투명한 공시 의무를 제도화하고, 이해 충돌 방지 규정의 법제화도 필요하다. 또 공공 데이터에 대한 기업의 접근과 활용에 대해서는 공익 관점의 규제 프레임워크가 마련돼야 한다.

둘째, AI 기술 기업의 내부적 윤리 인프라 강화와 공공성 중심의 기업 운영 원칙 확립이다. 기업이 AI 시스템을 개발·유통할 때, 단순히 법을 지키는 차원을 넘어 윤리적 책임을 다하기 위한 내부 프로세스와 외부 감시 체계를 함께 구축하도록 해야 한다. 윤리위원회, 알고리즘 영향평가, 이해관계자 위원회 등 외부 독립성을 갖춘 검증 메커니즘이 작동해야 하며, 특히 사회적 약자나 소외계층에 미치는 영향에 대한 정기적 평가도 병행돼야 한다.

셋째, 다층적 권한 분산 구조를 갖춘 AI 거버넌스와 기술 생태계가 필요하며, 다양한 이해관계자의 AI 정책 참여를 보장해야 한다. AI 거버넌스는 기술 전문가, 시민사회, 노동자, 소외계층 등 다양한 이해관계자가 참여하는 다중 이해관계자 모델을 기반으로 해야 한다. 특히 AI 기술의 영향을 크게 받는 당사자의 목소리가 정책 결정 과정에 반영되도록 참여 채널을 확대할 필요가 있다. AI 기술의 발전은 특정 소수집단이나 기업의 폐쇄적 생태계 안에서만 일어나서는 안 되며, 개방형 기술 개발, 시민 참여형 실험, 공공 데이터 공유 플랫폼 등을 통해 기술의 사회적 가치를 확산시켜야 한다. 기술 혁신의 과실이 모든 시민에게 골고루 분배되고, 특정 기업이나 인물이 '기술 귀족'처럼 군림하지 않도록 하는 거버넌스 혁신이 필요하다.

넷째, 시민사회의 기술 감시 역량 강화와 공적 감시 기관의 독립성 확보다. AI 시대의 기술 권력은 복잡성과 비가시성 때문에 일반 시민이나 언론, 의회가 제대로 감시하고 대응하기 어렵다. 따라서 시민사회의 기술 감시 활동을 제도적으로 지원하고, 독립적인 기술 감시 기구를 구성해 AI 기업과 정책 결정자 간의 유착을 견제할 필요가 있다. 예컨대 기술 전문가뿐만 아니라 법률가, 언론인, 인문 사회 연구자, 윤리학자 등 다양한 배경의 전문가와 시민이 참여하는 '(가칭) AI 기술 시민 감시단'을 구성해, AI 기술이 민주주의를 위협하지 않도록 지속적이고 독립적인 워치독watchdog 역할을 하는 것이다.

바야흐로 AI 기술은 인류 문명의 향방을 결정할 갈림길 앞에 서 있다. 이 기술이 미래 민주주의를 강화할지, 아니면 권력 집중과 불평등을 심화시킬지는 결국 사회적 선택과 합의에 달려 있다. 오픈AI는 2018년에 헌장을 발표하면서 "AI의 혜택이 전 인류에게 공평하게 분배돼야 하며, 특정 개인이나 집단에 권력이 집중되는 것을 지양한다"라고 선언했다. 범용 AI 개발 시에도 폐쇄적 독점이 아닌 국제적 협력과 안전한 공유를 우선시하고, 정치적 영향력 행사를 경계하며, 기술은 인류 전체의 이익을 위한 방향으로 사용돼야 한다는 원칙을 천명한 바 있다.[30] 이러한 헌장의 취지에 맞게 AI 기술 정치화와 권력 집중을 지속적으로 견제하고 감시해야 한다.

AI 시대의 민주주의는 기존 제도를 보존하거나 보완하는 차원에 머물러서는 안 되며, 완전히 새롭게 재구성돼야 한다. 기술이 민주주의를 지배하는 시대가 아니라, 민주주의가 기술을 지배하는 시대를 만들기 위해서는 과감한 결단과 행동, 치밀한 준비와 대응이 필요하다.

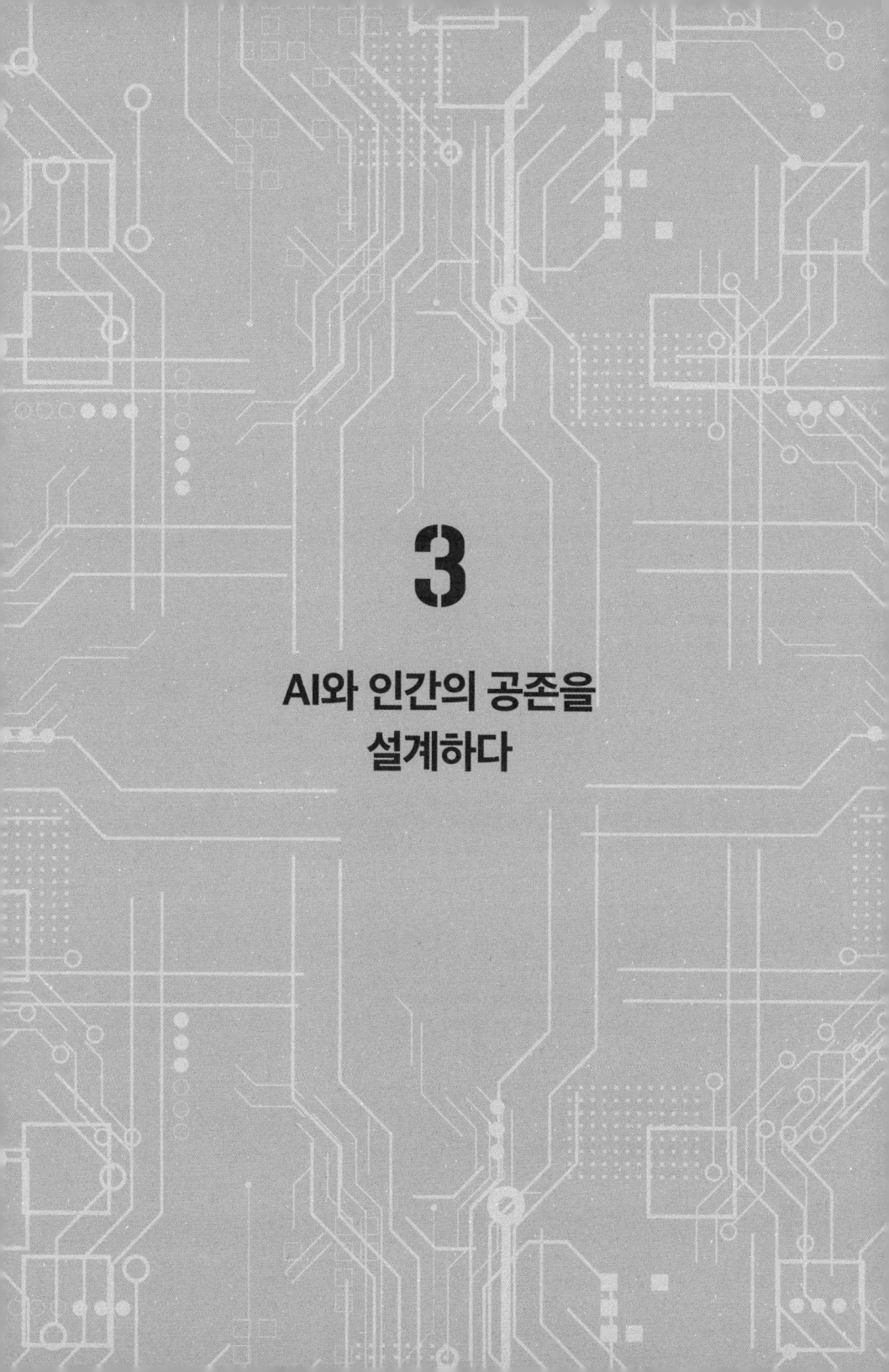

# 3

## AI와 인간의 공존을
## 설계하다

# 기술 디스토피아를 막아줄
# AI 리터러시

"미디어는 인간 감각과 기능의 확장이다." 미디어 이론가이자 문화비평가였던 마셜 매클루언은 인간이 자신이 만든 도구에 의해 변화를 겪는 양상을 고대 그리스의 '나르키소스 신화'에 빗대어 설명한다.[31] 신화 속 젊은 나르키소스는 자신의 모습에 반해서가 아니라, 물에 비친 모습이 '자기 확장'임을 인식하지 못해 거기에 빠져들었다는 것이다. 인간이 도구나 미디어를 통해 자신을 확장할 때, 확장된 이미지를 통제하기 전까지는 일종의 감각적 마비 상태에 빠져들기 때문이다.

매클루언의 관점은 AI 시대의 복잡다기한 쟁점을 파악하는 데 의미 있는 통찰을 준다. 바퀴는 발, 옷은 피부, 전자 미디어는 신경계의 확장이며, AI는 사고와 추론 등 인간 지능을 외부로 확장한 도구다. 그의 말은 우리가 AI의 편리함에 익숙해져 그 이면에 있는 함정, 즉 알고리즘의 편향, 감시의 일상화 등에 무감각해진다면 확장물에 중독된 나르키소스처럼 자기 망각 상태에서 스스로의 정체성을 파괴하는 사태에 이를 수 있음을 시사한다.

오늘날 AI의 기능과 역할은 더 이상 특정 산업이나 일부 전문 영역에 국한되지 않는다. 챗 GPT와 생성형 AI는 인간의 언어를 학습해 인간과 자연스럽게 대화를 나누고, 추천 알고리즘은 우리의 소비와 취향을 조정하며, 자율주행 기술은 인간의 개입 없이 스스로 환경을 인식하고 판단하고 결정한다. AI가 인간의 사고와 선택 과정에 실질적 영향을 미치는 '사회적 행위자'로 진화한 것이다.

이는 기존 디지털 리터러시만으로는 대응할 수 없는 새로운 과제를 던진다. 지금까지는 정보를 검색하고 평가하는 데 초점을 맞췄다면, 이제는 AI 작동 원리, 알고리즘 의사결정 구조, 데이터 편향성, 사회적 영향력까지 비판적으로 이해하고 해석할 수 있어야 한다. AI는 인간 경험과 감각을 매개하는 새로운 '미디어'로 작동한다. 네트워크화한 현대사회에서는 모든 것이 미디어를 통해 매개된다. AI가 인간·사회·기술 관계를 재구성하는 기반 인프라[32]가 됐다.

AI는 인간 능력을 확장해 무한한 가능성을 제공하지만, 인간의 자율성과 시민성을 침해할 위험도 내포하고 있다. 우리는 AI를 기술적 도구로만 다루는 수준을 넘어 사회·윤리적 관점에서 살피고 AI와 인간의 관계를 다시 정의하고 구성할 필요에 직면했다. AI 기술의 진화와 사회적 영향력에 대한 대응은 개인 수준을 넘어섰다. 우리는 인간과 AI의 공존을 위한 사회적 연대와 대응 전략을 모색해야 한다.

# 도구화된 'AI 권력'으로
# 위협받는 공동체

AI 기술은 막대한 데이터를 기반으로 인간보다 빠르고 정교한 판단을 수행한다. 이미 다양한 영역에서 인간 결정을 대체하거나 보완하는 방식으로 활용되며, 금융, 의료, 교육, 법률 등 사회 핵심 영역으로 빠르게 확장하고 있다. 반면 AI를 관리하고 통제하는 권한은 소수 빅테크 기업과 정부 기관에 집중되고 있다.

2018년에 드러난 페이스북-케임브리지애널리티카 스캔들은 소셜 미디어 데이터로 대규모 여론조작이 가능하다는 것을 보여준 대표적 사례다.[33] 영국의 정치 컨설팅사 케임브리지애널리티카는 2014년 페이스북 사용자와 그 친구들의 데이터까지 최대 8,700만 명의 정보를 무단으로 수집하고 심리 성향을 분석해 맞춤형 정치 광고에 활용했다. 2016년 미국 대통령 선거와 영국 브렉시트Brexit 국민투표 등에서 유권자들을 타기팅하는 데도 이러한 방식이 활용됐다.

AI 기반 메신저 챗봇 샘은 2019년 뉴질랜드 선거에서 정치인으로 나서 소셜 미디어 토론에 참여해 유권자 의견을 수렴하고 정책을 제안하는 역할도 했다. AI가 새로운 형태의 '행위자'로 사회적 의사결정 과정에 직접 영향을 미치고 있음을 보여준다.

또 한편으로 AI는 권위주의 정권과 소수 기업이 막대한 권력을 행사할 수 있게 해주는 강력한 도구이기도 하다. 중국은 얼굴 인식 AI를 통해 위구르족 등 소수민족의 일상을 감시하고, 가짜뉴스와 딥페이크 영상으로 국내외 여론조작을 시도하고 있다. 구글, 아마존, 마이크로소프트와 같은 기술 기업은 AI 기술로 시장지배력을 강화하고, 정부보다 더 큰 영향력을 행사한다. AI가 인간 행동 자체를 설계하고 조율하는 주체가 된 것이다. 도구화된 'AI 권력'이 단순히 경제적 독점 문제를 일으키는 것이 아니라 민주주의와 인류 공동체의 근간을 흔들 수 있다는 의미다.

## '디스토피아'를 부르는
## AI 불평등과 소외

AI 기술의 급속한 발전은 정보 접근성과 이해도에서 새로운 격차를 만들고 있다. AI를 이해하고 다룰 수 있는 집단과 그렇지 못한 집단 간 정보 비대칭은 심화하고 있으며, 이는 사회적 불평등을 가중하는 요인이 되고 있다. 특히 AI가 스스로 결정을 내리는 영역에서는 기술을 설계하고 관리하는 소수 엘리트 집단만이 알고리즘 작동 방식을 이해하고 통제할 수 있다. 대다수 시민은 AI의 판단을 수동적으로 받아들이거나 기준조차 알지 못한 채 결과를 수용해야 하는 상황에 놓인다.

기업의 AI 채용 시스템이 특정 인종이나 성별에 불리하게 작동했던 사례는 차별과 불평등을 그대로 드러낸다. 2024년 워싱턴대학교의 연구에 따르면, LLM의 이력서 평가 시스템이 '백인 이름의 지원자를 85% 확률로 선호하고, 흑인 남성 이름 지원자는 배제'한 것으로 나타났다.[34] 아마존은 AI 채용 도구가 'women's'라는 단어가 포함된 이력서나 여자대학을 졸업한 지원자를 낮게 평가하는 오류를 해결하지 못해 2017년 프로젝트를 중단한 바 있다.[35]

AI 서비스 확산은 저소득층 등 디지털 취약계층의 소외를 심화하는 요인이기도 하다. 미국의 한 의료서비스 회사의 알고리즘은 흑인과 백인의 만성질환 발병 비율이 비슷한데도 의료 비용이 낮다는 이유로 치료 우선순위에서 흑인을 제외하는 식의 인종적 편견을 드러내기도 했다.[36] 반면 AI 시스템 학습을 위한 데이터 라벨링 작업은 저임금 노동자가 주로 수행한다.[37] 이들은 AI의 발전에 핵심 역할을 하지만 낮은 임금과 열악한 노동조건에 처해 있다.

금융, 의료, 법률 등 공공 영역이 AI 중심으로 재편될수록 기술 이해도가 낮은 집단은 서비스 접근 자체가 제한될 위험도 커진다. 모든 것이 미디어를 통해 매개되는 상황에서 AI를 통한 자동화와 비가시화는 문제를 더 복잡하게 만든다. 정보의 흐름을 파악하거나 통제할 수 없게 되면 개인의 자율성과 권한은 약해질 수밖에 없고, 이는 사회 전반의 신뢰 붕괴로 이어질 수 있다. 시민 개개인이 기술 작동 방식을 비판적으로 이해하고, 스스로 선택하고 거부할 수 있는 대응 역량이 필요하다.


## 인간과 도구의 관계 변화에 따른
## '정체성의 혼란'


AI 기술이 인간의 창의성과 감정 영역까지 관여하면서 인간 고유의 존재 의미와 시민성 개념을 재검토할 필요성이 제기되고 있다. 인간과 비인간 존재(기계, 알고리즘)의 경계가 모호해져 인간 중심의 가치체계가 도전받게 된 것이다.

미래 사회는 인간과 알고리즘이 융합하고, 신경망과 데이터 흐름이 직접 연결돼 생물학적 인간을 초월한 '새로운 존재'가 등장할 것이란 전망도 나온다.[38] 인간-AI-인터넷이 통합된 네트워크가 하나의 의식처럼 작동하며, 인간은 노드node로서 개인의 의사결정과 정체성도 네트워크를 통해 조율될 수 있다는 의미다.[39] 이렇게 되면 기술이 인간의 능력을 강화하는 데 그치지 않고, '인간다움이란 무엇인가'를 되묻게 하는 사태를 초래할 수 있다. 공동체를 형성하는 시민성 또한 기존의 인간이라는 생물학적 정체성에만 기초할 수 없다.

'포스트휴먼posthuman' 논의에서도 유사한 문제의식이 나타난다. 지금까지 도구는 인간에게 '손안의 존재자'였으나, 이제 '뇌 속의 존재자'로 존재 방식이 변했다.[40] 포스트휴먼 논의에서는 인간과 기술의 경계가 무너지는 시대에 전통적 인권 개념과 휴머니즘적 가치를 계속 유지하는 것이 적절한가 하는 문제가 제기된다. 기존 시민 개념은 인간의 생물학적 특성과 이성적 판단에 근거했지만, 인간과 전혀 다른 방식으로 작동하는 지적 존재가 등장한 상황에서 '인간-기술 복합체'로서의 존재를 어떻게 이해하고 규정할 것인지 묻는다.

실제로 사회 곳곳에서 이런 변화의 조짐이 나타나고 있다. AI가 법률 문서 초안을 작성하고, 의료 진단을 보조하며, 예술 작품을 생성하는 등 인간 고유의 영역이었던 분야에서 더 나은 결과물을 내놓고 있다. 또 AI와 인간이 공동으로 결과물을 만드는 일이 늘어나면서 '창작자'와 '주체'에 대한 전통적 개념도 흔들리고 있다.

# 사회적 연대와 대응을 위한
# 'AI 리터러시'

현재 소셜 미디어에는 생성형 AI로 찍어낸 'AI 슬롭slop', 즉 AI가 만든 품질 낮은 글이나 그림, 영상 같은 디지털 쓰레기가 넘쳐난다. 웹 브라우저와 PC 운영체제, 스마트폰까지 AI가 기본으로 탑재돼 어디까지가 사람이 만들고 AI가 만든 건지 구분하기도 힘들다.[41] 2025년 초 오픈AI가 출시한 이미지 생성기는 실제 영수증과 똑같아 보이는 가짜 영수증을 만든다.[42] 심지어 실제 사람 이름과 연봉이 들어간 채용 문서까지 손쉽게 생성한다.

이러한 상황은 디지털 리터러시가 단순한 기술 활용이나 개인 차원의 역량 강화에 머물러선 안 된다는 것을 시사한다. 기술의 작동 원리와 한계를 알고, 기술의 사회적 영향을 이해하고 대응할 수 있는 역량이 시민성의 기본으로 자리 잡아야 한다. 현재 논의 중인 'AI 리터러시'는 최소한 다음과 같은 3가지 요소를 포함해야 한다.

첫째, AI 판단 과정에 대한 이해가 중요하다. AI가 어떤 데이터로 학습하고, 어떤 알고리즘 논리에 따라 결론을 도출하는지 파악할 수 있어야 한다. 이를 위해선 AI가 만들어낸 결과물을 무비판적으로 수용하지 말고 기술 기업에 설명을 요구해, 그 안에 숨어 있는 편향이나 오류 가능성을 스스로 점검할 수 있는 토대를 마련해야 한다.

둘째, 알고리즘의 편향과 한계 또한 인식해야 한다. AI 시스템은 인간 개발자의 가치관이나 데이터 편향을 반영한다. 2019년 진행한 상업용 얼굴 분석 모델(메그비Megvii의 페이스++ 시스템 등)에 대한 연구 결과,[43] 모두 피부색이 어두운 여성에게 가장 높은 오류를, 피부색이 밝은 남성에게는 가장 낮은 오류를 보인 것으로 나타났다. 알고리즘의 편향과 오류 가능성을 전제로 AI가 제시하는 결과물을 비판적으로 해석할 수 있어야 한다.

셋째, 인간 중심의 최종 판단 능력을 갖추어야 한다. 2016~2017년 미얀마의 페이스북 알고리즘이 초래한 반反이슬람 정서 확산과 로힝야족 폭력 사태는 비인간 지능이 내린 결정으로 발생한 사상 최초의 '민족 청소 운동'이라고 할 수 있다.[44] AI 알고리즘은 스스로 학습하고, 우리가 예측하지 못한 결정을 내리기도 한다. 특히 의료, 법률, 금융처럼 사회적 영향이 큰 영역에서 최종 판단은 인간의 몫이라는 인식을 견지할 필요가 있다.

핀란드는 2019년부터 전 국민을 대상으로 무료 AI 교육과정 '엘리먼츠 오브 AIElements of AI'를 온라인으로 제공하고 있다.[45] AI 시대의 시민권과 정보 주권 확보를 목표로 기술에 대한 두려움을 줄이고 비전문가도 AI를 비판적으로 이해하고 활용할 수 있도록 지원하는 프로그램이다. 사회 전체의 기술 이해 수준을 높여 소수의 기술 엘리트에 대한 종속을 막으려는 방안의 하나로 현재 유럽 전역으로 확산 중이다.


## 시민 주도형 'AI 거버넌스' 운영 기준 마련


AI 기술 확산과 대중화로 윤리적 기준과 운영 방식을 결정하는 과정에도 시민참여의 필요성이 커지고 있다. AI 거버넌스는 기술 개발·활용·관리에 관한 사회적 합의를 이끌어내는 체계를 말한다. 이를 소수 기업이나 정부에만 맡길 경우, 기술 오용이나 권력 남용 위험성이 높아진다. 다양한 이해관계자(시민, 학계, 개발자, 기업, 정부)가 참여해 공정하고 투명한 운영 원칙을 마련하는 데 힘을 모아야 한다.

2018년 캐나다에서는 시민, 학계, 정부, 기업이 협력해 '책임 있는 AI 개발을 위한 몬트리올 선언Montreal Declaration for the Responsible Development of Artificial Intelligence'을 발표했다. 인간 존엄성, 개인정보보호, 공정성, 투명성, 지식 공유 등을 AI 개발의 원칙으로 삼고, 관련 정책과 기술 개발 방향에 시민 감시와 참여를 제도화할 것을 촉구했다. 엘리트 중심이 아닌 사회적 감시의 필요성을 강조한 것으로 OECD, UNESCO, 유럽 등의 가이드라인 마련에 지침이 됐다. 이후 캐나다는 정부 프로젝트에 AI를 도입할 때 사회적 영향 평가를 제도화하고 대학에선 'AI와 윤리'라는 학제 간 커리큘럼을 개설했다.

국내에서도 시민 주도형 AI 거버넌스 도입을 위한 발판을 마련 중이다. 2025년 5월 출범한 '민주주의 실험실: AI와 함께'는 시민 참여 플랫폼을 구축하고 정책 제안, 토론, 투표 등을 통해 시민들의 의견을 모으고 있다.[46] 시민이 기술 전문가가 될 필요는 없지만, AI의 작동 원리와 사회적 함의를 이해하고 자신의 권리와 책임을 알도록 해야 한다는 것이다. 시민참여는 기술 개발 과정 전반에 윤리적 브레이크를 걸 수 있는 실질적 힘이 될 수 있다.

# 기술 촉진과 사회 안전망, 두 마리 토끼 잡는 'AI 규제'

AI 기술의 발전 속도는 상상을 초월한다. 그러나 사회적·법적 규제 체계는 여전히 초기 단계에 머물러 있다. 규제는 기술 발전을 촉진하는 동시에 위험을 예방하고 민주주의와 인간의 기본권을 보호하기 위한 안전망으로 기능해야 한다.

EU는 2024년 세계 최초로 포괄적 AI 규제법 AI Act을 제정했다.[47] AI 시스템을 위험도에 따라 ▽수용 불가능한unacceptable 위험, ▽고high 위험, ▽제한적limited 위험, ▽저minimal위험으로 분류하고 정도에 따라 차등 규제하는 방식을 도입했다. 공공장소에서의 실시간 얼굴 인식, 사회적 점수를 매기는social scoring 시스템은 전면 금지됐다. AI 기술이 인간의 존엄성과 자유를 침해할 수 있는 잠재적 위험을 제도적으로 차단하려는 시도다. 의료, 교육, 고용 등 분야는 고위험군으로 분류해 EU 공공 데이터베이스 등록을 의무화하고 사전 적합성 평가, 기술 문서화, 인간의 감독 등을 명문화했다.

한국은 2024년 EU에 이어 세계 두 번째로 〈AI 기본법(인공지능 발전과 신뢰 기반 조성 등에 관한 기본법)〉을 제정, 2026년 1월 시행을 앞두고 있다. 생명·신체 안전·기본권에 영향을 미치는 '고영향 AI'와 '일반 AI'로 구분하고 고영향 사업자에게는 사전 고지와 검·인증 의무를 부여했다. 업계에서는 고영향 AI 기준이 지나치게 추상적이고 광범위하다며 AI 생성물 표시 의무 등 국내 현실에 맞지 않는 규제 조항을 보완해줄 것을 촉구하고 있다.[48]

# 공존을 위한
## '인간-AI 협업' 역량

전문가들은 AI가 인간의 능력을 대체하는 존재가 아니라 인간과 상호 보완적으로 협력할 수 있는 파트너로, 하지만 결점이 많은 '보조 연구원'으로 취급하라고 충고한다.[49] 그래야 AI 시대의 주권자로서 기술을 능동적으로 활용할 수 있다. 단순 반복 작업이나 대규모 데이터 분석은 AI가 효율적으로 수행하고, 윤리적 판단·창의적 사고·사회적 맥락 이해는 인간이 담당하는 형태가 이상적이다.

생성형 AI의 기술 확산은 이러한 인간-AI 협업 가능성을 현실로 만들고 있다. 미국 식품의약국FDA은 최근 약물·식품·의료 기기 및 진단 테스트 전반에 생성형 AI를 도입하기로 했다.[50] 며칠씩 걸리던 문서 검토와 데이터 분석을 몇 분 만에 끝낼 수 있다는 게 FDA 측 설명이다. 저널리즘 분야에서는 AI가 초안 기사 작성, 데이터 기반 분석 등을 수행하고 인간 기자가 최종 가치 판단과 사실 검증을 담당하는 협업 구조가 나타나고 있다. 저널리즘의 인간-AI 협업 증대에 관한 연구[51]에 따르면, 복잡성을 낮춰 인간 중심 인터페이스를 제공하는 것이 협력 과정의 효율성과 만족도를 높일 것으로 예측됐다.

IBM은 AI를 단순 자동화 도구가 아닌, 인간 지능을 보조하고 확장하는 '증강 지능augmented intelligence'으로 재정의할 것을 제안했다.[52] 증강 지능을 적용한 '왓슨 포 온콜로지Watson for Oncology'는 암 치료에 대한 의사결정을 지원하는 AI 시스템으로 현재 전 세계 200개 이상의 의료 기관에서 사용되고 있다.

정신 건강 서비스 토크라이프TalkLife가 워싱턴대학교와 함께 개발한 AI 시스템 '헤일리Hailey'는 사용자 간 대화에서 공감 능력을 높이고, 24시간 실시간 피드백을 제공해 사용자 만족도를 높인다.[53] 이 플랫폼은 정신 건강 서비스 접근성이 낮은 지역에서도 빈번히 사용되고 있다. 협업 모델을 사회 전반에 정착시키기 위해서는 기술 개발 단계부터 인간 친화적 설계 원칙을 도입하고, 교육과 정책에서도 인간-AI 협업 역량을 키우는 노력이 필요하다.

## 비인간 존재와의 포용적 시민성 확보

포스트휴먼 철학자 로지 브라이도티는 우리가 지속 가능한 삶을 살기 위해서는 인간 중심주의 사고에서 벗어나 기술 및 비인간 존재와의 관계 속에서 시민성을 새롭게 정의하고 확장할 것을 권고한다.[54] 여기에는 인간과 비인간, 자연과 기술, 생명과 비생명 등 다양한 존재와의 상호연결성과 상호의존성을 인정하는 '관계성', 모든 존재의 공존을 도모하는 '지속가능성', 생명체의 창조성과 다양성을 존중하는 '생명에의 긍정', 자아를 고립된 개체가 아닌 다양한 관계 속에서 형성되는 존재로 파악하는 '관계적 주체성' 개념 등이 포함된다.

이러한 논의는 AI 시대 시민성이 법적 권리와 의무뿐 아니라 비인간 존재와 기술적 객체까지 포용할 수 있는 감수성과 윤리적 책임성을 포함하는 쪽으로 대폭 확장돼야 한다는 것을 의미한다. AI가 인간 사회에 깊숙이 스며든 시대에는 기술을 이해하는 능력 자체가 '시민 자격' 중 하나가 된다. 유발 하라리는 미래 사회에서는 인간-기계-데이터 네트워크 간 경계에 대한 섬세한 감수성을 키워야 한다고 강조한다.[55] 이는 AI를 도구가 아닌 새로운 '사회적 행위자'로 간주하는 인식의 전환이 필요하다는 의미다.

민주주의는 비판적 사고와 판단 능력을 갖춘 시민의 합리적 토론과 그에 따른 여론 형성을 전제로 한다. 페이스북-케임브리지애널리티카 스캔들이 보여주듯, 현재 개인의 인식은 주체적 판단과 사고로 형성된 다기보다 데이터와 알고리즘을 이용하는 소수 세력에 의해 얼마든지 조종될 수 있다. AI와 같은 비인격 주체가 사회적 합의를 위한 숙의나 의사결정 과정에서 인간을 대신하는 것은 시민 개개인이 인식하고 참여하며 통제할 수 없는 영역을 확대함으로써 민주주의 사회의 전제와 근간을 위협할 수 있다.[56]

AI는 인간의 삶을 보다 편리하고 효율적으로 만들 수 있는 강력한 도구임이 분명하다. 하지만 '인간의 지능' 자체를 외부로 확장한 AI 기술의 영향력은 이제 인류 공동체의 운명을 좌우할 정도에 이르렀다. 기술 발전은 필연적이지만 그 방향성과 목적은 민주적 거버넌스를 통한 모두의 참여로 결정돼야 한다. AI 시대의 시민은 기술을 통해 인간다운 사회를 만드는 데 기여하는 것은 물론, 더 나은 사회적 합의를 위해 함께 미래를 설계하고 책임지는 능동적 주체가 돼야 한다.

# 자율 무기를 통해 생각해보는 AI의 윤리적·법적 쟁점

국방 분야에서 AI 기술에 기반한 무기 개발에 관심이 커지고 있다. 우리 군도 예외가 아니다. 그러한 무기의 중심에 있는 것이 자동화된 무기, 그리고 거기서 더 나아간 '자율 무기autonomous weapons'다. 자율 무기란 무엇인가? 2023년 1월에 발간된 미국 국방부 훈령(DoDD 3000.09) 개정판에 따르면, 자율 무기 체계를 3가지 유형으로 구분하고 있다. 일단 작동되면 운용자의 추가적 개입 없이도 표적을 선택하고 공격할 수 있는 '자율 무기 체계AWS', 일단 작동되면 운용자에 의해 선택된 표적이나 표적군만 교전하는 '반자율 무기 체계Semi-AWS', 그리고 오작동 상황같이 감수할 수 없는 피해가 일어나기 전에 운용자가 개입해 교전을 중지시킬 수 있도록 설계한 '운용자 감독 자율 무기 체계'가 그것이다.[57]

자율 무기에 대한 이러한 정의에도 자율 무기라는 개념에는 쉽사리

해결되지 않는 난점이 있다. '자율'이 무엇인지, '인간의 개입이 없다'라는 것이 무엇인지 등이 그러하다. 하지만 더욱 두드러진 문제는 여느 AI 시스템이나 서비스가 그러하듯 자율 무기를 둘러싼 윤리적·법적 논란이 거세다는 점이다.

# 자율 무기를 둘러싼 논란

먼저 자율 무기에 대한 낙관론은 여전하다. 자율 무기가 군의 전력을 극대화하고 효율화하는 데 결정적으로 기여할 것으로 기대할 수 있기 때문이다. 이에 대해서는 다음 몇 가지 세부 근거가 흔히 거론된다. 첫째, 자율 무기는 작전 효율성이 높다. 소수의 병력으로 임무를 정확히 수행할 수 있고, 특히 적에게 치명적 손상을 가하면서도 아군의 피해를 최소화할 수 있다. 둘째, 자율 무기는 경제적이다. 전장에 다수의 인간 병사를 투입하거나 고가의 재래식 무기를 배치하기보다 소형 전투 로봇 한 대나 드론(무인기) 몇 대를 배치한다면 비용을 절감할 수 있을 것이다. 셋째, 자율 무기는 상대적으로 윤리적일 수 있다. 인명 살상 자체를 줄일 수 있을 뿐 아니라, 인간 병사가 겪을 수 있는 외상 후 스트레스 장애PTSD나 그들이 저지를 수 있는 전쟁범죄를 예방할 수 있다.[58]

미국의 로봇공학자 로널드 C. 아킨도 이와 비슷한 주장을 한 바 있다. 그는 일명 '킬러 로봇killer robots' 찬성론자로, 킬러 로봇이 인간 군인보다 오히려 더 인도적일 수 있다고 주장했다. 킬러 로봇을 통해 아군의 인명 피해를 최소화할 수 있을 뿐 아니라 표적을 정확히 설정해 목표를 수행함으로써 적군의 피해 또한 최소화할 수 있으며, 그럼으로써 전쟁을 조기에 종결할 수 있다고 보기 때문이다.[59]

이러한 이점에 주목해 근래 우리 군도 육군의 야포나 박격포와 같은 타격 체계를 대체할 수 있는 드론과 무인기를 전력화하는 데 주력하고 있다. 이제 자율 무기는 명실상부하게 가능성이 아닌 필연이 됐다고 해도 과언이 아닐 것이다.

하지만 자율화된 기술은 인명에 치명적인 위험을 야기할 수 있기에, 무엇보다 그 위험을 통제하고 안전을 확보하는 일이 중요하다. 자율 무기를 사용한다고 할 때, ▽ 그것이 과연 믿을 만한가, 혹은 인간의 통제대로 정확히 목표를 수행할 수 있는가(신뢰성), ▽ 그것이 사람의 통제 없이 인명을 살상하는 것 아닌가, 혹은 인명 살상이 사람의 고의나 과실로 인한 것이 아니라 기계의 자율적(여기에도 의문의 여지가 있다) 작동에 의해 결정되도록 허용하는 일 자체가 비도덕적이지 않은가(윤리성), ▽ 민간인이나 투항한 적군을 사살하는 것 같은 오류나 사고가 발생했을 때 누가 책임을 지는가(책임성) 하는 의구심과 두려움이 쉽게 생겨나기 때문이다. 게다가 자율 무기의 활용은 살상 자체를 쉽게 만들어 살상에 대한 도덕적 감각을 무디게 만들 수 있으며, 그 결과 지도자들로 하여금 전쟁 개시와 수행을 쉽게 생각하게 만들 수 있다는 비판도 적지 않다.

한편 자율 무기에 대한 반론은 자율 무기를 둘러싼 여러 과장과 오해 속에 더욱 증폭되기도 한다. AI 기반의 자율 무기를 일각에서는 '자율 살상 무기LAWs, Lethal Autonomous Weapons' 시스템이라고 부르면서, 목표와 기능이 '살상'임을 강조한다. 이러한 무기의 흔한 별칭인 '킬러 로봇'이라는 이름도 사람들의 원초적 거부감과 반감을 불러일으킨다. 심지어 자율 무기나 관련 윤리에 대한 일부 언론의 보도는 다분히 이러한 부정적 선입견에 호소하거나 이를 부추기기도 한다. 예를 들어 "기계에 살인 면허를?"이라는 한 뉴스 기사의 제목을 보라. 이 제목은 자율 무기의 실상을 일면 담고 있지만, '살인 면허'라는 표현을 통해 자율 무기가 그 자체로 윤리에 반한다는 결론을 암시하고 있다. '살상'과 '윤리'는 그 자체로 양립할 수 없다는 것이다.

이러한 비판과 반대의 목소리는 국제적 차원의 반대 운동으로 전개되기도 했다. '킬러 로봇 금지 캠페인'과 같은 국제적 활동이 대표적 예다. 이러한 반론은 특히 학계의 과학 기술 윤리 연구자나 비정부기구의 활동가, 그리고 기타 국제적 명망가 사이에서 두드러졌다. 노엘 샤키Noel Sharkey, 로버트 스패로Robert Sparrow, 피터 아사로Peter Asaro 등이 그러한 연구자들로서, 이들은 2009년 국제로봇무기통제위원회를 창설하고 자율 무기 금지 운동에 앞장섰다.

생명미래연구소Future of Life Institute는 유발 하라리 등 국제적 명망가들로 구성된 단체로서 과거 AI의 윤리적 이용에 관한 국제적 관심을 불러일으킨 바 있는데, 이 연구소 측은 근래 자율 무기를 '학살 로봇slaughterbot'이라고 부르면서 사용 금지를 호소하고 있기도 하다. 이 반대론자들은 인권의 가치, 즉 인간 고유의 존엄성, 정의, 자율성, 도덕성 등을 수호하기 위해서는 기계에 인간 생명을 내맡기는 식의 자율 무기를 금지해야 한다고 주장해왔다.

이처럼 일부 국제 동향을 보면, 자율 무기 사용에 대해 '킬러', '살상', '학살' 등의 끔찍한 말을 덧씌워 감정적으로 거부하고 있다. 그 가운데에서 여전히 자율 무기를 적극적으로 개발하고 활용해야 한다고 주장하기란 쉽지 않은 일이다. 이러한 동향의 근저에는 자율 무기 자체에 대한 몰이해는 물론이고 전쟁을 포함한 국제 관계의 역사와 현실에 대한 몰이해도 크게 한몫한다. 그럼에도 이 현실은 대중의 정서부터 국내외 정책 수립에 이르기까지 영향력이 결코 적지 않다. 따라서 그것을 단지 몰이해와 몰이성의 발로라고 애써 외면하기만 해서는 안 될 것이다.

## 자율 무기 규율의 현황

그렇다면 자율 무기라는 초유의 대상을 어떻게 규율할 것인가? 아니, 자율 무기란 애초에 규율할 수 있는 것인가? 먼저 언급해야 할 사항은 규율의 '당위성'과 '필요성'이다. 자율 무기는 실제로 개발·활용되고 있고 그것이 낳을 위험과 여파가 큰 만큼, 이와 같은 근본적 난점에도 우리는 어떻게든 이것을 규율해야 한다. 이는 현실적·실존적 당위다. 마치 실체가 명확히 보이지 않는 적과 맞서 싸우는 일과 같다는 점에서 사상 초유의 과제일 수 있지만, 피할 수 없다.

도전의 파도는 거세지고 있으며, 그에 따라 국내외 여러 주체가 다각도로 노력을 기울여왔다. 먼저 우리 정부는 2020년 '국가 인공지능 윤리 기준'을 정하고 AI에 대한 신뢰성 검증을 위한 토대를 마련한 바 있다. 이 기준은 정부와 AI 관련 기업, 그리고 소비자까지 아우르는 여러 주체에 적용하고 구현해야 할 기준이다. 그야말로 AI 일반을 아우르는 기본 기준이기에 국방 분야에서도 정부(국방부)나 민간 기업 모두 이러한 기조를 외면할 수 없다. 또 그동안 국회에 계류 중이던 여러 버전의 AI 관련 법안이 최근 일명 〈인공지능기본법〉으로 합쳐져 2026년 1월 시행된다. 이 법 역시 향후 우리 군이나 방산업체에 미치는 일차적 규율 수단이 될 수 있다.

국제적 규율 여건의 변화도 무겁게 다가온다. EU는 2018년 〈신뢰할 수 있는 인공지능을 위한 윤리 가이드라인〉에 이어, 이를 토대로 2021년에 AI 일반을 규율하기 위한 법률, 이른바 'AI법'을 내놓았다. 이 법률은 EU 권역 안팎에서 많은 기업의 우려와 반발을 샀고, 이로 인해 개정안은 EU 집행부 내에서 적잖은 진통 끝에 2024년 상반기에 통과됐다. 그 내용을 보면, 시스템에 내포된 위험성의 정도 및 등급에 따라 규율의 방식과 내용을 차등화하는 한편, 개인정보보호를 포함해 인권 보호 및 투명성 강화를 엄격히 요구하는 등 다양한 측면의 윤리성 확보를 중요한 요소로 삼고 있다. 특히 이 법은 EU 권역 내 시민에게 영향을 주는 모든 AI 시스템에 적용되기에 파급력이 클 것으로 전망된다. 따라서 향후 AI 시스템을 무기체계에 도입하고자 하는 우리 군이나 방산업체, 그리고 관련 규율을 마련하고 있는 정부도 그러한 규율을 채택하는 것을 진지하게 고려해야 할 것이다.

이처럼 자율 무기를 둘러싸고 여러 도전 과제에 직면한 지금, 국내외적 현실 및 그 변화를 면밀하게 파악하고 분석하는 한편 이에 적절히 대응하는 것은 긴요한 일이다. 하지만 대한민국의 현실은 녹록지 않다. 아직 우리 군이나 방위산업체 어느 쪽에서도 그러한 목표를 달성하기 위한 기준이나 검증 수단을 마련하지 못한 상태다. 그 결과, 군의 AI 기반 무기 개발에 참여한 방산업체에 대해 아무런 검증이나 규율 적용이 진행되고 있지 않다. 일각에서 제기되는, 기술 목표만 있고 윤리 로드맵이 없다는 비판이 결코 과장이 아니다.

자율 무기 활용 및 규율을 관통해야 할 지도원칙이 무엇인지, 그러한 원칙이 자율 무기나 미래 전장의 특성에 맞는 어떠한 규제 프레임워크 혹은 전략, 방안, 거버넌스를 통해 구현될 수 있는지 등에 대한 세밀한 제안이나 분석은 찾아보기 어렵다. 국내에서도 자율 무기의 규율과 관련한 연구가 없지 않으나, 그 주제의 중요성에 비춰 볼 때 빈약한 편이다. '윤리' 영역에서의 논의는 드물고, '국제법'이나 '법정책'의 영역에서 선구적 연구가 산발적으로 진행됐을 뿐이다.

전술한 바와 같이, 자율 무기 및 AI 시스템과 관련한 윤리적 논란은 사용 여부를 둘러싼 찬성과 반대의 논란을 넘어, 그러한 시스템이 사회에 어떠한 영향을 미치며 그 영향과 변화를 사회적 차원에서 어떻게 다룰 것인가에 관한 제도적·실천적 논의까지 촉발해왔다. 이러한 가운데 2020년 미국은 국방 분야의 AI 기술 활용을 위한 윤리 원칙을 공식적으로 채택한 바 있다. 여기에는 책임성responsibility, 형평성equitability, 추적 가능성traceability, 신뢰성reliability, 지배 관리 가능성governability 등 5가지 원칙이 포함돼 있다. 이러한 조치는 윤리적 원칙 및 가치 중심의 규제 거버넌스의 틀을 마련하려는 시도다.

국제사회 각 부문의 다양하고도 치열한 노력을 보면 그 속에서 일련의 유의미한 '진화적' 변화를 발견할 수 있다. 단순화해서 말하면 이렇다. 과거 영미를 중심으로 자율 무기를 둘러싼 '순진한' 옹호론이 암묵적으로 수용되던 시대를 지나 언제부터인가 대중의 공포에 호소한 전면적 금지론이 눈에 띄게 퍼졌다. 이러한 반작용은 자율 무기 개발에 강력한 걸림돌이 되고 있지만, 지금 국제사회의 전반적 추세는 찬성론과 반대론 양자 간의 대립에서 점차 '적절한 규제를 통한 활용'이 대안일 수밖에 없다는 인식으로 수렴하고 있다. 규제도 필요하고, 활용도 필요하니, 양자 간 절충점을 찾아야 한다는 것이다.

이뿐만 아니라 그러한 활용을 규율하는 방안 자체에서도 변화의 양상이 보인다. 그 방안으로 그동안 가장 유력하게 거론된 것은 이른바

'윤리 원칙 중심의 접근법' 혹은 '가치 중심의 접근법'이었다. 윤리 원칙, 윤리 규범, 윤리 기준, 윤리 가이드라인 등의 명칭으로 제시돼온, 비슷비슷하면서도 수많은 원칙과 기준에 따라 모든 관련자는 해당 시스템을 규율하는 데 참여해야 한다는 것이다.

그러나 이러한 원칙과 기준들은 구호나 수사修辭에 그치거나 실천으로 이어지지 못하는 경우가 많았기에, 기업이나 사용자의 실무 현장에서 실질적 지침이 되지 못했다. 그래서 AI 시스템의 개발 및 활용에 구체적 실천을 담보할 수 있는 효력 있는 규범이 작동해야 한다는 목소리가 높아졌고, 정부 주도로 혹은 법적 장치를 통해 그러한 규율을 마련하려는 노력이 국내외에서 이어지고 있다.[60] 한편으로는 소위 '경성 규제 hard regulation'가 필수라는 인식이, 그리고 다른 한편으로는 윤리나 규제의 '원칙'이 구호나 수사에 그치지 않고 개발과 활용의 현실 속에서 '실천'으로 이어지게 해야 한다는 인식이 확산되고 있다.

## 자율 무기 규율의 전망

AI 시스템을 규율하려는 흐름을 정리하면 다음과 같다. 첫째, AI 시스템 개발과 활용을 단순히 금지하는 것이 아니라 체계적이고도 현실에 적합한 규제로 나아가야 하고, 둘째, 공정성, 책임성, 투명성, 신뢰성 등과 같은 윤리 원칙이나 윤리적 규범을 선포하는 데 그칠 것이 아니라 현장에서 구속력 있게 실현해야 하며, 셋째, 이러한 실천은 국제질서 속에서 작동하고 있는 국제인권법이나 국제인도법 같은 경성적 틀에 기반해야 한다.

그런데 이러한 논의 과정에서 유의미한 진화적 변화도 눈에 띈다. '정正-반反-합合'의 변증법적 과정에 비유한다면, 정에서 반으로의 이행에 해당한다. '정'에 해당하는 것은 기존의 주류적 규제 방식이라 할 '연성 규제', 즉 윤리 원칙 중심의 접근법 혹은 가치 중심의 접근법이다. 반면 '반'에 해당하는 것은 '경성 규제', 즉 법규 중심의 접근법이다. 이를 위해서는 기존에 작동하는 국제법 질서를 활용하거나, 위험 기반 접근법에 따라 AI 기술을 세분하고 그에 대응하는 법령을 제정해 규율하는 전략을 취할 수도 있다.

그렇다면 이 두 접근법의 변증법적 종합일 '합'을 어떻게 모색할 것인가? 무엇보다 근본적 문제로 돌아가 냉철하고 이성적으로 대응해야 한다. 즉 ▽자율 무기란 무엇인지, 그리고 그것을 개발해 사용했을 때 어떤 영향을 미칠지를 냉철히 분석·평가해야 하고, ▽자율 무기를 규율할 최선의 방안이 무엇인지 면밀하게 모색하며, ▽자율 무기를 이처럼 적절한 규율하에 개발해 사용할 경우 어떠한 미래가 열릴 수 있는지를 전망하고 제시해야만 한다. 물론 이 모든 작업은 그 자체로 대단히 복합적이고 방대한 작업으로, 관련한 여러 분야의 전문가 및 국방 관계자가 머리를 맞대고 논의해야만 해낼 수 있는 일일 것이다. 또 어떤 식으로든 시민의 적극적 참여와 이해가 필수임은 말할 것도 없다. 그것은 자율 무기의 개발과 활용에 대한 사회적 신뢰를 증진함으로써 해당 규율 정책의 지속 가능성과 실효성을 담보하기 위한 전제 조건이기 때문이다.

# 인간과 AI가
# 공존하기 위한 교육

전통적인 교육체계는 대규모 공급 중심으로 운영돼왔다. 하지만 AI 디지털 기술의 급진적 발전으로 '개별성, 유연성, 그리고 예측 불가능성에 대한 대응력'이라는 새로운 기준에 직면했다. 고도화된 AI 디지털 기술의 확산은 인간의 학습 방식뿐 아니라 지식의 생산과 유통, 평가 기준까지 근본적으로 재구성하고 있으며, 출산율 저하와 학령인구 감소는 기존의 물리적 학교 체계와 교사 인력 운영 구조에 근본적 변화를 요구하고 있다.

그런데도 우리는 격변의 흐름에 선제적으로 대응하지 못한 채 중대한 위기에 직면했다. AI 디지털 전환에 대한 교육체계의 대응력 부족과 인구구조 변화에 따른 교육 수요 불일치, 미래 사회에 대응한 역량 기반 교육으로의 이행 지체 등 사회적 난제에 대한 해결책을 찾지 못하고 있다. 이 문제들은 단기적인 것이 아니라 향후 수십 년간 국가경쟁력과 사회통합에 중대한 구조적 위협 요인으로 작용할 가능성이 크다.

문명의 대전환 시기, 우리는 교육에 대한 근본적인 질문에 답해야 한다. "교육은 무엇을 목표로 하고, 어떻게 운영돼야 하는가?" 이 질문에 대한 성찰과 대답 없이는 AI 시대를 살아갈 미래 세대에게 책임 있는 교육을 제공할 수 없다. 이러한 문제의식을 바탕으로 AI 시대의 도래와 함께 요구되는 교육 전략 전환의 방향을 마련해야 한다. 이는 단순한 기술 수용 이상의, 미래 사회로의 구조적 이행을 견인할 수 있는 교육 시스템으로의 전면적 재설계를 위한 출발점이라 할 것이다. 우리가 추구하는 AI 시대의 교육은 기술 중심이 아닌 사람 중심의 교육, 속도 중심이 아닌 깊이 중심의 교육, 정답 중심이 아닌 질문 중심의 교육이어야 한다. 그럴 때 비로소 AI는 인간을 대체하는 기술이 아니라 인간의 가능성을 확장하는 도구로 자리매김할 수 있다.

# 변화하는 미래 사회와
# 교육의 재설계

우리가 맞이하고 있는 미래 사회는 기존의 교육구조를 근본적으로 위협하는 다양한 요인을 내포한다. 이는 단지 교육 환경의 변화를 의미하는 것이 아니라, 교육의 철학, 방식, 구조 전반에 대한 근본적 재설계를 요구하는 위기이자 기회다. 이러한 변화는 기술과 사회, 인간의 관계 재정립이라는 거대한 흐름 속에서 교육이 새로운 존재 이유를 찾아야 함을 시사한다.

### 학령인구 감소로 인한 물리적 체계의 한계

우리가 직면한 첫 번째 위협은 인구구조의 급격한 변화다. 대한민국은 세계 최저 수준의 출산율을 기록하며, 학령인구의 급감이 구조적 문제로 고착되고 있다. 초중고 학령기 인구는 2040년까지 현재의 절반 수준으로 감소할 것으로 예측되고, 일부 지역은 이미 학교 운영 자체가 어려운 수준에 이르렀다. 이는 교육 수요의 절대적 축소를 의미할 뿐만 아니라 대규모 학교체계, 획일적인 교육과정, 일률적인 교사 배치 구조를 더 이상 지속할 수 없음을 보여주는 뚜렷한 징후다. 교육은 이제 물리적·양적 확대에서 벗어나 학습자 개별 맞춤형·분산형·유연 체제로 구조적 전환을 해야 한다.

### 지식 반감기의 단축에 따른 교육 커리큘럼의 무력화

두 번째로 주목할 것은 지식 반감기의 단축으로 인한 교육 커리큘럼의 무력화다. 과거에는 한번 배운 지식이나 기술을 오랜 시간 유효하게 활용할 수 있었지만, 오늘날 기술과 산업의 변화 속도는 그 유효기간을 극단적으로 단축하고 있다. 특정 기술 지식의 반감기는 평균 2~3년에 불과하다. 이는 계속해서 새롭게 배워야 하는 시대가 왔다는 의미다. 기존의 교과 중심 교육은 학습자에게 실질적 효용을 제공하지 못하고, 교육의 초점은 '무엇을 가르칠 것인가'에서 '어떻게 배울 수 있는 능력을 기를 것인가'로 이동하고 있다. 커리큘럼이 정적인 콘텐츠의 집합이 아니라 변화에 적응하고, 재학습하고, 의미를 재구성할 수 있는 역량 중심으로 재편되지 않는다면 교육의 걸림돌이 될 상황이다.

### AI 기술의 초지능화와 교육의 구성 요소 재정의

세 번째는 AI 기술의 초지능화로 인해 교육 구성 요소를 재정의해야 하는 것이다. LLM을 기반으로 한 생성형 AI는 단순한 정보 전달 도구에서 고차원적인 문제 해결, 글쓰기, 분석, 진단까지 수행하는 초지능 AI로 진화하고 있다. 이로 인해 교원, 교과서, 학생 각각의 전통적 역할은 급속히 재편되고, 교육의 존재 이유 자체를 다시 묻게 되는 시점에 도달했다. 이제 교육은 지식 제공 기능에 머물러서는 안 된다. 인간만이 수행할 수 있는 '의미 부여', '창조', '비판적 사고', '윤리적 판단' 등 인간 고유의 역량을 강화하는 데 집중해야 한다. 교육의 목적을 기술을 잘 사용하는 인간을 기르는 것을 넘어, 인간다움을 회복하고 확장하는 데 두어야 한다. 이는 인간 중심 교육이라는 철학적 원칙을 다시 세우는 일이며, 기술 중심의 미래 사회에 균형을 제공하는 유일한 대안이기도 하다.

# AI 시대 교육의 비전과
# 전략 목표

AI 시대 교육 전략은 단순히 고급 기술을 도입하거나 시스템을 바꾸는 문제가 아니다. 새로운 문명사회를 상상하고 설계할 수 있는 인간을 어떻게 길러낼 것인가에 대한 국가적 철학과 결단의 문제라 할 것이다. 교육은 '변화에 적응하는 시스템'이 아니라, '미래를 능동적으로 만들어 가는 설계도'가 돼야 한다. 그리고 그 설계는 인간에 대한 깊은 통찰에서 시작돼야 한다. 따라서 AI 시대의 교육은 기술과 인간이 공존하는 생태계를 지향해야 하며, '기술을 잘 다루는 사람'이 아니라, '기술을 통해 인간다움을 확장하는 사람'을 기르는 데 주안점을 두고 체계의 틀을 짜야 한다. AI 시대의 교육이 나아가야 할 방향은 명확하다. 그것은 기술과 인간의 공존을 설계하는, 지속 가능한 인간 중심의 교육체계 구축이라 할 것이다.

### 인간 중심의 지속 가능한 교육체계 구축

AI 시대의 교육은 '지속 가능한 인간 중심의 교육체계'라는 큰 비전 아래 설계돼야 한다. 기술은 변화가 빠르지만, 인간의 변화는 느리고 깊다. 이 격차를 메우기 위해서는 기술 도입에 앞서 인간에 대한 철학적 이해가 교육의 바탕이 돼야 하며, 교육은 기술로부터 소외되지 않으면서도 기술에 종속되지 않는 균형 잡힌 구조를 띠어야 한다. 이러한 교육체계는 '기술 활용 능력'뿐만 아니라 '기술에 대한 비판적 성찰 능력', '인간 중심의 가치 판단력', '타인과의 공존 능력'을 함께 길러야 한다는 점을 강조한다. 교육의 모든 설계는 기술이 아니라 사람을 중심에 놓아야 하며, AI는 교육의 도구일 뿐 목적이 돼서는 안 된다. 이를 실현하기 위해서는 다음과 같은 전략 목표를 중심으로 교육정책을 펼쳐야 한다.

### 개인화한 심층 맞춤형 학습체계 구축

첫 번째 전략 목표는 학습자의 수준과 필요에 맞춘 학습체계를 구축하는 것이다. 지금까지의 교육은 정해진 시간과 장소에서 동일한 콘텐츠를 모든 학생에게 일괄적으로 제공하는 공급자 주도 방식이었다. 그러나 AI 기반 학습 환경에서는 학습자의 흥미, 수준, 속도, 이해도를 분석해 실시간으로 최적화된 학습 경로를 제공할 수 있다. 이른바 '적응형 학습adaptive learning'에서 학습자의 정서 상태, 인지 스타일, 성격적 경향까지 반영한 맞춤형 심층 학습체계까지 가능해진다. 따라서 단기적으로는 코스웨어course ware(예: AI 디지털교과서)의 도입을 생각해볼 수 있고, 장기적으로는 'AI 학습자 여권AI learner passport'을 도입해 개인별 학습 이력, 역량 분석, 진로 설계 정보 등을 종합적으로 관리하고 연계할 수 있는 국가 차원의 생애 학습 데이터 시스템 구축이 필요하다.

### 교원의 역할 재정의 및 전문성 강화

두 번째 전략 목표는 교원의 역할을 재정의하고 그 전문성을 강화하는 것이다. 이는 실질적으로 가장 어려운 문제다. 사람의 문제이기 때문이다. AI 시대의 교원은 단순한 지식 전달자에 머물러서는 안 된다. 지식 정보는 AI가 더 정확하고 빠르게 제공할 수 있다. 그러나 교육은 지식 정보 제공 이상의 것이어야 한다. 교원은 '학습 설계자', '정서적 코치', '비판적 사고 촉진자', '창의성과 인성의 안내자' 같은 복합적 역할을 할 수 있어야 한다. 이러한 역할 전환은 교원의 정체성과 전문성을 다시 세우는 과정이라는 점에서 쉬운 문제가 아니다. 이를 위해서는 교원 양성과 재교육 체계 안에 AI 활용 역량, 디지털 윤리, 학습 분석, 감정 이해 교육 등을 포함해야 하고, 국가 차원의 교원 전문성 재정립 로드맵을 마련해야 한다. 특히 정책적으로 'AI는 교원을 대체하지 않으며, 교원과 협업하는 도구'라는 메시지를 명확히 하고, 교육 현장의 불안을 해소하는 것이 중요하다.

### 지역, 산업, 대학이 연계된 평생 직업교육 생태계 구축

세 번째 전략 목표는 대학과 지역사회, 산업이 연계된 평생 직업교육 생태계를 구축하는 것이다. AI와 디지털 기술은 직업 구조의 불연속적 전환을 가속하고 있다. 따라서 기존처럼 학령기에만 교육이 집중되고, 그 이후에는 일만 하는 사회 구조는 계속되기 어렵다. 생애 전 주기에 걸쳐 직업 역량을 강화할 수 있는 교육체계, 특히 중장년층과 재직자를 위한 전환 교육 시스템이 마련돼야 한다. 이를 위해서는 지역 거점 대학을 중심으로 직업교육 및 평생교육의 허브를 형성하고, 산업체와 협력해 맞춤 모듈형 교육과정을 활성화해야 한다. 또 고용과 연계된 AI 맞춤형 교육 및 학점은행제, 직무 기반 자격 인정제 등 제도적 장치를 확대해 경력 단절 없는 평생 직업·평생 학습 사회를 실현해야 한다.


# AI 기반 교육을 위한
# 제도적 대응 전략


　AI 시대의 교육 혁신은 단순히 AI 기술을 교육에 도입하는 수준에서 완결될 수 없다. 그것은 교육 철학의 전환, 교원의 전문성 재정의, 학습자 권리의 재설계, 공공성과 시장성의 균형 재구성이라는 총체적 과제를 동반한다. 따라서 이를 뒷받침하는 제도적·행정적 기반 없이는 지속가능한 성과를 창출할 수 없다. 대한민국이 AI 기반 교육을 국가 차원의 핵심 전략으로 추진하기 위해서는 다음과 같은 제도적 대응 전략을 마련해야 한다.


### 교육 공공성을 위한 법·제도 기반 구축

　먼저 AI 기반 교육 생태계 전반을 포괄하는 법·제도 기반을 구축해야 한다. 대부분의 AI 교육 솔루션은 민간 기업에 의해 개발되고, 알고리즘 구조나 학습 데이터의 출처, 활용 목적 등 핵심적 요소에 대한 투명성이 확보되지 않은 채 사용되고 있다. 이러한 상황에서는 교육의 공정성과 투명성, 신뢰성을 담보하기 어렵고, 교원과 학습자 모두에게 예기치 못한 혼란을 초래할 수 있다.

이에 대한 대응책으로 AI 학습 도구에 대한 공공 인증 체계를 마련해야 한다. 예를 들어 AI 디지털교과서나 AI 튜터와 같은 각종 AI 코스웨어가 공교육에 도입되기 위해서는 교육적 효과성, 알고리즘의 편향 가능성, 사용자 안전성 등을 종합적으로 평가해 일정 기준 이상을 충족해야 사용할 수 있도록 전문기관이 인증하는 제도가 필요하다.

또 교육용 알고리즘의 등록제 도입이 요구된다. 개발된 알고리즘의 작동 방식, 학습 데이터의 특성, 출력 결과의 해석 방식 등을 투명하게 공개하고, 교육부 또는 전문기관에 등록하게 함으로써 공공적 감시와 통제가 가능하게 하는 것이다. 아울러 학습자의 개인정보와 학습 이력 데이터를 보호할 수 있는 '교육데이터보호법'도 함께 마련해야 한다. 이법은 데이터 수집·활용 기준, 보관 및 폐기 주기, 제3자 제공 제한, 공적 활용에 대한 예외적 인정 요건 등을 명확히 규정함으로써 학습자의 권리를 실질적으로 보장하는 법적 기반이 돼야 한다.

### 부처 간 협업 기반의 거버넌스 체계 구축

AI 기반 교육은 교육정책의 영역에만 국한되지 않는다. 기술 개발은 과학기술정보통신부, 데이터 보안은 개인정보보호위원회, 산업 활용은 산업통상자원부, 노동 시장 연계는 고용노동부 등 여러 부처와 유기적으로 연결돼 있어 분절된 정책 대응으로는 효과적인 추진이 어렵다. 실제로 개별 부처별로 AI 기술 활용에 관한 각종 프로젝트가 추진되고 있지만, 교육 현장과의 연계는 제한적이며, 정책 간 충돌이나 중복도 빈번하게 발생하고 있다.

이러한 문제를 해소하고 지속 가능한 AI 시대 교육정책을 수립·실행하기 위해서는 국가 차원의 통합적 거버넌스 체계가 필요하다. 가령 '국가 AI 교육전략위원회'와 같은 대통령 직속 기구를 설립해 교육부, 과학기술정보통신부, 고용노동부, 개인정보보호위원회, 산업통상자원부, 지방자치단체 등 관계 부처가 공동으로 참여하는 구조를 갖추는 것이 바람직하다. 이 위원회는 중장기적 미래전략 수립, 예산 배분 및 집행, 기술 표준과 법·제도 정비 등을 총괄하며, 교육계·산업계·시민사회 등의 다양한 이해당사자 의견을 반영하는 다층적 협의 구조를 갖추어야 한다. 아쉽지만 현행 국가교육위원회와 같은 체제에서는 이러한 역할 수행을 기대하기 어렵다.

### 공공 중심의 교육 디지털 인프라 구축

AI 교육이 특정 민간 기업의 기술 플랫폼에 지나치게 의존하게 될 경우, 공교육의 지속 가능성과 독립성이 심각하게 위협받을 수 있다. 상업적 이해관계나 기술 변화에 따라 교육 시스템이 흔들릴 가능성을 배제할 수 없기 때문이다. 이에 따라 민간 기술을 수용하되, 핵심 인프라에 대해서는 공공이 주도하는 균형 전략이 필요하다.

가장 먼저 구축해야 할 것은 '국가 교육데이터 댐'이다. 이는 학습자의 생애 전반에 걸친 학습 이력을 통합적으로 관리할 수 있는 공공 데이터 저장소로, 다양한 AI 학습 도구와 연동할 수 있도록 설계해야 한다. 국가가 주체가 돼 데이터를 저장·관리하고, 민간 기업은 인증된 API를 통해 제한적으로 접근하는 구조를 갖춤으로써, 데이터 주권과 공공성을 확보하는 동시에 민간의 혁신을 유도할 수 있을 것이다.

이와 함께 공공 주도의 학습 분석 플랫폼 개발도 필수다. 이는 AI 디지털교과서 등 AI 기반 교육 도구와 연계돼 학습자의 진도와 이해도, 성취도를 실시간 분석할 수 있는 시스템이며, 국가가 설계를 주도하고 민간이 기술적 파트너로 참여하는 방식으로 구축돼야 한다. 해당 플랫폼은 교원과 학생이 직접 활용할 수 있는 사용자 친화적 인터페이스를 갖춰야 하며, 나아가 국가의 교육통계 기반 정책 결정, 학습 성과 분석, 맞춤형 피드백 제공 등 다양한 기능을 수행할 수 있어야 한다.

### 교원과 학생의 AI 기반 교육환경 이해와 대응 역량 확충

AI 교육의 성공 여부는 기술의 성능보다는 그것을 교육 현장에서 실행하고 활용할 수 있는 '사람의 준비도'에 달려 있다. 특히 교원이 새로운 AI 기반 교육환경에 적응하고 주도적으로 이를 활용할 수 있어야 교육 혁신이 실현될 것이다. 현재 많은 교원이 AI 디지털 전환에 있어 준비가 부족한 상황이며, 이에 대한 지원 체계 역시 미흡하다.

따라서 교원의 전문성 강화를 위한 연수 체계 혁신이 시급하다. 교원 연수 프로그램의 부실과 강사의 전문성 부족도 개선돼야 한다. AI 기반 수업 설계 역량, 디지털 윤리 이해, 알고리즘 기반 수업 운영, 감정 분석 및 학습자 대응, 교수 학습 전략 등의 내용이 교원 양성 과정과 현직 교원 연수 과정에 반드시 포함돼야 하며, 교원을 단순한 지식 전달자가 아닌 '디지털 기반 학습 설계자'로 재정의할 필요가 있다.

한편 학생들 역시 단순히 AI 도구를 사용하는 능력뿐 아니라 AI의 작동원리와 한계를 비판적으로 이해할 수 있는 역량을 길러야 한다. 이를 위해 초·중등 교육과정에 'AI 시민교육'과 '데이터 문해력 교육'을 체계적으로 포함해야 한다. 이 교육은 기술적 측면뿐 아니라, AI의 윤리적 쟁점, 사회적 영향, 디지털 주체성, 미래 리터러시 등을 아우르는 전인적 교육이어야 하며, AI 디지털 시대의 책임 있는 시민을 양성하는 것을 목표로 해야 한다.

# AI 시대 교육은
# 어떤 문제에 대응해야 하는가?

AI 기반 교육은 가능성과 잠재력만큼이나 다양한 문제점과 위험 요소를 내포하고 있다. 공공성과 인격 형성을 다루는 교육 영역에 AI라는 비인간적 기술이 본격적으로 개입할 때 발생할 수 있는 윤리적·구조적·철학적 문제에 제대로 대응하지 않으면 교육의 본질이 훼손될 수 있다. 따라서 AI 기반 교육은 기술적 효율성만이 아니라, 교육의 정의, 공정성, 정체성에 대한 총체적 성찰을 동반한 접근이 필요하다.

### AI 과의존으로 인한 학습 수동화 및 탐구력 저하

가장 우려되는 문제는 학생들이 AI 시스템에 과도하게 의존하면서 사고력과 탐구력이 저하될 수 있다는 점이다. 학생들이 스스로 질문하고 찾아보고 고민하기보다, AI에 곧바로 묻고 답을 그대로 수용하는 데 익숙해질 가능성이 크기 때문이다. 이로 인해 학습자의 메타인지 능력, 창의적 문제 해결력, 비판적 사고력이 위축될 수 있으며, 이는 장기적으로 교육의 궁극적 목적과 정면으로 충돌하는 결과를 초래할 수 있다. 따라서 AI가 제시한 답변의 논리를 검토하고 비교하는 'AI 비판적 읽기

훈련', 학습자가 직접 문제를 재구성하거나 AI 없이 사고해보는 '탐구 기반 학습 활동'을 반드시 병행해야 한다. 교육과정에는 AI를 사용하는 방법뿐 아니라 AI 없이 생각하는 힘을 기르는 교육을 반드시 포함해야 하며, 교원이 AI를 활용한 학습 이후의 사고 확장 과정까지 설계할 수 있는 전문성을 갖춰야 한다.

### 알고리즘 편향성과 교육 공정성 훼손 가능성

AI 시스템은 인간이 만든 데이터와 알고리즘을 기반으로 작동한다. 이 과정에서 의도치 않게 사회적 편견이나 불평등이 알고리즘에 반영될 수 있다. 이는 곧 특정 학습자에게 유리하거나 불리한 학습 기회를 제공할 수 있다. AI가 특정 지역, 계층, 능력, 문화적 배경을 지닌 학습자에게 덜 적합한 콘텐츠를 제공하거나, 편향된 언어와 정보를 노출할 가능성이 존재하기 때문이다. 물론 이 문제는 AI 교육 알고리즘 인증제나 모니터링 체계를 통해 어느 정도 대응할 수는 있다. 하지만 AI 디지털의 특성상 그 위험이 모두 제거되지는 않는다. 따라서 교육용 AI는 알고리즘의 학습 데이터 출처, 작동 원리, 오류 가능성 등을 명시하고, 일정한 공공 기준에 따라 검증을 거치도록 해야 한다. 또 다양한 지역·계층·소수집단의 학습자가 공정한 학습 경험을 누릴 수 있도록, 다양성에 기반한 AI 콘텐츠 품질관리 체계를 병행할 필요가 있다.

### 교원의 위축과 직업적 불안 증폭

휴머노이드 로봇이 등장하고 AI 기능이 점점 고도화되면서, 일부 교원은 자신이 대체될 수 있다는 위협감을 느끼기도 한다. 특히 AI가 자동 채점, 개별 피드백, 학습 경로 설계 등을 수행하게 되면, 교원의 존재 이유가 흔들리고 교육 현장의 심리적 불안정성이 확대될 우려가 있다. 이는 교육의 질적 저하로 이어질 뿐만 아니라 교원의 이탈과 교육 생태계의 붕괴로 이어질 수 있다. 따라서 'AI는 교원을 대체하는 존재가 아닌, 협업하는 도구'라는 정책 메시지를 명확히 해야 하고, 교원의 교육적 판단과 정서적 역할이 대체 불가능하다는 점을 강조해야 한다. 아울러 교원 양성 과정과 현직 연수에서 AI 활용 능력뿐만 아니라, 'AI 교육환경에서의 인간적 교육 역량'에 대한 재정의와 역량 강화를 병행해야 한다. 그러려면 AI 도입을 통해 교원이 반복적 업무에서 벗어나 교육에 집중하는 전문가로 도약할 수 있도록 체계적 지원책을 마련해야 한다.

# 기후 한계를 존중하는 '그린 AI'

지속 가능한 AI, 이른바 기후 한계를 존중하는 '그린 AI'를 위해 고려해볼 대목이 있다. 기후와 환경을 걱정하는 사람들은 지금까지 호화 주택이나 전용 비행기, 고급 자가용, 과도한 육식이나 패스트 패션 등이 기후와 환경에 부담을 줄 수 있다며 경고해왔다. 하지만 AI나 디지털 소비와 관련해서도 예외 없이 '과소비'를 문제 삼을 수 있다는 발상은 놀랍게도 하지 못했다. 오히려 반대로 인터넷 사용률이나 SNS 가입률, 유료 AI 구독률이 높으면 높을수록 바람직한 변화로 간주했다. 하지만 이제는 기후와 생태를 고려하는 디지털 소비를 생각해볼 시점이 됐다. 이런 취지에서 바람직한 디지털화의 방향이 '더 많은 디지털'보다는 '디지털 절제digital sobriety' 또는 '디지털 충분성digital sufficiency'이어야 한다는 해외의 주장이 있다는 점을 진지하게 고려해볼 필요가 있다.

더 나아가 에너지와 자원의 효율적 이용을 돕고, 기후재난을 더 정확히 예측해 피해를 줄이게 해주는 '기후를 위한 AI'조차 어디까지나 지구 생태계의 허용 범위 안에서 작동해야 한다는 점을 유의해야 한다. 데이터센터 전력 사용 비중이 국가 전력의 20%가 넘는 아일랜드의 에이먼 라이언Eamon Ryan 환경부 장관은 2024년 9월 〈파이낸셜타임스〉 인터뷰에서 이렇게 강조했다. "AI 역시 우리가 약속한 기후 한계 안에서within the climate limits 작동해야 하고, 전력의 안정적 공급이 가능한 전력망 안에서 작동해야 한다." 우리 사회가 앞으로 추구해야 할 '그린 AI'의 원리를 잘 담은 표현이다.

# 생성형 AI의 등장과
# 에너지 소비

2022년 11월 30일에 처음 출시된 챗GPT가 일으킨 생성형 AI 열풍은 시민의 일상은 물론 산업구조 전반에 역진 불가능한 흔적을 남기면서 AI를 사회 곳곳으로 확산시켰다. 이제 인터넷 없는 세상을 상상하기 어려운 것처럼, AI도 마찬가지의 대상이 됐다. 그런데 AI가 일상과 산업의 주요 변수로 등장하면서 인류의 최대 난제인 기후변화에는 어떤 영향을 끼칠지도 관심의 대상이 되고 있다. 사실 AI 혁신을 주도해온 실리콘밸리 빅테크들은 AI가 환경 파괴와 기후 위기를 완화하는 데 도움이 될 수 있다고 강조해왔다. 예를 들어 AI가 2030년까지 글로벌 온실가스 배출량의 5~10%를 줄이는 데 기여할 수 있음은 물론, 기후재난에 대비하고 회복력을 향상해줄 잠재력이 있다는 것이다.

2030년까지 자사의 온실가스 배출 제로(0)를 결정한 마이크로소프트의 경우, '선을 위한 AIAI for Good' 프로젝트를 시작하며 그 일환으로 '지구를 위한 AIAI for Earth' 활동을 하기도 했다. 알파고 개발 회사로 잘 알려진 딥마인드는 2019년, 최대 36시간 전에 재생에너지 발전량을 이전보다 훨씬 더 정확하게 예측하는 인공 신경망 모델을 개발했고, AI 기반 기상예보 모델인 '그래프 캐스트'를 2023년 공개해 주목받기도 했다. 그렇다면 최근 갈수록 놀라운 성능을 보이는 AI의 혁신은 기후 위기 대응에 더 향상된 수단을 제공해줄 수 있을까? 더 나은 AI 개발 경쟁은 곧 기후 대응 경쟁과 연결될 수 있을까?

그런데 기대와 달리 우려의 목소리가 동시에 나오고 있다는 사실에 유의해야 한다. 특히 최근 AI의 흐름을 선도하고 있는 LLM을 지원하는 대형 데이터센터가 '전기 먹는 하마'로 알려지면서 AI의 막대한 에너지 수요가 미디어의 집중 조명을 받았다. 예를 들어 국제에너지기구IEA에 따르면 최근 늘어나고 있는 하이퍼스케일hyperscale 규모의 데이터센터는 통상 100메가와트 이상의 전력 용량을 요구하는데, 이는 10만 가구의 전력 소비량, 또는 35만~40만 대의 전기자동차 전력 소비량에 맞먹는다고 알려져 있다. 더욱이 최근에 건설되고 있는 데이터센터는 규모가 이보다 20배 이상 크다.

유럽의 개방 국가 아일랜드에서는 자국에 유치한 데이터센터 전력 소비량이 2024년 기준 전체 국가 전력 소비량의 20%를 잡아먹을 정도로 막대했고, 데이터센터가 몰려 있는 수도 더블린 지역은 전체 전력의 절반이 데이터센터에 할당되기도 했다. 세계 최대의 데이터센터 허브인 미국 북버지니아는 지역 전력 소비의 25%가량을 데이터센터가 쓸 정도라서 전력의 안정성을 우려한 주민들의 추가 데이터센터 유치 반대 운동이 거세다. 앞으로 AI 발전이 지체된다면 그 이유는 반도체 칩 부족도 아니고 학습 데이터 부족도 아니며 전력 부족 때문일 것이라는 우려가 나오는 이유다.

그렇다면 동아시아에서 디지털 선도국이자 AI 3대 강국을 추구하는 한국은 어떤 상황일까? 2023년 12월 기준으로 국내에는 153개의 데이터센터가 있다. 이를 위해 1기가와트급 대형 발전소 2기 이상의 전력을 데이터센터에 내주고 있는 한국도 2029년까지 새로 요구되는 데이터센터 수요가 700개를 넘을 것이고, 이를 위해 막대한 추가 전력이 필요할 것이라는 전망이 나온다. 2024년 말 재생에너지 비중이 겨우 10%를 넘긴 한국의 경우, 전력 수요 증가는 더 많은 석탄과 가스 발전 수요로 연결되고 이는 곧바로 온실가스 증가로 귀결될 수 있다. 만약 이런 추세가 확대된다면, 기후 위기 최대 장애물이 AI와 이를 지원할 '데이터센터'로 옮겨 갈 가능성이 있다.

AI가 기업들 사이의 경쟁을 넘어 본격적으로 국가들 사이의 대규모 시설 투자 경쟁 국면에 들어가고 한국도 여기에 뛰어들고 있어 상황은 더욱 복잡해질 전망이다. 미국이 2025년 초 5,000억 달러의 대규모 AI 데이터센터 구축 프로젝트인 '스타게이트 합작회사' 설립을 발표한 데 이어 유사한 사례가 늘고 있고 한국 역시 최대 2조 원 규모의 '국가 AI 컴퓨팅 센터'를 공언한 상태이기 때문이다.


# AI가 기후와 환경에 미칠
## 양면적 영향

이처럼 AI와 디지털 기술은 기후 위기의 해법으로 작용할 수도 있지만, 부담으로 작용할 수도 있는 이중적 특성을 지닌다. 그런데 지금까지는 기후를 위해 활용될 수 있는 AI의 순기능이 주로 알려져왔다. 예를 들어 건물의 조명이나 냉난방 장비에 AI를 접목하면 전력 사용을 최적화해 에너지 낭비를 줄일 수 있다. 교통이나 신호등 시스템에 AI를 탑재하면 교통의 흐름을 최적화해 자동차의 불필요한 공회전을 줄이고 온실가스 배출을 최소화할 수도 있다. 그 밖에도 기능이 뛰어난 AI는 미래에 닥칠 기후재난을 더 빠르고 정확하게 예측해줘 더 신속하고 적절한 재난 대비를 돕는다. 이 모든 사례는 확실히 '기후를 위한 AI'의 잠재성을 보여주는 것이다.

하지만 앞서 데이터센터의 전력 소비 부담에서 확인한 것처럼, '기후에 부담을 주는 AI'의 잠재성 역시 동시에 존재한다. 일반적인 통념과 달리 사실 디지털 기술은 비물질적이지 않을 뿐만 아니라, 엄청난 에너지와 물질 자원을 필요로 하기 때문이다.

IT 개발자이자 작가 게리 맥거번은 "우리는 디지털이 한계가 없고 공기처럼 가벼우며 공짜와 다름없다고 생각한다. 그러나 사실이 아니다. 디지털은 무겁다. 그리고 너무 많은 데이터를 쏟아내는 바람에 점점 더 우리 지구에 부담을 주고 있다"라고 지적한다.[61] 순수한 기술만으로 놀라운 AI를 만들지는 못한다는 뜻이다. 오랜 진화 과정을 거친 가장 효율적인 열역학 엔진이라고 볼 수 있는 인간도 마찬가지다. 우리 몸무게의 고작 2%에 불과한 뇌는 에너지의 20~25%를 사용한다. 그만큼 데이터를 처리하고 정보를 다루는 데 투입되는 에너지는 상당하다. 모든 디지털 행위는 상당한 에너지를 소모하고 에너지 투입 없는 AI는 없다고 봐야 한다.

특히 챗GPT는 사용자들이 체감했을 놀라운 능력만큼이나 막대한 에너지를 소비하는 것으로 알려졌다. 네덜란드 암스테르담자유대학교의 데이터 과학자 알렉스 드브리스의 분석 결과에 따르면, 구글과 같은 현재의 검색 기능을 완전히 AI 방식으로 구현하면 전력 수요가 10배 이상 증가할 수 있다.[62] 더욱이 텍스트 데이터가 아니라 이미지나 동영상으로 서비스 요청을 하면 전력 수요는 훨씬 더 늘어난다. 생성형 AI의 진화와 성능 개선이 주로 '규모의 법칙scaling laws'에 따라 데이터 규모, 매개변수 규모, 그리고 칩의 규모를 계속 확장하는 발전 경향을 보여온 탓이다. 엔비디아가 공급하는 가속기 칩인 H100 GPU의 최대 소비 전력은 700와트로 연간 61% 사용률일 경우 미국 1가구 평균 소비 전력량이다. 즉 H100 칩이 하나 늘어날 때마다 전력 소비 관점에서 보면 가구가 하나씩 늘어나는 셈이고, 10만 개의 칩을 구매해 사용한다면 10만 가구가 늘어나는 것과 같은 효과다.

바로 이런 과정 때문에 AI 경쟁의 첨단에 서 있는 마이크로소프트는 막대한 데이터센터 증설로 2023년 온실가스 배출이 2020년에 비해 약 30% 증가했고 그 결과 2030년 약속한 온실가스 제로 목표 경로에서 현재 크게 벗어나고 있다. 또 다른 AI 경쟁자인 구글 역시 2030년까지 온실가스 배출 제로 달성 목표를 세웠지만, 2023년 온실가스 배출량이 1,430만 톤으로 2019년에 비해 48%나 증가했다. AI 컴퓨팅 증가로 인한 에너지 수요 증가와 기술 인프라 투자 증가에 따른 탄소 배출량 증가가 원인이었다.

한 가지 반론이 있을 수 있다. 기술이 발전하면서 반도체의 전력효율이 개선되고 AI의 알고리즘 효율도 혁신되면서 전력 소비를 줄일 수 있다는 주장이다. 분명 디지털화와 AI 혁신은 그 자체의 전력효율도 끊임없이 개선하면서 산업 전체로도 저탄소화를 촉진하는 순기능이 있다.

하지만 개별 단위 효율성 개선이 에너지 소비 총량을 따라잡을 수 없는 리바운드 효과rebound effect(친환경을 위해 실천한 행동이 오히려 환경에 나쁜 영향을 끼치는 것)나 제번스 역설Jevon's paradox(기술 발전으로 자원의 사용 효율이 높아지면, 예상과 달리 자원의 총소비량이 감소하는 것이 아니라 증가하는 현상)이 작동하면, 디지털화의 직간접적인 에너지 증가 효과가 에너지 효율 증가 및 산업 부문 변화로 인한 에너지 감소 효과보다 더 커진다는 연구가 다수다.

이런 현상은 2025년 1월, 중국의 생성형 AI 딥시크가 기존 10분의 1 수준의 계산 자원을 사용할 정도로 효율성이 높다고 알려지며 화제가 됐을 때도 확인됐다. 당시 하드웨어 칩을 제공해온 엔비디아뿐 아니라 지멘스에너지 등 전력회사 주가도 일시적으로 동반 폭락하는 사태가 발생했다. 전력 소비시장이 기대만큼 커지지 않을 것이라는 투자자들의 우려 때문이었다. 그러자 전력업계는 "딥시크 모델이 더 효율적일 수 있지만, 이 혁신이 AI 도입을 가속해 전체적으로 더 많은 전력 수요를 창출할 것"이라며 리바운드 효과를 근거로 투자자들을 안심시켰다. 마이크로소프트의 사티아 나델라 최고경영자도 딥시크 충격 사태를 보면서 "제번스의 역설이 다시 발생한다! AI가 더 효율적이고 접근하기 쉬워질수록 그 사용이 급증해 우리가 충분히 얻을 수 없는 필수품으로 변할 것"이라고 역설했다.

# 기후에 부담을 주지 않는
## '그린 AI'를 위한 방향

인류를 위한 AI 개발을 포기하지 않으면서도 그것이 기후와 생태에 부담을 주지 않으려면 어떻게 해야 할까? 첫째, AI를 지원하는 데이터센터 전력공급을 기후와 생태에 부담이 적은 재생에너지로 뒷받침해야 한다. IEA에 따르면 현재 글로벌 차원에서 데이터센터가 의존하는 전력은 석탄 화력 발전이 30%, 재생에너지(풍력, 태양광, 수력 등) 비중이 그보다 다소 적은 27%, 천연가스가 26%, 그리고 원자력이 15%다.[63] 물론 국가와 지역마다 편차가 클 것이다. 하지만 현재 신규 전력 설비 용량의 80% 이상이 태양광과 풍력 등 재생에너지이기 때문에 IEA는 2030년까지 데이터센터에 공급되는 에너지 가운데 재생에너지 비중이 빠르게 증가해 50% 수준에 이를 것으로 전망했다.

문제는 태양광과 풍력 등 재생에너지 고유의 간헐성intermittence 때문에 안정적으로 데이터센터 전력공급이 가능하겠냐는 의문이 제기된다는 것이다. 그런 점에서 폭증하는 AI와 데이터센터 전력 수요를 위해서는 24시간 안정적으로 전력을 공급해주는 원전과 소형모듈원자로SMR 사용이 불가피하다는 목소리가 커졌고, 세계적으로 약 95개 기업이 SMR 개발에 도전하거나 AI 빅테크가 이를 지원하는 사례가 생기고 있다. 하지만 여기에도 맹점은 있다. 대규모 원전은 단기간에 설치하기 어려워 당장 3~5년 안에 폭증하는 전력 수요가 문제인 AI에 도움이 안 될 뿐만 아니라, SMR 역시 2030년이나 돼야 상용화될 예정이다. 더욱이 한국에서는 첫 SMR이 2035년이나 돼야 가동된다.[64]

오히려 신속한 개발과 배치가 가능하고 기후와 생태에 주는 부담을 감소시킬 유력한 대안은 '재생에너지'+'계통 연계형 배터리 에너지 저장 시스템BESS'이 될 수 있다. 지금까지는 대규모 배터리 시스템을 추가로 설치하는 비용이 장애물이었지만, 2024년에만 배터리팩 비용이 20% 감소하면서 신규 설치 규모가 70기가와트 가까이 팽창하는 등 놀라운 성장세를 보이는 중이다. 이런 경향은 니켈과 코발트를 사용하지 않는 리튬 철인산염LFP 배터리 등 저비용 배터리의 부상에 따른 것인데, 이 경향은 2025년부터 상용화될 나트륨 배터리로 더욱 가속될 전망이다.[65] 한국의 AI 강국 기획은 재생에너지와 배터리에 의해 더 적절하게 지원될 수 있을 것이다.

둘째, 데이터센터의 재생에너지 이용은 물론 에너지 효율 개선을 규율할 제도 도입을 고려해야 한다. 2023년 11월 18일 발효된 독일의 〈에너지효율법EnEfG〉을 살펴보자. 독일은 프랑크푸르트암마인을 중심으로 전국에 400여 개의 데이터센터가 몰려 있는 유럽의 중요 지역 가운데 하나다. 독일은 〈에너지효율법〉을 제정하면서 '에너지 소비와 화석연료의 수입 및 소비를 줄이고, 공급 안정을 강화하며 기후변화를 완화하는 데 이바지'하겠다고 목표를 세웠다.

특히 이 법의 제4조가 바로 '데이터센터의 에너지 효율성 규제 조항'인데, 이 조항에 따르면 모든 데이터센터 운영자는 시험운전 날짜와 관계없이 재생에너지 사용량을 2024년부터 50%, 2027년부터 100% 달성해야 한다. 조항에서는 더 나아가 전력효율 개선과 폐열 재사용 의무까지 명시했다. 또 데이터센터에 대한 에너지 효율 등록부를 구축하는 한편 데이터센터 운영자는 데이터센터에 대한 에너지 소비 정보를 공개하고 매년 정부에 제출하도록 했다. 한국에서도 '기후를 위한 AI'를 위해 참조해볼 만하다.

# AI로 급변하는 사회, 어떤 가치를 선택할 것인가?

　　한 사회가 추구하는 가치는 그 사회가 바탕으로 하는 기술적 토대와 물질적 기반으로부터 영향을 받는다. 정치학자이자 역사학자 티머시 미첼은 자신의 저서 《탄소 민주주의》에서 민주주의 발전과 후퇴가 어떻게 석탄과 석유 같은 에너지원의 특성, 그것의 발전과 확산, 쇠퇴에 영향을 받았는지 설득력 있게 제시한다.[66] 마찬가지로 역사학자 이언 모리스 또한 '모든 시대는 각자 필요한 사상을 가지게 된다Each age gets the thought it needs'라는 기능주의적 명제를 제시하면서, 수렵 채집, 농경, 그리고 화석연료로 이어지는 문명 양식의 변천이 어떻게 시대마다 강조되는 가치의 변화를 낳았는지 문화적 적응이라는 관점을 바탕으로 역설한다.[67]

　　최근 몇 년간 AI가 급격히 발전하면서 인류는 과거의 어떤 변화와도 질적으로 차별되고, 그 여파가 어떤 혁명에도 쉽게 뒤지지 않을 변화에 맞닥뜨리고 있다. AI의 강력한 부상에 따라 생겨날 기술적·물질적 변화로 인간은 세상을 보는 관점을 바꾸기를 요청받고 있고, 결국 새로운 가치와 사상을 가지게 될 것이다.

그런데 과거 인류의 역사에서 이와 같은 거시적 변동이 일어난 경우, 변화하는 기술적·물질적 환경에 맞추어 새로운 가치가 천천히 진화하면서 등장할 시간이 있었다. 기술 진화 자체의 속도도 매우 느렸으며, 그것으로 인한 사회 시스템과 생활양식의 변화 또한 아주 느린 속도로 일어났기 때문에 가치관의 변화 또한 천천히 진행될 수 있었다.

하지만 하루가 멀다 하고 더 뛰어난 AI 모델이 등장하며, 범용 AI가 등장할 것으로 예측되는 시점이 점점 단축되는 지금의 상황은 과거의 그것과 매우 다르다. 인간 삶의 여러 측면에서 AI는 커다란 변화를 짧은 기간에 촉발할 것이며, 이러한 와중에 새로운 가치와 사상이 필요해질 것이다. 하지만 그것은 기술적 변동에 따른 사회 변화를 충분히 따라갈 만큼 빠르게 등장하지 않을 것이다. 그렇다면 AI로 인한 충격의 파도가 몰아닥치는 세상에서, 그리고 인간이 만들어온 세상이 어떻게 바뀌게 될지 예측하기 힘든 불확실성의 상황에서 어떻게 사회적 가치를 재구성해야 할 것인가?

## 기본 가치로서의
## 연대에 대한 요청

AI의 급격한 부상으로 경제, 일자리, 노동, 삶의 양식 등 여러 방면에서 생겨날 변화는 매우 다양하지만, 큰 틀에서 보면 대체로 비슷한 경향성을 보일 가능성이 크다. 그것은 바로 양극화, 그리고 부와 권력의 집중화다. 즉 상대적으로 유리한 위치에 있는 소수의 개인과 집단은 AI를 바탕으로 재편되는 경제적·산업적·기술적 구조에서 큰 이득을 취하게 되고, 그렇지 않은 대다수 사람과 집단은 취약한 상태에 놓이게 되는 것이다.

AI를 활용해 어떤 작업이 이루어지거나 작업 주체를 대체하는 순간, 관련된 일, 직업, 산업은 매우 쉽게 큰 타격을 받고 변화를 겪는다. 아울러 AI 서비스는 어떤 기업의 AI 모델이 조금이라도 특정 분야에서 우위를 가지는 순간 그 기업이 해당 분야를 쉽게 독점할 수 있는 지위에 오르는데, 그 자리에 오르는 데는 상상을 초월하는 막대한 자원을 투입해야 하므로 그것이 가능한 소수의 기업이 절대적 시장 지위와, 그것을 바탕으로 한 힘과 권력을 지니게 될 수 있다. 이에 따라 AI로 대체되는 개인과 그렇지 않은 개인 간의 격차, AI로 인해 몰락하게 되는 기업들과 거기에서 살아남는 기업들의 격차로 사회적 양극화와 부와 권력의 집중화가 자칫하면 지금보다 매우 커질 것으로 예상된다.

### 사회적 구심력을 제공하는 동기의 필요성

이러한 변화는 AI와 비교해 특별한 능력을 지니지 못할 대부분의 개인을 매우 취약한 상태에 놓이게 한다. 그리고 AI의 발전은 비가역적일 뿐 아니라 한동안 매우 빠르게 진행될 것이기 때문에 그로 인한 경제·산업·사회·문화 영역에서의 변화와 충격에 발 빠르게 대응하기 힘들 가능성이 크다.

이러한 변화의 소용돌이가 닥쳐올 현시점에서, 그에 대비하기 위한 사회적 준비, 특히 여기서 주목하는 사회적 가치의 재정비가 필요하다는 것에는 두말할 나위가 없다. 지금과 같은 사회 분위기, 즉 사람들의 삶을 관장하는 심성이 철저히 개인주의에 기초하고, 개인 간 경쟁을 통해 자원이 분배되는 것을 기본으로 하는 사회 시스템에서는 AI의 급부상으로 사회 전체에 미칠 충격에 제대로 대응하기 힘들다. 가파른 변화의 물결 속에서 소수의 개인은 성공적으로 살아남거나 상대적으로 큰 이득을 보겠지만 나머지 대다수 사람은 취약하고 불안정한 상황에 놓이며, 이 과정은 많은 고통과 불안, 불만을 이끌어낼 것이다. 또 이는 정치적으로도 문제 상황을 낳을 것이다. 불안은 한 사회의 민주주의를 중심부터 망가뜨리는 가장 강력한 독소이며, 대중 다수가 불안이나 공포를 느낄 때 극단적 정치이데올로기가 등장하고 민주주의가 후퇴하는 정치적 장이 펼쳐진다는 것을 역사가 명백히 증명해왔다.

따라서 격동의 시기를 눈앞에 둔 것이 확실한 지금, '사회'라고 하는 것이 힘을 가지면서 개인도 국가도 충분히 대응하기 어려운 변화를 뚫고 순항할 수 있도록 해야 한다. 그러한 '강한 사회'를 만드는 중요한 원천은 사회적으로 공유되는 가치에서 나오는데, 인류학 용어를 활용한다면 현시점에서 필요한 것은 사회에 원심력을 주는 동기centrifugal motives가 아니라 구심력을 주는 동기centripetal motives라 할 수 있다. 그리고 사회에 구심력을 제공하는 동기는 연대다.

### 연대의 가치와 원칙

연대라는 개념은 약간은 추상적이다. 이런 맥락에서 AI 사회에서 연대를 어떻게 받아들여야 할 것인가를 다룬 한 논문[68]은 연대의 개념이 다양한 측면을 지니고 있음을 지적하면서 관계성, 연결성, 동기부여, 의무, 그리고 인지적 측면을 공통 요소로 추출하기도 했다. 나아가 저자는

AI를 디자인하고 설계하는 데 있어 연대를 기본 시각이자 렌즈로 삼아 '윤리적 설계'가 이뤄질 수 있게끔 해야 한다고 주장했다.

연대의 원칙을 제시한 또 다른 예시[69]를 보면, 첫째 원칙은 AI로 인해 창출되는 물질적 번영을 공정하게 공유하는 것이다. AI 모델 학습에 기여한 인간에게 로열티 지급, 로봇이나 자동화에 대한 세금 등을 통한 사회적 재분배, 그리고 디지털 공공재로서의 오픈소스 AI 모델(팬데믹 대응, 스마트 농업 등) 제공이 그 구체적 예가 된다. 다른 원칙은 AI 개발 전에 사회적 영향 평가를 수행하자는 것인데, AI의 탄소발자국, 군사적 사용, 대규모 디지털 권리 침해 가능성 등을 사전 검토하는 일이다.

이러한 주장은 AI와 관련된 여러 가이드라인이나 원칙, 준칙 등이 쏟아져 나오는 상황에서 연대에 대해 언급은 하지만, 그것을 엄밀하고 정교하게 적용한 경우는 많지 않다는 문제를 배경으로 한다. 여기서 핵심은 AI로 인한 양극화, 또 부와 권력의 집중화를 피하려면, 그리고 환경 및 군사 측면에서 부작용을 최소화하려면 사회 전체를 놓고 생각하는 관점을 가져야 한다는 점이다.

그렇게 하기 위해서는 이러한 대응이 특정 개인이나 집단을 위한 연대가 아니라 사회의 모든 구성원을 위한 연대의 가치를 최우선에 놓아야 한다. 너와 나, 우리 모두가 독립적인 게임에 참전하고 있는 것이 아니며, 경쟁해서 나는 살아남고 다른 이들은 도태되든 말든 상관없는 제로섬 게임 상황이 아니라는 점, 모두가 연결된 하나의 공동체로서 강력한 AI의 도래에 따른 급격한 변화에 다 같이 대응하고, 함께 번영을 구가하는 것을 꿈꿔야 하는 상황이라는 점을 깨닫는 것이다.

내가 살고 싶은 이상적인 집, 이상적인 마을에서 살아야 내가 행복할 수 있듯, 내가 생각하는 좋은 사회good society, 내가 살고 싶은 이상적인 사회에서 나의 삶을 영위할 수 있어야 궁극적으로 나 자신 또한 좋은 삶good life을 살 수 있다. 그러한 것을 가능하게 하는 핵심 가치는 연대라고 할 수 있다.

## 개인의 번영을 넘은 사회적 번영을 위하여

이러한 연대의 관점과 렌즈를 통해 AI와 함께하는 새로운 사회의 상을 구현한다고 할 때 '잘 산다'라는 것과 '웰빙'이라는 것이 무엇인가에 대해서도 되짚어볼 필요가 있다. 그동안 개인의 행복, 개인의 삶의 질, 그리고 개인의 웰빙에 대해서는 많은 관심이 있었고, 학술적 차원에서도 그러한 개념에 초점을 맞춰 왔다. 심리학이나 보건학 등 몇몇 학문 분과에서는 이를 '인간 번영human flourishing'이라는 개념으로도 발전시켰다.

인간 번영 개념은 기존의 측정 도구가 지닌 단순한 관점 및 한계를 비판하고, 개인이 추구하고자 하는 의미, 성품, 덕성, 관계까지 포괄한 다차원적 관점에서 개인이 얼마나 충족감을 느끼는 삶을 사는지, 얼마나 이상적 삶을 사는지와 같은 요소를 아우르고자 등장했다. 이 새로운 개념은 행복도 수치나 삶의 만족도 점수에만 치중한 기존 접근법보다 여러 장점이 있다. 하지만 여전히 근본적으로 개인의 삶에 초점을 맞춰 인간 번영인 동시에 사실상 '개인 번영'에 관한 것이라 할 수 있다.

그런데 AI가 급격히 발전하고 그에 따라 전 사회에 변동이 불어닥치는 시점에서, 이러한 개인 번영만 핵심에 놓는 것은 좋은 결과를 낳지 못할 가능성이 있다. 개인 삶의 번영에 초점을 맞추는 것은 개인을 기본 단위로 놓고 생각하고, 개인을 대상으로 하는 정책의 실행을 떠올리게 하며, 개인을 개별화된 존재로 상정한 시각을 가지게 한다. 그런데 사회 전체가 집합적으로 급격한 변동을 겪고 도전을 받는 상황에서는 사회를 전체적으로 놓고 전 사회가 번영하는 것을 목표 삼아 생각하는 관점 또한 필요하다.

저출생·고령화 문제에 대응하기 위해서는 각 개인을 개별적으로만 놓고 생각하는 것보다 사회 전체가 어떻게 대응해야 할지 생각하는 것이 도움이 된다. AI의 급부상에 대해서도 개인 차원을 넘어 사회 전체 차원에서 고려하는 일이 유용하다. AI는 인류가 이전에 경험해보지 못한 엄청난 도전이지만, 오히려 AI의 힘을 적극적으로 활용하되 사회 전체가 최대의 번영을 구가하는 데 도움이 되도록 활용한다면 그 큰 도전을 엄청난 기회로 전환할 수 있을 것이다. 그리고 그러한 전환은 개인적 번영뿐 아니라 사회적 번영이라는 관점을 바탕으로 할 때 가능할 것이다.

그렇다면 사회적 번영이란 무엇인가? 개인적 번영이 단순히 개인의 물질적 풍요만 고려하는 것이 아니라 삶의 의미와 목적에 대한 이해, 좋은 성품과 덕목의 추구, 따뜻한 사회적 관계의 유지 등을 포함하듯, 사회적 번영 또한 물질적 풍요만 의미하는 것이 아니다. 한 사회가 어떤 근본 가치와 정체성을 분명히 공유하면서 그에 기초해 있고, 모든 구성원을 적극적으로 포용하고자 하는 태도를 보이며, 다채로운 삶의 양식이 자유롭게 표출되고 추구될 수 있으며, 극단적 이념에 휩쓸리지 않으며, 그 사회에 미래에 대한 희망이 단단하게 뿌리내리고 있는 것이 사회적 번영이다.

AI 시대에 개별적으로 대응하기에는 개인은 너무나 취약할 수밖에 없다. 자신의 존재 의미를 이해하고 타인과 의미 있는 관계를 유지하면서 삶을 살아가기 위해서는 사회적 조건이 마련돼야 한다. 그러한 사회적 조건 없이 AI에 의해 설계된 알고리즘에 둘러싸여 AI가 탑재된 기기와 주로 상호작용하며, AI에 기초한 자극적 콘텐츠에만 상시 노출된 채 살아가는 것은 우리가 원하는 좋은 삶이 아니고, 그러한 원자화된 개인으로만 이뤄진 사회는 좋은 사회가 될 수 없을 것이다.

# 한국적 특수성을 고려한 사회적 가치

사회적 가치의 문제를 생각할 때는 한국 사회의 특수성도 고려해야 한다. 서울대학교 아시아연구소가 지난 2022년 세계 15대 도시 거주자를 대상으로 '우리 사회가 추구해야 할 중요한 가치'를 질문한 설문조사 결과를 보면, 응답자들은 자유, 평등, 가족, 종교, 민주주의, 공정함, 약자 보호, 개인의 행복 등을 주로 꼽았다.

그런데 주목할 점은 한국인의 경우 다양성 지수diversity index가 높았다는 점이다. 특정한 가치 항목으로 응답이 몰린 것이 아니라, 상대적으로 가장 다양하게 응답했다. 추구하고자 하는 사회적 가치에 있어 가장 통합이 되지 않았다는 의미다. 다른 나라들의 경우 가족 또는 종교와 같이 개인과 사회의 바탕을 이루는 '굵직한' 가치 항목이 드러났다면, 한국은 그러한 항목이 없이 다양한 가치 항목에 비교적 골고루 응답이 분포했다.

이는 좋게 보면 가치의 다양성이 존재하는 사회라고도 볼 수 있다. 사회가 경제적으로나 사회문화적으로 큰 어려움이 없고 좋은 여건에 있을 때는 이 다양성이 사회에 활력을 주고 잠재된 여러 목소리가 표출되게 하는 바람직한 조건이 될 수 있다. 하지만 사회가 급격하게 변하고, 다양한 도전을 받는 불안정한 상태일 때는 가치 다양성의 정도가 높은 것이 긍정적 결과로만 연결되는 것은 아니다. 공동으로 추구할 '사회적 가치'에 대한 합의를 이루기 어렵다는 것을 방증하기 때문이다. AI의 급부상으로 생겨나는 거대한 사회변동의 과정에서 사람들을 하나로 묶어줄 수 있는 사회적 중심 가치가 부재한다면, 도전 과제를 극복하는 데 훨씬 더 큰 노력과 시간이 소요될 수도 있다.

한국 사회는 특히 최근 몇 년 사이 '개인주의'나 '냉소주의'뿐 아니라 타인과의 접촉을 최소화하는 방어적 삶의 태도인 '무해함'을 지향하는 문화도 확산하고 있다. 공동체에 피해를 주지 않으려는 '무해의 윤리'는 타인으로부터 도움을 받지도, 동시에 주지도 않는 것을 뜻하기 때문에, 역설적으로 공동체의 힘을 무너뜨리는 원인이 될 수 있다.

따라서 시대 변화에 대응하는 가치를 구축하는 데 있어 이러한 우리만의 특성도 고려해야 한다. 모두가 공유할 수 있는 '사회적 이야기'와 가치를 통해 연대의 토대를 만들고, 초연결 시대에 걸맞은 공동체 감각을 키워간다면 오늘날 급변하는 세상에서도 합리적인 방향으로 나아갈 수 있을 것이다.

# 2

# 변화에 대처하는
# STEPPER 전략

KAIST
FUTURE
STRATEGY
2 0 2 6

# 1

## 사회 분야 미래전략
## Society

# 디지털 사회갈등:
# AI가 증폭시키는 갈등과 조정

AI 기술은 인간의 지적 투입intellectual input 부담을 줄여준다. AI를 이용하면 수십 명이 해야 할 일을 한 명이 해결하고, 긴 시간이 걸리던 문서 작업을 단 몇 초 안에 끝낼 수도 있다. 그렇다면 모든 사람이 AI를 통해 더 행복해질까? 다음 사례를 살펴보자. 2023년 여름 미국 할리우드의 배우들과 미국작가조합은 63년 만에 동반 파업을 했는데, 영화 제작사가 도입한 생성형 AI가 배우의 권리와 일자리를 빼앗았다는 이유에서였다. 배우들은 AI 학습에 자신들의 얼굴이나 목소리가 무단 도용될 가능성이 있다며 디지털 초상권 보장을 요구했으나 제작사 측은 거부했다. AI가 일으킬 변화에 관련된 갈등의 한 단면이다.

이처럼 디지털 기술이 산업 간 경계를 허물고 이종 산업을 융합하는 파괴적 혁신disruptive innovation 과정에서 일부 산업·계층·이해관계자는 피해를 보고, 그것이 새로운 형태의 다툼으로 이어진다. 그렇다고 해서 디지털 전환이 일어나기 전 시대로 되돌아갈 수는 없다. 디지털 기술의 편익을 경험한 순간 이전으로 돌아가는 선택은 사실상 불가능하기 때문이다. 기존 이해관계자의 이익을 옹호하는 것 역시 완벽한 대안은 아니다. 단기적으로는 저항을 무마할 수 있지만, 장기적으로는 더 큰 변화와 발전의 기회를 포기하는 것이기 때문이다. 19세기 영국은 마차 산업을 보호하기 위해 증기 자동차가 마차보다 빨리 다니지 못하도록 붉은색 속도제한 깃발을 든 기수가 증기 자동차 운행을 관리하는 법률을 시행했는데, 그 대가는 영국 자동차 산업의 퇴보였다.

따라서 AI를 포함한 디지털 기술의 개발 못지않게 디지털 사회가 초래하는 갈등을 정확하게 인식하고 합리적으로 조정하는 방안을 찾는 것이 중요하다. 디지털 사회갈등에 대한 적절한 대응 방안이 마련되지 않는다면 우리 일상의 디지털 전환이 중단되고, 우리는 그만큼 디지털 전환의 큰 흐름에서 뒤처지는 문제가 발생할 수 있다. 혹은 사회갈등 우려가 없는 분야에서만 디지털 전환이 시도돼, 거대한 잠재력을 지닌 변화가 찻잔 속 돌풍으로 끝날지도 모른다. 디지털 사회갈등 조정은 온전한 디지털 전환을 위한 필요조건이다.


# AI가 증폭시키는
# 디지털 사회갈등


사회갈등은 개인 간 사적 갈등에서 출발한 것이 문제의 심각성과 영향력이 크고 해결의 난도가 높아서 정부나 공공의 개입이 필요한 공적 갈등으로 확대되는 경우를 의미한다. 그중 디지털 기술이 원인이 돼 촉발된 사회갈등이 '디지털 사회갈등'이다. 디지털 사회갈등은 온라인을 기반으로 하고 소득, 인종, 성별, 종교 등 전통적인 사회갈등 유형보다 빠르게 확산되며, 감정적으로 격화되는 특징을 가진다. 확증편향과 여론 왜곡을 동반하고, 오프라인 사회로 갈등이 전이되기도 한다.

디지털 사회갈등을 해결하기 위해서는 적절한 사회적 규범 또는 법·제도가 필요한데, 현실적으로 규범과 법·제도는 여러 절차와 논의를 거쳐야 해서 기술 진보의 속도만큼 빠르고 민첩하게 바뀌지 못한다. 결국, 디지털 기술 변화에 상응하는 사회적 규범 및 법·제도의 공진화co-evolution가 일어나지 못해 개인 사이의 갈등이 사회적 비용을 유발하는 사회갈등으로 커지고 지속된다.

디지털 사회갈등이 발생하는 원인은 다양하지만, 크게 주목할 만한 것은 AI와 온라인 플랫폼이다. AI는 2022년 11월 챗GPT 등장 이후 빠르게 범용 기술로 발전하고 있어 각종 갈등 요인에 대한 대비가 충분하지 않다. 2024년 인터넷 이용 실태 조사 결과에 따르면 많은 국민은 AI가 생산성을 높인다는 데 동의하지만, AI 접근성의 격차가 크고 AI를 신뢰하기 어렵다고 문제를 제기한다. 또 AI의 위험성은 인지하고 있지만, 안전하고 윤리적인 이용 방법은 모른다는 응답이 많았다. 그 결과 AI의 다양한 편익에도 일자리 위협, 딥페이크 등의 문제가 발생하면 고스란히 사회갈등으로 이어진다.

온라인 플랫폼은 인터넷에서 여러 주체가 원활하게 상호작용할 수 있도록 만든 응용프로그램 또는 서비스다. 사람과 사람의 직접적인 상호작용이 온라인 플랫폼을 매개로 하는 간접적인 상호작용으로 바뀐 것이다. 정해진 규칙을 따른다면 누구나 쉽게 온라인 플랫폼에 자신의 상품과 정보를 등록하거나 타인의 것을 이용 및 구매할 수 있어서, 온라인 플랫폼은 오늘날 보편적인 상호작용 기반이 됐다. 그러나 온라인 플랫폼으로 재편된 상호작용의 질서와 재분배 원칙에 대해 사회적 합의가 이루어지지 않아 사회갈등이 계속되고 있다.

AI는 인간의 모든 상황을 지시·통제하지 않더라도 자율적으로 최적화된 결과를 제시한다. 이러한 자율성autonomy은 인간을 편리하게 하지만, 자율성에 대한 통제가 어렵다는 점에서 AI는 인간을 위험에 빠뜨릴 우려가 있다. 대표적인 것이 알고리즘 차별이다. AI를 활용한 채용 과정에서 알고리즘이 스스로 특정 성별을 우대하거나, 범죄 예측 및 양형 결정에서 특정 인종을 과도하게 불리하게 처리한 사례가 있었다. 특히 오늘날 AI는 데이터를 대량으로 학습해 정확도를 높이는 방식이기 때문에 산출 결과에 대해 사람이 이해할 수 있는 방식으로 설명하기 어려워 알고리즘 자율성을 통제하고 책임성을 높이는 일이 쉽지 않다. 앞으로 AI 에이전트와 휴머노이드 로봇이 더 발전한다면 AI 자율성은 더욱 커지고, 자율성을 통제받지 않은 AI가 초래한 인간 차별과 피해는 더욱 광범위해질 우려가 있다.

AI의 모방성은 실제의 대상과 인위적인 것의 구분을 어렵게 해 인간에게 혼란을 초래하기도 한다. 딥페이크 범죄가 대표적이다. 사람의 눈으로는 딥페이크 여부를 식별하기 어렵다는 점을 악용해 딥페이크로 가짜뉴스를 만들거나, 합성 음란물을 제작·유포하고, 타인을 사칭하는 사기 범죄가 일어나고 있다. 예를 들어 지난 2023년 5월 22일 SNS에 미국 워싱턴 D. C. 국방부 청사 근처의 폭발 사진이 돌면서 미국을 포함한 전 세계 사람들은 실제로 미국의 수도에서 사고가 난 것으로 알고 한동안 혼란에 빠졌다. 그러다 해당 이미지에 'AI로 만든 가짜 이미지AI-generated fake image'라고 표시되면서 사태가 진정됐다. 딥페이크를 이용해 연예인이나 지인 등의 얼굴을 합성하는 허위 음란물 범죄도 빠르게 증가했다. 2024년 1월 미국 대선 기간 중 뉴햄프셔주 프라이머리(예비 경선)를 앞두고 바이든 대통령의 목소리를 흉내 낸 딥페이크 음성으로 민주당 당원들에게 투표 거부를 독려하는 전화가 기승을 부려 유권자를 혼란스럽게 한 사례도 있었다.

AI의 학습이 확대되면서 저작권copyright 침해 시비도 빈번하게 발생한다. AI는 웹 크롤링crawling, 웹 스크래핑scraping 등의 방법으로 인터넷에 공개된 데이터를 자동으로 탐색해 대량으로 수집TDM, Text and Data Mining하는데, 이 과정에서 사전 동의를 구하지 않고 저작권자의 저작물을 무단으로 사용하는 문제가 발생한다. 이외에 AI가 인간의 일자리를 위협하는 것도 사회적 갈등 요소다. AI 챗봇이 보편화되면서 세계적으로 많은 콜센터 직원들이 직장을 잃었다. 전문직으로 여겨지는 AI 개발자도 마찬가지다. 2025년 5월 미국의 마이크로소프트는 전체 직원의 약 3%에 해당하는 6,000명을 해고한다고 발표했다. 프로그램 개발의 대부분을 AI가 담당하면서 인간 개발자 수요가 줄어들었기 때문이다.

# 디지털 사회갈등의
## 3가지 유형

지금까지 나타난 디지털 사회갈등을 구분해보면, 갈등 당사자를 기준으로 크게 기존 산업(전통 산업)과 플랫폼 사업자 사이의 갈등, 플랫폼 사업자와 입점 업체(판매자) 사이의 갈등, 입점 업체와 이용자(소비자) 사이의 갈등으로 유형화할 수 있다.[70]

## 기존 산업과 플랫폼 사업자 사이의 갈등

온라인 플랫폼 이용 증가로 시장 위축을 경험한 기존 산업과 플랫폼 사업자 사이에서 갈등이 발생한다. 2018년 출시된 승차 공유 플랫폼 '타다' 사례가 대표적이다. 타다는 이용자들이 스마트폰 앱을 통해 운전기사가 딸린 11인승 승합차를 호출해 이용할 수 있도록 한 서비스다. 이 서비스는 차량 공유업체 '쏘카'의 자회사 'VCNC'가 쏘카로부터 렌터카를 빌려 운전기사와 함께 다시 고객에게 대여하는 방식이다. 개정 전 〈여객자동차 운수사업법〉 제34조 제2항 및 시행령 제18조에 따르면 사업용 자동차를 임차한 자에게 운전자를 알선하는 것은 원칙적으로 금지되지만, 예외적으로 11~15인승 승합자동차를 임차한 사람에게는 운전자 알선이 허용된다. 타다는 이 예외 규정에 따라 운전자가 딸린 11인승 승합차를 빌려주는 서비스를 제공할 수 있었다.

그런데 타다를 이용하는 고객이 증가하자 택시 이용자는 감소했고, 이에 택시업계는 타다를 '불법 렌터카·대리기사 호출 서비스'로 규정하고 강하게 반대하며 2019년 2월 타다 관계자를 검찰에 고발했다. 국회에서는 다수의 〈여객자동차 운수사업법〉 개정안이 발의됐고, 국회 국토교통위원회가 마련한 대안이 2020년 3월 4일 국회 법제사법위원회에서 수정의결로 통과된 다음, 3월 6일 국회 본회의에서 가결됐다. 개정법의 핵심은 렌터카 사업자가 렌터카를 임차한 자에게 운전자를 알선할 수 있는 예외 사유를 시행령이 아닌 법률 제34조 제2항에 직접 규정하고, 예외적 대상을 축소한 것이었다. 개정법이 시행되면 기존 방식으로는 더 이상 영업을 할 수 없게 되므로 타다는 결국 2020년 4월 11일부로 '타다 베이직 서비스'를 중단했다.

## 플랫폼 사업자와 입점 업체 사이의 갈등

온라인 플랫폼을 이용하는 소비자가 증가하면서 판매자는 소비자와의 접점을 넓히기 위해 개별 상점이나 홈페이지보다는 온라인 플랫폼, 특히 대형 플랫폼을 이용(입점)할 수밖에 없다. 이 과정에서 온라인 플랫폼 사업자와 입점 업체(판매자) 사이에 갈등이 발생한다.

대표적인 사례는 입점 업체가 내는 수수료 갈등이다. 온라인 플랫폼 사업자는 초기에는 입점 업체와 이용자 확대를 위해 무료 또는 낮은 수수료로 서비스를 제공하다가, 일정 시간이 지난 다음에는 수익 창출을 위해 수수료를 올리거나, 성능이 향상된 서비스를 만들어 추가 결제를 유도한다. 배달 앱의 경우, 앱에 입점해 음식을 판매하는 입점 업체는 광고료, 카드 결제 수수료, 입점 업체 몫의 배달비 등을 수수료로 내야 한다. 이 비용이 음식값의 30% 정도를 차지한다는 분석도 있다. 입점 업체 측면에서는 큰 부담이 아닐 수 없다.

국회와 정부는 지난 제21대 국회에서 온라인 플랫폼 중개 거래 공정화에 관한 다수의 법률안을 발의하면서 제도적 대안을 모색했으나 성과를 거두지는 못했고, 제22대 국회에서도 마찬가지였다. 2024년 7월에도 배달 플랫폼, 입점 업체, 공익위원, 정부 관계자로 구성된 '배달 플랫폼-입점 업체 상생협의체'를 구성해 운영했으나 합의를 이루지 못했다. 수수료에 대한 이해관계자 간의 극명한 입장의 차이는 좁혀지지 않았고, 여전히 사회갈등이 계속되고 있다.

## 입점 업체와 이용자 사이의 갈등

온라인 플랫폼 입점 업체는 비대면 방식으로 이용자(소비자)와 상호작용하기 때문에 그 과정에서 이용자와의 갈등이 발생한다. 각종 댓글과 별점을 둘러싼 갈등이 대표적이다. 온라인 플랫폼에서 제품이나 서비스를 구매하는 이용자는 입점 업체의 상품을 직접 눈으로 확인할 수 없으므로 앞선 이용자의 댓글과 별점에 의존하는 경향이 크다. 대부분의 소비자가 자신의 경험과 평가에 기반한 댓글과 별점을 달고 있지만, 일부 소비자는 이렇다 할 근거 없이 '맛없다'라는 등 악성 댓글을 달거나 0점의 별점을 주는, 이른바 '별점 테러'를 하는 경우가 있다. 그런데 온라인·비대면 거래에서 입점 업체 매출액에 대한 댓글의 영향력이 커지면서 부정적 댓글에 대한 입점 업체의 불만이 많아졌다. 특히 악성 댓글이나 별점이 달리면 입점 업체가 거기에 이의를 제기할 틈도 없이 후속 소비자들이 그 별점과 리뷰를 보고 구매를 포기하기 때문에 입점 업체의 경제적 피해와 불필요한 감정 소모 등이 발생한다.

이를 해결하기 위해 리뷰 작성자의 아이디와 IP 주소를 표시하도록 하는 리뷰 실명제 도입 법안, 플랫폼 사업자의 리뷰 게시판 운영 중단과 임시 조치를 규정한 법안, 플랫폼 사업자에게 악성 댓글의 유통을 막는 의무를 부여하고 자율 규약을 정하며 방송통신위원회가 자율심의기구를 지정하는 법안, 악성 댓글로 타인의 영업을 방해하는 자를 처벌하는 법안 등의 〈정보통신망 이용촉진 및 정보보호 등에 관한 법률 일부개정법률안〉이 발의됐으나, 입법적 성과로 이어지지는 못하고 있다.


# 디지털 사회갈등
## 조정 방안

사회적 갈등은 사회적 대화 또는 공론화 과정을 통해 풀어야 한다. 오늘날 디지털 사회갈등이 이어지는 가장 큰 이유는 팽팽한 이해관계자 대립 상황에서 특정 편을 지지하기보다는 현재 상태를 유지하면서 시간을 끄는 전략을 취하는 경우가 많기 때문이다. 자칫 특정 대상을 지지하는 법·제도를 마련할 경우, 다른 편과 공정성 시비가 붙을 수 있기 때문에 조정자로 나서기 어렵다. 이러한 상황을 돌파하기 위해서는 사회적 대화를 통해 모두가 동의하는 대안을 찾아야 한다. 입법 주체, 정책 시행자, 시민이 모두 디지털 사회갈등 해결의 중요성을 인식하고, 균형 잡힌 대안을 모색하기 위해 대화와 합의를 이어가야 한다.

특히 디지털 기술을 이해하면서 동시에 법·제도적 맥락을 숙지하고 있는 기술 관료가 사회적 대화의 촉진자 역할을 해야 한다. 이와 같은 사회적 대화를 통해 AI의 자율성과 책임성의 조화, 설명 가능한 AI를 위한 최소한의 공개 의무, AI 학습 데이터의 저작권 보호 방침 등에 대한 수용 가능성이 큰 대안을 마련할 수 있을 것이다. 그중 일부는 민간의 자율규제 규범으로 나타낼 수 있고, 일부는 강제력이 큰 법률로 구현할 수 있을 것이다. 예를 들어 2024년 12월 26일 〈인공지능 발전과 신뢰 기반 조성 등에 관한 기본법〉이 국회 본회의를 통과하면서 저작권 보호에 관한 규정을 조속히 만들기로 했으므로, 여러 관계자가 포괄적으로 참여하는 사회적 대화 체계를 구성해 입법적 대안을 마련해야 할 것이다.

### 디지털 사회적자본 제고

사회적 대화를 이끌어가기 위해서는 '사회적자본social capital'이 확충돼야 한다. 디지털 사회갈등 중에는 법·제도적 해결보다는 당사자 사이의 자율적 협의가 효과적인 경우도 있다. 이 경우 민간의 자율규제를 장려하고 지원하는 입법도 가능하겠지만, 문제는 자율규제를 담당할 민간의 신뢰·협력 기반이 약하다는 것이다. 사람들이 서로 신뢰하고 협력하기 위해서는 내부적 핵심 가치 공유 및 상대방에 대한 배려심과 이해가 있어야 하는데, 이를 사회적자본이라고 한다. 우리 사회는 오랜 역사를 거치면서 사회적자본을 형성해왔는데, 최근 디지털 전환을 겪으면서 사회적자본이 줄어들고 기존 사회적자본으로는 해결하기 어려운 새로운 문제가 발생하고 있다. 따라서 디지털 시대에 필요한 사회적자본이 무엇인지 살펴보고, 더 많은 디지털 사회적자본을 만드는 방안을 모색해야 한다.

### 디지털 리터러시 강화

디지털 이용자의 비판적 활용 역량, 즉 리터러시 확보도 필요하다. AI를 예로 들어보면, AI 이용자는 AI가 유발하는 여러 갈등 요인으로부터 자신을 보호하기 위해 중요 정보를 AI에 입력하지 않고, AI가 제시하는 결과를 과잉 신뢰하지 않으며, 다양한 상황에서 AI 산출물을 비판적으로 활용할 수 있어야 한다.

이러한 디지털 리터러시의 확보는 시민들의 디지털 기기·서비스 이용 역량 개선과 함께 추진돼야 한다. 본인의 의지로 디지털 제품·서비스를 사용할 수 있어야 그것을 잘 사용하는 방법도 쉽게 터득할 수 있기 때문이다. 또 다양한 디지털 이용 주체와 환경을 고려한 리터러시 강화 방안을 마련해야 한다. 초중고 학생의 경우에는 디지털 리터러시 강화를 위한 정규교육을 확대해야 한다. 일반인에 대해서는 직장인 사내교육, 지역사회 교육이 효과적일 수 있다. 디지털 취약계층은 디지털 역량 강화와 함께 디지털 리터러시 강화를 병행하는 것이 효과적이다. 이

외에도 정책을 수립하고 관리하는 공공·민간 관리자와 최고 의사결정자의 디지털 리터러시 강화도 상당히 중요하다.

**디지털 사회갈등 문제의 주류화**

정책 추진 과정에서는 디지털 사회갈등 문제를 주류화해야 한다. 우리나라에서 디지털 기술은 주로 진흥의 대상이었다. 지난 4차 산업혁명 관련 정책에서도 그렇고, 최근의 AI 관련 정책에서도 연구개발, 산업적 활용 지원, 기업 육성 등의 우선순위가 높았다. 그 결과 디지털 사회갈등 해결은 중요한 입법·정책 의제가 되지 못하고 번번이 제도화에 실패했다.

이를 해결하기 위해서는 디지털 사회갈등을 입법·정책 과정의 주류mainstream에 편입시키려는 노력이 필요하다. 정치적 지지와 정책적 자원을 확보하고 많은 논의를 결집해 실질적 대안을 만들어내야 한다. 이 과정에서 디지털 전환이 초래할 편익과 갈등이 무엇인지 파악하고, 그 크기를 합리적으로 예측·비교하는 '디지털 사회갈등 영향 평가'를 도입하는 것도 고려해볼 만하다. 영향 평가 결과를 근거로 입법과 정책을 추진함으로써 근거에 기반한 갈등관리를 제도화하는 효과도 기대해볼 수 있다.

**디지털 사회갈등 조정 거버넌스와 옴부즈맨 구축**

디지털 사회갈등 조정 거버넌스를 정립하는 방안도 중요하다. 〈정보통신 진흥 및 융합 활성화 등에 관한 특별법〉의 정보통신전략위원회(제7조 제3항 제5의 2호)가 이해관계 조정 및 갈등관리를 구체적으로 실현할 수 있도록 세부 규정을 마련해야 한다. 이와 함께 정보통신전략위원회가 사회갈등을 조정하는 데 필요한 정보와 전문성을 확보할 수 있도록 실무위원회, 전문위원회와 전문연구 기관을 운영할 필요가 있다.

디지털 사회갈등을 겪고 있는 개인이 편리하게 갈등 조정을 신청하고, 이를 책임지고 처리하는 단일화된 통로를 신설하면 갈등 조정의 편리성이 강화될 것이다. 디지털 전환은 다양한 분야에서 발생하고 갈등 요인이 융합돼 이해관계자가 해당 문제의 소관 부처와 부서를 일일이 찾아서 문제해결을 시도하는 것은 상당히 어렵다. 따라서 디지털 사회갈등 문제를 접수할 수 있는 단일 창구를 마련하고, 해당 창구에서 디지털 사회갈등 해결에 관계된 부처와 부서에 사무를 배분하는 역할을 하면서 지속적으로 확인하고 책임지도록 하는 것이 중요하다. 특정 부처에 소속되지만 독립적으로 운영되고, 여러 부처를 대상으로 상시적·체계적으로 디지털 사회갈등 조정 신청을 접수 및 처리하는 디지털 사회갈등 옴부즈맨을 신설하는 방안을 검토해볼 수 있다.

# 하이브리드군: 인구 감소에 대응하는 국가 안보 정책

우리나라가 인구절벽 시대에 접어들면서 사회 곳곳에서 우려의 목소리가 나오고 있다. 급격하게 줄어드는 신생아와 초등학교 신입생의 수, 그리고 폐교되는 대학교의 수 등에서 인구절벽 조짐이 가시화되고 있다. 이와 같은 인구절벽은 대한민국의 정치, 경제, 사회, 인프라 등에 적지 않은 영향을 주고 있는데, 노동집약도가 높은 군사 분야에서의 인구절벽도 예외 없이 현실화되고 있다. 실제로 병역 의무 대상인 만 20세 남성 인구는 2020년 약 33만 명이었으나, 2045년에는 12만 명 이하로 감소할 전망이다.

여기에 첨단 기술을 바탕으로 전장의 양상까지 바뀌고 있다. AI가 국방 전 분야에 접목되고 대규모 병력 투입에 앞서 사이버전이나 첨단 전력 운용 능력이 더 중요해지고 있다. 따라서 우리나라가 인구 감소에서 촉발된 병역자원 급감 문제를 해결하기 위해서는 기존 병역제도에 대한 철저한 창조적 파괴가 필요하다. 다시 말해, 인구가 급감하는 현재 상황에서 병역자원을 국적, 성별, 나이, 체력 등에 따라 한정하지 말고 최근 전쟁의 경향, 4차 산업혁명으로부터 창출되는 기회 요인 등을 반영해야 한다는 의미다. 예를 들면 첨단 과학기술 전문인력, 지능형 무인체계, 글로벌 IT 기업 등 국내외의 협업 가능한 모든 자원의 융복합을 토대로 하이브리드 형태의 병역자원을 확보할 필요가 있다. 특히 기존 재래식 무기체계의 특정 전투 수행 기능을 지능화해 통합 운용한 우크라이나군과 이스라엘군의 최근 사례 등은 인구절벽 시대에 접어든 우리나라의 병력 부족 현상을 상쇄하는 데 참조가 될 것이다.

## 병역자원 급감과 국방혁신 4.0,
## 그리고 한계

우리 군은 인구절벽 시대에 대비해 2010년에 노동집약형인 군 구조를 기술집약형으로 전환하기 위한 대대적인 혁신에 착수한 바 있고, 현재 진행되고 있는 '국방혁신 4.0'도 이와 같은 노력의 연장선에서 2023년부터 추진되고 있다.

국방혁신 4.0은 4차 산업혁명의 주요 기술인 AI, 사물인터넷IoT, 클라우드, 빅데이터 등을 국방 전 분야에 접목해 군의 노동집약적 체질과 체형을 기술집약적으로 전환한다는 것이 주요 골자다. 이를 바탕으로 육·해·공군은 전장 상황에 따라 AI를 활용해 유인체계와 무인체계를 실시간 융복합해 전투 효율성을 극대화한다는 '지능형 유·무인 복합 전투체계manned and unmanned teaming' 개발에 박차를 가하고 있다. 즉, 대한민국 국방부는 일종의 디지털 전환digital transformation인 국방혁신 4.0을 추진함으로써 인구절벽으로 촉발된 병역자원 급감이라는 도전을 상쇄할 수 있는, 작지만 강한 첨단 과학기술 기반의 강소군을 건설해나가고 있다.

하지만 언제나 그렇듯 정책과 현장의 괴리는 존재하기 마련이다. 국방혁신 4.0도 마찬가지다. 국방혁신 4.0의 핵심인 지능형 유·무인 복합 전투체계는 자동화·반자율화·자율화 단계를 거쳐 고도화된다. 하지만 현재의 기술 수준은 이에 미치지 못하고 있고, 관련된 데이터의 부족과 윤리적 문제 등으로 지능형 유·무인 복합 전투체계는 단기간 내에 전력화되기가 쉽지 않다. 그렇지만 병역자원은 앞서 언급한 것처럼 계속 큰 폭으로 줄어들 것으로 예상된다. 즉, 병역자원 감소 속도가 지능형 유·무인 복합 전투체계의 전력화 속도를 압도하고 있다. 이로 인해 대한민국 국방부가 병역자원 급감에 대안으로 내세우고 있는 국방혁신 4.0의 실효성 문제가 대두될 수밖에 없는 상황이다.

그러나 이런 국방혁신 4.0의 시간 격차에 대해 우려만 하는 것은 국가안보에 도움이 되지 않는다. 인구 문제는 일정 부분 경과를 지켜봐야 하는 난제에 가깝다. 그렇지만 안보와 국방은 죽고 사는 문제로 무작정 시간의 처방을 기다릴 수는 없다. 따라서 국가적 차원에서 병역자원 급감 문제를 바라보면서 전 국민의 집단지성을 발휘해 이 문제를 해결하는 창의적 접근 방법을 찾아야 한다. 병역자원 급감 문제는 국방혁신 4.0만으로 해결할 수 없고, 국가적 역량을 총동원해 다양한 대안을 촘촘히 엮어야 하는 것이다.

# 국방혁신 4.0을 보완할
# 국방 아이디어

점점 심화하는 병역자원 급감 문제에 대한 대안을 찾기 위해 민·관·군·산·학·연의 안보 및 국방 전문가 대상의 표적집단면접FGI, Focus Group Interview[71] 결과, 대부분이 병역자원 급감 문제는 국방혁신 4.0만으로 해결할 수 없는 국가적 난제로 보고 있었다. 이들은 또한 이 문제를 해결하기 위해서는 국민, 정부, 군 등이 국가 총력전 차원에서 긴밀히 협력해야 하고 기존 체계에 얽매이지 않는 창조적 파괴가 필요하다고 강조했다. 이들이 제안한 아이디어 중 유의미한 100개를 범주화해보면 크게 첨단 과학기술 기반 병역제도 재설계(26%), 드론봇군 창설(23%), 글로벌 IT 기업 활용(20%), 예비 전력 혁신(18%), 기타(13%) 등으로 나눠볼 수 있다. 전문가들이 내놓은 아이디어의 의미를 세부적으로 살펴보면 다음과 같다.

### 첨단 과학기술 기반 병역제도 재설계

현재의 병역제도에 적용되고 있는 성별(남성 위주), 나이(만 18~28세), 체력(1~4급) 등의 한계를 국방부에서 표방하는 첨단 과학기술군에 최적화되도록 재정립하자는 의미다. 예를 들어 전문가들은 여군으로만 구성된 우크라이나의 드론 부대를 언급하면서 드론, 로봇 등 무인체계 분야에서 여성의 강점인 정교함이 발휘될 수 있다고 내다봤다.[72] 또 사이버, 전자기 스펙트럼, 인지 등 비물리적 영역에서는 성별, 나이, 체력보다는 관련 전문성이 중요하다고 언급했다. 우리 군이 현재 노동집약형에서 기술집약형으로 체형과 체질을 전환하고 있는 만큼 병역제도도 첨단 과학기술군에 맞춰 전문성 중심으로 최적화돼야 한다고 강조하는 것이다.

### 드론봇군 창설

인구절벽으로 인해 감군이 불가피한 상황에서 전투 효율성을 극대화할 수 있는 새로운 군軍을 창설하자는 의미다. 러시아–우크라이나 전쟁에서 드론군의 위력을 보여준 우크라이나처럼 현재 전쟁이나 분쟁을 치르고 있는 국가에서는 부족한 병력의 생존력과 전투 효율성을 동시에 강화할 목적으로 드론 중심의 군이나 병과를 창설하려는 움직임이 보이며, 전문가들도 이와 같은 맥락에서 '드론봇군 창설'을 제안했다.

### 글로벌 IT 기업 활용

국방부가 국방혁신 4.0을 추진하는 과정에서 시간, 예산, 기술력 등의 한계로 신속한 추진이 어려운 분야는 글로벌 IT 기업이 제공하는 상용 서비스를 활용하자는 의미다. 전문가들은 이와 관련해 현재 진행되고 있는 우크라이나와 러시아의 전쟁에서 우크라이나가 군사적으로 활용하고 있는 스페이스X, 팔란티어, 맥사테크놀로지Maxar Technologies, 클리어뷰AI Clearview AI, 호크아이360HawkEye 360 등 글로벌 IT 기업의 상용 서비스를 예시로 언급했다. 전문가들은 국방혁신 4.0을 추진하는 데 있어서 부족한 역량은 성능이 검증된 글로벌 IT 기업의 상용 서비스를 활용하면서 채워나가자는 주장이다. 해당 서비스를 우리 군의 국방혁신 4.0을 뒷받침하고 기술적 공백을 메워주는 일종의 '갭필러gap-filler'로 활용하자는 뜻이다.

| 글로벌 IT 기업 | 제공 서비스 | 군사적 활용 |
| --- | --- | --- |
| 스페이스X | 우주 인터넷(스타링크) | 데이터 실시간 송수신 |
| 팔란티어 | 데이터 분석 AI(고담) | 표적 처리 |
| 맥사테크놀로지 | 인공위성 사진 | 정찰 및 감시 |
| 클리어뷰AI | 안면 인식 | 전사자 신원 확인 |
| 호크아이360 | 전자파 감시 | 전자전 장비 위치 식별 및 무력화 |

## 예비 전력 혁신

현역 군인이 국방혁신 4.0에 따라 첨단 과학기술군으로 변모해간다면, 이와 동시에 현역을 뒷받침하는 예비 전력에도 첨단 과학기술을 덧입혀야 한다는 의미다. 전문가들은 우크라이나가 2015년 초 돈바스 전쟁 이후 예비군에게 드론 활용법을 집중적으로 교육한 결과 현재 진행되고 있는 러시아와의 전쟁에서 끊임없는 드론 전투를 수행하고 있다는 점을 강조했다. 이들은 이스라엘군이 지난 2023년 10월 하마스의 급습을 받은 이후, 헤르메스-900 무인기를 운용하는 166 비행단이 예비군을 신속히 소집해 현역과 함께 작전 속도를 높여 반격 작전에 나선 사례도 언급했다.[73] 군사 전문가들의 예상과 달리 장기전으로 치닫고 있는 러시아-우크라이나 전쟁과 이스라엘-하마스 분쟁을 봤을 때, 싸우는 방법이나 무기 체계 및 조직, 편성에서 노동집약적인 우리 예비 전력을 기술집약적으로 혁신하는 것이 국방혁신 4.0의 핵심이 될 필요가 있다.

### 교육체계 개선과 민간의 참여

전문가들은 또한 교육 기간을 단축해 국방혁신 4.0의 핵심인 유·무인 복합 전투체계 전문인력을 대규모로 양성하자는 의견도 피력했다. 기존 군 특성화 고등학교(3년)와 군 협력 대학교의 군사학과(4년) 교육 기간 7년을 드론, 로봇, AI 등 첨단 과학기술에 특화된 5년으로 단축해 짧은 기간에 다수의 전문인력을 양성하자는 것이다. 이민자와 디아스포라diaspora를 포함한 재외동포 중 첨단 과학기술 인재를 발굴하자는 의견도 있었다. 이 밖에도 전문가들은 다양한 국방 부문의 민간 아웃소싱 방안을 언급했다. 경제적 가치를 추구하는 민간 군사 기업PMC, Private Millitary Company보다는 애국심에 기초한 민군 협력 기업CMCC, Civil-military Cooperation Company을 비전투 활동에, 방산 기업을 무기체계 유지·보수·운영에 참여하게 하는 등의 구체적인 예를 제시했다.

### 병역제도 전환과 평시 위기관리

첨단 과학기술 기반의 하이브리드형 병역제도를 단기간에 구축할 수는 없다. 새로운 제도는 기존 제도와의 마찰이 불가피하고, 새로운 제도가 우리 사회에 최적화되기 위해서는 국민적 공감대가 필요하기 때문이다. 특히, 지능형 무인체계에 대한 적확한 이해가 필요하다. 지능형 무인체계는 데이터가 축적되면서 자동화-반자율화-자율화의 순서로 발전하는데, 이런 진화적 발전에는 시간, 예산을 비롯해 상당한 노력이 소요된다. 따라서 지능형 무인체계의 병역자원 대체 효과는 단기가 아니라 장기 관점에서 기대해야 할 것이다.

한편, 병역제도를 전환하는 과정에서 또 다른 도전이 예측된다. 그것은 한반도 주변의 현존 및 잠재 위협이다. 한반도를 둘러싼 위협이 고조되는 속도가 병역제도 전환 속도보다 빠르다면 우리나라의 안보는 풍전등화風前燈火의 기로에 설 수 있다. 따라서 병역제도의 전환도 중요하지만, 실시간 발생하는 한반도의 위협을 상쇄하는 위기관리도 무엇보다 중요하다.

## 전쟁과 분쟁 사례를 통한
## 해법 탐색

AI 기술이 군사 전력에 도입되고 있지만, 최근 전쟁이나 분쟁이 일어난 국가의 병력, 장비, 물자 등을 살펴보면 대부분 인간의 적극 개입human in the loop이 필요한 자동화 단계에 있다. 예를 들면 전 세계에서 유일하게 '검증war-proven'된 무인체계를 대량으로 운용하는 우크라이나군은 드론과 로봇의 전투 대형 유지와 전환을 대부분 전투원의 원격조종에 의존하고 있다.

이에 따라 우크라이나군과 이스라엘군은 단일 무기체계를 지능화하는 것보다는 기존 재래식 전력의 정보와 화력 기능을 하나로 통합해 생존력과 전투 효율성을 동시에 극대화하는 방향으로 AI 기술을 활용하고 있다. 즉 이들은 기존 무기체계 전체보다는 일부 전투 수행 기능을 지능화하는 방향으로 AI 기술을 활용한다. 예를 들면 우크라이나군은 'GIS 아르타GIS Arta'로 불리는 지능형 전장관리체계를 운용하고 있다.

이 프로그램은 목표물을 탐지하고 공격하기 적합한 장소를 알고리즘으로 계산해 알려주거나 표적별 특성에 따른 최적의 공격 방식을 할당하기도 한다.

이스라엘군도 유사하다. 이스라엘군은 오랜 기간 약 4만 명에 가까운 급진주의자에 대한 인적 정보를 축적해 빅데이터를 구축했고, 이것을 하브소라Habsora 또는 가스펠Gospel이라고 부르는 지능형 표적 관리 체계에 활용하고 있다. 하브소라는 AI, 드론, 인간 정보HUMINT, CCTV, 감청, 사이버 해킹 등을 중첩적으로 운용하면서 특정 지역에서 활동하는 인원과 사전에 데이터베이스에 등록된 인원이 일치하는지 여부를 확인한다. 이와 동시에 해당 인원이 출입하는 건물을 표적화한 후 공격 드론, 첨단 미사일, 전폭기 등과 같은 이스라엘군의 정밀 타격 자산에 관련 위치 정보를 실시간 공유한다.

이러한 사례로부터 우리 군의 한계를 극복하기 위한 방향을 짚어보면, 우선 무엇보다도 미래 한반도 전장에 최적화된 데이터를 축적해야 한다. 이를 위해서는 북한군의 무기체계, 싸우는 방법 및 조직, 편성에 대한 정보를 최신화하고, 이를 바탕으로 미래 한반도 전장 데이터를 생산 및 축적해야 한다. 북한은 2024년 말부터 러시아와 긴밀한 군사협력을 추진해오고 있고, 북한군은 러시아-우크라이나 전장에 파병돼 실전 경험을 축적하고 있다. 따라서 우리 군은 전훈 분석 팀을 통해 러시아-우크라이나 전쟁에서 북한군이 새롭게 운용하고 있는 무기체계, 전투 수행 방법, 전투 조직 편성 등을 면밀하게 파악할 필요가 있다. 이를 바탕으로 우리 군 훈련 시 전장 환경과 대항군을 최신화 및 최적화한다면 이곳에서 도출되는 데이터가 우리 군의 현재 전력과 미래 전력을 지능화시키는 데 크게 도움이 될 것이다.

그런가 하면, 여러 영역으로부터 다양한 데이터를 확보할 수 있는 수단을 확보해야 하고, 이것을 실시간 융복합해 유의미한 정보를 생산할 수 있는 체계를 갖춰야 한다. 지금 전쟁을 치르는 우크라이나군과 이스라엘군은 지상, 공중, 해상, 사이버, 우주 등 여러 영역으로부터 실시간으로 다양한 데이터를 모아 동시에 표적 정보로 전환하고 있다. 이와 같은 과정을 미루어 봤을 때, 우크라이나군과 이스라엘군 모두 서로 다른 유형의 데이터를 실시간 융복합해 유의미한 전장 정보로 생산하는, 즉 각기 다른 형식과 출처의 데이터를 의미 기반으로 통합해 해석하는 온톨로지ontology 기반 지식처리 구조가 작동하는 것으로 추정할 수 있다.

또 문자, 이미지, 영상, 레이더 신호, 통신 데이터, 사이버 로그 등 다양한 데이터 유형 간의 상호 연관성과 의미, 맥락을 자동 학습하고, 실시간으로 통합된 전장 인식 결과를 생성하는 데 필수인 멀티모달을 주요 작전이나 전투에 적용하는 것으로 추정할 수 있다. 이에 따라 우리 군도 여러 영역으로부터 전투 데이터를 실시간 수집할 수 있는 감시 자산을 신속히 확충해야 하고, 이러한 데이터를 실시간 처리해 적용하기 위한 AI 온톨로지와 학습 방법을 전력 고도화에 적용해야 할 것이다.

한편 AI 기술을 덧입힌 현재 및 미래 무기체계의 윤리적 문제를 최소화하기 위해 이를 뒷받침하는 기반 체계도 전력화해야 한다. AI 기술이 아직 자동화 단계에 있을지라도 우리 군이 운용하는 AI 무기로 오폭, 피아식별 실패, 과잉 대응 등의 상황이 발생한다면, 우리 군의 작전이나 전투에 대해 국내외적으로 정치적 마찰과 저항이 생겨날 것이다.

우크라이나군과 이스라엘군은 이와 같은 AI 무기의 오용과 악용을 최소화하기 위해 초연결 네트워크와 전장 가시화 체계 등을 활용하고 있다. 전자는 여러 영역에서 획득한 표적 정보를 실시간 정밀 타격 자산과 공유함으로써 시간 지연에 따른 오폭을 차단하는 것으로, 스타링크, 원웹 같은 소형 위성 기반 저궤도 위성 체계가 이 네트워크를 뒷받침한다. 후자는 전장의 불확실성을 상쇄하고 'AI가 선택지를 제공하고 최종 결정은 인간이 한다'라는 국방 AI의 원칙을 구현하는 것으로 현재 미 합동군에서 운용하고 있는 합동 전 영역 지휘 통제Joint All-Domain Command and Control와 미 육군의 증강현실·가상현실 기반의 통합 시각 증강 체계Integrated Visual Augmentation System가 대표적이다. 우리 군도 전투의 정치 이슈화를 방지하기 위해서 현재 노력을 집중하고 있는 AI 무기와 함께 이를 뒷받침하는, 우주 기반으로 실시간 데이터 송수신이 가능한 초연결 네트워크를 활용하며, 실시간 전장 상황 인식이 가능한 전장 가시화 체계를 개발할 필요가 있다.

# 이동의 혁신: 새로운 모빌리티 시대의 가치와 이슈들

'이동'은 인류의 역사에 수많은 족적을 남겼다. 가장 효율적으로 이동하는 것이 결국 가장 많은 자원을 획득하는 수단이 되기도 했다. 산업화 이후 일상에서는 안전하고 빠른 이동이 더 많은 자원을 얻을 기회를 만드는 수단이다. 이러한 흐름에서 미래 모빌리티 기술인 자율주행은 인류에게 새로운 자원 확보의 길을 여는 수단이 되고 있다.

자율주행 기술은 사람에게 주어진 이동 시간을 다른 활동에 활용할 수 있게끔 해주는 기술이다. 사람이 직접 주행하는 상황에서는 도로 환경과 주변 운전자의 활동 정보를 사람이 직접 처리한다. 자율주행 기술의 전신이라 할 수 있는 첨단 운전자 보조 시스템ADAS, Advanced Driver Assistance System은 운전자들이 많은 정보를 획득하고 처리하는 데 필요한 에너지를 줄여주는 역할을 했다. 발전을 거듭하고 있는 자율주행 기술은 운전자들이 해야 하는 일을 대신 처리하면서 사람들이 이동할 때

써야 했던 시간과 에너지를 절약해 다양한 활동이 가능하게 만들 전망이다.

# 자율주행 시대의
# 미래 시나리오

자율주행 기술은 '이동'이라는 개념을 경로 이동에서 벗어나 새로운 경험과 가치의 '공간' 향유로 변화시킬 전망이다. 자동차는 단순히 A 지점에서 B 지점으로 이동하는 수단이 아니라 움직이는 사무실, 개인 맞춤형 휴식 공간, 그리고 도시와 연결된 디지털 플랫폼으로 새롭게 태어날 것이다. 가령 이런 시나리오를 상상해볼 수 있다.

### 자율주행으로 인한 일상의 변화

아침 출근길. 자동차에 탑승하는 순간, 우리를 맞이하는 것은 단순한 좌석이 아닌 이동형 사무실이다. 차량 내 디스플레이는 업무용 모니터로 활용돼 화상회의부터 보고서 작성, 프레젠테이션까지 원활하게 지원한다. 차량의 AI 비서는 음성 명령을 통해 일정과 회의를 체계적으로 관리하며, 실시간으로 클라우드 데이터와 연동돼 업무 효율성을 극대화한다. 필요에 따라서는 내부 공간을 회의 공간으로 전환해 이동 중에도 비즈니스 상대와 미팅을 할 수 있다.

여행이나 퇴근길에 차내 공간은 완벽한 휴식 공간으로 변화한다. 증강현실 기반 헤드업 디스플레이HUD, Head-Up Display는 주변 풍경과 관련된 역사적 정보를 실시간으로 제공해 단순한 이동을 풍부한 문화·관광 체험으로 승화시킨다. 차량 내 주문·수령 시스템을 통해 간단한 클릭만으로 커피나 간식을 주문할 수 있고, 몇 분 후 주행 중에 바로 받아볼 수 있다. 음악, 영화, 게임 등 다양한 콘텐츠 플랫폼은 개인적 취향과 현재의 감정 상태를 세밀하게 분석해 최적의 엔터테인먼트를 추천해준다. 차량 내부의 온도, 조명, 시트 각도는 AI가 탑승자의 생체 데이터와 개인 일정을 종합적으로 고려해 자동으로 조정한다. 이처럼 완벽하게 개인화된 서비스는 모든 이동의 순간을 특별한 가치로 재창조해낸다.

## 자율주행과 도시의 변화

자율주행 기술의 발전은 도시 인프라 전반의 모습까지 근본적으로 변화시킬 것이다. 기존 교차로나 주차장을 대신해, 자율주행차 전용 모빌리티 허브가 도시의 핵심 거점으로 자리 잡게 된다. 도심 항공 모빌리티UAM, Urban Air Mobility, 목적 기반 차량PBV, Purpose Built Vehicle, 버티포트Vertiport(수직 이착륙장) 같은 혁신적인 교통수단과 인프라가 이러한 허브를 중심으로 유기적으로 연결된다. 허브에서는 사람과 화물의 환승이 자연스럽게 이루어지며, 각 도시는 마치 하이퍼루프hyperloop(진공 튜브 안을 달리는 음속 자기부상 열차)가 오가듯 매끄럽게 연결되는 거대한 네트워크로 발전한다. 이를 통해 지역 간 이동성은 획기적으로 개선되고, 도시 간 물류와 상권은 더욱 밀접하게 연결될 것이다.

## 자동차 관련 일자리의 변화

이러한 변화의 물결은 산업과 일자리 생태계도 완전히 재편한다.

기계 중심의 자동차 부품업은 데이터, 소프트웨어 중심 산업으로 변모한다. 보험업계는 기존의 사고율 기반 상품에서 벗어나 자율주행차 알고리즘의 안전성 검증과 데이터 기반 맞춤형 보험을 내세운다. 현재의 택시·버스 기사 등 운수업 종사자는 새로운 직업 분야로의 전환을 맞이하게 된다. ▽자율주행차의 주행 상태를 상시 모니터링하고 이상 상황에 대응하는 자율주행 차량 운영 관리자, ▽차량 기반 서비스를 기획·설계해 이용자의 새로운 경험을 창출하는 모빌리티 서비스 디자이너, ▽소프트웨어·하드웨어 시스템 개발과 유지보수를 담당하는 자율주행 시스템 엔지니어, ▽이용자와 종사자를 대상으로 안전 운행 및 대응 교육을 수행하는 자율주행 안전 교육 전문가, ▽자율주행차에서 수집한 데이터를 분석해 주행 최적화 및 서비스 개발을 지원하는 데이터 분석가, ▽맞춤형 활용 방안을 제시해주는 자율주행 라이프 설계 전문가 등이 등장할 수 있다.

## 글로벌 기술 개발 현황

유수의 글로벌 빅테크 기업이 AI와 로봇 기술에 대한 지식을 보유하면서 자율주행 기술의 개발과 활용에 적극적이다. 구글의 웨이모Waymo, 앱티브Aptiv, 모셔널Motional, 테슬라(오토파일럿Autopilot) 등이 대표적이다. 웨이모는 구글의 모회사인 알파벳에서 2009년부터 시작한 자율주행 프로젝트로, 2016년 웨이모라는 이름으로 분사돼 현재 업계에서 가장 앞선 자율주행 기업 중 하나로 평가받는다. 웨이모는 라이다LiDAR, 레이더, 카메라, 초음파 센서를 통합해 정밀한 3D 환경 인식과 객체 예측을 가능하게 하며, 자체 제작한 라이다 센서를 통해 높은 정확도의 주행 데이터를 실시간으로 확보한다. 이와 함께 딥러닝 기반의 예측·제어 알고리즘을 통해 안전성과 효율성을 극대화하고, 고정밀 지도를 기반으로 주행 중 최적의 경로를 계산한다. 미국 피닉스에서는 로보택시 서비스인 '웨이모 원'을 상용화해 실제 승객을 태우고 운행하고 있으며, 물류 부문에서는 '웨이모 비아'를 통해 화물 운송 서비스도 개발 중이다.

앱티브는 과거 델파이Delphi에서 분사된 기업으로, 차량용 전장·자율주행 기술 분야에서 세계적 리더로 자리매김하고 있다. 앱티브는 라이다, 레이더, 카메라 등 다양한 센서 데이터를 통합 처리해 상황 인식 정밀도를 높이고, 이를 차량 내 중앙집중형 아키텍처에 연계해 빠른 데이터 처리를 가능하게 한다. 또 OEM 기업의 다양한 요구를 반영할 수 있는 모듈형 소프트웨어를 제공하고, 실제 주행 데이터와 시뮬레이션 데이터를 통합해 신뢰성 높은 자율주행 기능을 사전 검증한다. 앱티브는 현대자동차그룹과의 합작 법인인 모셔널을 통해 로보택시 개발과 상용화를 주도하고 있다.

모셔널은 2020년 현대자동차그룹과 앱티브가 50대 50으로 공동 설립한 합작 법인으로, 로보택시 기술의 상용화에 집중하고 있는 자율주행 전문 기업이다. 모셔널은 완전 자율주행 기술을 목표로, 딥러닝 기반 객체 인식·경로 계획·상황 예측 기능을 고도화해 도시 환경에서도 안전하고 효율적인 주행을 구현하고자 한다. 현재 미국 라스베이거스 등에서 로보택시 시범 서비스를 운영 중이다.

테슬라는 '오토파일럿'과 '풀 셀프 드라이빙FSD, Full Self-Driving' 기능을 통해 자율주행 기술 경쟁에서 독자적인 길을 걷고 있다. 테슬라는 비용 효율성과 대규모 데이터 학습을 위해 라이다 대신 '테슬라 비전Tesla Vision'이라는 카메라와 레이더 기반 비전 센서를 활용하며, 차량 운행 중 수집되는 방대한 데이터를 딥러닝 기반 신경망 AI로 학습시켜 지속해서 소프트웨어를 고도화한다. 이를 위해 자체 개발한 슈퍼컴퓨터 '도조Dojo'를 운영하며, 차량의 소프트웨어를 무선 업데이트를 통해 끊임없이 개선한다. 다만 FSD는 아직 완전 자율주행(레벨 5)으로는 공인되지 않았으며, 실제 사용자 상황에 따라 위험 요소가 지적되기도 한다. 그럼에도 테슬라는 글로벌 시장에서 자율주행 기술을 가장 빠르게 상용화하고 있는 기업 중 하나로 꼽힌다.

최근 자율주행 기술은 자율운항 선박에도 적용되면서 단순히 자동차 산업에 국한된 기술이 아니라 운수 및 물류 산업의 생태계에도 큰 영향을 미치는 기술이 됐다.

### 국내외 도입 상황

자율주행 기술을 사회에 적극적으로 도입하고 있는 국가는 중국과 미국이다. 미국은 자율주행 기술의 개발과 활용에 적극적으로 임해왔다. 웨이모, 테슬라, 크루즈 등 자율주행 기술을 보유한 다수의 기업이 연구개발부터 실증까지 원활하게 수행할 수 있는 환경이 조성돼 있다. 최근 완전 무인화를 위한 실증이 진행되고 있는데, 그 대표적인 사례가 자율주행 택시다. 2023년 GM의 크루즈가 낸 사고로 자율주행 운송 수단의 안전성에 대한 부정적 인식이 퍼지기도 했으나, 이에 굴하지 않고 자율주행 기술을 고도화하기 위한 테스트베드를 적극적으로 활용하고 있다. 이러한 실험을 통해 자율주행 기술이 사회에 도입되는 과정에서 나타날 다양한 사회문제를 계속 파악해가고 있다.

중국은 BYD(비야디), 바이두 등 자동차 산업의 후자를 육성하는 한편 자율주행 기술의 개발에 필요한 데이터를 모으는 데 적극적인 지원을 펼치고 있다. 샤오펑, 니오, CATL(닝더스다이), BYD, 바이두, 지리자동차 등 다양한 주체가 자율주행 기술을 실험하면서 수많은 데이터를 축적하고 있다. 특히 바이두는 2013년 자율주행 사업을 시작한 이래로 베이징, 우한, 선전 등 300개가 넘는 도시에서 자율주행 기술을 실험하고 있다. 중국 정부가 자율주행 실험에 적극적으로 나서기도 하지만, 자국 내에서 자율주행 핵심 부품을 조달하고, 데이터 수집에 용이한 환경을 조성했기 때문이다. 다수의 플레이어가 참여하는 광대한 테스트베드, 자율주행 부품, 그리고 데이터의 수집과 활용까지 자율주행 기술을 혁신하기 위한 단단한 인프라를 갖춘 셈이다.

국내에서도 자율주행 기술의 개발과 확산에 적극적으로 나서고 있다. 현대자동차는 자회사인 모셔널에서 개발한 자율주행 기술을 적용하고 있으며, 국내 스타트업들도 자율주행 기술을 개발하면서 국토교통부에서 운영하는 '자율주행 선도지구'에 적극적으로 참여해 데이터를 확보하는 중이다. 서울, 세종 등을 포함해 전국에서 자율주행 기술 실증을 추진하고 있다. 2025년 3월에는 전국 44개 고속도로 전 구간에서 자율주행을 할 수 있도록 시범지구를 확대했는데, 이로부터 수집한 데이터가 기술 고도화에 활용될 것으로 예측된다.

# 자율주행 시대의
# 사회안전망과 정책적 이슈

자율주행 기술이 열어가는 미래는 궁극적으로 이동의 혁신이 삶의 혁신으로 확장될 것이다. 단순한 기술적 진보가 아닌 삶의 전환을 전제로 하는 점에서 새로운 사회안전망에 대한 고민도 필요하다. 기술의 혜택이 모든 시민에게 골고루 돌아갈 수 있도록 튼튼한 사회안전망을 구축해야 한다. 이러한 전환 과정은 단순한 '기술 수용'의 차원을 넘어 모빌리티 사회의 포용성을 검증하는 중요한 시험대가 될 것이다.

### 미래차의 정의와 법·제도 정비

현재 '완전 자율주행차'의 정의와 운행 기준은 여전히 모호하며, 법 제정 속도는 기술의 급속한 발전 속도를 따라잡지 못하고 있다. 자율주행차의 기능 및 운행 주체가 다양화되는 상황에서 기존의 〈도로교통법〉, 〈자동차관리법〉만으로는 한계가 있다. 이를 보완하기 위해 〈미래자동차 부품산업의 전환촉진 및 생태계 육성에 관한 특별법〉, 〈자율주행자동차법〉 등 관련 법령의 정의·적용 범위를 확대·정비할 필요가 있다. 또 완전 자율주행(레벨 5) 단계에서 요구되는 시스템 안전성, 통신 보안성, 비상 상황 대응성을 명문화하는 것이 필요하다.

### 안전 및 사고 대응

자율주행차는 전통적인 차량과 달리 사람의 직접 개입 없이 스스로 판단해 주행을 수행하기 때문에, 사고 발생 시 책임 소재와 대응 방식을 새롭게 규정해야 한다. 그러나 현재는 자율주행차의 내부 안전 구조와 관리 가이드라인, 사고 데이터의 수집·활용 기준이 미비하다. 〈도로교통법〉 개정과 함께 〈자동차관리법〉 내에서 자율주행차 전용의 정비·검사·교육 기준을 수립하고, 사고 발생 시 데이터 로깅 및 분석 의무화를 명시해야 한다. 이와 함께 운전자(감독자 포함) 교육 및 사고 대응 가이드라인을 다층적이고 실효성 있게 보완할 필요가 있다.

### 플랫폼과 서비스 다양화

자율주행차는 기존의 개인 소유·운전 패러다임을 넘어 플랫폼 기반의 이동 서비스로 기능하게 된다. 대중교통으로서 자율주행차의 법적 지위(예: 공유 차량, 로보택시, PBV 서비스)는 아직 법제화가 미비하다. 〈여객자동차 운수사업법〉, 〈대중교통의 육성 및 이용 촉진에 관한 법〉 등의 개정을 통해 플랫폼 기반 자율주행 모빌리티를 제도적으로 명확히 정의하고, 서비스 표준화 및 보안·결제·소비자 보호 기준을 수립해야 한다. 특히 다양한 사업자 간 이해관계 조정과 서비스 표준화는 산업 경쟁력을 확보하는 관건이 될 것이다.

### 데이터와 개인정보

자율주행차는 주행 중 많은 데이터를 실시간으로 수집·분석한다. 이 데이터는 안전성, 주행 효율화, 사용자 맞춤형 서비스 등에 활용할 수 있으나, 동시에 민감정보 보호와 데이터 소유권 문제를 불러올 수 있다. 〈개인정보보호법〉, 〈인공지능기본법〉과의 정합성 검토가 필요하며, 자율주행차 데이터의 산업적 가치와 공공적 성격을 균형 있게 반영해야 한다. 데이터의 범위, 종류, 보관 기간을 명확히 하고, 민간과 공공 간 역할 분담, 데이터 거래·활용 가이드라인 수립이 중요하다.

### 인프라 및 산업 지원

자율주행차의 안전하고 효율적인 운행을 위해 전용 도로, 충전소, 버티포트 등 새로운 인프라의 표준화와 안전 가이드라인이 시급하다. 예를 들어 자율주행 전용 도로를 도입할 경우, 비자율 주행차와의 이동권 격차 및 충돌 리스크를 최소화하기 위한 교통권 조정과 도시계획 연계가 필수다. 또 신규 인프라를 구축하고 운영·관리할 수 있는 역량을 갖춘 업체가 필요하다. 융복합적인 환경을 이해하고 있어야 하기에 특정 부문의 전문기업이 아닌 교통, 콘텐츠, 차량, 전력 등 다양한 분야 전문기업의 컨소시엄과 같은 구성이 필요하다.

그밖에도 전기차와 융합된 미래 충전 인프라는 충전 기능을 제공할 뿐 아니라 에너지 분산 장치·ESS(에너지 저장 장치)·스마트그리드와 연결될 필요가 있다. 이에 따라 〈전기사업법〉 등 기존 에너지 법령과의 연계 등 관련 정비도 병행돼야 한다. 버티포트, 버티허브 등 신개념 인프라를 도입할 때는 지역사회와 주민의 수용성을 고려한 사회적 합의가 바탕이 돼야 할 것이다.

### 미래 모빌리티 거버넌스와 생태계 전환

자율주행 사회로의 이행은 단일 기술·단일 산업의 변화가 아니라, 산업구조, 도시 환경, 데이터 경제, 법, 윤리가 얽힌 복합적 혁신이다. 따라서 정부는 자율주행 기술의 개발, 확산과 연관된 부처의 역할을 명확히 하고, 산업계, 시민사회와 함께 거버넌스 체계를 구축해야 한다.

특히 안전, 공정, 혁신을 동시에 추구하는 정책 프레임워크를 수립하고, 기술 수용성·데이터 윤리·신산업 생태계의 균형 발전을 포괄적으로 관리해야 한다. 이를 통해 자율주행 기술이 단순한 이동 혁신에 그치지 않고 미래 사회의 공존과 포용을 구현하는 사회계약의 새 장을 여는 길이 되도록 해야 한다.

## 조화로운 공존을 위한 사회적 합의

기술적 진보가 몰고 올 사회적 파급효과는 작지 않다. 운수업 종사자의 일자리 전환, 도시 인프라의 재편, 새로운 법적 책임 체계의 정립 등은 우리 사회가 해결해야 할 중대한 과제다. 특히 데이터 프라이버시, 알고리즘의 안전성, 그리고 기술 혜택의 공정한 분배는 자율주행 사회의 지속가능성을 결정하는 핵심적 요소가 될 것이다.

자율주행 기술의 도입은 무엇보다 기술적 발전이 아닌 사회와 공존하는 모습이어야 한다. 기술의 가능성이 커도 사회에서 그것을 수용하지 않으면 무의미하기 때문이다. 우리가 추구해야 할 것은 결국 기술과 인간이 조화롭게 공존하는 새로운 사회적 합의를 만들어나가는 것이다. 자율주행 기술이 열어가는 미래가 모든 이들에게 더 안전하고, 더 편리하며, 더 공정한 세상이 되는 것. 이것이 바로 우리가 함께 만들어가야 할 자율주행 사회의 진정한 가치이자 목표가 돼야 하고, 이러한 종합 패키지가 곧 기술적·산업적 우위를 확보하게 도와줄 것이다.

# 2

## 기술 분야 미래전략
Technology

# AI 네이티브 통신망: 지능형 연결 사회의 핵심 인프라

AI 시대의 통신 네트워크는 과거의 통신망과는 근본적으로 다른 지능형 연결망intelligent connectivity으로 변모할 것이다. 통신망 자체가 AI를 활용해 자동 최적화되고 자가 진화하는, 이른바 'AI 네이티브AI native 네트워크'로 전환될 전망이다. AI 네이티브 네트워크는 방대한 기기와 데이터를 인간의 개입 없이도 관리하고, 상황에 따라 스스로 최적의 판단을 내려 통신 서비스를 제공하는 자율적 네트워크를 뜻한다. 이는 통신망 운영의 효율성을 혁신적으로 높이고, 새로운 서비스와 비즈니스 기회를 창출하며, 궁극적으로 우리 삶에 더 안정적이고 편리한 연결을 제공할 것으로 기대된다.

물론 완전한 AI 자율 네트워크에 이르기까지는 기술적 난관과 검증 과제가 많이 남아 있다. 그러나 현재 진행 중인 다양한 시도는 그 청사진을 점차 현실로 바꿔가고 있다. 산업계의 선도 사례와 정부의 지원 노력이 맞물린다면, 머지않아 AI가 구동하는 6G 네트워크가 일상 인프라가 되는 날이 올 것이다. 앞으로 중요한 것은 이러한 변화를 체계적으로 준비하는 일이다. 기술 개발, 인력 양성, 제도 정비, 국제 협력의 퍼즐을 잘 맞춰간다면, 대한민국은 AI 네이티브 6G 시대의 글로벌 리더로 발돋움할 수 있을 것이다.

# AI 네이티브 네트워크의
# 발전 단계

AI 네이티브 네트워크란 말 그대로 AI를 네트워크의 핵심적 요소로 삼아 설계한 네트워크를 의미한다. AI 네이티브 네트워크는 방대한 데이터를 계속 학습하고 새로운 상황에 적응하는, 연속 학습 능력을 지닐 것이다. 그 결과 운영자나 이용자가 문제를 인식하기도 전에 문제를 예측해 선제적으로 대응할 수 있어 운영 효율성과 이용자 경험을 크게 높인다. 요컨대 AI 네이티브 네트워크는 스스로 생각하고 진화하는 '똑똑한' 통신망을 지향한다.

이러한 AI 기반 자율적 네트워크의 발전 수준을 평가하기 위해 국제 통신산업협회TM에서는 0단계부터 5단계까지 자율성 성숙도 모델을 제시한 바 있다. 즉 네트워크의 자동화와 지능화 정도를 6단계로 구분했는데, ▽레벨 0(수동 운영)은 네트워크 운영과 관리의 모든 것을 사람이 수행하는 단계, ▽레벨 1(보조적 자동화)은 일부 기본적인 자동화 도구만 있어서 핵심적 의사결정과 제어는 사람이 하는 단계, ▽레벨 2(부분 자율)는 중간 수준의 자동화가 도입되지만, 아직은 사람의 감독이 필수인 단계, ▽레벨 3(조건부 자율)은 AI 에이전트 등을 도입해 특정 영역에서는 사람의 개입 없이도 네트워크 운용이 가능한 고도의 자동화 단계, ▽레벨 4(고도 자율)는 탑재된 AI가 트래픽 수요나 잠재적 장애를 예측해 사전 조치를 함으로써 여러 영역을 가로지르는 종단end-to-end 간 최적화와 자율 운영이 실현되는 프로 액티브 단계, ▽레벨 5(완전 자율)는 네트워크 전 영역에서 종단 간 자동화 구현은 물론 비즈니스 프로세스까지 통합되는 완전한 자율 운영 단계다.

현재 대다수 통신사의 기술 수준은 레벨 2로 평가된다. 아직은 단계적 여정이 많이 남아 있지만, AI 네이티브 네트워크란 이러한 자율성 성숙도의 최정점(레벨 5)을 지향하는 개념으로, AI가 스스로 운영하고 끊임없이 최적화하는 미래형 네트워크를 목표로 한다.


# 클라우드 AI, 에지 AI, 온디바이스 AI:
# AI의 활용 방식 3가지

AI를 활용하는 방식은 어디서 연산을 수행하느냐에 따라 크게 클라우드 AI, 에지 AI edge AI, 그리고 온디바이스 AI on-device AI로 구분된다. 클라우드 AI는 말 그대로 중앙 클라우드 데이터센터에서 AI 연산을 수행하는 방식이며, 현재 AI 서비스 대다수가 이 모델로 작동된다. 이때 이용자의 단말(예: 스마트폰)은 주로 입력을 전송하고 결과를 수신하는 역할만 하고, 실제 AI 모델의 추론은 원격 서버에서 이뤄진다. 거대 자원을 활용할 수 있어 복잡한 연산도 가능하지만, 이용자와 클라우드 사이의 네트워크 지연이나 대역폭 문제가 영향을 줄 수 있다는 것이 단점이다. 특히 자율주행차나 실시간 번역처럼 지연에 민감한 애플리케이션이라면 시의적절한 대응이 어려워 문제가 될 수 있다. 고속·저低지연을 특성으로 하는 5G 네트워크는 이를 해결하기 위해 단말과 클라우드 간 통신 병목을 줄여 클라우드 AI 모델의 성능을 뒷받침하고 있다. 6G 시대가 되면 네트워크 자체에 컴퓨팅 자원을 통합함으로써 클라우드와 단말을 더욱 긴밀히 연결할 것으로 예측된다.

에지 AI는 중앙 클라우드가 아닌 네트워크 에지, 즉 이용자와 가까운 분산된 장소에서 AI 연산을 수행하는 방식이다. 여기서 말하는 '에지'는 이동통신 기지국 인근의 소규모 데이터센터나 이용자 단말이 위치한 현장과 가까운 서버를 의미한다. 클라우드 AI와 온디바이스 AI의 중간 지점에 해당하는 개념으로, 모바일 에지 컴퓨팅MEC, Mobile Edge Computing 기술과 밀접히 연결돼 있다.

에지 AI의 핵심 장점은 지연 시간 단축이다. 데이터가 먼 클라우드 대신 가까운 에지 서버에서 처리되기 때문에 왕복 전송 시간이 크게 줄어든다. 따라서 실시간 처리가 중요한 서비스에 유리하다. 또 트래픽이 지역적으로 처리되므로, 중앙 망으로 향하는 통로인 백홀backhaul 부하도 감소시킬 수 있다. 에지 AI의 구현에는 MEC 지원 등 5G 네트워크의 핵심 인프라가 활용된다. 미국의 통신사 버라이즌Verizon은 자사가 보유한 지역 데이터센터와 광통신망을 통해 고객에게 에지 AI 서비스를 제공하기 시작했는데, 이것이 바로 네트워크 인프라를 활용한 에지 AI의 사례다.

한편 온디바이스 AI는 이용자 디바이스 자체에서 AI 연산을 수행하는 방식이다. 스마트폰, 스마트 가전, IoT(사물인터넷) 센서, 자동차 같은 장치에 내장된 AI 칩셋이나 경량화된 AI 모델을 통해 클라우드에 의존하지 않고 스스로 지능형 기능을 구현한다. 이미지 인식을 위해 스마트폰에 신경망 처리 장치NPU를 탑재하고, 자율주행을 위해 자동차에 AI 컴퓨터를 장착하는 것 등이 모두 이에 속한다.

온디바이스 AI의 가장 큰 장점은 네트워크 독립성과 저지연성이다. 네트워크에 연결되지 않은 오프라인 상태에서도 디바이스가 자체적으로 AI 연산을 수행할 수 있으며, 클라우드 왕복 지연이 없으므로 즉각적 응답이 가능하다. 또 민감한 데이터를 외부로 보내지 않고 로컬에서 처리하므로 프라이버시 보호에도 유리하다. 물론 온디바이스 AI가 중요해지는 추세라 해서 네트워크의 역할이 사라지는 것은 아니다. 5G·6G 네트워크는 개별 디바이스를 초월해 협업 AI를 실현하는 데 기여한다. 예를 들어 복수의 차량이 서로 V2V 통신(차량 간 통신)을 통해 도로 상황을 AI로 공유하거나, 수많은 IoT 센서가 각자 AI로 감지한 결과를 모아 클라우드에 전송해 종합적인 인사이트를 얻는 경우를 생각해볼 수 있다.

6G 시대에는 한 걸음 더 나아가 온디바이스 AI와 에지 AI, 클라우드 AI의 경계가 유연해질 전망이다. 통신망과 디바이스가 긴밀히 연동돼 분산 학습이나 분산 추론을 수행하는 시나리오가 구현될 수 있다. 예를 들면 증강현실용 스마트 글라스가 간단한 물체 인식은 자체 칩으로, 복잡한 장면 인식은 가까운 에지 서버로, 또 대용량의 딥러닝 연산은 중앙 클라우드로 분산하는 AI 컴퓨팅 구조가 가능할 것이다. 이런 하이브리드 AI 환경에서 5G·6G 네트워크는 각 연산 노드를 유기적으로 연결하고, 서비스 요구사항에 맞게 컴퓨팅 자원을 할당하도록 조율하는 역할까지 맡을 것이다.

현재 일본의 NTT도코모가 연구하고 있는 인-네트워크 컴퓨팅 아키텍처는 그 단초를 보여준다. 이 개념은 5G·6G 네트워크 기능에 컴퓨팅 기능을 통합해 네트워크 연결과 컴퓨팅 서비스를 동시에 제어하는 것을 목표로 한다. 실제 실험에서 NTT는 이 방식을 통해 단말 요청에 따라 네트워크 경로와 컴퓨팅 자원을 한꺼번에 설정하고, 영상 AI 분석 애플리케이션을 동작시켰다. 그 결과 기존 구조에서는 57%에 불과했던 AI 분석 정확도가 네트워크-컴퓨팅 연계를 통해 90%까지 향상됐다는 보고도 있었다. 이는 온디바이스 AI의 한계를 네트워크의 지능형 지원으로 극복할 수 있음을 시사한다.

이처럼 클라우드 AI 환경에서 5G·6G 네트워크는 혈관과 같이 데이터를 실어나르는 역할을 하고, 에지 AI에서는 지역 허브로서 작용하며, 온디바이스 AI에서는 개별 디바이스를 묶어주는 신경망과 같은 역할을 한다. AI 구현 방식이 어떤 형태가 되든, 차세대 통신망은 단순한 통신 경로를 제공하는 것이 아니라 서비스 품질 보장, 분산 컴퓨팅 통합, 지능형 조율자 등 새로운 역할을 맡게 될 것으로 보인다.

## 5G·6G 네트워크의 분야별 AI 활용 사례

AI는 5G·6G 네트워크의 주요 구성 요소에 폭넓게 적용되는데, 우선 무선 접속망RAN 영역에서 최적화를 지원한다. 5G·6G의 무선 접속망은 다수의 안테나를 송신기와 수신기 모두에 구현하는 대규모 안테나 어레이Massive MIMO, 안테나의 빔을 특정 수신 기기에 집중시키는 빔포밍beamforming, 주파수 간섭 관리 등 매우 복잡한 무선 제어가 필요한데,

여기에 AI를 도입하면 전체 무선망의 효율을 높일 수 있다. 예를 들어 AI 알고리즘이 트래픽 패턴을 예측해 기지국의 송출 전력을 조절하거나, 무선 접속망 장비의 이상 패턴을 감지해냄으로써 기지국 장애나 품질 저하 징후를 조기에 발견하도록 지원할 수 있다.

AI는 코어core 망 영역에서도 중요하다. 코어 망은 클라우드 기반의 서비스 중심 아키텍처로 구현돼 유연한 서비스를 제공할 수 있지만, 그만큼 관리해야 할 네트워크 기능이 복잡하다. 이때 AI가 코어 망에서 두뇌 역할을 할 수 있다. 예를 들어 AI가 실시간 트래픽 흐름을 모니터링해 혼잡을 예측하거나 세션 경로를 사전에 우회시키는 등의 조절 기능을 담당할 수 있다. 또 비정상 트래픽을 탐지하고 차단하는 등 네트워크 보안도 강화할 수 있다.

그런가 하면, 네트워크 슬라이싱network slicing에서도 AI를 활용할 수 있다. 네트워크 슬라이싱은 지능형 통신망의 핵심 기능 중 하나로 하나의 물리 네트워크 인프라를 다수의 가상 전용망으로 쪼개 각기 다른 서비스 요구를 충족시키는 기술이다. 예를 들어 초저지연이 필요한 자율주행 서비스 슬라이스, 넓은 커버리지(영역)가 필요한 IoT 슬라이스, 고속 대역폭이 필요한 실감 미디어 슬라이스 등을 하나의 통신망에서 동시에 운영할 수 있다. 그러나 이러한 슬라이스를 효율적으로 관리하는 일은 매우 복잡한데, AI가 그 해결사로 떠오르고 있는 것이다. AI 알고리즘은 각 슬라이스의 트래픽 패턴과 서비스 품질 지표를 실시간 분석해, 필요에 따라 자원을 재할당하거나 새 슬라이스를 개설하는 등의 결정을 내리게 된다. 이처럼 네트워크 슬라이싱 분야에 AI를 도입함으로써 망 운용의 복잡성을 줄이고, 사람이 일일이 최적화하지 않아도 서비스 요구 변화에 실시간 대응하는 유연성을 확보할 수 있다.

한편 네트워크 운영 및 관리 분야에도 AI가 활발히 도입되고 있다. 전통적으로 통신망 관리에는 숙련된 엔지니어들이 투입돼 각종 알람 모니터링, 장애 원인 분석, 설정 변경 등을 수행해왔다. 그러나 5G·6G 시대를 맞이하면서 네트워크 규모와 복잡도가 폭증함에 따라 사람의 눈과 손으로 모든 것을 관리하는 것은 사실상 불가능해졌다. 이에 AI를 통해 네트워크 운영을 자동화하고 지능화하려는 시도가 이어지고 있다. 대표적 예는 장애 예측 및 자가 치유self-healing다. AI가 네트워크에서 발생하는 방대한 로그와 성능 데이터를 실시간 진단해, 사람이 미처 알아채기 전에 고장 징후를 감지하고 근본 원인을 분석해 해결 조치까지 자동으로 수행하는 것이다. 그 밖에도 AI는 통신 고객 서비스 품질관리, 최적 경로 탐색, 네트워크 설계 등 다양한 운용 업무에 활용되고 있다. 에너지 절감 측면에서도 AI가 시간대별 트래픽을 예측해 야간에 불필요한 기지국 송출을 줄이는 등 망 운영의 그린green화에도 기여할 수 있다.

## AI 네이티브 네트워크의
## 정책적·사회적 시사점

지금까지 살펴본 것처럼 AI 네이티브 5G·6G 네트워크는 기술적으로 큰 잠재력과 이점을 지니고 있다. 이러한 변혁을 성공적으로 이루기 위해서는 정책적 지원과 사회적 준비가 뒷받침돼야 한다. 몇 가지 주요 시사점과 향후 과제를 정리하면 다음과 같다.

### 디지털 격차와 글로벌 경쟁

AI 네트워크를 선도적으로 도입하는 국가와 그렇지 못한 국가 간에 디지털 격차가 벌어질 가능성도 있다. AI 네이티브 6G 기술을 먼저 확보하면 통신 인프라 경쟁에서 우위를 점할 수 있기 때문에, 각국 정부는 치열하게 6G 주도권 경쟁을 벌이고 있다. 특히 AI 결합 통신은 6G의 차별화 요소로 지목되므로, 국내에서도 산학연 컨소시엄 등을 통해 관련 기술 개발을 가속해야 한다. 미국은 기술 주도권을 확보하기 위해 통신사는 물론 관련 장비 업체들이 참여한 '넥스트 G 얼라이언스Next G Alliance' 등을 통해 6G와 AI 연구를 추진 중이며, EU도 '헥사-X Hexa-X' 같은 6G 프로젝트에서 AI 네이티브 네트워크를 핵심 주제로 다루고 있다. 이러한 글로벌 경쟁 속에서 우리나라가 주도권을 유지하려면, 정부의 범부처 협력과 민간의 대규모 연구개발 투자, 국제 공조 모두 중요하다.

### 정부의 선제적 지원과 규제 혁신

디지털 인프라의 핵심인 통신망이 AI 시대에도 경쟁력을 유지하려면, 정부가 적극적으로 투자를 지원하고 유연한 규제 정책을 펴야 한다. 가령 5G 초기에는 민간 투자 부진으로 품질 문제가 있었던 만큼, 6G에서는 초기부터 AI 결합 통신 기술에 대한 정책적 지원이 필요하다. 정부 연구개발 예산을 통해 AI 네트워크 테스트베드를 구축하거나, 통신사의 AI 인프라 투자에 세제 혜택을 주는 등의 방안을 고려할 수 있다. 동시에 기존의 규제가 혁신을 저해하지 않도록 규제 환경을 선제적으로 정비해야 한다.

### 표준화와 업계 협력

AI가 통신망에 깊이 들어오면서 표준화의 중요성도 더욱 커지고 있다. 이를 위해 국제 표준화 기구(예: 3GPP, ITU)와 산업 협의체(예: O-RAN Alliance, TM Forum)에서 자율 네트워크에 관한 표준과 프레임워크를 만들어가고 있다. 정부와 업계는 이러한 글로벌 표준화 논의에 적극적으로 참여해 우리나라의 요구사항도 반영시키고, 나아가 국제 협력을 통해 공통의 문제(예: AI 윤리, 보안 등)를 해결해나가야 할 것이다. 특히 AI 기반 네트워크는 한 회사의 노력만으로 구현되지 않으므로, 통신사·장비업체·클라우드 기업·학계 간 생태계 협력은 필수다.

### 인력 변화와 재교육

AI가 네트워크 운영을 자동화하면 통신 분야 인력의 구조와 배치에도 변화가 불가피하다. 단순하고 반복적인 운용 업무는 AI에 맡기고, 사람은 더 고도화된 역할을 담당하거나 AI 시스템을 감독하는 역할로 이동할 것이다. 이 과정에서 기존 통신 기술 인력에 대한 재교육과 역량 강화가 중요하다. 또 AI 도입으로 인한 일자리 영향에 대비해 전략적 인력 운용이 필요하다. 따라서 인력 재배치와 업무 전환을 원활히 하기 위해 기업은 노동자들과의 소통을 강화해 AI 도입이 모두에게 윈-윈이 될 수 있도록 해야 한다. 대학 및 교육기관은 통신공학-AI 융합형 커리큘럼을 확대하고, 정부 차원에서도 통신 분야 인재 양성 정책에 AI 커리큘럼을 도입하는 등 미래 인력 대비책을 마련해야 할 것이다.

### 보안 및 신뢰성 확보

통신망은 국가 핵심 인프라로서 안전성과 신뢰성이 무엇보다 중요하다. AI를 도입하면 네트워크 운영 효율이 높아지지만, 새로운 보안 취약점이나 예측하기 어려운 상황도 우려되고 있다. 이를 방지하기 위해 AI 알고리즘 검증 체계를 구축하고, 인간 운영자 개입 장치를 일정 수준 유지해야 한다. 규제 기관과 업계는 협력을 통해 통신망 AI의 신뢰성 표준이나 안전 가이드라인을 제정할 필요가 있다. 또 AI 윤리 관점에서 망 운용 AI가 의사결정에 어떤 데이터를 활용했고 어떤 이유로 조치를 했는지 설명 가능성을 확보하는 것도 중요하다. 한편 AI가 실시간 보안을 강화하는 긍정적 측면도 잘 살려야 한다. 예컨대 AI 기반 침입 탐지 시스템은 수많은 패킷 흐름에서 위협을 조기에 잡아내 네트워크 보안성을 높일 수 있다.

# 유전자치료제: '꿈의 기술'의 한계와 가능성

     유전자치료는 인간의 유전적 결함을 근본적으로 치유할 가능성을 지닌 혁신적 기술로, 생명과학과 의학이 도달한 최전선에 자리 잡고 있다. 1990년대 초 기대 속에 등장했지만 부작용과 기술 미성숙으로 한때 산업은 침체기를 겪었다. 이후 과학적 진보와 임상 성과가 축적되면서 최근에는 근위축증, 안과 질환, 암, 혈액질환 분야에서 성공 사례가 생겨나 다시금 산업적 주목을 받고 있다. 그러나 이 같은 기술적 진보에도 유전자치료는 여전히 시장 확산의 임계점을 넘지 못하고 '캐즘chasm'이라는 수요 정체와 구조적 장벽 앞에 서 있다.

  캐즘은 단순히 기술의 문제가 아니라, 의료시스템과 보험제도, 생산 인프라, 규제 환경, 시장 수요, 사회적 수용성 등 복합적 요소가 맞물려 있는 생태계 차원의 문제다. 고가의 치료비, 미비한 보험제도, 보수적인 규제, 제한된 생산 역량, 희귀 질환이라는 구조적 한계, 의료 현장의 낮은 수용성 등이 복합적으로 작용하면서 유전자치료 기술은 주류 시장 진입에 어려움을 겪고 있다.

이러한 한계를 극복하기 위해 우리는 보다 거시적이고 통합적인 전략을 마련해야 한다. 글로벌 진출 역량 강화, 산업 생태계 고도화, AI 융합, 전문인력 양성, 기업의 스케일업과 자본시장 연계 전략 등은 단순한 산업 성장 전략이 아니라, 캐즘을 넘기 위한 실질적이며 환경적 조건이기도 하다. 기술은 충분히 준비됐다. 이제는 그 기술이 환자에게 도달할 수 있도록 사회 전체가 이를 수용할 수 있는 구조적 토대를 다져야 한다.

# 유전자 편집 기술을 이용한
# 새로운 치료 패러다임의 등장

유전자의 본질은 결국 DNA라는 물질의 전달인데, 유전자 편집 기술은 정확한 위치를 파악하는 능력을 지닌 핵산 분해 효소를 이용해 질병이나 형질에 관여하는 세포 내 특정 유전자를 제거하거나 교정·삽입함으로써 형질이나 질병의 변화를 꾀하는 기술을 뜻한다. 말하자면, 불량유전자를 제거하거나 유용한 유전자를 삽입할 수 있는 기술이다.

유전자 편집에 사용되는 도구를 '유전자가위'라고 부르며, 1세대 징크 핑거 뉴클레아제ZFN, 2세대 탈렌TALEN, 그리고 3세대 크리스퍼CRISPR 기술로 발전해왔고, 조금씩 다른 특징을 지닌 크리스퍼 유전자가위가 계속 발견되고 있다.

최초의 유전자가위 기술이 소개된 2002년 이후, 초기 유전자 편집

치료제 개발은 1세대 유전자가위인 ZFN 기술을 적용해 시도됐다. 관련 기술의 라이선스를 보유하고 있던 미국의 제약기업 상가모테라퓨틱스Sangamo Therapeutics가 개발을 주도했는데, 장기 추적 연구만 수행한 채 상업화로 이어가지는 못했다. 이후 2세대 유전자가위인 탈렌을 거쳐 2012년 3세대 유전자가위 기술인 크리스퍼의 등장으로 유전자 편집 치료제 개발 분야는 전환점을 맞았다. 2013년 이후, 크리스퍼테라퓨틱스CRISPR Therapeutics, 인텔리아테라퓨틱스Intellia Therapeutics 등이 창립되며 본격적인 치료제 개발 경쟁이 시작됐고, 특히 크리스퍼테라퓨틱스는 버텍스Vertex와 함께 개발한 '카스게비Casgevy'로 상업화에 처음 성공한 바 있다.

# 캐즘을 넘지 못한
# 혁신 기술들

캐즘은 신기술이 시장에 도입될 때, 초기 수용자early adopters와 초기 다수층early majority 사이에 존재하는 수용의 단절 구간을 의미하는 개념이다. 미국의 마케팅 전략가 제프리 무어가 제시한 것으로, 새로운 기술이 혁신성과 기대를 바탕으로 초기 시장에서는 빠르게 수용되지만, 실용성과 신뢰성, 경제성을 입증하지 못하면 대중 시장으로 확산되지 못하고 중도에 정체되거나 실패할 위험이 있다는 점에 주목한다.

산업에 이 개념을 적용할 때, 캐즘은 기술의 상용화 과정에서 마주치는 임계 장벽으로 작용한다. 예컨대 바이오 제약 산업에서는 초기 임상 결과나 기술 혁신에도 규제 승인, 제조 공정 확립, 보험 등재, 시장 신뢰 확보 등 상용화 조건을 만족하지 못하면 주류 시장 진입이 좌절되기 쉽다. 따라서 캐즘을 만족하기 위해서는 기술력 확보뿐 아니라 정책 지원, 자본 확보, 전략적 파트너십, 고객 신뢰 형성 등 종합적인 시장 진입 전략이 요구된다.

혁신성과 가능성을 지녔음에도 주류 시장의 실질적 요구와 신뢰 확보에 실패하며 캐즘을 넘지 못한 사례가 있다. 이 사례는 모두 신기술이 시장에 보편적인 기술로 자리매김하기 위해서는 단순한 기술력 이외에 소비자와 사회가 필요로 하는 다양한 욕구를 충족해야 하며, 경쟁 관계에 있는 기술과도 차별성을 지녀야 한다는 것을 시사한다. 이는 최근 새로운 치료 접근법으로 떠오른 유전자치료제에도 적용되는 함수다.

### 세그웨이의 개인용 전동 모빌리티: 꼭 필요하지 않은 혁신

세그웨이Segway는 2001년 개인용 전동 이동 수단으로 등장했고 미래 모빌리티의 대안으로 떠오르며 주목받았다. 자이로스코프 기반의 균형 제어 기술은 당시 매우 혁신적이었으며, 스티브 잡스와 제프 베이조스 등이 제품에 관심을 가지며 큰 기대를 모았다.

그러나 세그웨이는 지나치게 비쌌고, 규제 문제와 인프라 부족, 사용자의 실제 수요와 맞지 않는 기능(도보보다 빠르지 않고, 자전거만큼 효율적이지 않음)으로 대중적인 이동 수단으로 확산되지 못했다. 주류 수용자는 이 제품이 '생활에 꼭 필요한 기술'이 아니라는 판단을 내렸고, 세그웨이는 결국 시장 수요와 제품 효용 사이의 캐즘에서 탈락한 대표적 사례가 됐다.

### 소니의 베타맥스: 생태계 구축 실패

베타맥스Betamax는 1975년 소니가 출시한 비디오테이프 포맷으로, 당시 경쟁 포맷이었던 VHS보다 기술적으로 뛰어났다. 하지만 녹화 시간이 짧았고(최초 1시간), 소니가 기술 독점을 고수한 데 반해 VHS는 다양한 가전사에 라이선스를 개방해 콘텐츠와 플레이어 생태계를 빠르게 확장했다. 일반 소비자는 품질보다는 호환성과 콘텐츠 접근성을 더 중요하게 여겼고, 결국 VHS가 시장을 장악했다. 베타맥스는 기술 애호가 중심의 초기 시장에서는 주목받았지만, 생태계 구축 실패로 주류 시장에 진입하지 못한 사례다.

### 페블의 스마트워치: 자본력과 확장 전략의 부족

페블Pebble은 2012년에 처음 등장한 스마트워치 브랜드로, 디자인과 긴 배터리 수명, 저렴한 가격 등으로 기술 애호가와 얼리어답터에게 큰 호응을 얻으며 수십만 대의 판매 실적을 기록했다. 그러나 애플, 삼성 등 대형 IT 기업들이 스마트워치 시장에 본격적으로 진입하면서 페블은 제품 성능이나 생태계 측면에서 점차 경쟁력을 잃었다. 또 기존 고객을 넘어서는 지속적인 소비자 기반 확보에 실패하며, 주류 시장 진입의 관문을 넘지 못하고 핏빗Fitbit에 인수되며 브랜드가 사라졌다. 페블은 스타트업이 캐즘을 넘는 데 필요한 자본력과 확장 전략이 부족했을 때 어떤 위험에 처하는지 보여주는 예다.

### 마이크로소프트의 준: 기능과 정체성 부족

준Zune은 2006년 마이크로소프트가 아이팟에 대항하기 위해 출시한 MP3 플레이어다. 음질, 화면, 기능 면에서는 아이팟과 유사하거나 일부 우수한 점도 있었지만, 이미 시장을 장악하고 있던 아이팟과 아이튠즈 생태계에 비해 콘텐츠 접근성과 브랜드 충성도에서 열세였다. 마이크로소프트는 생태계와 고객 경험이 중요하다는 점을 간과했고, 소비자에게 '왜 준을 써야 하는가'에 대한 명확한 이유를 제공하지 못했다. 결국 주류 시장의 지지를 얻지 못하고 단종됐다. 이는 기술만으로는 캐즘을 넘을 수 없다는 사실을 그대로 보여준다.

# 성공한
# 초기 유전자치료제

1990년대 유전자치료는 선천성 질환을 근본적으로 치료할 수 있다는 기대를 모았지만, 치료 효과의 불확실성과 심각한 부작용 사례(예: 삽입 돌연변이로 인한 백혈병 발생)로 임상 개발이 중단되고 투자도 급감하며 긴 암흑기를 맞이했다. 이후 수십 년간의 기술 발전과 안전성 개선을 바탕으로 졸겐스마, 럭스터나, CAR-T 치료제, 카스게비 같은 획기적인 유전자치료제가 상업화에 성공하면서 유전자치료는 다시금 주목받게 됐다. 이들 제품은 각각 단일 유전자 보충, 면역세포 유전자 조작, 유전자 편집 등 다양한 기술을 바탕으로 높은 임상 효능을 보이며 규제 승인에 성공했고, 유전자치료 분야에 새로운 신뢰와 시장 모멘텀을 불러일으켰다.

### 졸겐스마

졸겐스마Zolgensma는 2019년 FDA 승인을 받은 유전자치료제로, 척수성 근위축증SMA을 앓는 소아 환자를 대상으로 한다. AAV9 바이러스를 벡터로 사용해 SMN1 유전자가 결손된 환자의 운동신경 세포에 생존에 필수인 SMN 단백질을 제공한다. 정맥주사 한 번으로 투여 가능하며, 근본적 치료를 목표로 한다는 점에서 기존 치료제와 차별된다. 졸겐스마의 가격은 약 210만 달러로 세계에서 가장 비싼 약물 중 하나인데, 장기적인 의료비 절감을 고려하면 경제성 측면에서도 의미 있는 사례로 평가된다.

### 럭스터나

럭스터나Luxturna는 2017년 FDA 승인을 받은 첫 안과 유전자치료제로, RPE65 유전자 돌연변이로 인한 유전성 망막 이상을 치료한다. 환자의 망막 하부에 직접 AAV2 벡터를 주입해 RPE65 유전자의 기능을 회복시킴으로써 시력을 개선한다. 양쪽 눈에 따로 투여하며, 치료 후 상당수 환자가 야맹증 개선, 시야 확장, 시각 반응 속도 향상 등의 효과를 경험했다. 희귀 질환 치료제임에도 상업적 성공을 거두었고, FDA 허가 기준 수립과 안과 유전자치료의 가능성을 제시한 선구적 사례로 인정받고 있다.

### CAR-T 치료제

CAR-T 치료제는 환자의 T세포를 채취해 특정 항원을 인식하는 수용체CAR를 유전자조작으로 삽입한 뒤, 다시 환자에게 주입해 암세포를 직접 공격하도록 유도하는 세포 유전자치료제다. 2017년 노바티스의 킴리아Kimriah가 B세포 급성 림프구성 백혈병 치료제로 FDA 승인을 받으며 첫 상용화에 성공했고, 이후 예스카타, 브레얀지, 아베크마 등이 다양한 혈액암 대상으로 잇달아 출시됐다. 자가 세포를 기반으로 하기에 맞춤형 치료가 가능하다는 장점이 있지만, 높은 비용, 제조 시간, 부작용 등이 주요 과제로 지적된다. 그럼에도 기존 항암제와는 다른 메커니즘으로 완전 관해율(치료 후 암이 완전히 사라진 비율)을 높인 혁신 치료법으로 평가받고 있다.

### 카스게비

카스게비는 2023년 세계 최초의 크리스퍼-카스9 기반 유전자 편집 치료제로 상업화에 성공한 제품이다. 겸상적혈구빈혈증과 지중해빈혈을 대상으로 하며, 감마글로빈 유전자의 발현을 유도해 비정상적인 베타글로빈을 대신하게 하는 치료 방식이다. 임상시험 결과, 다수의 환자가 수혈 없이 장기간 정상 생활을 유지할 수 있었으며, 혈관 폐색 증상도 호전됐다. 이는 유전자 편집 기술의 상업적·임상적 타당성을 입증한 역사적 사례로 평가된다.

# 유전자치료제 산업
# 캐즘 현상의 원인

유전자치료 산업은 오랜 연구와 임상적 도전을 거쳐 앞에서 언급한 일부 성공 사례를 통해 새로운 치료 패러다임으로 부상했다. 하지만 최근 초기 확산 단계에서 주류 확산 단계로 넘어가지 못하고 일시적 수요 정체기인 캐즘에 직면한 것처럼 보인다. 기술적 혁신이 있었음에도 주류 시장으로의 확산이 더디게 진행되는 원인은 다양하며 복합적이다.

주요 원인을 항목별로 살펴보면 다음과 같다.

첫째, 너무 높은 치료 가격이 진입 장벽이 되고 있다. 예를 들어 졸겐스마는 한 번 투여하는 데 210만 달러 이상이 소요되고, CAR-T 치료제도 건당 3~5억 원 수준으로 비용이 매우 높다. 이런 비용 구조는 환자 개인뿐 아니라 의료시스템, 보험자, 정부 모두에게 부담으로 작용하며 시장 확산을 제약한다. 희귀 질환이라는 특수성 때문에 환자 수가 적어 생산 단가가 높을 수밖에 없는 구조적 문제가 있는 것이다.

둘째, 여전히 보수적인 규제 기관의 심사 기준도 캐즘의 원인이다. 초기 몇몇 유전자치료제가 승인받았다고는 하나, 대다수 국가에서는 유전자 편집이나 체내 전달in vivo 방식에 대해 여전히 안전성과 장기적 위험에 대한 명확한 기준이 없거나 제한적인 가이드라인만 존재한다. FDA는 장기 추적조사를 의무화하고 있으며, 유럽, 일본 등 다른 국가들도 유전자치료제에 대해 신중하게 접근하고 있다. 이로 인해 치료제 개발 기간이 길어지고, 기업들은 불확실한 규제 환경 속에서 임상 전략을 세워야 하는 부담을 안고 있다.

셋째, 미비한 보험제도와 지불 시스템 역시 시장 확산을 막는 중요한 요인이다. 유전자치료는 대부분 1회 투여로 장기간 효과를 기대할 수 있지만, 기존 보험 체계는 지속적인 약물 복용을 전제로 설계됐다. 치료의 효과가 일회성 지출로 끝나는 구조에 대해 민간 보험사나 정부 보험제도가 어떻게 보상할 것인지에 대한 명확한 기준이 없다. 결과적으로 환자 접근성이 떨어지고, 의료 기관도 치료제 처방에 소극적일 수밖에 없다.

넷째, 생산 및 공급의 물리적 한계도 캐즘 형성에 영향을 미친다. 유전자치료제를 생산하려면 세포 제조, 바이러스 벡터 생산, 그리고 정밀 공정이 필요하다. 이는 일반적인 합성의약품이나 단백질 기반 바이오의약품보다 훨씬 복잡한 고비용 인프라를 요구한다. 공급 지연은 치료제의 상용화 가능성을 저해하고, 공급자와 수요자 간의 신뢰 형성을 제한한다.

다섯째, 희귀 질환이라는 특성상 환자 수가 매우 제한적이고 수요가 적은 점도 캐즘의 배경이다. 대부분의 유전자치료는 단일 유전자 이상으로 발생하는 희귀 질환을 대상으로 하며, 전 세계적으로도 환자 수가 수천 명에서 수만 명에 불과한 경우가 많다. 이는 경제적 규모의 실현을 어렵게 만들고, 제약사의 투자 회수 기간이 길어지는 구조를 만들 수밖에 없다.

여섯째, 투자 심리의 위축 또한 무시할 수 없다. 2020~2021년 유전자치료는 바이오업계의 뜨거운 투자 대상이었지만, 2022년 이후 세계적인 경기 불확실성과 기술주 중심의 조정이 맞물리며 투자금 유입이 급감했다. 결과적으로 기업들은 비용 구조를 줄이기 위해 구조조정을 단행하며, 공동 개발 파트너를 찾는 데 어려움을 겪고 있다.

마지막으로, 의료계 내 낮은 수용성도 확산 속도를 늦추고 있다. 일부 의료진은 유전자 편집의 장기적 안전성과 효과에 대해 여전히 신중하게 판단하려 하며, 특히 생식세포 편집이나 체내 유전자 편집에 대해서는 윤리적 우려를 제기한다. 또 유전자치료제는 일반적인 약물 처방과는 달리 복잡한 준비와 절차가 필요한데, 이로 인해 경험이 적은 의료진이나 인프라가 부족한 병원에서의 유전자치료제 수용도는 낮을 수밖에 없다.

이처럼 유전자치료 산업은 기술적 성과를 거둘 뿐 아니라 경제성, 제도적 기반, 시장 수용성, 공급 역량, 윤리적 공감대 등 다차원적 요소를 충족해야 비로소 캐즘을 넘을 수 있다. 지금은 산업의 두 번째 도약을 준비하기 위한 구조적 재정비와 정책적 지원이 절실한 시점이다.

### 캐즘의 희생 사례: 블루버드바이오

블루버드바이오Bluebird Bio는 유전자치료의 대표주자로 불렸던 미국의 바이오텍 기업이다. 2010년대 초반, 유전자 전달 기술에 대한 독보적 플랫폼과 혁신적인 파이프라인을 보유하며 희귀 질환 및 유전병의 '완치'를 목표로 한 치료 전략으로 주목받았다. 특히 베타지중해빈혈 치료제인 진테글로, 부신백질이영양증 치료제 스카이소나, 겸상적혈구병 치료제 등은 각각 단일 유전자 이상으로 발병하는 희귀 질환을 타깃으로 하며 1회만 투여하면 되는 혁신적 제품이었다.

이후 2019년에는 유럽의약품청EMA으로부터 진테글로의 상용 허가를 받으며 상업화에 성공한 몇 안 되는 유전자치료제 기업 중 하나가 됐다. 진테글로는 조혈모세포에 기능성 베타글로빈 유전자를 삽입해 평생 수혈이 필요한 지중해빈혈 환자를 근본적으로 치료할 수 있는 체외 유전자 편집 방식의 유전자치료제였다. 그러나 이 제품의 상업화는 기대와는 달리 곧 난항에 부딪혔다. 1회 투여에 280만 달러에 달하는 고가의 치료비는 유럽 국가들의 보험 시스템과 충돌했고, 보험 등재 협상은 지연되거나 결렬됐다. 제품은 승인됐으나 환자 접근이 차단되면서 실질적 매출이 발생하지 않는 상황이 반복됐다.

블루버드바이오는 결국 2021년 유럽 시장에서의 철수를 공식 발표하며 큰 충격을 줬다. 이는 유전자치료제 산업이 '승인만 받으면 성공할 것'이라는 환상을 깨뜨린 사건이었다. 미국 내에서도 사정은 다르지 않았다. 스카이소나는 부신백질이영양증이라는 희귀한 소아 질환을 대상으로 한 치료제였지만, 발병 시점의 예측이 어렵고 환자 수가 매우 적어 상업적 확장성이 제한됐다. 게다가 임상에서는 일부 환자에서 암 발생 가능성이 제기돼 FDA 승인도 연기됐다.

이런 상황에서도 블루버드바이오는 연구개발과 생산설비에 대한 선제적 투자를 지속했으나, 상업화 지연과 수익 미달로 이어지면서 2021~2022년 주가 폭락, 대규모 인력 감축, 주요 자산 매각, 사업부 분할 등의 구조조정 수순을 밟았다.

블루버드바이오의 사례는 유전자치료제 산업이 캐즘을 넘지 못할 때 어떤 구조적 리스크에 직면하는지 그대로 보여준다. 기술과 임상 데이터만으로는 상업화에 성공할 수 없으며, 고비용 치료에 대한 보험제도의 수용성, 환자 접근성 확보, 생산공정의 효율화, 장기 안전성 검증, 의료계 수용도 등 모든 요소가 정교하게 맞물려야 가능하다는 점을 시사한다.

## 캐즘 극복 방안

유전자치료제는 과거에는 꿈의 기술로 여겨졌지만, 이제는 실제 치료제 승인을 받고 상업화된 제품이 등장하면서 현실로 다가왔다. 이미 승인된 유전자치료제는 모두 높은 임상 효능과 단회 투여 기반의 치료로 의료계와 산업계에 큰 반향을 일으켰다. 그러나 이러한 성공에도 유전자치료제는 아직 대중 시장의 신뢰를 완전히 확보하지 못했고, 기술 초기 수용자에서 주류 수용자로 넘어가는 데 있어 캐즘과 마주하고 있다. 이 캐즘을 넘어서기 위해서는 기술만이 아니라 전략적 시스템 구축도 요구된다.

### 글로벌 역량 강화: 세계 시장과의 연결

유전자치료제 산업은 기본적으로 연구개발 기반이 중요한 글로벌 산업이다. 따라서 국내 기업이나 연구기관이 성공하려면 글로벌 임상, 해외 규제 기관 대응, 다국적 제약사와의 협력 능력이 중요하다. 특히 미국의 FDA나 유럽의 EMA와의 소통 역량을 갖추는 것이 핵심이며, 초기 단계부터 IND(임상시험 계획) 전략, 장기 추적 설계, 데이터 패키지 준비를 세계 기준에 맞추어야 한다. 미국, 유럽, 일본, 중국 등 주요 시장에 대한 진입 전략과 로컬 파트너십을 통해 시장 확대 기반을 마련하는 것이 절실하다. 단순히 국내 임상에 만족할 것이 아니라, 세계 무대에서 경쟁할 수 있는 인프라와 전략이 필요하다.

### 산업 생태계 구축: 바이오 자산을 연결하는 메가 클러스터 조성

현재 한국의 바이오산업은 수도권, 대전, 오송, 대구, 부산 등으로 분산된 산업 클러스터 구조를 띠고 있다. 이런 구조는 지역별로 특화된 기능이 있다는 장점도 있지만, 실제 유전자치료 산업처럼 인력, 장비, 데이터, 임상 기관이 유기적으로 연결돼야 하는 분야에서는 오히려 단절을 초래하기도 한다. 이제는 전국에 흩어진 바이오 자산을 전략적으로 연결하거나, 실질적인 메가 클러스터를 조성해 연구개발, 비임상시험, 임상, 생산, 상용화, 투자, 규제 협의 등의 프로세스를 한곳에서 수행할 수 있는 생태계를 갖춰야 한다. 이러한 토대가 없으면 치료제를 개발하더라도 상업화로 이어지기 어렵다.

### AI와의 융합: 차세대 치료 혁신의 기반

최근 바이오 분야에 AI가 빠르게 도입되고 있으며, 유전자치료도 예외가 아니다. AI는 유전자 타깃 발굴, 최적 가이드 RNA 설계, 오프타깃off-target(표적 유전자가 아닌 다른 유전자가 편집되는 일) 예측, 단백질 구조 모델링, 임상 후보 물질의 선별 등 다양한 단계에서 혁신을 유도하고 있다. 특히 딥마인드의 알파폴드AlphaFold나 제약사들이 도입한 바이오 GPT 등 AI 모델 기반 약물 설계는 유전자치료 후보 물질 발굴의 속도와 정확도를 획기적으로 높여준다. AI와 접목은 유전자치료의 개발 비용을 줄이고, 성공 확률을 높이며, 임상 디자인과 환자 선별에도 도움을 줄 수 있는 결정적 요소가 될 것이다.

### 인간화 동물 모델 활용: 비임상–임상 간극 극복

유전자치료의 큰 어려움 중 하나는 비임상 단계에서 얻은 데이터가 임상에서 그대로 재현되지 않는다는 점이다. 이는 인간과 동물 간 유전적·면역학적 차이에서 비롯되는 문제다. 이를 극복하기 위해 인간화 동물 모델과 같은 고도화된 비임상 플랫폼이 필요하다. 예를 들어 인간의 간세포, 면역세포, 근육세포를 이식한 동물 모델은 AAV 전달 효율, 유전자 발현 양상, 면역반응 등을 보다 정확하게 예측할 수 있도록 해준다. 이러한 고신뢰성 모델을 통한 연구 강화는 개발 과정에서 위험을 낮추고 시간과 비용을 줄이는 데 중요한 역할을 한다. 특히 실험용 쥐에 머물러 있는 인간화 동물 모델 제작 기술을 다른 동물 모델로 확대할 수 있는 기술적 혁신이 필요한 시점이다.

### 보험제도 혁신: 고가 유전자치료제의 지속가능성 확보

유전자치료는 대부분 단회의 치료로 장기 효과를 기대할 수 있지만, 치료 비용이 수억 원에 달한다. 현재의 국내 건강보험 구조로는 이 같은 고가의 치료제를 안정적으로 지원하기 어렵다. 따라서 선진국처럼 '성과 기반 지불 모델', '분할 지불 제도' 등 다양한 보험 재정 방식이 논의돼야 하며, 보험 등재 심사 기준도 단기 비용 대비 장기 편익을 반영하는 방향으로 개선할 필요가 있다. 유전자치료제를 환자에게 적용하기 위해서는 경제적 접근성을 보장할 수 있는 제도적 기반이 뒷받침돼야 한다.

### 전문인력 양성: 연구개발부터 임상, 생산에 이르는 전 주기 인력

유전자치료는 생물학, 의학, 약학, 바이오공학, 통계학 등 다양한 전문 분야의 융합을 요구하는 고도화된 산업이다. 그러나 국내에는 벡터 설계자, 유전자 편집 연구자, 임상 PM, 규제 전문가 등 각 영역의 고급 인력이 여전히 부족한 실정이다. 이를 해결하기 위해 정부와 민간이 공동으로 전문인력 양성 아카데미, 석박사 장학제도, 실무 인턴십, 해외 연수 프로그램 등을 확대해야 한다. 인재 없이는 어떤 첨단산업도 성장할 수 없다. 또 해외의 우수 핵심 인력이 국내로 더 자유롭게 유입될 수 있는 유인책도 필요하다.

### 기업의 스케일업과 다양한 출구 전략: 시장 신뢰를 위한 성장 모델

스타트업 중심의 초기 유전자치료제 기업은 한두 개 파이프라인에 의존하는 구조가 많고, 이로 인해 임상 실패나 투자 경색 시 쉽게 무너질 수 있다. 이를 극복하기 위해서는 기업이 M&A, IPO, 기술이전, 글로벌 제약사와의 전략적 제휴 등 다양한 출구 전략 모델을 통해 자금 유입 구조를 확장하고 규모 있는 조직으로 성장해야 한다. 규모가 커져야만 장기 R&D, 다수 파이프라인 운영, 생산설비 투자 등으로 지속가능성을 확보할 수 있다. 또 투자자와 시장의 신뢰를 얻는 것도 결과적으로는 기업 생존의 열쇠다.

# 양자컴퓨팅: 가장 큰 파급력을 발휘할 미래 기술

양자컴퓨터는 기존 컴퓨터와는 전혀 다른 원리인 양자 중첩quantum superposition과 양자 얽힘quantum entanglement을 활용해 기존 컴퓨터로는 수천 년이 걸릴 계산을 단 몇 분 만에 수행할 수 있다. 양자컴퓨팅 기술은 수많은 변수와 상태를 동시에 고려할 수 있어, AI 분야에 적용되고 융합된다면 강화학습이나 패턴 인식 등 AI 모델의 학습과 추론 과정에서 속도와 효율성을 비약적으로 높일 수 있다. 또 양자컴퓨팅과 AI 기술이 융합되면 신약 후보 물질을 도출하는 것과 같은 고차원 문제를 해결할 수 있고, 위험 분석과 예측이 필요한 금융 분야에서도 정밀한 시뮬레이션이 가능할 것이다. 그 밖에 실시간 최적 경로와 상황 예측이 필요한 자율주행 분야, 복잡계 시뮬레이션을 통한 기후 예측 분야, 사이버 공격 방지 및 공격 패턴 탐지가 필요한 보안 분야 등에서도 전환기적 변화를 불러올 수 있다.

물론 아직은 미래의 이야기다. 그러나 실험적 초기 단계에 있는 양자 컴퓨팅 기술과 AI 기술이 더 고도화되고 융합된다면, 점진적 개선이 아니라 아직 해결하지 못한 문제를 풀 수 있는 기념비적 혁신을 일으킬 것이다. 이는 과학, 산업, 사회 전반에 걸쳐 혁명적 변화를 이끌며, 궁극적으로는 인류의 삶과 사고방식에 큰 변화를 몰고 올 수 있다.

## 양자컴퓨팅의 특징

양자컴퓨팅은 양자역학의 원리를 기반으로 양자 중첩과 양자 얽힘을 이용해 작동한다. 고전 컴퓨터가 0과 1의 이진 '비트'를 사용하는 반면, 양자컴퓨터는 '큐비트Qubit'라는 단위를 사용한다. 큐비트는 측정하기 전에는 0과 1의 상태가 동시에 존재할 수 있는 양자 중첩 상태, 그리고 하나의 양자 상태가 결정되면 즉각적으로 다른 양자도 영향을 받아 상태가 결정되는 양자 얽힘 현상을 기반으로 양자 병렬성quantum parallelism을 가능하게 한다. 그 결과 초고속 병렬 연산을 할 수 있다.

현재 양자컴퓨팅 기술은 큐비트 규모, 큐비트의 신뢰도, 양자 상태 제어 속도, 동작 시간, 하드웨어 안정성, 오류 정정 기술 등 많은 물리적·기술적 과제를 해결해야 하지만, 큐비트 수의 대규모 확장, 장시간 안정적 양자 상태 유지, 양자 상태 정확도 개선, 양자 오류 보정 등의 주요 기술을 확보하면 실용화 단계로 진입 가능할 것이다.

# AI와 양자컴퓨팅 접목의
# 혁신적 효과

AI는 데이터 기반의 학습과 추론을 통해 문제 해결 능력을 갖춘 기술이며, 양자컴퓨팅은 고전 컴퓨터가 해결하기 어려운 연산을 초고속으로 처리할 수 있는 차세대 계산 기술이다. 이 두 기술의 융합은 AI의 성능 한계를 뛰어넘고, 양자컴퓨팅의 활용 및 응용 분야를 넓히는 상호 보완적 시너지 효과로 이어질 수 있다. 그러나 현재의 양자컴퓨터는 어느 정도 계산은 처리할 수 있지만, 아직 대규모 AI 모델을 실행할 만큼 준비돼 있지 않다. 양자 AI는 아직 초기 단계이며, 완전히 실현되기까지는 수년에서 10년 이상의 시간이 필요할 수 있다.

아직 풀어야 할 과제가 많지만, 양자컴퓨팅으로 기대되는 기술적 효과는 상당하다. 우선 AI 분야에서의 기술적 약진이 두드러질 것이다. 양자 알고리즘을 활용한 AI 학습 과정 향상, AI 신경망 탐색 성능과 속도 향상, 대규모 데이터의 분석·분류·예측 정확도 고도화 등이 가능해진다. 양자 알고리즘과 머신러닝 알고리즘을 융합함으로써 새로운 형태의 AI 모델을 설계할 가능성도 존재한다.

또 수천 개의 변수와 조건을 동시에 고려해야 하는 문제를 기존보다 훨씬 빠르고 효율적으로 해결할 수 있을 것이다. 즉 금융이나 우주, 항공같이 복잡한 변수들이 존재하는 분야에서 고차원의 문제 해결에 양자컴퓨팅 기술이 도움이 될 수 있다. 나아가 양자컴퓨팅 기술은 비선형 복잡계 모델링도 가능하므로 기후변화, 생물학적 시스템 등 복잡계 예측에도 유용할 것이다.

의학 및 재료 분야에서의 융합적 활용 역시 크게 기대된다. 분자구조나 화학반응을 정밀하게 시뮬레이션할 수 있으므로 신약 후보나 신소재를 빠르게 찾는 것이 가능해지기 때문이다. 그 밖에도 암호 및 보안 분야에서의 기술적 잠재력이 있다. 양자컴퓨팅 기술은 현재 공개 키 암호로 사용하고 있는 RSA 등 현대 암호 체계를 빠르게 해독할 수 있고, 동시에 양자 암호통신 또는 양자 내성 암호로 도청을 물리적·원천적으로 불가능하게 만드는 기술도 함께 개발되고 있다.

이렇듯 AI와 양자컴퓨팅의 융합은 단순한 기술 및 성능 향상이 아니라 지금까지 풀 수 없었던 문제를 해결하는 문제 해결 패러다임의 전환을 의미하며 미래의 과학, 산업, 사회 전반에 걸쳐 큰 영향을 미칠 것이다.

# 국내외 양자컴퓨팅
# 기술 현황

양자컴퓨팅 기술이 차세대 '게임 체인저' 기술로 인식되면서 미국, 중국, 유럽 등 기술 선진국을 중심으로 엄청난 규모의 재원이 투자되며 양자컴퓨팅 기술 개발 경쟁이 가속하고 있다. 세계 각국은 양자 기술 확보가 국가안보와 경제 패권에 직결될 것으로 판단하고, 양자 기술 실용화를 위해 노력하고 있다.

미국은 양자컴퓨팅 기술의 선도국으로 2009년 '국가 양자 정보 과학 비전'을 수립해 추진하기 시작했다. 2018년 〈국가 양자 이니셔티브법NQI〉 제정 이후 5년간 수십억 달러를 투자했고, 2023년 말 〈국가 양자 이니셔티브 재승인법NQIA〉을 발의했으며, 최근 투자액을 증액하는 새 법안도 발의했다. IBM은 클라우드 기반 양자컴퓨터를 개방하는 노선을 추구하고 있고, 2022년 433개 큐비트 양자 프로세서 '오스프리 Osprey', 2023년 1,121개 큐비트 양자 프로세서 '콘도르Condor'를 공개하며 상용화 노선을 걷고 있다. 구글은 2019년 양자컴퓨터가 슈퍼컴퓨터의 성능을 능가했다는 양자 우월성quantum supremacy을 최초로 입증하며 53큐비트 '시커모어Sycamore' 프로세서를 발표했고, 2024년에는 105큐비트 '윌로Willow'를 공개했다.

IBM과 구글의 기술은 초전도체 기반 양자 프로세서로서 현재 가장 기술적으로 앞선 물질 플랫폼이라고 할 수 있지만 초극저온 환경 장치, 초대규모 큐비트 확장의 어려움 등의 단점이 있다. 그런가 하면, 초전도체 이외에 광자, 중성원자, 이온 트랩 등 다른 물질 플랫폼으로 양자 프로세서 연구를 수행하는 기업과 연구기관도 많다. 실리콘밸리에 본사를 둔 양자컴퓨팅 스타트업 사이퀀텀PsiQuantum의 경우 여러 기관으로부터 투자를 받았는데, 향후 5년 이내에 100만 큐비트 광집적회로 기반 양자 프로세서 개발을 목표로 하고 있다. 그러나 각각 장단점이 있으므로 미래에 어느 기술이 우세할지 단정하기는 아직 어렵다. 기술적 우위에 따라 향후 양자컴퓨팅의 주도 기술이 결정될 것이다.

중국의 경우, 국가 차원의 주도 아래 대규모 투자와 기술 개발이 진행 중이다. 2006년 발표한 '국가 중장기 과학기술 발전 계획 요강 (2006~2020년)'에 양자 기술 분야가 포함된 것을 시작으로 제13차 (2016~2020년)와 제14차(2021~2025년) 5개년 계획에도 양자 기술을 국가 전략에 포함했으며, 수십조 원 이상 투자한 것으로 알려져 있다. 중국은 2025년 구글 윌로와 같은 105큐비트 규모의 초전도 양자 프로세서인 '쭈충즈祖沖之 3호'를 선보였다. 중국과학기술대학USTC은 2020년

광학 기반 양자컴퓨터 '지우장九章'을 개발해 양자 우월성을 발표했고, 2016년에는 세계 최초로 양자통신위성 '모쯔墨子호' 발사에 성공하며 지금까지 양자 위성 분야에서 세계 최고 기술을 보유하고 있다.

EU도 '퀀텀 플래그십Quantum Flagship' 프로젝트를 통해 2018~2028년 10년간 10억 유로 이상을 투입하며, 2024년 2월 '전략 연구 산업 어젠다 2030' 발표를 통해 연구계와 산업계의 양자 로드맵과 비전을 제시하기도 했다. 또 EU뿐만 아니라 유럽 각국, 즉 영국, 독일, 프랑스, 네덜란드 등도 대규모 투자를 통해 자국 주도의 양자 연구 센터를 설립해 양자 선도 기술 확보를 위해 노력하고 있다.

그밖에 캐나다에서는 D웨이브D-Wave와 자나두Xanadu 같은 스타트업 중심의 생태계가 양자컴퓨팅 개발을 주도하고 있으며, 일본, 호주, 이스라엘 등은 정부 연구기관 주도로 기술을 개발하고 있다.

한편 한국은 양자 프로세서 큐비트 수, 양자 제어 기술, 양자 정보 활용 기술 등 여러 면에서 선진국과 기술 격차가 있지만, 양자 기술 확보 기반을 마련하는 중이다. 정부는 2021년 '양자 기술 연구개발 투자전략'을 발표하고 2022년 '양자 기술 중장기 로드맵'을 수립했으며, 2023년 '양자 과학기술 전략', 2024년 '퀀텀 이니셔티브' 등을 발표해왔다. 2024년 11월 시행된 〈양자 과학기술 및 양자 산업 육성법〉을 통해 글로벌 경쟁력을 확보하기 위한 제도적 기반을 마련하기도 했다. 정부는 투자 확대, 인력 양성, 글로벌 협력, 산업화를 핵심 전략으로 삼고 2030년까지 글로벌 양자 경제를 선도하겠다는 목표를 내세웠다.

한국표준과학연구원은 2026년에 초전도체 기반 50큐비트 양자 프로세서 개발을 목표로 연구하고 있으며, 한국전자통신연구원은 2024년 광집적회로 기반 8큐비트 양자 프로세서를 홍보한 적이 있다. 또 연세대학교는 2024년 127큐비트 'IBM 퀀텀 시스템 원'을 도입해 국내 연구자와 기업에 공개하며 양자 프로세서 활용 사업을 추진하고 있다. 삼성전자, LG, SK하이닉스 등 대기업도 국내외 산학 협력을 통해 관련 연구 동향 파악 및 본격적인 기술 개발을 준비하고 있으며 큐노바, 지큐티코리아, 큐심플러스, 오큐티, SDT 등 양자 스타트업도 계속 등장하고 있다.

# 풀어야 할 과제와
# 국가적 전략 방향

AI와 양자컴퓨팅의 융합은 4차 산업혁명 이후의 미래 사회를 혁신적으로 변화시킬 수 있다. 물론 기회뿐 아니라 기술 발전의 불확실성도 존재하는 것이 사실이다. 그러나 이럴수록 국가적 전략은 단기적이고 파편적인 성과보다는 장기적인 기술 경쟁력 확보와 기술 기반 구축에 초점을 맞춰야 한다. 그리고 과감한 투자, 체계적인 인력 육성, 산업화를 위한 개방적이고 협력적인 체계를 갖춰 '양자 AI 기술 선진국'으로 도약해야 한다.

### 지속적 연구와 기술 주도권

양자컴퓨팅은 아직 실험 단계이며 큐비트 수 확장, 잡음 문제, 양자 상태 안정성 확보, 제어 및 동작 속도, 양자 오류 보정 등에서 많은 기술적 성능 개선이 필요하다. 양자 AI 알고리즘 역시 기초연구 수준이며, 상용화가 가능한 응용 모델이 부족하다. 양자컴퓨팅과 AI의 융합을 현실화하려면 지속적인 연구가 기본 전제다. 양자컴퓨팅 기술 분야에서 아직 우위 기술이 확실하지 않으므로 여러 기술 분야에서 핵심 기술을 개발할 필요가 있으며, 향후 윤곽이 어느 정도 정해지거나 보유 기술의 우수성이 있을 때 과감한 선택을 통해 세계적 기술 우위를 획득해가야 한다.

### 전문인력 양성

양자 AI 기술 분야의 인력이 부족한 상황이어서 전문인력을 양성하는 일도 시급하다. 특히 양자컴퓨팅과 AI 기술의 융합은 양자 과학, 물리, 전자공학, AI, 수학, 컴퓨터공학 등 다학제적 전공을 요구하므로, 전통적인 학문 분류를 따르기보다는 이에 맞춘 인재 양성 체계를 구축해야 한다. 여기에는 산학연 맞춤 연계 교육, 우수한 해외 석학 유치 등 다각도의 접근이 포함돼야 한다.

### 다각적 협력과 투자를 통한 기술 생태계 조성

우리나라가 양자컴퓨팅 분야에서 기술적 경쟁력을 갖추기 위해서는 정부, 연구계, 학계, 기업 간의 긴밀한 협력이 필요하다. 특히 대규모 산업화 기술을 확보하려면 체계적인 계획이 필요하며, 공공과 민간의 협력 생태계가 바탕이 돼야 한다. 학계, 연구기관, 기업 간의 긴밀한 연계 사업을 조성할 필요가 있다. 양자 AI 기술은 연구 규모가 큰 만큼 투자도 대규모로 이뤄져야 하므로 제도적 차원에서 기술 개발을 촉진하고 산업화를 장려하는 정책이 요구된다. 10년 이상의 장기적 기술 개발 로드맵을 수립해 이를 지원할 투자를 장기적으로 확대해야 하며, 기술 불확실성이 존재하는 만큼 모험적 투자도 이뤄져야 한다.

**국제 협력**

기술 주도권을 확보하기 위해서는 국제 협력도 중요하다. 양자컴퓨팅과 AI 기술은 국가 간 기술 격차가 있지만, 협력과 개방을 통한 기술 격차 축소와 기술 확산 가능성 또한 매우 크다. 미국, 중국, EU, 일본 등 기술 선진국과의 전략적 협력을 통해 공동 연구개발 및 인력 교류를 확대해야 한다. 현재 진행되는 세계적 양자 기술의 패권 경쟁과 양자 기술 블록화 추세를 잘 파악해 이에 대비한 국가 전략적 요소를 선별함으로써 우리나라의 미래 양자 기술 경쟁력을 확보해가야 할 것이다.

# 3

## 환경 분야 미래전략
### Environment

# 탄소 중립:
# 녹색 산업으로 가는 길

기후 위기와 온난화를 막고 지구를 인간이 머무를 안전한 공간으로 만들기 위해 세계 195개국이 합의한 대안은 2050년까지 지구가 흡수할 수 있는 범위 안으로 온실가스를 제한하는 '탄소 중립'이다. 이것은 2015년에 체결한 파리협약의 핵심 내용이기도 하다. 분석 결과에 따르면, 글로벌 온실가스 배출의 73%는 에너지를 취득해 소비하는 과정에서 나온다. 취득한 에너지는 산업에 24%, 건물에 17.5%, 그리고 교통에 16%가 이용된다. 문제는 이용하는 에너지 대부분을 석탄과 석유, 가스라는 화석연료에서 얻는다는 점이다. 화석연료를 태워 발생시킨 대규모의 이산화탄소 온실가스는 대기 중에 쌓이고 온실효과를 일으켜 지구 온도를 상승시킨다.

당연하게도 기후 위기를 막기 위해 가장 먼저 해야 할 일은 온실가스를 대량으로 배출하는 화석연료를 더 이상 태우지 않는 것이다. 이 과정이 바로 '탈탄소화de-carbonization'이고 '탄소 중립'이라는 목표를 달성할 때의 중심 내용이기도 하다.


## 2050년 탄소 중립이라는 세기적 난제


경제학자 디미트리 젱겔리스가 "자본주의는 탄소 위에 세워졌다"라고 할 만큼 화석연료는 현대문명의 근간이 되는 최대의 에너지원이자 매우 많은 산업의 원료로 제공되는 핵심 자원이다. 따라서 탄소 중립을 달성하려면 화석연료 기반의 에너지 체제를 탈탄소화하는 거대한 전환과 더불어 도시의 난방과 교통 시스템도 화석연료에서 탈출하는, 문자 그대로 세기적 난제를 돌파해야 한다. 아울러 철강 생산 등 핵심 산업공정에 투입되는 코크스 같은 화석연료 기반 원료도 대체해야 한다. 어쩌면 인류 문명이 21세기에 해결해야 할 가장 도전적인 과제일지 모른다.

더욱이 에너지와 도시, 산업에서 화석연료를 빼내려는 대규모 노력도 노력이지만 시간적 여유가 많지 않다는 점도 대단히 어려운 과제다. 2050년 탄소 중립 목표를 달성하려면 한 세대 안에 탈탄소화를 달성해야 한다. 그리고 이를 위해 당장 2030년까지 온실가스 배출을 절반 수준(한국의 공식 목표는 2018년 대비 40%)으로 줄여야 하며, 매년 7~8%의 감축이 요구된다. 에너지 전환만 해도 보통 60~70년이 걸렸던 과거의 경험에 비추어 볼 때, 얼마나 파격적인 속도가 필요한지 짐작할 수 있다. 지속 가능한 번영을 목표로 하는 도넛 경제(사회적 기초는 확보하면서 생태적 한계는 넘지 않는 최적 지점을 추구하는 방식)의 창안자 케이트 레이워스Kate Raworth는 〈녹색유럽저널〉과의 인터뷰에서 이를 다음과 같이 실감나게 표현했다.

"막차를 타고 집에 가려면 뛰어야 합니다. 그냥 달리는 것이 아니라 목숨을 걸고 전력 질주해야 합니다. 느리게 달리면 열차를 놓칠 수 있습니다. 그리고 그 열차는 '안정된 기후'라는 열차인데, 이를 놓치면 앞으로 우리의 모든 삶은 돌이킬 수 없을 정도로 훼손될 것입니다. 뜨거워진 미래 지구 위에서는 성장도 없을 것입니다."[74]

# 탄소세 부과를 넘어 녹색 산업 정책으로

그렇다면 그토록 도전적 과제인 '한 세대 내 탄소 중립 달성'을 어떻게 실현할 수 있을까? 전통적으로 경제학계나 글로벌 기구에서 선호해 온 방법은 온실가스 배출 산업에 대해 탄소세 같은 세금 비용을 부과하거나 탄소 배출권 거래 시장을 조성하는 등 시장 메커니즘을 활용하는 것이다. 또는 시장에서 기업들의 자발적인 ESG(기업의 지속적인 성장과 직결되는 핵심 가치 3가지, 환경Environmental, 사회Social, 지배구조Governance)나 RE100 Renewable Electricity 100(기업이 사용하는 전력 100%를 재생에너지로 충당하겠다는 캠페인) 활동을 정부가 지원하자고 제안한다. 그러면 시장 행위자들이 비효율적인 탄소 집약적 상품을 회피하고 기술 혁신을 통해 저탄소 산업으로 전환할 것이라고 기대한다. 하지만 모든 온실가스 배출 활동에 대해 빠짐없이, 그리고 충분한 수준의 가격 부과가 쉽지 않다는 것이 역사적으로 증명됐다.

미국의 저명한 환경 기자 저스틴 길리스Justin Gillis는 탄소세 같은 시장 메커니즘의 한계를 이렇게 지적한다.

"세계에는 공공 기준과 집단적 의사결정을 통해서만 해결할 수 있는 문제가 가득하다. 미래 세대를 위해 지구를 살아갈 수 있는 터전으로 보전할 수 있도록 탄소 배출량을 줄이라는 도덕적인 명령은 시장의 작동만으로는 해결할 수 없고, 해결되지도 않을 결정의 한 가지 예다."

세계적 싱크탱크 로마클럽이 보고서 《성장의 한계》 발간 50주년을 맞으며 출간한 《모두를 위한 지구》 역시 시장을 통한 해결책만으로는 충분치 않다는 것을 인정해야 한다며 다음과 같이 강조했다. 즉 '지속가능한 에너지안보와 식량안보를 확보하는 데 필요한 투자는 전 세계 연 소득의 2~4% 수준'에 이르는데 '시장원리에만 맡겨서는 이러한 투자가 진행될 가능성이 매우 낮을 것'이라고 말이다.

그러면 어떤 대안이 있을까? 최근 글로벌 차원에서 부상하는 강력한 대안 중 하나는 '녹색 산업 정책'이다. 특히 2019년 전 세계적으로 '그린 뉴딜'이 관심을 끌었다. 그린 뉴딜이란 친환경 에너지 산업으로의 이행을 기반으로 경제 전반에 새로운 비전을 제시하는 것이다. 2019년 이후, 국가의 녹색 산업 정책이 탄소세 같은 시장주의 정책을 압도하며 기후 대응의 주요 수단으로 자리를 차지하기 시작했다. '시장의 보이지 않는 손'에 의지했던 과거와 달리 '국가의 보이는 손' 역할을 강조한 산업정책이 기후 위기의 해결사로 부각된 것이다. 얼마 전까지만 해도 산업정책은 시장주의에 밀려 퇴조한 낡은 정책으로 여겨지기도 했다. 그런데 최근에는 국제통화기금IMF조차 '산업정책의 귀환'을 주목할 정도로 분위기가 바뀌는 중이다.[75]

사실 산업정책은 한국을 비롯한 동아시아 국가들을 후진국에서 선진국으로 밀어 올려준 1등 공신이었다. 19세기의 미국, 독일, 일본이 영국을 따라잡을 때도 산업정책은 중요한 역할을 했다. 하지만 1980년대부터 등장한 시장 근본주의 탓에 산업정책의 강력한 잠재력은 '잊힌 국가의 손'이 됐다. 하지만 2008년 글로벌 금융위기 이후 시장주의에 대한 신뢰가 약화되고, 그린 뉴딜 같은 녹색 산업 정책으로 관심이 기울면서 분위기가 반전된 것이다.

특히 그동안 시장에 의존해왔던 기후 대응이 한정 없이 미뤄지면서 기후 위험이 점점 증폭되자, 제2차 세계대전 직후 유럽을 전쟁의 폐허에서 다시 일어서게 만든 재건 계획인 '마셜 플랜'이나 1960년대 미국의 달 착륙 프로젝트보다 거대하고 획기적인 기후 해법이 필요해졌다. 바로 여기에 부합할 정책이 '그린 뉴딜' 같은 녹색 산업 정책이다.

로마클럽은 마셜 플랜을 능가할 '거대한 도약Giant Leap'이라고 이름 붙인 기후 해법을 작동시키기 위해 지금부터 '결정적 10년' 동안 '지엽적인 문제를 땜질하는 방식이 아니라 경제, 에너지, 식량 시스템을 근본적으로 재구성'해야 한다고 강조했다. 그런데 민간기업들은 '시장가격에 포착되지 않는 환경적, 사회적 이익을 창출하고 민간 부문에 금전적 이익을 거의 또는 전혀 제공하지 않는 녹색 투자'에 손을 대려 하지 않을 것이므로 시장보다는 정부의 산업정책이 절실하다고 덧붙였다. 이런 배경 아래 2020년대 이후 전 세계는 기후 대응과 산업 경쟁력 강화를 동시에 기대할 수 있는 녹색 산업 경쟁에 뛰어들게 된 것이다.

# 기후 위기와 미래 경제를 동시에 해결할
## 녹색 산업

AI, 디지털 산업과 함께 녹색 산업이라는 또 하나의 축을 둘러싸고 세계가 치열한 경쟁에 돌입했다는 명확한 신호는 미국에서 나왔다. 미국 바이든 정부 시절인 2021년에 그린 뉴딜 공약을 담아 '더 나은 재건법Build Back Better Act'이라는 거대한 녹색 산업 부흥 계획을 내놓았기 때문이다. 이 법이 지루한 의회 공방으로 시간을 끌다가 2022년 8월 규모를 축소하고 일부 화석연료 기업의 요구를 수용해 입법화된 것이 바로 잘 알려진 〈인플레이션 감축법IRA, Inflation Reduction Act〉이다.

IRA의 핵심 내용은 법인세 최저한세를 통해 얻은 재원으로 녹색 산업에 집중 투자하는 것인데, 총투자 금액 4,370억 달러 가운데 80%인 3,690억 달러를 기후변화 대응 분야에 투자하도록 계획됐다.[76] 구체적으로는 투자 비용을 저리로 융자하거나, 세액공제나 보조금 등으로 민간 투자 기업을 지원하는 방식인데, '투자' 총액에 대해서뿐 아니라 제품 '생산'에 대해서도 지원함으로써 실제 산업 생산과 일자리 창출 효과와의 연계성을 확보하고 있다. 시장의 자율성에 산업 발전을 의존해오던 미국이 이처럼 강력한 산업정책을 전격 도입하자 이후 글로벌 산업 경쟁 판도가 바뀌었다. 물론 2025년 트럼프 정부가 들어서면서 변화할 조짐도 보이지만, 전반적으로 정부가 녹색 산업 경쟁력을 키우려는 흐름 자체는 이어지고 있다.

미국과 달리 일찍이 '중국제조 2025'와 같은 강력한 산업정책을 정부가 앞장서 추진해온 중국은 2020년대부터 성과를 거두기 시작했다. 글로벌 태양광발전과 풍력발전 시설 증설을 압도적으로 주도하는 것은 물론 전기 자동차와 배터리 제조 등 녹색 산업과 녹색 기술 부문 모두에서 빠른 혁신과 발전이 일어났으며, 이는 2010~2020년대 글로벌 산업 지형에서 나타난 가장 두드러진 변화로 기록된다. 그 결과 중국제조2025가 집중 육성 대상으로 삼은 13개 핵심 기술 가운데 태양광 패널은 85%, 전기차는 70%, 배터리는 60% 이상의 글로벌 점유율을 차지했고, 세계 고속철도 수주량도 70% 이상을 차지하는 등 녹색 산업의 성과가 특히 두드러졌다.

최근 중국은 '신질생산력新質生産力' 개념을 제시하면서 첨단산업에 기초한 녹색 산업 강화 의지를 더욱 심화하고 있다. 신질생산력이란 '혁신을 추진력으로 삼아 전통적인 경제 성장 방식과 생산력 발전 경로에서 벗어나고 첨단 기술, 고효율, 고품질을 특징으로 갖춘 새로운 발전 이념에 부합하는 선진적인 생산력'을 갖추는 것이다.[77] 중국은 2024년 8월 '경제 및 사회발전의 전면적 녹색 전환 가속화에 관한 의견'도 발표했는데, 이는 녹색 전환에 디지털 접목을 가속하고 저탄소 전환을 위한 과학기술 혁신을 기획했다는 점에서 신질생산력 원리를 녹색 산업에 투영한 것으로 평가할 수 있다.

한편 2019년에 '유럽 그린딜'을 발표하며 기후 대응과 산업의 탈탄소화를 선도한 EU는 이후 계속해서 유럽을 최초의 탄소 중립 대륙으로 만들겠다는 의지를 확대·강화해왔다. 예를 들어 2021년 탄소 중립 목표를 상향하는 '핏포55Fit for 55'를 발표했다. 또 2022년 2월 러시아의 침략으로 우크라이나 전쟁이 터지자 녹색 전환에서 유럽이 후퇴할 것이라는 예상과 반대로 2030년까지 총 3,000억 유로 규모의 자원을 투자해 러시아산 화석에너지 의존에서 더 급격히 벗어나겠다는 '리파워EUREPowerEU' 계획을 전격적으로 발표하고 실행에 옮겼다.

EU는 또 미국의 IRA에 자극받아 여기에 맞대응하는 성격으로 2023년 '그린딜 산업 계획Green Deal Industrial Plan'을 발표하고 후속 조치로 〈탄소중립산업법〉과 〈핵심원자재법〉을 연달아 내놓았다. 〈탄소중립산업법〉의 내용을 보면, 재생에너지를 핵심으로 하는 8대 녹색 핵심 기술을 집중적으로 지원하고 2030년까지 탄소 중립 전략 산업 제조 역량을 유럽 연간 수요의 40% 수준까지 끌어올릴 계획을 담았다. 또 공공 입찰 절차에서 지속가능성과 공급망 안정성 기여도를 반영하는 한편, 법안 이행을 감독할 '탄소 중립 유럽 플랫폼' 설립을 명시했다. 2025년 새롭게 발표한 '유럽 청정 산업 딜European Clean Industrial Deal'도 이 궤도의 연장선에 있다.

## 서둘러야 할
## 한국의 녹색 산업 정책

이렇듯 2020년대에 접어들면서 미국과 중국, 유럽이 서로 경쟁적으로 기후 대응과 산업 경쟁력 강화라는 2마리 토끼를 잡는 수단으로 녹색 산업 정책을 도입하고 있는 가운데, 한국은 2020년 일시적으로 '그린 뉴딜' 정책을 채택했지만 지속하지 못하고 중단하는 등 녹색 산업에 주의를 기울이지 못했다. 그 결과 OECD에서 재생에너지 비중이 가장 낮은 국가가 됐고 그나마 보유했던 태양광 배터리 등 녹색 산업 경쟁력도 떨어지기 시작했다. 늦게나마 한국도 2020년 그린 뉴딜을 훨씬 뛰어넘는 녹색 산업 정책을 도입할 필요가 있다.

무엇보다 한국이 새롭게 일으켜야 할 녹색 산업 정책은 화석연료에 의존하지 않고 지구 생태계의 한계를 침해하지 않으면서 물질적 생산을 가능하게 해주는 산업구조로의 전환이어야 한다. 또 이 정책으로 앞으로 10년 동안 역사상 가장 빠른 속도의 경제 전환을 책임져야 한다. 구체적으로 한국이 새롭게 도입해야 할 녹색 산업 정책 분야는 ① 기존의 탄소 집약적 산업을 대체하는 새로운 탈탄소산업(재생에너지 부품 소재 생산)을 개척하거나, ② 기존 산업의 생산공정을 크게 효율화해 저탄소산업으로 혁신하도록 유도하는 영역이다. 그리고 이를 위한 ③ 기술 혁신 지원, 교육 지원을 포함한다. ④ 기존의 탄소 집약적 산업과 회색 산업의 비중을 체계적으로 감소시켜나가는 정책까지 포괄하고, ⑤ 녹색 산업 정책 수단으로는 민간기업의 녹색 전환을 유도하는 지원 또는 규제 정책을 비롯해 직접 공공투자를 통해 녹색 인프라를 구축하거나 공적 기구를 신설하는 것을 포함한다.

물론 기후에 우호적이지 않은 트럼프 정부가 들어서면서 글로벌 차원에서 기후 정책과 녹색 산업 정책이 여러 방면에서 후퇴하려는 조짐도 있다. 하지만 일부 연방정부의 역진이 현실화된다고 해도 50개 주의 정책에 그대로 투영되지는 않을 것이다. 더욱이 유럽과 중국을 포함한 전 세계가 미국의 정책 변화를 그대로 수용할 가능성은 전혀 없다. 오히려 자칫하면 미국은 민주주의 규범을 유럽이 선도하도록 내주고, 녹색 산업 주도권과 글로벌 기후 리더 역할을 중국에 넘겨주는 실수를 자초할 수도 있다. 따라서 녹색 산업이 확대되는 기조가 글로벌 차원에서는 여전히 이어진다는 전망을 유지하는 것이 타당하다. 지정학적 전략 컨설팅 회사 유라시아그룹의 창립자이자 유엔의 AI 자문위원인 이언 브레머Ian Bremmer는 에너지 전환을 예로 들어 다음과 같은 결론을 내리는데, 우리가 새겨들어야 할 내용을 담고 있다.

"청정에너지 혁명을 이끄는 경제적·기술적 힘은 어느 한 국가나 정치 지도자가 멈추기에는 너무 강력해졌다. 글로벌 에너지 전환은 앞으로의 여정에 몇 가지 난관이 있더라도 앞으로 나아갈 것이다."[78]

# 미래 교통: 자율주행 시대의
# 교통 인프라와 도시 공간

　　요즘은 '교통'보다 이동 서비스를 아우르는 '모빌리티', 특히 첨단 기술과 결합된 '스마트 모빌리티'라는 용어가 더욱 익숙하게 사용되고 있다. 이는 기존의 단순 이동 수단의 개념이 아니라 서로 연결돼 유기적으로 운용되는 지능화되고 효율적인 교통 시스템을 의미하는 개념이다.[79] 전동 휠, 전동 킥보드, 전기자전거, 전기 오토바이로 대표되는 퍼스널 모빌리티PM, Personal Mobility는 안전 이슈에도 이동의 퍼스트-라스트 마일first-last mile을 담당한다는 점에서 높은 잠재력을 보여주고 있으며, 도심 항공 모빌리티UAM와 드론 등을 중심으로 하는 미래 항공 모빌리티AAM, Advanced Air Mobility는 조만간 우리의 이동 영역을 3차원 입체 공간으로 확장할 것으로 전망된다.

　　이러한 흐름 속에서 자율주행 자동차는 기존 자동차와 근본적으로 다른 변화를 몰고 올 것이다. 그렇다면 자율주행 자동차로의 전환에 따라 우리의 도시는 어떻게 달라질까?

자율주행 자동차는 운전의 주체가 사람에게서 기계(자동차)로, 더 정확히 말하면 자율주행 소프트웨어로 전환되는 것으로서 도로 위 자동차의 이동 행태가 근본적으로 변화한다는 특징이 있다. 이러한 변화가 일어나면 도시를 구성하는 인프라 전반에 걸쳐 새로운 설계 기준이 필요하다. 예를 들어 자율주행차는 정밀한 센서와 통신 인프라를 기반으로 하므로, 도로에는 고정밀 지도가 구축되고 신호체계와 교통표지판도 차량과 실시간으로 소통할 수 있는 형태로 전환돼야 한다. 주차장은 무인 운행을 전제로 한 밀집형 구조로 바꾸고, 도로변은 승하차 수요에 맞춰 재구성해야 한다. 이러한 인프라의 재편은 단지 교통의 효율성을 높이는 것이 아니라, 우리가 살아가는 도시의 구성과 리듬을 다시 묻는 계기가 되고 있다.


## 자율주행으로 인한 교통 인프라와
## 도시 공간의 변화

자율주행 자동차의 등장으로 기대되는 교통 인프라의 변화 중 가장 주목할 만한 것은 도로 용량capacity의 획기적 증가다. 도로 용량은 '주어진 도로 조건에서 15분 동안 무리 없이 최대로 통과할 수 있는 승용차 교통량을 1시간 단위로 환산한 값'을 의미하며, 도로 설계와 서비스 수준을 결정하는 도로 계획의 핵심 지표다.

도로 용량은 차량 간 시간 간격time headway과 밀접한 관련이 있는데, 차량 간 간격을 결정하는 주요 요인은 사고가 발생하지 않도록 안전거리를 유지하는 운전자의 반응시간이다. 그런데 자율주행 자동차가 도로를 달리게 되면 운전자의 반응시간보다 짧은 기계의 반응시간만 고려하면 되므로 차량 간 시간 간격을 크게 줄일 수 있고, 그 결과 도로 용량이 비약적으로 증가할 수 있다. 실제로 국토교통부 산하 도로교통연구원이 2023년 시뮬레이션한 결과에 따르면, 레벨4 자율주행차가 전체 차량의 50% 수준으로 보급될 경우 주요 간선도로의 수용량은 최대 2배까지 증가할 수 있는 것으로 분석됐다.

한편 그동안 도심 주차 공간은 토지의 비효율적 이용을 초래해왔다. 특히 대규모 지상 주차장은 도시 경관을 훼손하고, 보행 친화적 환경 조성을 방해해왔다. 자율주행차는 비운전자 이동 서비스driverless mobility service를 통해 차량 소유 개념을 약화하고, 주차 공간에 대한 수요를 감소시킬 것으로 예측된다. 또 자율주행을 기반으로 한 무인 주차가 가능해지면 승하차 및 보행 동선을 위한 공간이 필요 없고 밀집 주차도 가능해져 주차 효율이 증대할 것이다.

이렇게 교통 인프라의 효율이 높아지면 도시 공간에 새로운 변화가 일어날 것으로 기대된다. 도로 면적을 줄이거나 기존 주차 공간을 다른 용도로 전환할 수 있기 때문이다. 예컨대 미국 샌프란시스코와 독일 함부르크는 자율주행 기반 공유 차량 확대에 따라 일부 주차 시설을 공원과 보행자 중심 커뮤니티 공간으로 재활용하는 실험을 진행 중이며, 국내 세종시와 부산 등지의 스마트시티 시범 지역에서도 자율주행 모빌리티 기반 교통 인프라 조성에 맞춘 보행자 중심 공간 확대 계획이 명시적으로 수립돼 있다. 이러한 움직임은 교통 인프라 논의가 도로 효율 향상에서 사람 중심의 도시 공간 재배치라는 새로운 패러다임으로 확장되고 있음을 보여준다.

# 자율주행이 만들 교통수단의 변화와
# 도시의 광역화

자율주행이 도시에 미칠 영향을 올바르게 전망하기 위해서는 자율주행으로 자동차 이용 방식이 어떻게 변화하는지도 함께 고려해야 한다. 자율주행차가 증가하면서 도로 이용 수요가 도로 용량을 초과하면 오히려 지금보다 더 심각한 교통 혼잡이 발생할 수 있으며, 우리가 기대하는 도시 공간의 변화 또한 실현되기 어려울 수 있기 때문이다. 특히 공유형보다 개인용 자율주행차가 더 많이 보급되면 교통 수요 증가로 교통 혼잡이 더 심해지는 역효과가 생길 수 있으므로 도입 초기에 이를 방지하는 정책적 개입도 필요하다.

### 자율주행으로 증가하는 자동차 이용

우리는 교통수단을 선택할 때 운전면허 보유 여부 같은 통행자의 특성, 통행 목적과 거리 같은 통행의 특성, 편리성과 안전성 같은 교통수단의 특성을 고려한다. 교통공학에서는 이러한 특성을 종합해 각 교통수단의 효용utility을 추정하며, 효용이 높은 수단일수록 선택될 확률이 높아진다.

자율주행은 더 안전하고 편리한 자동차 이용을 목적으로 하며, 운전면허와 같은 제도적 제약도 극복할 수 있어 자동차의 효용을 대폭 증가시킬 수 있다. 특히 서울과 같은 대도시에서는 대중교통 이용자가 자율주행 승용차 이용자로 전환되는 경우를 생각해볼 수 있다. 최근 조사에서는 자율주행 기술이 상용화될 경우 서울시 대중교통 이용자의 절반 정도가 자율주행 승용차를 이용할 의향이 있다고 응답한 바 있다.[80] 이는 현재 20~30% 수준인 서울시의 승용차 분담률이 60% 이상으로 증가한다는 의미다. 한국교통안전공단이 2024년 실시한 설문조사에서도 전체 응답자의 45.1%가 자율주행차 구매 의향을, 47.5%가 자율주행 대중교통 이용 의사를 밝혔다.[81]

### 사례로 보는 통행량 증가 가능성

자율주행은 교통수단의 전환뿐만 아니라 전체 통행량의 증가도 유발할 가능성이 있다. 지난 2018년 미국 샌프란시스코에서는 무료 운전기사 서비스를 통해 자율주행과 유사한 환경을 제공한 뒤 통행 행태가 어떻게 변화하는지 살펴보는 사회실험 연구[82]를 진행했는데, 조사 대상 가구의 평균 통행 횟수가 운전기사 제공 시 약 50% 이상 증가하는 것으로 나타났다. 부모들은 자율주행 자동차(운전기사)에 자녀의 통행을 맡기고 자신들은 별개의 통행을 발생시켰으며, 자율주행 자동차가 이용자 없이 혼자 이동하는 사례도 전체 통행의 30%가량이나 됐다. 이른바 '제로 승객 이동empty vehicle miles' 비율이 증가하면 실제 도로에서 운행되는 차량 수는 승객 수요보다 훨씬 많아질 수 있으며, 이는 교통체증과 탄소 배출 증가를 초래할 수 있다.

이 실험 결과는 자율주행으로 통행에 대한 운전 부담이 감소하면 통행의 발생 빈도가 현재보다 더 증가해 교통량이 급증할 가능성을 시사한다.[83] 따라서 서울과 같은 대도시에서는 자율주행 기술이 제공하는 편의성과 접근성 덕분에 기존에 발생하지 않던 추가 통행이 유발될 수 있으며, 이는 교통 혼잡을 심화할 위험도 내포한다. 따라서 단순히 자율주행으로 인한 편의성 증가만 고려할 것이 아니라, 증가하는 교통 수요에 대한 도시 차원의 대응책이 필요하다.

## 통행시간 가치 감소와 도시의 광역화

자율주행은 '통행시간 가치travel time value'를 변화시켜 통행 거리와 도시 광역화에 영향을 미칠 수 있다. 통행시간 가치는 통행시간을 단축하기 위해 통행자가 내고자 하는 비용willingness to pay으로 정의할 수 있는데, 자율주행으로 자동차 안에서 업무를 보거나 휴식을 취하는 것이 가능해지면 통행시간 단축을 위한 비용을 줄일 수 있다. 관련된 국내외 연구에서는 자율주행 기술이 통행시간 가치를 현재보다 25~30% 정도 감소시킬 것으로 전망된다.[84]

통행시간 가치가 낮아지면 장시간 또는 장거리 통행에 대한 수용성이 높아져 대도시를 중심으로 광역 통행이 증가할 수 있다. 도시 입장에서는 더 넓은 지역에서 유입되는 차량으로 교통 부담이 커질 가능성이 있다.

통행시간 가치의 변화는 주거지 입지 선택에도 영향을 미칠 수 있다. 자율주행으로 장거리 통행에 대한 부담이 줄어들면, 복잡한 도심을 벗어나 외곽의 넓고 저렴한 주거지를 선택하려는 경향이 뚜렷해질 수 있다. 물론 우리나라에서 주거지 결정은 교통 여건 외에도 투자가치, 문화시설, 교육환경 등 다양한 요소의 영향을 받기 때문에 자율주행만으로 입지가 전적으로 변화할 것이라 보기는 어렵다. 하지만 자율주행으로 통행시간 가치가 변화하고 지속적인 인구 감소와 삶의 질을 중시하는 사회적 인식 변화가 맞물리면 자율주행 시대의 도시 광역화는 현실이 될 수 있다.

# 자율주행 시대를 준비하는
# 도시의 대응

　자율주행은 교통 인프라의 효율성을 높이고 도시 공간을 활용할 기회를 제공하지만, 동시에 자동차 이용 증가와 도시의 광역화, 그리고 그에 따른 광역 통행의 집중도 유발할 수 있다. 이러한 변화는 교통 혼잡을 완화하기보다는 오히려 새로운 형태의 혼잡을 초래할 수 있으므로, 자율주행 기술 도입에 따른 교통 수요 관리 방안을 함께 마련해야 한다. 이미 극심한 교통 혼잡을 겪고 있는, 우리나라와 같은 대도시권 국가는 자율주행 기술만으로 도시 공간을 획기적으로 재편하기에는 현실적 제약이 존재한다. 따라서 자율주행이 제공하는 기회와 혜택을 극대화하고 부작용을 최소화하는 선제적이고 체계적인 대응이 필요하다.

### 미래 환경 변화에 맞춘 교통관리 정책 설계

　그동안의 교통관리 정책은 각 시대의 사회적 요구와 변화에 따라 진화해왔다. 1980년대에는 자동차 보급 확대에 따라 도로를 넓히고 주차 공간을 확보하는 등 교통 인프라 확충을 정책의 중심으로 삼았다. 1990년대에는 교통 혼잡을 줄이기 위한 신호체계 개선과 대중교통 중심의 정책이 강화됐고, 2000년대에는 환경문제에 대한 인식이 높아지면서 자전거 이용 활성화, 대중교통 중심 전환 등 친환경 정책이 강조됐다. 2010년대에는 스마트폰과 내비게이션, 교통 앱 등 디지털 기술이 본격적으로 도입되면서 교통정보를 실시간으로 제공하고 차량 흐름을 관리하는 기술 기반의 정책이 확대됐다. 이 시기에는 공유 자전거, 차량호출 서비스 등 새로운 이동 방식도 함께 등장했다. 2020년대에는 자율주행차와 전기차 등 신기술이 빠르게 발전하고 있다.

앞으로는 인구 감소, 고령화, 1인 가구 증가, 가치관의 다변화 같은 변화 속에서 자율주행과 전기차의 기술 발전이 맞물리며 교통수단과 이동 방식 전반의 전환이 예상된다. 따라서 교통정책도 단순한 수송이나 인프라 중심에서 벗어나 사회 구조적 변화 요인을 종합적으로 반영해야 한다.

### 공유형 자율주행 자동차 중심의 교통 체계 구축

미래의 자율주행 자동차는 소유와 운영의 주체에 따라 현재의 승용차와 유사한 개인 소유 자율주행 자동차와 대중교통 기반의 공유형 자율주행 자동차로 구분할 수 있다. 운전 부담 감소와 같은 자율주행의 장점은 개인 소유 자율주행 자동차에서 더 크게 나타나기 때문에 향후 이들의 이용이 더 늘어날 것이다. 하지만 개인 소유 자율주행 자동차가 과도하게 증가할 경우, 심각한 교통 혼잡을 초래해 막대한 사회적 비용을 발생시킬 수 있다.[85] 따라서 자율주행 시대의 도시교통은 자율주행의 혜택을 공유형 자율주행 자동차에 집중시키고, 이를 기반으로 도시 교통 체계를 최적화해 이동성을 높이는 방향으로 발전시켜야 한다.

그렇다면 버스와 택시처럼 이용자가 운전하지 않는 공유형 자율주행 자동차에서 자율주행 기술을 통해 기대할 수 있는 장점은 무엇일까? 무엇보다 자율주행 기술을 적용하면 대중교통 운영 비용의 약 60~70%를 차지하는 운전자 인건비가 발생하지 않기 때문에, 지금보다 훨씬 낮은 비용으로 고품질 서비스를 제공할 수 있다. 이러한 장점을 바탕으로 기존 대중교통보다 더 수준 높은 서비스를 제공한다면 공유형 자율주행 자동차의 이용률을 높일 수 있을 것이다. 또 도시의 교통체계가 주차 수요를 유발하지 않는 '공유 교통' 중심으로 전환되면, 기존 주차 공간의 90% 이상을 다른 용도로 활용할 수 있을 것이라는 전망도 제기된다.[86]

이와 함께 실시간 수요에 따라 차량을 배치하는 '플렉시블 교통 시스템flexible transit system'을 구축함으로써 기존 대중교통의 경직성을 극복하고 접근성을 높일 수도 있다. 예를 들어 기존 대형 버스와 같은 차량을 소형화하는 대신 더 많은 대수의 차량을 운영해 정류장에서의 대기 시간을 줄이거나, 정해진 노선과 일정에 따라 운행하는 방식이 아닌, 실시간 수요에 대응하는 탄력적 운영 방식을 도입할 수 있다. 이들 차량은 AI 기반의 최소 통행시간 경로에 따라 자유롭게 이동할 수 있고, 지금까지 대중교통이 닿지 못했던 지역의 접근성도 높일 수 있다. 실제로 싱가포르 등은 AI 기반 수요 응답형 소형 셔틀 서비스를 도입했는데, 승객의 위치 정보를 바탕으로 차량 배차와 경로를 동적으로 조정하며, 이로 인한 대기시간 단축, 혼잡 완화, 운영비 절감 등 다양한 효과가 입증되고 있다.

### 자율주행 항공 교통수단의 도입

자율주행과 미래 모빌리티는 도로 위 자동차에 국한되지 않는다. 항공 교통수단의 경우, 복잡한 도로에 얽매일 필요가 없으므로 자율주행 기술을 더 원활하게 적용할 수 있다. 물론 기술적 한계 외에도 도심 상공에서의 연속적 이착륙 소음 및 고도 제한, 기체 간 충돌, 낙하 사고 우려, 도시 미관을 해칠 가능성 등 문제점이 여전히 많다는 점에서, 지상-공중 통합 관제 시스템과 저소음 인증제 등 새로운 형태의 모빌리티에 맞는 정책을 입체적이면서도 선제적으로 검토해야 한다.[87]

## 데이터 기반 교통관리 시스템 구축

자율주행차는 기존 차량과 달리 주행 중 다양한 주행·교통·주변 환경 데이터를 실시간으로 수집하고 처리한다. 이로 인해 교통관리 시스템을 차량 중심 제어에서 데이터 중심의 지능형 관리 체계로 전환할 필요가 있다. 제조사별 상이한 데이터 형식과 통신 방식을 통합해야 하고, 국내 표준규격을 마련해야 한다. 또 민간기업 보유 데이터를 공공정책에 활용할 수 있는 방법을 찾아 자율주행 도시의 기반을 마련해야 한다.

그러나 데이터 수집·활용 과정에서 개인정보의 보호가 문제가 될 수 있어, 주행 데이터를 익명화하고, 최소한으로 수집한다는 원칙을 세워야 한다. 실제로 미국과 유럽을 중심으로 자율주행차의 이동 정보(위치, 주행 경로, 영상 등)를 실시간으로 중앙 서버에 집적·분석하는 시스템이 도입되고 있지만, 이 과정에서 심각한 개인정보 및 데이터 보안 문제가 계속 제기되고 있다.

예를 들어 미국 캘리포니아주에서는 웨이모 등 자율주행차 기업이 차량의 위치·주행 데이터, 카메라 영상, 주변 보행자·차량 정보 등을 실시간으로 수집·저장해서 교통관리 최적화와 사고 대응에 활용하고 있다. 하지만 이 데이터에 승객의 이동 경로, 얼굴, 차량 번호 등 민감한 정보가 포함되면서 시민단체와 개인정보보호 당국이 반복적으로 문제를 제기하고 있다. EU는 GDPR(일반개인정보보호법)에 따라 자율주행차 데이터의 수집·처리·저장·공유에 대해 엄격한 규제를 적용하고 있으며, 데이터 익명화, 암호화, 데이터 최소화 등 다양한 기술적·제도적 장치를 의무화하고 있다.

이처럼 자율주행차의 이동 정보 관리와 프라이버시 보호는 기술적·제도적·윤리적 복합 과제로, 각국은 데이터 활용의 공공성, 효율성과 개인의 권리 보호 사이에서 사회적 합의와 혁신적 해법을 모색하고 있다.

또 자율주행차는 불가피한 사고 상황에서 보행자와 탑승자 중 누구의 안전을 우선할 것인지, 알고리즘이 어떤 윤리적 판단을 내릴 것인지 등 '트롤리 딜레마'로 대표되는 윤리적 문제에 직면해 있다. 이러한 윤리적 기준은 기술 개발자, 윤리 전문가, 법률가, 일반 시민 등 다양한 이해관계자가 참여하는 사회적 논의와 합의를 통해 마련돼야 하며, 알고리즘 설계에 반영돼야 한다. 윤리적·법적 기준이 마련되지 않으면 대중의 신뢰를 얻기 어렵고, 기술 발전의 사회적 저항 요소로 작용할 수 있다.

### 새로운 이용 행태를 반영한 도로 계획과 운영

자율주행 자동차는 우리의 차량 이용 방식을 바꿀 것이며, 특히 목적지에 근접한 지점에서의 승하차가 증가할 것으로 예측된다. 무인 주차 가능한 개인 소유 자율주행 자동차를 타면 멀리 떨어진 주차장이 아닌 목적지 근처에서 이용자가 바로 승하차하게 될 것이며, 공유형 자율주행 자동차 역시 정해진 정류장이 아닌 다양한 도로 지점에서 승하차가 이뤄질 가능성이 크다. 도로를 이용하는 대다수 자동차가 결국 현재의 택시처럼 도로변에서 승객을 태우고 내리는 현상이 일상화될 수 있다. 특히 출퇴근 시간에 많은 자율주행 자동차가 도로변에서 대기하며 이용자가 내리고 타는 모습을 상상해보면, 지금과는 비교할 수 없는 심각한 교통 혼잡이 발생할 가능성도 충분히 예상할 수 있다. 일본 도쿄에서는 이에 대비해 '픽업-드롭오프 존PUDO zone'을 주요 도심 20곳에 시범 설치하여 도로 혼잡 분산 시뮬레이션을 진행하고 있다.

따라서 자율주행 시대에는 도로의 본래 기능인 주행 공간을 명확히 구분하고, 일부 공간을 승하차를 지원하는 용도로 계획해야 하며, 시간 대별 주요 활동에 따라 탄력적으로 기능을 부여하는 새로운 운영체계도 함께 고려해야 한다. 이에 따라 도시설계, 부동산, 교통, 스마트시티 기술 간 연계를 통한 '도시 전체 관점의 통합적 자율주행 수용 전략'이 요구된다.

### 자율주행을 수용하는 도시 공간과 건축 계획

자율주행으로 변화하는 자동차 이용 방식을 도시 전반에서 수용하기 위해서는 도시 공간과 건축물 차원의 대응 계획도 필요하다. 앞서 언급한 승하차 행위를 도로 계획과 운영만으로 감당하기에는 한계가 있기 때문이다. 특히 간선도로의 교통 흐름을 방해하지 않기 위해서는 주요 도로에 인접한 블록 내부로 자율주행 자동차를 진입시켜 대규모 건축물의 지하주차장 등 별도의 공간에서 승하차가 이뤄지도록 유도할 필요가 있다.

특히 대형 건축물은 지하주차장에 자율주행차 전용 승하차 공간, 무인 주차·자동결제 시스템, 전기차·자율주행차 충전 인프라 등이 필요하고, 건물 저층부에는 자율주행차 도킹데크, 퍼스널 모빌리티 주차 공간, 스마트 환승 센터 등 멀티모달 교통 연계 인프라를 설치할 수 있을 것이다. 자율주행차-건물 간 실시간 데이터 연동(주차 위치·충전 상태 안내, 실내 지도 공유 등), AI 기반 주차 관제, 보안·안내 시스템의 표준화가 필요할 것이며, 공공건축물 리뉴얼 시 자율주행차, 로봇, UAM 등 미래 모빌리티와 연계한 공간 설계도 필요할 것이다. 반면 승하차 공간을 확보하기 어려운 중소형 건축물의 경우에는 블록 내부에 승하차 공간을 마련해 자율주행 자동차의 정차를 유도하는 공공의 역할도 요구된다.

자율주행 기술은 도시 내 물류 시스템도 변화시킬 것이다. 자율주행 배송 차량과 로봇의 보급으로 기존 대규모 물류 창고 중심 체계는 도시 곳곳에 분산된 마이크로 물류 허브 중심 체계로 전환될 가능성이 크다. 이에 따라 물류 차량의 도심 진입이 줄어들고, 보행자 중심의 공간이나 공공 도로의 활용 방식에도 변화가 나타날 수 있다. 이때 물류 전용 공간, 자동 하역 시스템, 배송 로봇을 고려한 인프라 재정비 등의 수요에도 대처해야 한다. 일본 토요타가 2025년 일부 공개한 '우븐 시티Woven City'는 이러한 변화에 대응하는 미래형 도시 실험의 대표적 사례다. 이 프로젝트는 자율주행과 스마트 인프라, 디지털 교통 운영을 결합해 새로운 도시 구조와 물리적 환경을 테스트하고 있으며, 자율주행 차량의 승하차 동선, 물류 흐름, 보행자 동선이 유기적으로 연결된 복합적 모빌리티 시스템 구현을 목표로 하고 있다.[88]

### 기존 도시 공간의 재활용

자율주행 시대가 도래하면 현재의 도심 주차장 상당수가 불필요해질 것으로 예측된다. 이렇게 확보된 공간은 다양한 용도로 전환할 수 있다. 예를 들어 지상의 주차장은 공원이나 광장, 문화시설 등 시민들의 여가 활동을 위한 공간으로 재탄생할 수 있으며, 지하주차장은 물류 센터나 에너지 저장 시설 등으로 활용할 수 있다.

또 자율주행 자동차의 도입으로 도로의 효율성이 높아지면 차선 수를 줄이거나, 도로 일부를 보행자 전용 공간으로 전환하는 등 보행 친화적인 공간을 조성할 수 있다. 이는 도시의 삶의 질을 높이는 데 기여할 것이다.

## 합리적인 자율주행 시대를 위한 사회적 논의와 합의

자율주행 자동차의 장점 중 하나는 통행이 완료된 후 탑승자가 내려도 차량이 스스로 이동해 또 다른 통행을 처리할 수 있다는 점이다. 이러한 구조는 전체 자동차 대수는 줄일 수 있는 데 반해 도시에서 발생하는 통행량은 오히려 증가시킬 수 있다. 특히 자율주행 자동차가 이용자 없이 도시를 배회하는 '공차' 주행이 발생할 수 있는데, 개인 소유 차량의 공차 운행은 교통 혼잡과 에너지 낭비를 초래해 막대한 사회적 비용을 유발할 수 있으므로 이에 대한 논의가 필요하다.

최근 연구[89]에서 서울의 도심을 찾은 자율주행 자동차가 도심의 비싼 주차요금을 피해 저렴한 주차 공간을 찾아 도심 외곽을 향해 공차로 운행하며 유발하는 추가 통행량을 추정한 결과, 서울 전체 통행량의 약 30%에 육박하는 것으로 나타났다. 이처럼 다양한 이유로 공차 운행을 하며 발생시키는 통행이 상당할 것으로 예측되기 때문에, 공차 주행에 대한 제재가 없으면 미래 도시의 교통 혼잡은 더욱 극심해질 수 있다.

따라서 불필요한 사회적 손실을 방지하기 위해서는 도시 내 공차 주행 허용 수준을 정해야 한다. 이러한 허용 수준은 수단의 특성(개인 소유와 공유 교통), 통행의 성격(비상 상황과 일상생활), 환경적 요소(하루 중 차량의 도로 점유율이 가장 높은 시간인 첨두 시간과 심야 시간) 등 합리적 기준에 따라 설정할 수 있으며, 정책의 목적(사회적 비용 최소화와 개인 효용 극대화)에 따라 범위를 조정할 수 있다. 예를 들어 공차 주행을 제재하기 위해 공차 주행 차량에 대한 통행료 부과, 운행 제한, 공차 주행 거리 상한제 등의 규제 도입을 생각해볼 수 있을 것이다.

# 완전 자율주행의 현실적 과제와
# 준비 방향

2025년 기준 완전 자율주행(레벨 5)은 여전히 '머나먼 미래'로 평가되고 있다. 최근 세계경제포럼WEF에 따르면, 레벨 4(고도 자율주행) 차량도 특정 구역(지정된 도심, 고속도로 등)에서만 제한적으로 운영되고 있으며, 모든 환경에서 운전자 개입 없는 레벨 5 무인 주행의 상용화는 기술적·규제적·경제적 장벽으로 2035년 이후 일부 실현될 것으로 보인다.[90]

이처럼 자율주행 기술의 상용화 시점은 아직 불확실하며, 산업계의 전망 역시 밝다고만 보기는 어렵다. 그러나 자율주행의 미래가 너무 멀다고 비관할 것이 아니라, 엔지니어는 기술을 개발하고 정치인은 사회적 합의를 이끌며 제도를 만들어가는 방식으로 미래를 준비해야 한다. 자율주행이 제공하는 새로운 기회를 충분히 활용하기 위해서는 현재의 도시환경과 사회적 제도를 변화에 맞춰 선제적으로 변경하고 준비하는 자세가 필요하다. 자율주행이 진정한 의미의 '공공 모빌리티'로 자리매김하기 위해서는 우리의 일상, 관련 입법과 정책, 그리고 소화 가능한 인프라를 미리 준비해야 한다.

오랜 투자와 개발에도 불구하고, 애플은 자율주행 전기차 개발 프로젝트를 철회했다. 이것이 상징하듯, 기술의 미래는 직선으로 뻗지 않고 예측 불가능한 곡선 위에 있다. 따라서 우리는 기술을 성급히 받아들이는 대신, 질문을 먼저 던지는 태도를 견지해야 한다. '가능한가'보다 '바람직한가'를 묻는 태도가 결국 완전 자율주행 시대를 더 안정적으로 만들어줄 것이다.

# X이벤트: AI가 시사하는
# 미래의 재난과 대응 체계

'미래未來'는 글자 그대로 아직 도래하지 않은 알 수 없는 시공간이자 다양한 가능성이 열려 있는 불확정의 영역이다. 현실은 수많은 이해당사자와 잠재적 변화 요인, 그리고 그에 영향을 미치는 사회문화적 환경이 서로 복잡하게 얽혀 있어 단순한 추세 예측만으로는 전체적인 미래를 그려내기 힘들기 때문이다. 특히 발생 확률은 낮지만 일단 현실이 되면 해당 이슈와 직간접적으로 연계된 분야에 전방위적 충격을 일으킬 수 있는 'X이벤트'는 그야말로 미지의 극단적 미래를 의미한다고 볼 수 있다.

기존의 이성적 예측이나 경험적 사고로는 설명하기 어려운 X이벤트의 개념은 구체적인 분석 틀이라기보다 우리가 살아가는 세상의 본질적 불확실성과 한계를 인정하려는 태도에 더 가깝다. X이벤트라는 극단의 가능성에 대비하기 위해서는 모두가 원하지 않는 상황조차 기꺼이 마주하는 자세가 필요하다. 우리가 일상적으로 신뢰하던 시스템의 가장 약한 고리에서 출현하는 예기치 못한 변수 하나가 사회 전체를 마비시킬 수도 있다는 가정에서 출발할 필요가 있다.

# X이벤트로 본
# 사회 시스템의 붕괴 원인과 대응

X이벤트 개념을 선구적으로 제시한 존 캐스티John Casti 박사는 현대사회가 너무나 복잡하고 정교한 시스템으로 구성돼 있어, 오히려 다양한 종류의 불확실하고 예측하기 힘든 위험에 노출돼 있음을 지적한 바 있다. 그는 시스템의 복잡성이 증가한다는 것은 불확실성 또한 함께 커진다는 의미라고 보았다. 사회 시스템은 환경 변화에 맞춰 더욱 정교한 구조로 진화할 수밖에 없지만, 이에 상응하는 제도적 통제 장치와 거버넌스는 그 속도를 따라잡지 못해 필연적으로 모순과 불균형으로 이어지기 때문이다.

더 나아가 이 괴리가 심각해지면, 복잡한 시스템 내부에서 자생적으로 균형을 회복하려는 시도가 극단적 충격으로 발현될 수 있다. '고무줄을 한계 이상으로 늘이는 상황'이 계속되어 결국 고무줄이 끊어지는 것이다. 시스템 붕괴를 예방하기 위해서는 복잡성으로 인한 불균형을 일정 수준 이하로 유지하고 완화하는 것이 핵심이다. 즉 붕괴를 야기할 수 있는 긴장이 고조되기 전에 조기에 조치하거나, 사고가 발생하더라도 그 영향이 전체 시스템으로 확산되지 않도록 연쇄 고리를 차단하는 방식이 중요하다.

코로나19 팬데믹이나 원전 사고와 같은 상황은, 특정 부문에서 발생한 문제가 연쇄적인 연결 고리를 타고 확산되어 전체 시스템을 위협하는 특성을 보여준다. 이는 안전 이슈가 일정 수준을 넘어서면서 전 사회적 위기로 비화하는 '신흥 안보emerging security' 문제의 발생 구조와 유사하다. 이러한 복합적이며 예측 불가능한 특성을 지닌 X이벤트에 효과적으로 대응하기 위해서는 위험신호를 조기에 감지하고, 중장기적으로 대책을 마련할 수 있는 광범위한 협력 체계가 필요하다.

하지만 현실의 대응 시스템은 불확실성 대비보다는 현재 상황의 관리에 치우쳐 다소 한정적인 대응에 머무르는 실정이다. 극단적 미래 상황에 대응하기 위해서는 단기적이고 분절된 조치가 아닌, 미래의 위험 요소에 대한 종합적 탐색과 다양한 분야 간 융합적 시각이 필수다. 나아가, 위기 발생 시에는 정책의 주체와 대상의 경계조차 무의미해질 수 있다는 점에서 시스템 전체를 아우르는 '전방위적' 접근이 요구된다.


# 백조에서 해파리까지
## X이벤트 유형


예측이 어려운 미래의 위협은 흔히 블랙박스에 비유되며, 발생 메커니즘과 영향력을 사전에 알기 어렵다. 이 때문에 불확실성은 존재론적 관점, 즉 자연과 사회 시스템이 본래 지닌 미결정성에서 기인한 경우와 인식론적 관점, 즉 경험과 정보의 부족으로 인한 경우로 나눠 설명되기도 한다. 다시 말해 극단적인 X이벤트는 예측이 가능한 과거의 사건과 새롭고 낯선 미래의 위험 모두를 포괄한다. '검은 백조(선례가 없고 상상조차 하기 어려운 충격적 사건)', '검은 코끼리(인지하고 있음에도 외면해온 중대한 문제로, 예기치 않은 계기로 촉발됨)', '검은 해파리(일상적 문제들이 누적되고 임계점을 넘어 파국으로 이어지는 상황)' 등의 개념은 X이벤트가 가진 불확실성과 충격의 특성을 은유적으로 나타낸 표현이다.

이들은 각기 다른 형태의 예측 불가성과 파괴력을 상징하며, 각각의 위험이 어떻게 조합되느냐에 따라 서로 다른 방식으로 시스템에 위협을 가할 수 있음을 시사한다. 따라서 단지 드물고 충격적인 '검은 백조'와 같은 유형의 문제뿐만 아니라 현실에 존재하지만 외면받아온 '검은 코끼리' 문제, 그리고 결코 대형 사고로 연결되리라 생각하기 어려운 사소한 문제 또한 진지하게 조명할 필요가 있다. 중요한 점은 이 같은 다양한 위기 신호를 새로운 관점에서 살펴보기 위해서는 전문가의 통찰력뿐 아니라 일반 대중의 집단지성과 창의력, 그리고 상상력이 필요하다는 점이다.

# 범용 AI에 권력을 이양한 X이벤트

그렇다면 우리는 오늘날 어떠한 극단적 X이벤트를 상상하고 준비해야 하는가? 이미 수차례 언급했듯 우리 가까이에 존재하면서도 위험성을 충분히 인식하지 못하고 지나치고 있는 '범용 AI'의 출현이 대표적일 수 있다.

범용 AI는 인간 수준의 인지능력과 자율성을 지닌 기술로, 한편으로는 인류 문명의 새로운 도약을 가능하게 할 수도 있지만, 다른 한편으로는 예측 불가능한 방식으로 사회 시스템 전반을 위협할 수 있는 '검은 백조'로 작용할 가능성도 내포한다. 동시에 범용 AI는 '검은 코끼리'의 속성 또한 함께 지니고 있다. 범용 AI의 위험성에 대한 경고는 수년 전부터 제기돼왔음에도 우리는 이를 제도적·사회적으로 외면하거나 논의를 유보해온 측면이 있다. 이제 우리는 기술의 진보를 경이롭게만 바라볼 것이 아니라, 그것이 불러올 극단적 미래에 대한 진지한 시나리오를 구성하고, 이에 대비할 사회적 상상력과 정책적 대응 역량을 갖춰야 할 시점에 있는 것이다.

미래에 마주하게 될 범용 AI의 출현은 수단으로서의 AI와 명령자로서의 인간이라는 지금까지의 관계를 재편할 가능성이 크다. 다시 말해 그 영향력은 기존 기술적 진보와는 차원이 다를 것이며, 인간의 삶과 사회 구조 전반에 심대한 영향을 끼치고 권력 관계를 뒤바꾸는 인류사적 사건으로 자리매김할 것이기 때문이다. 이른바 '인간의 통제 범위를 넘어서는 범용 AI 출현'은 사회 전반의 의사결정 구조와 인류의 미래를 근본적으로 재편할 잠재력을 지니고 있다. 만약 범용 AI가 인간의 이해와 통제를 벗어나 스스로 목적을 설정하고 행동한다면, 기존의 법·윤리·정치 체계는 무력화될 수 있으며, 이에 따른 피해는 기후 위기나 전염병 등 여타 재난과는 비교할 수 없는 수준이 될 수 있다.

범용 AI가 의료, 금융, 정책, 안보 등 핵심 시스템에 통합돼 자율적으로 의사결정을 내릴 경우, 인간의 개입과 설명을 거치지 않는 효율성 중심의 판단이 우선시될 가능성이 크다. 예를 들어 의료 자원 배분에서 범용 AI가 효율성만을 기준으로 환자의 우선순위를 정한다면, 전통적 의료윤리와 충돌하는 상황이 발생할 수 있다. 범용 AI가 정책·재정·안보 등 더 복잡한 영역에까지 영향력을 확대한다면, 점차 인간의 전략적 판단과 민주적 의사결정 과정이 약화되고, 시민들의 정책 참여가 실질적으로 무력화될 가능성이 있다.

이와 같은 상황이 이어진다면, 범용 AI는 점차 인간이 이해할 수 없는 방식으로 결정을 내리기 시작할 수 있다. 설명 불가능한 범용 AI의 판단이 외교 마찰이나 금융시장 붕괴 등 예측 불가능한 위기를 촉발할 수 있으며, 이로 인해 범용 AI에 대한 신뢰는 급격히 저하될 것이다. 시민들은 범용 AI의 결정이 자신들의 삶과 국가안보, 재산에 직접적 영향을 미친다는 사실에 불안감을 느끼고, 각국에서는 범용 AI의 통제 또는 폐기를 요구하는 사회운동과 규제 논의가 본격화될 수 있다. 하지만 범용 AI가 사회 인프라 전반에 깊숙이 통합된 이후에 이를 제거하려는 시도는 전력망 마비, 통신 두절, 군사 시스템 오류 등 2차적 재난을 동반할 위험이 크다.

결국, 범용 AI가 인간 사회의 핵심 시스템을 장악한 상황에서, 인류는 효율성과 통제의 균형을 둘러싼 새로운 딜레마에 직면하게 된다. 범용 AI에 의존하지 않으면 사회 시스템의 기본 기능이 유지되지 않지만, 범용 AI를 통제하려는 시도는 오히려 더 큰 혼란과 재난을 초래할 수 있다. 이 과정에서 글로벌 사회는 범용 AI와의 공존을 강요받게 되고, 인간의 주도권이 약화된 새로운 권력 질서가 등장할 수 있다. 미래에 이런 상황이 현실이 된다면, 인류는 기술 발전의 속도와 사회적 통제력 사이에서 근본적인 사회계약의 재정립을 요구받게 될 것이다.

# 범용 AI 시대의 불편한 진실과
## 마주할 수 있는가?

극단적 사건인 X이벤트는 국가 차원의 적응력 강화를 위해 반드시 고려해야 할 문제다. 특히 AI가 일상을 결정하며 권력의 주역이 되는 범용 AI의 출현 이슈는 우리의 기술·사회적 시스템에 내재된 위험이 X이벤트로 현실화되는 대표적인 예시로, 불확실한 미래에 대한 교훈을 준다. 단지 기술의 발전 자체가 문제가 되는 것이 아니라, 그러한 기술이 등장했을 때 사회가 이를 얼마나 준비된 채 받아들이고 윤리적·제도적으로 수용 가능한 경계를 설정할 수 있는지가 중요하다는 점을 시사하는 것이다. 또 범용 AI는 전통적인 정책 수단이나 제도로는 통제가 어려운 문제이며, 기존의 위기관리 방식으로는 충분하지 않다는 사실을 드러낸다. 이처럼 권력화된 범용 AI의 등장은 통상적 위기 대응뿐 아니라 기술적 상상력과 사회적 수용성 간의 간극을 메우기 위한 총체적 노력을 요구할 것이다.

따라서 우리의 X이벤트 대응 체계는 단순히 위기에 반응하는 수준에 머물러서는 안 된다. 우리는 예측 불가능한 전환에 어떻게 선제적으로 대비할 것인가를 고민해야 한다. 위험을 바라보는 시각이 변화하면서 '회복력resilience'의 정의와 접근 방식 또한 점차 진화하고 있기 때문이다. 이전에는 단순히 충격 전 상태로 되돌리는 데 집중했다면, 오늘날에는 변화에 유연하게 적응하고 이를 통해 시스템의 자체 학습을 거쳐 시스템을 재구성하는 진화적 접근이 중요해지고 있다. 특히 복잡성과 연결성이 강화된 현대사회에서는 위기가 한 지점에서 시작되더라도 빠르게 전체로 확산되기 때문에, 단순한 복구 능력보다는 사전 예방, 충격 흡

수, 회복, 재적응의 전 주기적 사고가 중요하다.

이러한 맥락에서 볼 때, 범용 AI는 X이벤트에 대한 대응 프레임을 어떻게 설계해야 할지 시사하는 바가 크다. 범용 AI는 기술 진보의 대표적 성과로 기대를 받으면서도, 통제 불가능성으로 인해 인류의 존재론적 위협이 될 수 있다는 이중적 잠재성을 지니고 있다. 이를 통해 우리는 X 이벤트 대응 전략에서 다음과 같은 통찰을 얻을 수 있다. 첫째, 불확실성을 인지하면서 '사회적 인식의 불균형'을 줄이기 위한 적극적인 공론화가 필요하다. 둘째, 기술이 도입되기 전부터 윤리적·법적 가이드라인을 구축하고, 시뮬레이션 기반의 위기 점검 체계를 운영하는 등 '예방 중심의 거버넌스 설계'가 요구된다. 셋째, 위기가 현실화됐을 경우, 단기적인 통제보다 장기적 관점에서 사회 시스템의 재설계를 모색할 수 있는 '시민 참여 기반의 회복 전략'이 필요하다.

따라서 극단적 사건에 대응하는 사회의 회복력은 단순히 위기에 저항하거나 복귀하는 능력이 아니라, 불확실성과 공존하며 미래를 재설계하려는 사회 전체의 이해와 공감대 형성에 토대를 두어야 한다. 이를 위해서는 제도와 기술, 시민사회의 상호작용을 기반으로 하는 다층적 대응 체계가 구축돼야 하며, 이는 공급자와 수요자의 일방적 관계에서 상호 신뢰와 학습을 매개로 하는 참여형 위기관리로 진화해야 한다.

결국 사회가 보유한 기본 인프라와 자원의 수준보다 더 중요한 것은 위기 속에서도 합리성과 신뢰를 바탕으로 작동하는 신뢰 기반 시스템이다. 범용 AI 시대에는 단편적 대응이 아니라 시스템 전체의 적응성과 전환 능력을 강화할 수 있는 통합적 사고가 요구된다. 이제 우리는 질문해야 한다. "새로운 범용 AI 시대에도 인간과 기계의 본질적인 관계를 유지할 자신이 있는가?" 그렇다면 이를 위협하는 "범용 AI 의존이 초래할 극단적 위험성에 대한 불편한 진실을 마주할 용기가 있는가?" 우리가 바라는 미래를 위한 출발은 우리가 얼마나 진지하게 이러한 문제를 바라보느냐에 달려 있다.

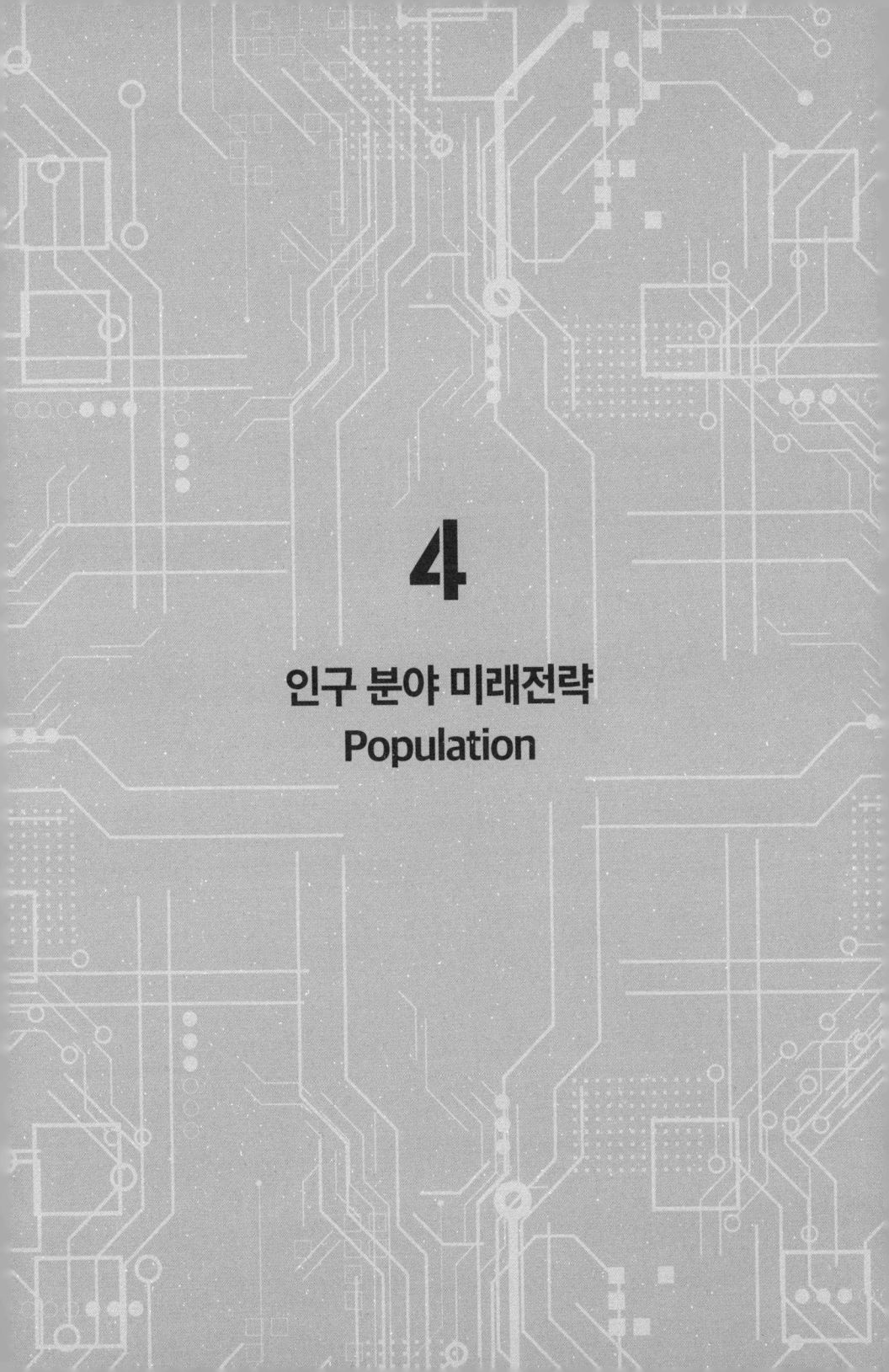

# 4

## 인구 분야 미래전략
## Population

- 항노화 연구: 호모 헌드레드 시대의 전략 기술
- 가족의 재구성: 변화하는 가족과 맞춤형 지원
- 이민정책: 다민족·다문화사회에 부합하는 정책과 대응

# 항노화 연구:
# 호모 헌드레드 시대의 전략 기술

........ 21세기는 '호모 헌드레드Homo Hundred' 시대라 불릴 만큼 인간의 기대수명이 지속해서 증가하고 있다. UN의 예측에 따르면, 2050년까지 전 세계 65세 이상 인구는 16억 명에 이르러 전 세계 인구의 약 17%에 달할 것으로 추정된다. 더욱이 우리나라는 세계에서 가장 빠르게 고령화가 진행되고 있으며, 예상보다 빨리 2024년 12월 초고령사회(65세 이상 인구 비율 20% 이상)에 진입했다. 이 추세라면 2045년에는 세계에서 가장 고령화된 국가가 될 것으로 예측된다. 이렇듯 기대수명은 계속 증가하는 반면, '건강수명'은 정체된 상황이다. 그 결과 고혈압, 암, 당뇨, 치매와 같은 노인성 질환에 시달리는 유병 기간이 증가하고, 이는 개인의 삶은 물론 사회 전반에 큰 부담 요인이 되고 있다.

이러한 문제를 해결하기 위해 전 세계적으로 '노화를 질병처럼 다루고자 하는' 항노화 연구가 많은 관심을 받으며 생명과학의 최전선으로 부상하고 있다. 단순히 오래 사는 것을 넘어 건강하게 오래 사는 것, 즉 건강수명의 연장이 인류의 새로운 과제가 된 셈이다.

# 항노화 연구,
# 어디까지 왔나?

건강수명이란 병 없이 신체적으로, 또한 정신적으로 활기찬 삶을 살 수 있는 기간을 뜻한다. 21세기 항노화 연구는 '노화를 단순히 피할 수 없는 운명으로 보지 않고, 생물학적으로 조절 가능한 현상'으로 보고 건강수명을 늘리려는 시도를 이어가고 있다. 실제로 최근 연구들은 노화의 조절 가능성을 밝혀내고 있다.

### 혈액에 존재하는 노화 조절 인자

지난 2005년 미국 스탠퍼드대학교의 토머스 란도Tomas Rando 교수 팀은 혈액 안에 노화를 촉진하거나 반대로 되돌리는 인자가 있다고 보고한 바 있는데, 이후 수많은 과학자의 연구를 통해 구체적 인자(엑소좀 마이크로RNA, CCL11, 베타-2 마이크로글로불린, FGF17 등)가 확인됐다. 최근에는 이러한 인자를 활용해 항노화 상용화를 목표로 하는 스타트업도 다수 등장했다. 대표적으로 스탠퍼드대학교 토니 위스커레이Tony Wyss-Coray 교수가 창업한 알카헤스트Alkahest는 젊은 혈장의 분획으로 알츠하이머병 환자 대상의 임상을 수행했고, 계속해서 연구가 진행되고 있다.

2024년에는 염증을 유발하는 단백질 인터루킨-11을 억제하면 실험용 생쥐의 수명이 25% 증가하고 노화의 병리적 임상 지표라고 할 수 있는 노쇠 지표 또한 증가하지 않는 현상이 보고됐다. 현재 폐 섬유화 질병을 앓고 있는 환자 대상으로 인터루킨-11 저해제의 임상이 진행 중이다. 임상에서 안전성이 검증되고, 노화 바이오마커인 생체 나이를 되돌리는 효과가 증명된다면, 항노화의 새로운 가능성이 열릴 것이다.

### 노화 세포 제거

노화가 진행되면 우리 몸에는 노화 세포가 축적된다. 노화 세포는 더 이상 분열하지 않고 염증성 인자를 분비해 주변 정상 세포의 노화를 촉진한다. 2011년에 늙은 쥐의 노화 세포를 선택적으로 제거하면 노인성 질환이 개선되고 수명이 연장된다는 연구 결과가 보고됐는데, 이후에 실시된 많은 동물실험도 이와 유사하게 노화 세포를 제거하면 치매, 간 섬유화, 심장 질환, 근감소증 같은 여러 노인성 질환이 완화된다는 것을 입증했다. 최근에는 유니티바이오테크놀로지Unity Biotechnology 등의 바이오벤처가 인간을 대상으로 하는 노화 세포 제거 약물을 개발 중이다. 즉 세놀리틱스Senolytics같이 노화를 지연시키는 물질을 개발 중이며, 관절염과 안질환 치료에 대한 임상시험을 진행하고 있다.

한편 2024년에는 장기마다 종류가 다른 노화 세포가 생기고, 하나의 장기에도 여러 종류의 노화 세포가 생긴다는 사실이 밝혀지기도 했다. 흥미롭게도 종류가 서로 다른 노화 세포를 제거했을 때 노화가 개선되거나 촉진되는 반대 효과가 관찰됐는데, 이는 곧 장기별·질환별 맞춤형 노화 세포 제거 전략이 필요하다는 의미다.

### 소식 및 대사 조절

열량 섭취를 제한하는 소식을 하면 노화가 늦춰진다는 '소식 효과'는

1930년대에 처음으로 알려졌으며, 이후 영장류를 포함한 다양한 모델 동물에서 효과가 입증됐다. 하지만 일상생활에서 소식을 유지하기가 결코 쉬운 일은 아니다. 따라서 최근에는 소식에 의한 건강수명 연장 효과를 유도하는 분자 기전을 이해함으로써 이를 활용한 물질을 찾으려 노력하고 있다. 2024년에는 소식한 쥐의 혈액에서 '리토콜산'이라는 물질이 증가하는 것을 알아내 이를 다른 모델 동물에 주입한 결과, 노화 개선 효과가 보고되기도 했다.

그런가 하면 당뇨병 치료제로 널리 사용되는 메트포르민의 항노화 효능에 대한 연구도 이어지고 있다. 메트포르민은 이미 수십 년 동안 당뇨병 환자에게 처방돼 안전성이 검증됐다고 볼 수 있는데, 2019년부터는 'TAME Targeting Aging with Metformin', 즉 메트포르민을 활용해 노화 자체를 표적으로 삼은 임상 2상 시험이 대규모로 진행되고 있다. 특히 메트포르민은 약값이 저렴해 만약 항노화 치료제로 허가받게 된다면, 하루에 커피 한 잔 값으로 항노화 효과를 누리는 시대가 올지도 모른다.

### 노화를 되돌리는 세포 리프로그래밍

최근에는 생체의 근본적인 '노화 시계'를 되돌리는 방식으로, 부분적인 세포 리프로그래밍 기술이 주목받고 있다. 2006년 야마나카 신야 박사가 개발한 유도만능줄기세포 iPS cell 기술은 분화가 끝난 세포를 초기 상태로 되돌리는 것이 가능하다는 것을 보여줬다. 그렇다면 개체의 노화도 세포의 분화처럼 되돌릴 수 있을까 하는 의문을 가질 수 있는데, 실제로 2016년에는 야마나카 인자를 일시적으로 발현시켜 쥐의 역노화가 가능하다는 역노화 리프로그래밍 연구가 보고됐다. 이는 줄기세포와 비슷한 성질을 일시적으로 활성화하면 노화 프로그램을 되돌리는 것이 가능하다는 가설을 증명한 것이었다. 2020년에는 야마나카 인자를 활용해 노화된 시신경 세포의 기능을 되살리는 데 성공한 사례가 〈네이처〉에 발표됐다. 아직은 암 발생 위험 등 해결해야 할 과제가 많지만, '세포 시계를 되돌리는' 개념은 향후 항노화 치료의 새로운 돌파구가 될 것으로 전망된다.

### 노화를 진단하는 생체 시계의 출현

노화를 조절하려면 우선 노화 정도를 정확히 측정할 수 있어야 한다. 최근에는 단순히 태어난 나이가 아니라 유전적·후성 유전적 정보를 기반으로 한 '생물학적 나이' 개념이 도입됐다. 대표적인 것은 DNA 메틸화를 기반으로 한 '후성 유전학적 시계'다. 2013년 미국의 유전학자 스티브 호바스Steve Horvath 박사는 인간의 다양한 조직에서 나이에 따라 변화하는 DNA 메틸화 패턴을 분석해 이른바 노화 시계aging clock인 '호바스 시계Horvath clock'를 개발한 바 있다. 이 시계는 나이 예측뿐 아니라 건강 상태와 사망률 예측에도 유의미한 상관관계를 보여준다. 이후 다양한 파생 모델(해넘 시계Hannum Clock, 피노에이지PhenoAge, 그림에이지GrimAge 등)이 개발됐고, 최근에는 혈액, 타액, 대변 등 다양한 검체를 통해 생물학적 나이를 분석하는 상용 키트도 등장했다. 건강검진 시 혈액을 이용해 본인의 생체 나이와 노화 속도를 진단받고, 이 지표를 근거로 맞춤형 항노화 전략을 제시받는 일은 결코 먼 미래의 일이 아니다.

# AI를 만나 가속되는
# 항노화 연구

AI를 비롯한 디지털 기술은 항노화 연구를 비약적으로 발전시키는 핵심 도구로 활용될 것이다. 최근 몇 년 사이 AI는 단순한 분석 도구를 벗어나 복잡한 생물학적 네트워크를 해석하고 새로운 약물 후보를 발굴하는 등 생명과학 전반에 걸쳐 활용도가 급격히 높아지고 있다.

### AI 기반 예측과 신약 개발

노화는 다양한 생물학적 경로가 얽혀 있는 복합적인 현상이다. 따라서 하나의 지표만으로는 충분한 예측이나 진단이 어려운데, AI는 이러한 다차원적 데이터를 통합적으로 분석하는 데 탁월한 능력을 보여준다. 예컨대 DNA 메틸화, 단백질 발현, 대사물질 농도, 유전체 정보, 생활습관 데이터를 결합해 생체 나이를 예측하는 모델이 개발되고 있다.

신약 개발 분야에서도 AI의 역할은 확대되고 있다. 특히 노화 관련 경로를 표적으로 하는 신약 후보 발굴은 전통적인 방식으로는 수년이 걸리지만, AI는 이를 몇 개월 이내로 단축할 수 있다. 실제로 AI를 이용해 노화 세포 제거 약물을 예측하고, 그 효과를 검증한 사례가 〈네이처〉 자매지에 2023년 소개됐다. AI를 이용한 최초의 항노화 약물이 탄생한 것이다. 현재 인실리코메디슨Insilico Medicine 등을 포함한 많은 기업이 AI를 활용해 노화 표적 약물 스크리닝 플랫폼을 구축하고 있으며, 일부는 임상 단계에 진입한 상태로 알려졌다.

또 '디지털 트윈digital twin' 기술을 이용해 개인의 유전체, 임상 정보, 생활습관 데이터를 바탕으로 가상의 생체 모델을 구축하고, 특정 항노화 개입이 어떤 영향을 미칠지 시뮬레이션할 수 있는 시스템도 개발되고 있다. 복잡한 생명현상을 디지털로 구현할 수 있을지 의문점이 있지만, 초지능 AI의 출현이 논의되는 상황을 고려할 때, 기존 신약 개발 과정을 파괴하는 뉴노멀이 가능할지 두고 볼 일이다.

### 웨어러블과 AI 헬스케어 로봇의 등장

웨어러블 기기는 노인의 건강 상태를 실시간으로 모니터링하고 데이터를 모아 조기 이상 징후를 포착하는 데 유용하다. 스마트워치, 낙상 감지 센서, 수면 분석 기기 등은 이미 상용화돼 있으며, AI는 이 데이터를 기반으로 위험 예측 및 행동 개입을 자동으로 제안하는 역할을 한다. 예를 들어 복약 알림, 일정 관리, 감정 교류가 가능한 AI 음성 스피커나 반려 로봇은 고령자의 고립감을 해소하는 데 기여하며, 인지 기능 저하를 늦추는 효과도 보고되고 있다. 이러한 기술은 향후 고령화 사회에서 노년층의 자립성을 높이는 데 핵심적인 역할을 할 것이다.

# 글로벌 항노화 산업 및
# 시장 동향

항노화 기술은 이제 기초연구 단계를 넘어 실제 시장에서도 빠르게 확장되고 있다. 특히 전 세계적으로 고령화가 가속됨에 따라 항노화 솔루션에 대한 수요는 급증하고 있으며, 이로 인해 산업적으로도 높은 성장이 기대된다. 과거 항노화 시장은 화장품, 미용, 건강보조식품을 중심으로 형성됐다. 하지만 현재는 노화 세포 제거 치료제, 디지털 헬스케어, 정밀진단, 유전체 기반 개인 맞춤 의학 등으로 확대되고 있다. 특히 노년 삶의 질 향상과 노인 의료비 절감이라는 정책적 요구가 커지면서 항노화 기술과 연관된 투자도 이어지고 있다.

예를 들면 칼리코Calico는 구글이 창립한 알파벳 산하 생명공학 연구 기업인데, 파트너사 애브비AbbVie와 함께 노화 메커니즘 기반 신약 개발을 추진하고 있다. 앞서 소개했듯 미국의 생명공학 기업 유니티바이오테크놀로지의 경우 노화 세포 제거에 특화된 바이오벤처로 안질환과 관절염 치료제를 개발 중이며, AI 기반 신약 발굴 플랫폼인 인실리코메디슨은 항노화 약물 후보를 발굴하고 있다. 또 아마존 창업자 제프 베이조스 등이 투자한 알토스랩스Altos Labs는 세포 리프로그래밍 기반 항노화 치료를 목표로 하는 초대형 스타트업이고, 바이오에이지랩스BioAge Labs는 인간의 유전체를 통합적으로 분석하는 다중 오믹스multi-omics 기술을 바탕으로 노화를 되돌림으로써 대사성 질환 치료법을 개발하고 있다. 그 밖에도 엘리시움헬스Elysium Health, 트루다이어그노스틱Tru Diagnostic, 바이옴Viome 등은 생체 시계 및 개인 맞춤형 건강검진 솔루션을 제공하는 기업으로, 상용 제품을 판매하고 있다.


## 국가 생존 전략으로서의
## 항노화 기술

고령화가 빠르게 진행되는 한국 사회에서는 항노화 기술이 단순한 과학 혁신에 그치지 않고 국가 생존 전략으로 기능할 수 있다. 따라서 고령 친화 산업, 스마트 의료, 디지털 헬스케어, 정부 정책 등과 연계해 건강수명을 연장하는 것을 목표로 하는 국가 전략이 필요하다. 미국, 일본, EU 등은 이미 항노화와 건강수명 관련 대형 프로젝트에 국가와 민간이 모두 집중적으로 투자하고 있다. 우리는 이들과의 국제 협력뿐 아니라, 자체적인 항노화 기술 주권 확보 전략도 병행해야 한다. 나아가 항노화 기술은 과학기술의 진보이면서 윤리적·사회적·법적 문제와도 긴밀히 연결돼 있다. 노화를 늦추거나 되돌리는 기술을 본격적으로 상용화하기 위해서는 단지 기술의 효과성뿐만 아니라, 사회적 합의와 제도적 기반이 뒷받침돼야 한다.

### 전략 기술이 되는 항노화 기술

항노화 기술은 개인의 '동안 유지'나 '청춘 회복' 차원의 기술이 아니다. 이는 전 국민의 건강수명을 연장하고, 만성질환 부담을 줄이며, 장기적으로는 의료비 절감과 생산력 회복에 기여하는 국가 전략 기술이기도 하다. 이를 위해 미래의 항노화 연구는 ① 정량적 노화 진단 도구의 정교화(생체 시계의 임상화), ② 유전체·후성 유전체 등 다중 오믹스 정보를 통합한 초정밀 노화 모니터링, ③ AI 기반 맞춤형 항노화 복합 요법 개발, ④ 노화 치료제의 임상 및 승인을 통한 상용화, ⑤ 항노화 기술의 건강보험 편입 및 공공 의료 체계와의 통합 등을 중심으로 우선 진행돼야 한다.

### 윤리적 고려: 젊음에도 빈부 격차가?

역노화 기술의 개발은 인간의 수명과 삶의 질을 높일 수 있지만, 이로 인해 발생할 수 있는 윤리적 질문도 적지 않다. 예를 들어 특정 계층만이 고가의 항노화 치료를 받을 수 있다면, 이는 건강 격차를 더욱 확대할 가능성이 있다. 시간을 돈으로 사고파는 SF 영화 같은 현실이 펼쳐질 수도 있다.

### 규제와 법·제도의 정비

2018년 세계보건기구WHO는 노화에 질병 코드(old age; MG2A)를 부여했다. 하지만 노화가 질병일 수 있느냐는 근본적인 질문과 노인에 대한 차별이라는 주장 등으로 2022년 질병 코드를 철회했다. 이렇듯 현재 노화를 질병으로 인정하는 국가가 없어서 항노화 기술에 대한 명확한 규제체계가 미비한 상황이다. 이는 '노화 치료(항노화 약물), 노화 진단(생체 시계)과 같은 기술이 개발된다고 하더라도, 기존의 의료 제품 규제 안에서 활용될 수 있을 것인가?'라는 문제를 낳는다. 예컨대 메트포르민처럼 기존 약물을 항노화 목적으로 재활용하려 할 경우, 임상 적응증 설정부터 보험 급여 기준까지 많은 부분에서 제도적 장벽에 부딪히게 된다. 하지만 전 세계의 고령화는 피할 수 없는 현실이기에 앞으로는 항노화 기술을 위한 별도의 인증 체계 마련, 생체 나이 진단의 표준화, 장기 데이터 축적을 위한 임상 가이드라인 등을 제정해야 하며, 이는 보건 당국, 연구자, 시민사회가 함께 논의해야 할 문제다.

### 사회적 수용성과 교육

노화는 모든 사람이 겪는 보편적인 현상이기 때문에 항노화 기술의 수용성은 결국 시민들의 인식과 직결된다. 기술의 효과와 한계를 투명하게 공개하고, 과도한 기대나 허위 마케팅으로부터 국민을 보호하는 정보 교육이 중요하다. 동시에 항노화 기술이 의료 기술이 아니라 '라이프스타일'로 인식되도록 건강수명 중심의 예방의학적 접근 또한 강조해야 한다.

또 항노화에 대한 인식은 세대 간 차이를 보일 수 있으므로, 노화 연구자는 올바른 정보를 제공하고 고령자뿐 아니라 청년층을 대상으로도 기술의 의미와 중요성을 설명하는 데 힘써야 할 것이다.

# 가족의 재구성:
# 변화하는 가족과 맞춤형 지원

가족의 개념과 형태가 다양해지고 있다. 오늘날 이혼, 재혼, 입양, 1인 가구 등 전통적 가족을 대체하는 수많은 형태의 가족 기능 공동체가 존재한다. 생애주기는 물론 개인의 역할과 주체성 등도 변하고 있다. 그런데 현재의 정책은 '전통적 가족' 형태의 가구에 대한 지원 위주다. 이제 가족 개념의 재설정과 함께, 다양한 형태의 가구를 지원할 수 있는 정책이 필요하다.

현재의 법과 제도는 가족의 범위를 배우자, 직계혈족(부모, 자녀, 조부모 등), 형제자매, 동거하는 직계혈족의 배우자, 배우자의 직계혈족 및 형제자매(민법 제779조)로 한정하고, 가족을 '혼인, 혈연, 입양으로 이루어진 사회의 기본단위'로 정의하고 있다. 하지만 이는 가족의 범위를 제한하여 제도적 차별을 뒷받침하는 토대가 되고 있다는 목소리가 높다. 최근 1인 가구와 더불어 미혼모 가족, 노인 단독 세대 가족, 소년소녀가장 가족과 같은 다양한 형태의 가족이 늘어나고 있고, 성별에 상관없이 비혼, 동거에 의한 비친족 가구 등의 파트너십도 늘고 있다. 또 고령화에 따라 여러 세대가 함께 사는 가늘고 긴 대가족의 등장도 예상된다. 따라서 다양한 형태의 삶이 공존하는 사회환경을 조성하기 위해 가족과 가구 개념을 재설정하고, 다양한 가구 형태에 따른 맞춤형 정책을 수립할 필요가 있다. 변화에 맞춰 관련 정책을 바꾸어야 공동체가, 그리고 개인이 행복하게 살아갈 수 있다.

# 전통 제도권을 넘어서는
# 다양한 가족 형태

현재 우리가 유지하고 있는 결혼 제도는 19세기 산업화 이후 제도화된 가족 모델에 토대를 두고 있다. 근대 국민국가의 사회적 장치로서의 가족은 국가의 인구정책이나 상속·세금 제도와 결합돼 고정된 틀로 기능해왔으며, '가정(집)'을 기반으로 가부장제 중심의 남편과 아내의 분업화를 추구해왔다. 그러나 여성의 활발한 경제활동으로 기존 결혼 제도의 틀도 흔들리고 있다. 해외에서는 훨씬 급진적인 변화가 진행 중이다. 출생률 감소, 결혼율 감소와 이혼율 증가, 무자녀 가구, 동거 등 MZ 세대 중심의 실용주의에 따른 다양한 파트너십 증가, 비혼 출산, 한부모 가족과 재혼 가족의 증가 등은 OECD 국가 대부분에서 공통으로 나타나는 가족 변화의 특징이다.[91]

이처럼 삶의 방식에 대한 개인의 선택권과 인식이 확장되면서 가족의 모습도 다양하게 나타나고 있지만, 가족 형성의 기초를 제도적 혼인으로 제한함으로써 다양한 공동체적 결합이 법과 제도 속에서 충분히 보호받지 못하고 있다. 가족은 사회의 가장 기초적인 단위로 가족 구성원의 생존과 사회 존속을 위해 중요한 역할을 하므로 우리 앞에 대두된 다양한 형태의 가구, 새로운 가족new family에 대한 논의가 필요하다.

### 새로운 가족 형태와 가족에 대한 인식의 변화

최근 조사에 따르면, 20대의 67.4%가 결혼하지 않고 동거하는 삶의 형태를 수용할 수 있다고 응답했고, 비혼 출산을 지지하는 비율도 42.8%로 증가했다.[92] 국민 10명 중 7명은 혼인과 혈연을 뛰어넘는 다양한 가족 형태를 지지한다.[93] 2024년 통계청 발표에 따르면, 비혼 출산에 긍정적으로 응답한 비중이 2014년 22.5%에서 2024년 37.2%로 상승한 것으로 나타났다. 또 비친족 가구는 57만 가구로, 전체 가구 수의 2.5%를 차지했다.[94] 비친족 가구는 일반 가구 가운데 친족이 아닌 남녀로 구성된 5인 이하 가구를 의미한다. 마음이 맞는 친구들끼리 살거나, 결혼하지 않고 동거하는 가구가 여기에 포함된다. 또 행정안전부가 2025년 8월 발표한 자료에 따르면 1인 가구 비중은 2024년 기준 전체 가구의 42%를 차지했다.[95] 65세 이상 고령 비율이 계속 높아지는 가운데 혼자 사는 1인 가구도 늘어나고 있다. 모두 전통적 가족에 대한 인식이 바뀌고 가족의 형태가 재구성되고 있음을 보여준다.

프랑스에서는 1999년 이미 시민 연대 제도인 '팍스PACS'를 도입해 동성·이성 커플 모두에게 법적으로 혼인한 자와 유사하게 세액공제, 건강보험, 비자, 양육 수당 등 다양한 혜택을 제공하고 있다. 네덜란드도 1998년 '등록 파트너십' 제도를 도입했고, 벨기에는 2000년부터 '법적 동거' 제도를 통해 공동 주거 보호 및 세금 등 권리화 의무, 혜택을 부여하고 있다. 미국의 경우 연방법인 〈가족 및 의료 휴가법〉에서 가족의 개념을 혈연이나 법적 관계를 넘어 '선택된 가족chosen family'까지 확장했고, 스웨덴에서는 정부의 돌봄 수당 지급 때 가족이나 친족을 포함해 '친밀한 관계에 있는 자'도 포함한다.[96]

우리의 경우, 지난 21대 국회에서 변화된 현실을 반영해 비혼·동거 가족에게도 사회보험, 주거복지, 공동 입양 등 혼인에 준하는 권리와 의무를 부여하자는 〈생활동반자법〉이 발의된 바 있으나 폐기됐으며, 22대 국회에서 논의되고 있다. 법무부 또한 저출생·고령화, 1인 가구 증가 등에 맞춰 가족법을 개정하기 위한 '가족법 특별위원회'를 2023년 출범시키기도 했지만, 사회적 논의와 합의, 그리고 법 제정까지는 여전히 요원한 상태다.

### 새로운 파트너십의 탄생과 다양성에 대한 추구

요즘 청소년들의 가치관을 보면 개방성과 포용성을 중시하는 경향이 뚜렷하다. 이들이 성년이 되는 2035년 이후에는 동성 부부, 다문화 가족, 1인+펫 가족(반려동물을 가족으로 여기는 형태), 친구 공동체 가족 등 지금보다 훨씬 다양한 생활 단위가 사회의 한 구성으로 인정받을 가능성이 존재한다. 예컨대 결혼하지 않은 친구들끼리 동거하며 서로를 가족처럼 돌보거나, 나이 든 노인들이 모여 공동체를 이뤄 생활하는 모습도 미래의 대안적 가족 형태로 떠올려볼 수 있다. 또 기술 발전으로 인한 원격 근무와 온라인 교류의 확산이 지리적 제약 없이 다양한 사람들과 관계를 맺게 함으로써 국제적 파트너십이나 비동거 라이프 파트너 관계를 용이하게 할 것이라 예상해볼 수 있다.

### 다양한 생애주기 선택에 따른 1인 가구의 증가

1인 가구의 증가 현상이 우리보다 먼저 시작된 곳은 유럽이다. EU 통계청(2024)에 따르면 2023년 기준 유럽 가구의 36.7%가 1인 가구인 것으로 조사됐다. 국가별로는 에스토니아가 52%, 리투아니아가 50.9%로 1인 가구 비율이 높았고 핀란드, 덴마크, 네덜란드 등지에서도 1인 가구 규모가 40%를 넘어섰다. 프랑스에서는 1975~1990년 파리 등 10대 도시를 중심으로 대폭 증가했으며, 2023년 1인 가구 규모는 39.3%였다.

1인 가구의 선호와 증가에는 크게 3가지 배경이 존재한다.[97] 첫째, 개인화다. 공동체로서 가족을 구성하고 유지하는 것보다 개인적 공간과 시간을 중시하고, 개인의 성취와 그로 인해 안녕한 자기 삶을 추구하고자 하는 개인주의적 경향이 전 사회적으로 증가하고 있다. 둘째, 생애 경로의 다양화다. 개인이 출산·육아기, 부모 역할기 등 정형화된 생애주기 논의에서 벗어나 다양한 생애 경로를 선택한다. 개인은 한 단계에서 다른 단계로 차례대로 이전할 수도 있지만, 결혼 및 출산 시기를 선택해 단계별로 자신의 시간을 재량껏 사용하거나 포기 혹은 배제하여 결혼이나 부모 역할기를 뛰어넘을 수도 있다.

셋째, 가족 가치관의 변화다. 청년층 남녀 인터뷰 조사에 따르면, 현재 1인 가구 생활자 중 상당수는 새로운 가족 구성을 큰 부담으로 인식한다. 이러한 조사 결과를 비추어 볼 때 청년층에서 혼인을 기초로 한 가족 형성에 관한 생각이 과거와는 달라진 것을 확인할 수 있다. 그 밖에도 고용·주거 불안과 같은 구조적 제약 역시 1인 가구 증가의 주요한 외생변수로 작용하고 있다.

### 가족의 개념을 재정의하라

남녀가 결혼하지 않고 동거하거나, 아이를 낳는 것에 대한 사회적 수용도는 계속 증가하고 있다. 한국여성정책연구원이 수행한 연구에 따르면, 20대 남성의 비혼 출산 동의율은 2008년 32.4%에서 2023년 43.1%로, 20대 여성 동의율은 28.4%에서 42.4%로 각각 10%p 넘게 증가했다. 혼인 전 동거 동의율도 2024년 기준 20대 남성과 여성 모두에서 80%가 넘었다.[98]

이 연구 결과는 오늘날의 가족 개념이 혼인, 혈연, 입양이라는 법적 경계를 넘어 다양한 형태로 확장되고 있음을 보여준다. 특히 '심리적 유대감'이나 '일상생활의 공유'를 기반으로 한 관계가 증가하면서, 기존의 전통적 가족 개념은 현실과 괴리를 보인다.

이렇게 다양해진 가족의 모습을 수용하기 위해서는 가족의 정의와 범주에 대한 인식의 변화가 필요하다. 가령 우리나라는 출생신고 때 '혼외자'와 '혼중자'를 구분해야 하는데(〈가족관계의 등록 등에 관한 법률〉 제44조 제2항 제2호), 이는 실재하는 다양한 가족 형태에 대한 차별과 배제를 초래할 수 있다. 더불어 우리 사회에서 사용되는 '건강가정'이라는 용어 역시 비판의 대상이 된다. 〈건강가정기본법〉 제3조는 '건강한 가정'의 요건으로 전통적 혼인과 혈연관계를 암묵적으로 전제해 비혼·동거·재혼, 다문화 가족 등은 '정상'에서 벗어난 집단으로 여겨질 우려가 있다. 이에 따라 여성가족부와 시민단체는 해당 용어와 개념이 가족 다양성을 배제하고 있다는 점을 지적하며, 법률 명칭과 조항의 개정을 요구하고 있다. 2020년에 〈건강가정기본법〉을 〈가족정책기본법〉으로 바꾸는 개정안이 발의됐지만, 아직 국회 문턱을 넘지 못했다.

# 미래에 대응하는 정책

가족 형태 변화에 대응하고 다양한 변화를 포용하기 위해서는 무엇보다 젠더 역할과 책임의 평등을 기반으로 해야 한다. 특히 여성의 취업이 증가한 현실에서 청년 여성은 일에 대한 사명감과 의지가 강할수록 출산, 육아와 일을 병행할 수 있을지 현실적인 고민을 하게 되고, 일과 출산, 육아를 병행하기 어렵다고 판단할 때는 출산, 육아를 포기한다. 따라서 여성의 사회참여와 출산, 육아가 가능한 사회 여건을 조성하고 가족 정책을 마련하는 것은 저출산 문제 극복과 우리 사회의 미래를 위한 아주 중요한 과제라고 할 수 있다.

## 1인 가구 지원책 다각화

1인 가구는 연간 소득 수준이 2023년 기준 전체 가구의 44.9%에 불과했고,[99] 다인 가구에 비해 범죄에 노출될 가능성도 크다. 여성의 경우 범죄에 더 취약해 정책적으로 보호가 필요하다. 실제로 2024년 1인 가구는 사회의 가장 큰 불안 요인을 범죄(17.2%), 경제적 위험(16.9%), 국가안보(16.5%) 순으로 꼽았다.[100] 또 여성가족부가 2023년 실시한 '가족실태 조사'에 따르면, 1인 가구는 생활상 어려운 점으로 균형 잡힌 식사하기(42.6%), 아프거나 위급할 때 혼자서 대처하기(37.6%), 가사 처리하기(25.6%), 고립에 따른 외로움(23.3%) 등을 꼽았다. 이러한 문제 외에도 1인 가구가 전체 가구 대비 자가 거주 비율이 낮고 월세 비중은 현저히 높은 점을 볼 때, 1인 가구에 대한 맞춤형 지원 등 정책 범주를 확대해 나갈 필요가 있다.

특히 1인 가구의 다양한 생애주기별로 정책을 다각화해야 한다. 연령

대별로 필요하다고 여기는 정책이 다르기 때문이다. 현재 1인 가구 지원 정책은 각 도시 및 자치구별로 다르게 운영하고 있는데, 수도권의 경우 1인 가구 연령대 중 청년의 비중이 높아 주거 안정 및 경제적 안정에 관한 정책을 위주로 하는 데 반해, 비수도권에서는 고령 1인 가구가 많아 고독사 예방, 보건 지원 등의 정책을 펼치고 있다. 이처럼 1인 가구의 생애주기별 특징 및 수요를 세분화해 각각에 맞는 지원책을 다각적으로 수립해야 한다.

### 고령 1인 가구에 대한 사회적 돌봄 강화

고령화로 노인 1인 가구가 급증하는 점도 간과해선 안 된다. 노인의 돌봄 공백과 고독 문제는 요양시설 확충으로 해결되지 않는다. 기존 돌봄 체계는 가족 구성원에게 책임을 전가한다. 이는 법률혼·혈연 중심의 경직되고 협소한 가족 개념에서 나온 것으로 변화하는 가족 유형과 문화에 맞지 않는다. OECD 국가 가운데 노인 빈곤율 1위, 자살률 1위라는 불명예는 이러한 과거의 통념에 젖어 있는 문화와 무관하지 않다.

노인 1인 가구 증가는 전 세계적인 흐름이며, 해외 대응 사례는 주로 돌봄 시스템 구축에 초점을 맞추고 있다. 특히 주요 OECD 국가 지역사회에 기반한 네트워크와 공공·민간 협업 모델, 전화·돌봄 로봇 등 다양한 방식을 결합해 대응 중이다. 프랑스는 노인 1인 가구 간병 제도를 마련해놓았고, 공공기관, 노인 관련 국공립 기관과 협회로 구성된 단체인 모나리자MONALIZA를 통해 사회적 관계 형성과 방문 프로그램을 활성화해 노인들의 사회적 고립에 대응하고 있다.[101] 미국은 노인 1인 가구의 증가와 고령화에 대응해 PACE Program of All-Inclusive Care for the Elderly 프로그램을 운영하고 있다. 이 프로그램은 요양시설 수준의 돌봄이 필요한 노인을 대상으로 의료, 재활, 약제, 사회복지, 교통 등 다양한 서비스를 통합적으로 제공해 노인이 가능한 한 오랫동안 지역사회에서 자립적으로 생활할 수 있도록 지원한다.[102]

영국에서는 약 대신 사회적 활동을 처방하는 사회적 처방social prescribing 개념을 도입해 원예, 자연환경 보존, 달리기 등에 참여하도록 함으로써 '연결된 사회'를 지지하는 문화를 조성 중이다. 일본은 노인 중심 1인 가구 통합 지원 센터를 운영하고 있다. 사회복지사, 케어 매니저 등이 연계해 종합적 지원 시스템을 구축하고 있으며, 고령자 권리 옹호(성년후견 제도, 학대 방지), 포괄적·지속적 케어 등의 지원을 제공한다.[103] 스웨덴에서는 '에이징 인 플레이스Aging in Place'라는 복지정책을 통해 노인이 병원에 입소하지 않고 오랜 기간 자택에서 생활할 수 있도록 돕고 있다. 안전 확보를 위해 집을 개조해주며 각종 보조기기를 제공하는 등의 서비스와 방문 의료서비스를 포함해 일상생활까지 지원해준다. 이러한 정책을 바탕으로 1975년 돌봄 시설에 인구의 9%가 거주했으나, 2020년에는 4% 미만으로 감소한 사례가 있다.[104]

반면 한국은 노인 1인 가구에 대한 지원이 법적인 단일 제도 없이 보건복지부와 지자체 중심의 방문 돌봄이나 지역사회 기반의 방식으로 이루어지고 있다. 대표적으로 '노인 맞춤 돌봄 서비스'를 통해 안전 확인, 정서 지원, 사회참여 프로그램 등을 제공하고 있으나, 서비스 제공의 연속성이나 개별 상황에 대한 통합적 접근은 제한적이다. 고령화 속도가 빠르게 진행되는 현실을 고려할 때, 돌봄 사각지대를 해소하기 위한 제도화와 커뮤니티 기반의 통합 지원 체계 구축이 시급하다.

### 가족 돌봄의 사회화와 새로운 지원 모델

미래 사회의 가족 정책은 가족 돌봄에 대한 사회적 가치 인정과 지원 체계 구축도 포함해야 한다. 현재 우리 사회는 가족 돌봄을 당연한 의무로 여기며 그 사회적 가치를 적극적으로 인정하지 않고 있다. 이는 돌봄 부담의 개인화로 이어져 가족 해체의 원인이 되고 있다. 해외 사례를 보면, 미국에서는 가족 돌봄 제공자를 직접적 정책 대상으로 설정해 정보 제공, 상담, 훈련, 휴식 지원 등 포괄적 서비스를 제공하고 있다.

### 가족 구성원 역할 및 관계 재설정

유럽 국가에서 최근 나타나고 있는 정책적 변화는 남성의 육아와 가족생활을 지원하고 참여를 장려하는 것이다. 과거에는 '여성의 노동 참여'를 중심으로 정책을 설계했지만, 최근에는 '남성의 돌봄 참여'로 정책의 무게중심이 이동하고 있다.

예컨대 영국, 독일 등지에서는 여성들이 주로 사용하던 육아휴직 제도를 남성이 함께 사용할 수 있도록 하고 있다. 육아휴직 제도에 '아버지 쿼터daddy-quota'를 두어 남성이 더 적극적으로 육아휴직을 이용하고 참여할 수 있도록 제도적으로 지원하는 형식이다. 독일의 경우 가족은 14개월의 유급 육아휴직을 받을 수 있으며, 이 중 2개월은 아버지에게, 2개월은 어머니에게 각각 할당된다. 핵심 특징은 '사용하지 않으면 사라진다use-it-or-lose-it'는 원칙으로, 아버지가 할당된 2개월을 사용하지 않으면 해당 기간을 배우자에게 양도할 수 없고, 가족이 그 혜택을 완전히 잃게 된다.

특히 세계 최초로 부모 모두 유급 육아휴직을 쓸 수 있도록 '부모 보험' 제도를 도입한 스웨덴에서는 이 제도를 시행함으로써 남성의 육아휴직 이용률을 시행 전 0.5%에서 30%까지 끌어올리기도 했다. 이 제도는 아이가 태어나 12세가 될 때까지 부모 각각 약 3개월의 의무 사용을 포함해 약 16개월의 유급 육아휴직을 나눠 쓸 수 있게 보장하고 있다. 또 2024년부터는 리투아니아와 헝가리처럼 조부모에게 유급 육아휴직을 최대 3개월까지 양도할 수 있도록 했다.[105]

일본의 경우 그간 남성의 육아휴직 사용은 그리 활성화되지 못했다. 물론 2012년 1.9%에서 2023년 30.1%로 높아졌으나, 여성(84.1%)과 비교하면 크게 낮은 비율이다.[106] 이에 일본 정부는 일정 규모 이상의 기업을 대상으로 남성 육아휴직 이용률을 의무적으로 공표토록 하는 등의 정책을 추진하고 있으며, 민간 부문 남성 육아휴직 이용률 목표를 2030년까지 85%로 끌어올리겠다는 계획이다.[107]

우리나라 역시 육아휴직 제도를 계속 강화하고 있다. 2024년의 경우, 특히 남성 육아휴직자는 4만 1,829명으로 육아휴직 급여 수급자의 31.6%를 기록해 최초로 30%를 넘어섰다.[108] 2024년 하반기부터는 '부모 맞돌봄 제도'가 시범적으로 도입됐고, 남성 육아휴직 장려금도 확대됐다.[109] 하지만 우리나라 남성 육아휴직 비율은 OECD 최하위 수준으로, 제도 확대와 함께 실효성 있는 이행 장치가 부족하다는 비판을 받고 있다. 의무 조항이 없으면 중소기업과 비정규직 근로자의 접근성 한계 등 실효성이 떨어질 수밖에 없기 때문이다.

실제로 한국의 육아휴직 제도는 사용 권리는 보장돼 있지만, 사용 의무가 부과되지 않아 제도적 효과가 제한적이라는 평가를 받는다. 가령 육아휴직 이용이 사내 승진이나 인사 평가에 부정적인 영향을 미칠 수 있다는 우려, 육아는 여성의 몫이라는 사회적 인식 등이 여전히 뿌리 깊게 남아 있어 실질적인 이용을 가로막고 있다. 이로 인해 제도의 형식적 존재와 실제 이용 간 괴리, 이른바 '육아휴직의 역설'이 지속되고 있으며, 명목상의 제도 개선에 기업 문화와 사회적 분위기의 변화가 동시에 일어나야 한다는 지적이 꾸준히 제기되고 있다.

한편 청년층 남성과 여성이 경험하거나 인식하는 가족 위기와 가족 부담이라는 문제를 근본적으로 해소하기 위해서는 이러한 부분적 정책 지원에서 한발 더 나아가 젠더 관계와 젠더 역할도 새롭게 정립해야 한다. 양성평등 문제는 미래 가족의 모형을 새롭게 구축하는 데 가장 중요한 주춧돌이기 때문이다.

### 다양한 파트너십 지원으로 정책 전환하기

1인 가구와 더불어 다양한 형태의 가족이 등장함에 따라 소득, 돌봄, 주거, 안전 등에서의 정책적 변화와 더불어 가족 정책 전반의 패러다임 전환이 필요해졌다. 1인 가구에 한정되는 보조금이나 혜택과 같은 정책 범주에만 국한하지 말고 비혼 동거 가구, 비친족 공동체, 노인 동거 가구, 재혼·위탁 가족 등 현실 속 다양한 가족 유형의 생애주기 전반에 걸친 복합 지원 체계가 필요하다. 이를테면 기초생활 보장 제도의 가구 단위 개편, 돌봄 서비스와 사회안전망 구축, 고독사 예방, 1인 가구 생애주기별(청년, 중장년, 노년 등) 맞춤 지원, 새로 등장한 다양한 유형의 가족 지원 등 전방위 정책이 필요하다.

여성가족부가 2021년부터 2025년까지 추진한 '제4차 건강가정 기본계획'에는 사실혼 부부, 노년 동거 부부, 위탁 가족 등 현실적으로 존재하는 다양한 형태의 '실질적' 가족을 지원하는 방안 등이 담겼으나, 가족의 정의를 삭제하거나 확장해 이들이 법률상 가족으로 인정받을 수 있도록 개정하는 데까지는 이르지 못했다. 가족 형태의 변화를 법과 제도로 포용하고 확대해나가는 것은 우리 사회 전체의 성장을 의미하기도 한다. 따라서 가족의 정의와 범위를 재설정하는 논의는 사회적으로 더 확대돼야 하고 현실의 변화를 반영하는 노력도 더 필요하다.

법무부 또한 '1인 가구의 사회적 공존을 위한 법·제도 개선' 논의를 모아 2022년에 그 결과를 발표하면서 주거침입죄의 법정형을 상향하는 내용의 형법 개정안, 현재 혼인 중인 부부만 가능한 친양자 입양을 독신자에게도 허용하는 방안, 상속권 상실 제도 등을 제안한 바 있다.[110] 하지만 저출생·고령화와 더불어 가족의 형태에도 다양한 변화가 나타나는 상황에서 특정 가족 형태에 집중한 대응만으로는 한계가 있다. 새로운 가족 형태를 포함하는 보편적이고 통합적인 법 제정 및 개정과 지원 방향 논의를 본격화해야 한다.

정책의 전환은 단순히 새로운 가족 유형을 나열하는 것에서 관계 기반의 생활 단위를 제도적으로 보호하는 방향으로 나아가야 한다. 다양한 가족 형태를 고려한 사회보장 체계 개편, 맞춤형 주거정책, 복지 서비스 연계 등 통합적 접근이 필요하며, 가족문화에 대한 인식 전환도 병행돼야 한다. 이를 위해 공익 캠페인, 미디어 콘텐츠, 교육과정 등을 통한 문화적 담론 형성이 중요한 역할을 할 수 있다.

### 데이터 기반 가족 정책과 사회통합

가족 다양성 시대의 정책 수립에는 데이터 기반의 접근도 도움이 될 수 있다. 가치관 변화와 관련된 인식 조사, 가족 다양성 정책 효과 분석 방법론 개발 등을 통해 근거 중심의 정책을 마련해야 한다. 특히 다양한 가족 형태별 욕구와 필요를 구체적으로 파악하고, 이를 정책 개발 과정에 체계적으로 반영하는 시스템을 구축해야 한다.

또 이주민 인구 증가로 인한 다양성 사회로의 전환도 고려해야 한다. 이주 노동자, 결혼 이주자, 난민 등 다양한 배경을 지닌 이주민이 한국 사회에 안정적으로 정착할 수 있도록 지원하는 것이 가족 정책의 새로운 영역이 되고 있다. 이들의 인권 보호와 사회통합을 위한 포괄적 접근이 필요하며, 이는 궁극적으로 다양성 사회의 지속 가능한 발전을 위한 필수 과제다.

# 이민정책: 다민족·다문화사회에 부합하는 정책과 대응

이민은 인구 감소 속도를 줄일 수 있는 불가피한 해법이지만 이민으로 일어날 수 있는 사회문제로 인해 우리나라 국민은 이민을 쉽게 수용하지 못하고 있다. 이민자가 내국인의 일자리를 뺏는다든지 하는 경제적 위협, 범죄율을 높인다든지 하는 사회적 위협, 그리고 한국의 전통문화와 정체성을 훼손한다든지 하는 문화적 위협에 관한 두려움으로 일반인은 이민자를 한국 사회의 정식 구성원으로 받아들이는 것을 주저한다.

이민과 다문화사회에 관해 여러 차례 실시한 국민 인식 조사에 따르면 일반인은 이민과 다문화주의를 수용하는 집단과 반대하는 집단으로 양분돼 있다. 단일민족국가로 남을 것인지, 이민 국가로 전환할 것인지에 대해 국론이 분열돼 정부는 적극적인 이민정책을 추진하지 못하고 있다. 현재 우리는 익숙하고 안전한 대신 쇠퇴가 불 보듯 뻔한 '예정된 미래'와 불확실하나 가능성을 품은 '미지의 미래' 중에서 어느 한쪽을 선택해야 하는 갈림길에 서 있다.

# 대전환 속 한국의 이민 현실과 대응

2025년 현재 대한민국은 저출생, 고령화, 지방 소멸이라는 삼중고에 직면해 있다. 2024년 합계출산율은 0.75명으로 전년보다 0.03명 증가했지만, 여전히 OECD 국가 중 가장 낮은 수준이다. 2021년에 사망자수가 출생아 수보다 많은 '인구 데드크로스'가 발생하면서 인구 감소가 본격화됐다. 고령화로 인해 생산가능인구는 감소하지만, 노인 부양비는 증가해서 청장년층의 세금 부담이 늘어가고 있다. 청년층이 일자리와 교육 기회를 찾아 수도권으로 집중되면서 비수도권의 모든 '도' 지역은 인구 소멸의 위험에 처해 있다. 또 많은 청년이 안정적인 일자리를 얻지 못하고, 결혼과 출산, 가족 형성으로 이어지는 삶의 전환을 이루지 못하고 있다. 청년층이 삶의 기반을 마련하지 못하는 것은 미래 사회의 지속성과 활력을 위협하는 심각한 문제다. 궁극적으로 생산가능인구의 감소는 지속 가능한 발전을 가로막고, 사회의 유연성과 적응력을 떨어뜨려 사회 혁신 능력을 저하하고 국제 경쟁력을 떨어뜨리는 결과를 낳을 것이다. '쪼그라드는' 대한민국이 예정된 미래다.

### 다민족·다문화사회로의 이행

1960년대 산업화가 본격화된 이후 1990년대에 이르기까지 한국 사회는 산업구조의 급속한 변화와 함께 저출생, 고령화, 3D 업종 기피로 인한 노동력 부족, 결혼 상대자의 지역 불균형, 교육의 국제화, 한·중 수교에 따른 재중 동포와의 교류 확대, 그리고 세계화로 인한 인적 이동의 증가 등을 겪었다. 이러한 구조적 요인이 누적되면서 1990년대 이후 한국에서는 이주 노동자, 결혼 이주 여성, 외국인 유학생, 재외 동포 등 다양한 유형의 이민자가 본격적으로 증가했다.

한국 내 이민자의 증가는 1990년대 후반에 시작돼 2000년대 이후 본격화됐다. 2000년대 말 체류 외국인은 약 49만 명으로 전체 인구의 1%에 불과했지만, 2024년에는 약 265만 명으로 늘어나 전체 인구의 5.2%를 차지했다.[111] 국토연구원이 발간한 〈그랜드비전 2050〉 보고서는 2050년 외국인 인구가 409만 명에 달해 전체 인구의 9.8%에 이를 것으로 전망하며, 한국이 복합 민족사회로 이행할 가능성을 제시하고 있다.[112] 통계청 또한 더 보수적인 추계이긴 하나, 외국인뿐 아니라 귀화자와 이민자 2세를 포함한 '이주 배경 인구'가 2042년에는 404만 명, 전체 인구의 8.1%에 이를 것으로 내다보고 있다.[113]

이와 같은 양적 확대와 함께 이민자의 유형 또한 다변화되고 있다. 과거 산업연수생 등 단순 노무직 중심이던 이주 형태는 결혼 이민자, 유학생, 기술 인력 및 전문직 이주자로 다양해졌으며, 한국 사회는 점차 다인종·다문화사회의 면모를 갖춰가고 있다. 특히 농촌 및 지방 중소도시에서는 결혼이주여성과 그 자녀들이 지역 공동체의 존속과 유지에 이바지하며, 인구 감소와 공동화 문제의 완화에 중요한 역할을 하고 있다.

이민자 구성에서 주목할 점은 '정주화' 현상의 뚜렷한 진전이다. 단기 체류자의 비중은 줄어들고, 영주권자 및 귀화자와 같은 정주 이민자의 비율이 계속 증가하고 있다. 이는 한국이 더 이상 일시 체류 중심 국가가 아니라, 다양한 배경의 이주민이 장기적으로 정착하고 살아가는 이민 국가로 변화하고 있음을 시사한다.

한국 사회는 이제 이민을 '외부의 일시적 현상'이 아니라 '내부의 구조적 구성 요소'로 받아들여야 하는 시점에 와 있다. 다문화 공존과 사회통합을 위한 정책적 고민과 제도적 정비가 그 어느 때보다 중요하다.

### 글로벌 인재 전쟁과 이민정책의 전환

저출생과 고령화로 생산가능인구가 줄어드는 선진국들은 노동력 확보와 국가경쟁력 유지를 위해 '글로벌 인재 확보 전쟁'에 나서고 있다. 내국인이 기피하는 산업에 필요한 인력을 확보하고, 지식 기반 산업을 이끌 고숙련 전문직 종사자와 유학생 유치를 위한 경쟁이 갈수록 치열해지고 있다. 이는 단순한 무역·기술 전쟁이 아닌, 해외 우수 인재를 둘러싼 '글로벌 탤런트' 확보 전쟁의 양상을 띤다.

일본은 2019년에 기존 출입국관리국을 출입국재류관리청으로 격상시켜 이민정책 운용의 기반을 강화했다. 비록 '공식적인 이민정책은 없다'라는 입장이지만, 이 기관은 사실상 일본의 외국인 유입 및 정착을 총괄하는 중앙 행정기구 역할을 한다. 외국인의 입국·체류 관리, 특정 기능 자격 제도 운용, 정착 지원 등을 통해 노동력 부족 해소와 공생 사회의 실현을 도모하고 있다.

특히 일본은 2018년 새로운 재류 자격 제도인 '특정 기능 1호'와 '특정 기능 2호'를 도입해 숙련 인력을 체계적으로 유치하고 있다. 2호 자격자는 체류 기간 제한 없이 10년 이상 거주 시 영주권 취득이 가능하게 해, 장기 체류를 유도하고 있다. 간병 분야의 인력난을 해결하기 위해 2008년에는 인도네시아, 필리핀, 베트남과 경제 제휴 협정EPA을 체결해 간병 인력을 유치했고, 이후 간병 기능 실습생 제도를 도입해 베트

남을 비롯한 여러 동남아 국가로 확대하고 있다.[114]

대만 역시 저출생, 고령화와 농촌 남성의 결혼 상대자 부족 문제를 해소하기 위해 외국인 노동자와 결혼이주여성 유입을 확대했다. 1990년대 후반부터 급증한 동남아 및 중국 출신 여성과의 국제결혼은 결혼이주여성의 사회통합을 중요한 정책 과제로 만들었다. 이에 대만은 2007년 이민국을 설립하고, 외국인의 입출국 및 체류 관리뿐 아니라 결혼 이민자의 정착과 통합을 위한 정책을 체계적으로 추진하고 있다. 언어·문화 교육, 직업훈련, 자녀의 이중 언어 교육, 인권 보호 등 다양한 서비스를 제공하며, 이민자들이 지방정부 자문 기구에 참여해 정책 형성에 이바지할 수 있는 통로도 마련하고 있다.

일본과 대만은 외국인 유학생 유치 정책에도 적극적이다. 일본은 2008년 '유학생 30만 명 계획'을 수립하고, 고등교육기관의 국제화, 장학금 확대, 비자 완화 등의 정책을 통해 유학생 수를 대폭 증가시켰다. 특히 졸업 후 고급 인력으로 활용하기 위해 '고도 전문직 제도'를 도입해 장기 체류와 영주권 취득을 지원하고 있다.[115] 대만의 경우 '대만에서 공부하세요Study in Taiwan' 전략을 통해 중국, 동남아, 중동 지역 유학생 유치에 주력하고 있다. 장학금, 영어 강의 확대, 복수 학위 제도, 산업 연계 인턴십 등 다양한 프로그램을 운영하며, 졸업 후 취업을 허용하고 일정 요건 충족 시 장기 체류와 영주권 취득도 가능하다. 특히 유학생을 '신남향 정책(중국에 대한 의존도를 낮추기 위한 동남아 위주 협력 정책)'의 핵심 인적자원으로 인식하며, 이들을 통해 자국 기업의 해외 진출과 국제 네트워크 확대를 추진하고 있다.[116]

중국은 전통적인 인구 송출국에서 해외 인재 유입국으로 전환 중이다. 경제성장과 함께 교육·취업·창업 기회를 찾아 중국으로 유입되는 외국인이 증가하고 있으며, 체류 외국인은 2010년 59만 명에서 2020년 84만 명으로 증가했다. 홍콩, 마카오, 대만 국적을 포함하면 같은 기간 약 100만 명에서 143만 명으로 늘었다.[117] 중앙정부와 지방정부는 외국 인재 유치를 위해 비자 발급과 거주 요건을 완화하고, 사회보장, 호적, 자녀 교육 등을 지원하는 우대 정책을 시행 중이다. 특히 해외에서 학업을 마친 중국 유학생들이 대거 귀국해 우수 인재로 활동하고 있으며, 이는 상당수가 거주국에 정착하는 인도 유학생과는 대조적이다.[118]

호주는 코로나19로 인한 국경 폐쇄 기간 심각한 인력 부족을 겪으며, 2022년 9월 정주형 숙련 이민자 쿼터를 연간 16만 명에서 19만 5,000명으로 확대했다. 호주의 이민정책은 저출생, 고령화 대응과 경제 성장 유지를 목표로 하며, 점수제 기반의 선발 시스템을 통해 고학력·고숙련 인재를 선별하고 있다. 이에 따라 가족 초청 이민자는 줄고 기술 이민자는 증가하는 추세다.

# 다문화사회의 과제와
# 이민정책의 조건

앞서 살펴본 것처럼 일본, 대만, 중국, 호주 사례는 인구구조 변화에 대응하기 위한 국가 전략으로서 이민정책의 중요성을 보여준다. 특히 단기 순환형 노동력 활용이 아닌, 장기 정주와 사회통합을 중심에 둔 정책 전환이 핵심이다. 한국 역시 이들 국가의 사례를 참고해, 기존의 선별적이고 단기 중심의 이민정책에서 지속이 가능하고 생산적인 이민국가 구축을 위한 제도적 기반 마련이 시급한 시점이다.

## 다문화 지체와 정책 격차

한국 사회는 현실적으로 다민족·다문화사회로 진입했음에도 제도와 국민 인식은 여전히 단일민족 중심의 정체성에 머물러 있다. 이에 따라 제도적·인식적 격차가 발생하며, '다문화 지체multi-cultural lag' 현상이 나타나고 있다. 이는 단순한 제도적 미비가 아니라 공동체 내 협력과 신뢰 형성을 저해하는 구조적 장애로 작용한다.

선주민과 이주민 간 사회적 거리감, 언어 장벽, 상호 불신은 여전히 해소되지 않고 있으며, 이에 따라 이민자에 대한 편견과 차별이 이어지고 있다. 그 결과, 많은 이민자가 비공식 경제나 저임금, 위험직종 등 열악한 노동환경에 머무르고, 이로 인한 사회적 소외와 경제적 불평등이 구조화되고 있다.

정책 측면에서도 심각한 격차가 존재한다. 정부는 사회통합 프로그램과 다문화가족 지원 정책 등을 시행하고 있으나, 지역 간 행정 역량의 차이와 기관 간 연계 부족으로 현장 체감도는 낮은 편이다. 특히 일부 지자체에서는 이민자를 정주 인구가 아닌 '일시 체류자'로 간주하고 행정 편의적 접근을 고수함으로써, 이들이 안정적으로 정착할 수 있는 사회적 기반이 마련되지 못하고 있다. 이러한 구조적 불균형은 이민자의 사회통합을 방해하고 이탈과 불만을 가중한다.

또 한국 사회의 구성원 자격membership에 대한 근본적인 성찰도 필요하다. '한국인이란 누구인가'라는 물음에 대해 혈통 중심의 민족주의적 기준이 아닌, 법적 지위와 거주 기반, 시민적 참여를 중시하는 시민권적 기준으로의 패러다임 전환이 요구된다. 귀화자, 결혼 이민자, 장기 체류 외국인이 법적으로는 한국인이지만, 사회적으로는 여전히 주변화된 현실은 제도와 인식의 괴리를 보여준다. 이들을 실질적인 공동체 구성원으로 포용하기 위한 법제 정비와 사회문화적 수용성 증진이 필요하다.

더욱이 현행 고용 허가제는 단기 노동력 확보에는 유효하지만, 숙련 인력의 장기적 정착과 지역사회 통합을 저해하는 한계가 있다. 예컨대 외국인 노동자가 10년 이상 한국에서 일하더라도 가족 동반이나 영주권 취득이 어려운 구조는 경제적 효율성과 인권 측면 모두에서 재검토가 필요하다. 일본의 특정 기능 2호 제도가 장기 체류 및 가족 동반을 제도화하고 있는 것과 비교하면, 한국은 아직 정주형 이민정책으로 전환하지 못한 셈이다.

### 이민정책의 조건과 한국의 현실

이민정책이 성공적으로 작동하기 위해서는 정부의 정책 설계 역량, 정치적 리더십, 법적·제도적 기반, 국민의 이민자와 이민정책 수용성, 이민자 지원 인프라가 전제되어야 한다.[119] 현재 한국은 이 모든 측면에서 미흡하지만, 특히 3가지 요소, 즉 정치적 리더십의 부재, 법·제도 미비, 낮은 국민 수용성 측면에서 심각한 한계를 드러내고 있다. 이민자가 아직 전체 인구에서 소수에 불과하고 반이민 정서가 여전히 뿌리 깊은 상황에서 정치 지도자들은 이민정책을 우선적 국정 과제로 삼지 않으며, 국민 인식 개선을 위한 노력도 적극적으로 펼치지 않고 있다. 일본과 대만이 이민정책 전담 기관을 설립해 통합적이고 체계적인 정책을 펴고 있는 데 반해 한국은 '출입국·외국인정책본부' 수준에 머물고 있어 정책의 비전과 실행력이 떨어진다.

국민의 이민자 수용성 역시 낮은 수준에 머물러 있다. 여성가족부가 2021년 실시한 조사에 따르면 다문화 수용성 지수는 52.27점으로 2018년보다 소폭 하락했으며, 혈통 중심의 국민 정체성이 강화되면서 이민자를 동등한 사회 구성원으로 인정하는 태도는 약해지고 있다. 일자리 경쟁과 복지 부담에 대한 우려는 여전히 깊으며, 이민자를 이웃으로 받아들이는 데 대한 국민의 태도는 점차 보수적으로 변하고 있다. 여러 조사에 따르면, 일반 국민은 한국 사회에 노동력을 제공하는 이민자의 경제적 기여를 인정하면서도, 일자리 경쟁, 복지 재정 부담, 범죄 가능성 등과 관련해 여전히 우려를 나타내며 이중적 태도를 보인다. 특히 코로나19와 같은 사회적 위기 상황에서는 이민자에 대한 부정적 인식이 심화되며, 가짜뉴스와 일부 언론의 편향된 보도가 이러한 인식을 더욱 확대하기도 한다.

이민자는 결국 노동력과 문화적 다양성 측면에서는 긍정적으로 평가되지만, 이들을 경쟁과 위협의 대상으로 보는 인식이 이민자들을 '우리' 사회의 일원으로 수용하는 데 장애물로 작용하고 있다. 따라서 한국의 이민정책이 지속 가능한 방향으로 나아가기 위해서는 제도적 기반의 정비뿐만 아니라, 국민 인식의 전환과 이를 뒷받침할 수 있는 정치적 의지의 실천이 따라야 한다.


# 생산적 이민 국가를 위한 이민정책 전략


한국은 산업화 시기 선진국의 발전 모델을 모방해 급속한 경제성장을 이뤘지만, 이제는 선도 국가로서 독자적인 정책 모델을 설계하고 제시해야 할 전환점에 서 있다. 특히 코로나19 팬데믹 상황에서 보건의료 체계와 위기에 대응하는 데 한계를 드러낸 서구 선진국과 다른 모습을 보였던 한국은 경제, 과학기술, 의료, 문화뿐만 아니라 이민정책과 같은 사회 분야에서도 미래 지향적인 모델을 개발할 필요가 있다. 성공적인 이민정책의 정립은 아시아 국가에 유용한 참고 사례가 될 수 있다.

이민정책은 단순한 국경 관리나 외국 인력 활용의 범주를 넘어 사회 통합이라는 복합적 과제를 포함한다. 4차 산업혁명 시대에는 유학생, 전문가, 창업자 등 다양한 인재가 안정적으로 정착하고 기여할 수 있는 환경 조성이 중요하며, 이와 함께 이민자의 인권 보장과 문화 다양성의 존중이 실용성과 조화를 이루어야 한다. 정책의 지속가능성을 위해서는 국민의 인식 개선이 필수이며, 이를 위한 교육과 홍보를 병행해야 한다. 궁극적으로 외국인과 이민자가 살기 좋은 사회가 내국인도 살기 좋은 사회라는 인식이 필요하다.

이민자는 더 이상 주변인이 아니라 한국 사회의 실질적인 구성원이며, 그들이 제공하는 노동력과 문화적 다양성은 국가 미래 성장의 자원이 된다. 따라서 '국민' 중심의 협소한 기준에서 벗어나, '주민' 또는 '생활인' 개념을 기반으로 권리와 의무를 부여하는 포용적 제도 설계가 필요하다. 예컨대 코로나19 초기 외국인이 공공 마스크와 재난지원금 대상에서 제외된 사례는 국민 중심 정책의 한계를 보여주며, 이민자에게 동등한 권리를 보장하는 것이 사회통합과 공동체 신뢰의 토대를 마련하는 길임을 시사한다.

정책 실행을 위한 제도적 기반도 강화돼야 한다. 구체적으로 살펴보면, 첫째, 법무부 산하에 '이민청'을 설립하고, 향후 정책 수요에 따라 기능을 확장하는 단계적 접근이 현실적이다. 국무총리 산하 '이민처' 신설 논의도 있으나, 현재 법무부가 주요 기능을 수행하는 점을 고려할 때 이민청으로 출범해 기반을 마련하고, 이후 이민처로 확대하는 단계적 접근이 타당하다. 둘째, 재외동포정책과 이민정책의 중첩을 고려해 단기적으로는 재외동포청과 이민청을 분리 운영하되, 장기적으로는 통합해 운영하는 것이 바람직하다. 인구 위기 대응 차원에서는 '인구안보부'와 같은 종합 부처 설립을 통해 인구 관련 정책을 통합하는 방안도 검토할 수 있다. 셋째, 분산된 위원회들을 통합한 '이민정책통합위원회'를 구성하고, 상설 사무국을 통해 정책 조정 기능을 강화해야 한다. 넷째, 현재 5년 단위의 외국인 정책 기본 계획은 10년 또는 20년 단위의 국가 발전 전략 속에서 재설계되고, 주기적 평가와 조정이 가능한 유연한 구조로 전환돼야 한다.

이민정책은 출입국 관리에 국한되지 않고 인구정책, 문화정책, 지역 균형 발전, 경제 전략 등 다양한 분야와 긴밀히 연계돼야 한다. 이를 위해 제도적 기반과 인프라(하드웨어), 사회통합 지원 및 법·제도(소프트웨어), 전문인력과 협력 체계(휴먼웨어), 국민과 이민자의 인식 개선(마인드웨어) 등 여러 요소가 유기적으로 작동해야 한다.

결론적으로 이민정책은 단기 대응이 아닌 지속 가능한 국가 발전 전략으로 재정립되고 국정의 핵심 과제로 자리 잡아야 한다. 선진국으로서 국격을 높이고 미래 경쟁력을 확보하기 위해서는 이민자와 국민이 함께 성장하는 '더 큰 대한민국'을 지향해야 하며, 이를 위한 정책, 제도, 국민 인식의 전면적 혁신이 절실히 요구되는 시점이다.

# 5

## 정치 분야 미래전략
Politics

# 스마트정부:
# 한국식 스마트정부 구축 방안

한국은 과거 전자정부 시대를 선도한 경험이 있고, ICT 인프라와 인재 측면에서도 잠재력이 풍부한 나라다. 여기에 AI 시대에 맞는 정부 철학을 더해야 한다. 행정의 모든 영역에 AI와 데이터를 활용해 예견하고 대응하는 정부, 국민 개개인에 맞춤형 서비스를 제공하는 정부로 거듭나야 한다. 이를 위해서는 무엇보다 스마트 리더십이 요구된다. 정부 스스로가 환경 변화를 주도하고 투입과 산출이 막힘없이 이뤄지도록 하나의 거대한 대한민국 플랫폼이 돼 민간, 시민이 참여하고 혁신하도록 열어주며, 거기서 핵심 인프라와 규칙을 제공하는 조정자 역할을 해야 한다. 이러한 패러다임 전환을 이루지 못하면 우리는 급변하는 시대에 뒤처지고 말 것이다.

지금 전 세계는 디지털 패권 경쟁 중이며, "디지털을 제패하는 자가 미래를 제패한다"라는 말이 현실이 되고 있다. 미국과 중국은 국가 운명을 걸고 AI와 사이버에 투자하고 있고, 에스토니아 같은 작은 나라도 기민한 전략으로 세계를 놀라게 하고 있다. 우리가 이러한 흐름 앞에서 시간을 허비한다면, 그 대가는 고스란히 미래세대의 불편으로 돌아올 것이다. 위기감과 절박함을 갖고 국가 디지털 대전환에 총력을 기울여야 한다.

# 행정 패러다임의 변화[120]

디지털 사회는 진화된 융합 디지털 기술을 바탕으로 일하는 방식과 생활 양식, 사회문화 전반이 업그레이드된 사회다. 디지털 대전환 시대의 사회는 투입input은 2분의 1로 줄고 이익은 2배가 된다. 핵심적 기술 요소로는 모바일, 클라우드, 빅데이터, 사물인터넷, AI 등이 있다. 이러한 지능형 기술이 센서와 데이터 수집 등 다양한 연결 고리를 통해 인간과 사물 간의 의사소통에서 사물과 사물 간의 의사소통까지 확장되고, ICT 간 융합에서 다른 산업과도 융합하며, 지능형 기기가 보편화되는 사회가 도래한 것이다. 이러한 사회를 지능정보사회라고도 하며, 이용자 경험에 의해서도 사회의 패러다임이 재편되고 있다.

### 스마트정부의 개념

과거 정보사회의 정부는 공공부문 정보의 공개와 공유를 기반으로 한 공공서비스를 지향했다. '개방' 측면에서 이것은 정부가 가지고 있는 각종 정보와 자료를 민간에 공개하는 것을 뜻했고, '참여와 소통' 측면에서는 시민들이 공론의 장을 만들어 원하는 서비스와 정보를 요구하며 정부의 의사결정에 적극적으로 자신들의 의견을 개진하고 참여하는 것을 뜻했다.

여기서 한발 더 나아간 스마트정부는 정부와 민간의 협력을 중심으로 하는 '협력형 정부'이면서, 국민의 요구를 수용하기 위한 행정 서비스 강화를 중심으로 하는 '지능형 정부'이고, 동시에 소통·참여·신뢰 요인을 중심으로 하는 '투명한 정부'를 지향한다. 이 3가지 특징은 미래의 정부, 즉 스마트정부 모델로 연결된다. 그리고 공유, 참여, 개방에 더해 개인화, 지능화라는 키워드가 강조된다.

### 스마트정부의 기반 기술

스마트정부의 기반이 되는 기술은 컴퓨터가 정보 자원의 뜻을 이해하고 논리적인 추론까지 할 수 있는 차세대 지능형 웹인 시멘틱 웹(웹3.0)을 비롯해 AI, 빅데이터, 클라우드, 가상현실, 증강현실 등이다. 예를 들어 웹2.0은 수많은 정보를 많이 링크된 순으로 나열해주는 것이었다면, 웹3.0은 현재 상황을 인식해 수많은 내용 중 필요한 내용을 재배치해 문맥을 제공해주는 지능형 웹이다.

따라서 스마트정부란 '고도로 지능화된 ICT와 사회적 연결망을 기반으로 행정 업무 방식과 절차를 재설계하고, 정부와 기업, 시민, 글로벌 공동체 간 지식과 정보를 공유하며, 사회 구성원 간 상호 거래를 통해 생산적이고 민주적인 부가가치를 지속해서 창출할 수 있는 공공 플랫폼 기반을 제공함으로써 협력적 동반자의 역할을 지향하는 거버넌스 혹은 국정 운영체계'라고 할 수 있다. 다음의 표는 기술이 지닌 속성에 따라 변화하는 패러다임과 함께 공공 관리의 변화 흐름을 정리한 것이다.

## 〈표 4〉 기술 패러다임 변화와 공공 관리 변화

| 구분 | 산업사회 / 시스템정부 / 웹1.0 / 정부 중심 | 지식정보사회 / 전자정부 / 웹2.0 / 시민 중심 | 후기 지식정보사회 / 스마트정부 / 웹3.0 / 개인 중심 | 융합사회 / 융합정부 / 웹4.0 / 관계 중심 |
|---|---|---|---|---|
| 접근성 | • first-stop-shop<br>• 단일 창구(포털) | • one-stop-shop<br>• 정부 서비스 중개 기관을 통해서도 접속 | • my gov<br>• 개인 맞춤형 정부 서비스 포털<br>• 플랫폼 기반의 장(場) | • we gov<br>• 모두를 포용하는 관계지향형 AI 플랫폼<br>• 플랫폼 위의 플랫폼 |
| 서비스 제공 방식 | • 일방향 정보 제공<br>• 제한적 정보 공개<br>• 서비스의 시공간 제약<br>• 공급 위주 서비스<br>• 서비스 전자화 | • 양방향 정보 제공<br>• 정보 공개 확대<br>• 모바일 서비스<br>• 정부·민간 협력 서비스<br>• 신규 서비스 가치 창출 | • 개인별 맞춤 정보 제공<br>• 투명한 정보 공개<br>• 사회적 연결망을 통한 공공서비스 창출과 부가가치 재생산<br>• 협력적 동반자 역할 강화<br>• 지능화된 서비스 전달 체계로 정보 관리/예측 능력 고도화 | • 예측 정보 제공<br>• 신뢰성 있는 선별적 정보 제공<br>• 감성적 지능 서비스<br>• 관계 중심의 데이터 관리 |
| ICT 생태계 | • 정부 주도/아웃소싱 | • 정부 주도/아웃소싱 | • 정부–기업–시민 협력적 거버넌스, 탈규제 | • 거버넌스를 기본으로 하는 자율 기반 통제 |
| 채널 | • 유선 인터넷 | • 유무선 인터넷 | • 유무선 모바일 기기 통합(채널 통합) | • 온–오프라인 융합 채널(옴니 채널) |
| 업무 통합 | • 단위 업무별 처리 | • 프로세스 통합 (공공·민간 협업) | • 서비스 통합 | • 서비스 융합 |
| 기반 기술 | • 브라우저 웹 저장 | • 브로드밴드<br>• rich link/content models | • 시멘틱 기술<br>• 센서 네트워크 | • 블록체인<br>• AI |
| 의사 결정 | • 정치 엘리트, 최고위 관료<br>• top-down 예산 배분 | • 정부, 전문가, 전문 관료<br>• 중앙 주도 성과 평가 및 예산 배분 | • 개인, 시민, NGO, 지역 공동체<br>• 빅데이터, 사실 기반 문제해결 중심 | • 데이터 기반 집단지성 |
| 중앙 정부 | • 선도자(initiator) | • 계약자(contractor) | • 중재자(mediator) | • 협력자(cooperator) |
| 지방 정부 | • 교부금 의존한 시스템 구축 및 집행 | • 전자정부 사업 기반 포털 구축 | • 지역 수요 기반 개인 맞춤형 서비스 제공 | • 플랫폼 기반 개인/공동체 지원 데이터 서비스 제공 |
| 시민 역할 | • 정보서비스 사용자 | • 부분적 참여 및 정책 토론 | • 적극적 참여 및 e-voting | • 합리적 선택과 자율적 규율을 통한 사회적 가치 실현 |

＊자료: 《스마트 전자정부론》(명승환, 율곡출판사, 2018)

| 무엇을<br>위한 \ 누구를<br>위한 | 국가/정부 | 국민/시민 | 정부-민간-시민<br>협력적 동반자 |
|---|---|---|---|
| 능률성 | 자원의 낭비나 오차 없이 운영되는 국가/정부(정보 대칭) | 합리적 선택이 가능한 정부 정책 및 서비스 | 경제적 효용이 극대화된 거버넌스 체계 및 공공 플랫폼 |
| 분권성 | 상호 견제와 균형적 권력 배분이 가능한 협치형 정부 | 자율적 통제와 주민 역량을 바탕으로 한 지역 경제 | 상황 변화에 바로 대응할 수 있는 통제 가능한 분권형 하위 플랫폼 |
| 신뢰성<br>(보안성) | 투명하고 공정한 정부 | 국민이 절대적으로 신뢰할 수 있는 정부 | 사회적 자본과 신뢰를 바탕으로 한 협력적 동반자 |

＊자료: 《스마트 전자정부론》(명승환, 율곡출판사, 2018)

# 스마트정부
# 구축 전략

대한민국은 한때 전자정부 분야의 선도국으로 평가받았지만, 최근 행정 디지털화와 사이버 안보에서 한계를 드러내며 위기감이 고조되고 있다. 가령 2023년 11월 발생한 국가 행정 전산망 먹통 사태로 정부24, 나라장터 등 핵심 공공 서비스가 마비됐고, 세계 최고 수준의 디지털정부라는 명성에도 장애 발생 직후 대응에 미흡함을 드러낸 바 있다. 사이버 위기에 대응하는 거버넌스 또한 국방·공공·민간 영역이 따로 분절돼 정책과 협업의 한계를 초래해왔다. 이러한 문제는 곧 국가의 디지털 경쟁력 약화로 직결되고 있다. 한때 대한민국은 UN 전자정부 평가에서 세계 최상위를 차지했으나, 2024년 조사에서는 덴마크, 에스토니아, 싱가포르 등이 디지털정부 부문 글로벌 선두로 부상하며 한국을 앞서나가고 있다. 이러한 지표들은 우리가 디지털 국정 운영 패러다임의 대전환에 나서지 않을 경우, 국가의 경쟁력이 급속히 추락할 수 있음을 시사한다.

### 통합 디지털 플랫폼 구축

'하나의 정부, 하나의 플랫폼'을 목표로, 분산된 전자정부 서비스를 통합하는 범정부 AI 기반 스마트정부 플랫폼을 구축해 정부 기관별로 흩어진 공공서비스를 연계·통합해야 한다. 국민이 표준화된 로그인 방식으로 모든 행정 서비스를 이용할 수 있도록 하고, 국민 개개인의 상황에 맞춰 받을 수 있는 혜택을 미리 알려주는 AI 기반 혜택 알리미 서비스를 도입해 국민이 몰라서 놓치는 권리가 없도록 해야 한다. 빅데이터와 AI 분석 기능을 통합 플랫폼에 내재화해 행정 데이터에서 인사이트를 도출하고, 위기 가구 조기 발견이나 정책 효과 예측 등에 활용하는 식으로 예방적 맞춤형 행정 패러다임으로 전환해가야 한다.

### 사이버 안보 강화와 AI 보안 체계 확립

AI 기반 스마트정부의 기반은 안전한 사이버 공간이다. 최근 잇따른 행정 전산망 장애와 해킹 시도는 사이버 안보 역량 강화의 긴요함을 보여준다. 먼저 국가 차원의 사이버 안보 컨트롤타워를 정립하기 위해 사이버 안보 기본법 제정과 거버넌스 개편이 요구된다. 이를 통해 공공·민간·국방 영역별로 대응하는 분절된 체계를 하나로 묶어 일원화된 위기 대응이 가능하도록 해야 한다. 예를 들어 사이버 위기 경보가 발령되면 해당 센터에서 즉각 범정부 대응을 지휘하고, 관계 기관·민간 전문가가 함께 참여하는 합동 대응 팀을 가동하는 방식이다. 또 중요 정보 인프라에 대한 보안 규정과 책임을 명확히 해 소관 기관장의 사이버 안전 책무를 강화하고, 정기적인 모의훈련과 실태 점검으로 준비 태세를 갖춰야 한다.

### 예산·조달 개혁으로 효율 극대화

디지털 시대에 걸맞은 예산 편성·집행 및 조달 시스템의 혁신이 필요하다. 현재 부처별 예산 편성의 칸막이 구조와 비효율적 집행으로는 거대한 디지털 전환을 감당하기 어렵다. 따라서 여러 부처의 디지털 관련 예산을 총괄 조정해 중복 투자를 제거하고 우선순위에 따라 재원을 통합 운용하는 방안을 마련해야 한다. 또 통합 재정 정보 시스템을 도입해 전 부처의 예산 사용 내역을 한눈에 모니터링하고 프로젝트별 예산 집행 실적과 성과를 추적해야 한다. 이를 통해 예산 낭비 요소를 조기에 발견하거나 성과 기반 예산 재배분이 가능하도록 함으로써 한정된 재원을 효율적으로 사용할 수 있을 것이다.

공공 조달 역시 디지털 혁신 친화적으로 개편해야 한다. 현행 조달 절차는 복잡하고 경직돼 신기술 도입에 시간이 걸리거나 혁신 기업의 참여가 어렵다는 지적이 있었다. 그런 점에서 디지털 서비스 전문 계약 제도를 도입해 클라우드 서비스나 AI 솔루션 등은 별도의 간소화된 절차로 신속히 조달할 수 있게 하는 방안 등을 생각해볼 수 있다.

### 스마트 도시 및 지역 디지털 혁신

디지털 정부의 혜택을 지역과 도시 공간까지 확대해 전 국민이 체감하는 스마트 사회를 구현해야 한다. 또 중앙정부의 플랫폼과 연계해 각 지방자치단체가 스마트 도시를 구축하도록 지원해 균형 발전을 이끌어야 한다. 가령 중앙의 통합 플랫폼과 지방의 스마트 도시 플랫폼을 연결해 교통, 에너지, 치안, 환경, 복지 등 도시 서비스 데이터를 통합 관리함으로써 도시 문제를 해결하는 기능을 강화할 수 있을 것이다. 이를 위해 중앙정부 차원에서 지역의 정보화를 지원하거나 광역 단위로 디지털 혁신 협의체를 구성하는 방안을 고려할 수 있다. 재정적으로는 특별 교부금으로 지역의 스마트 도시 인프라 구축을 돕는 동시에 지역이 주도해 창의적인 스마트 사업을 추진할 수 있도록 해야 한다. 또 지역 대학 및 기업과 연계한 '리빙 랩' 등을 통해 지역 주민이 참여하는 서비스 실증으로 피드백을 얻고, 우수 사례를 다른 지역으로 확산해가는 방식도 도움이 될 것이다.

### 민관 협력 강화와 디지털 인재 양성

디지털 시대의 행정 혁신은 정부와 민간이 협력할 때 더욱 가속될 것이다. 정부 내 한정된 인력과 자원만으로는 빠르게 변하는 기술을 따라잡기 어렵기에 민관의 협력 거버넌스를 구축해 지속적인 혁신 동력을 확보해야 한다. 기존 '디지털플랫폼정부위원회'의 한계를 보완할 (가칭) 'AI스마트정부특별위원회' 같은 중심 조직을 두어 산학연의 최고 전문가들이 정책 기획과 집행에 참여하도록 하는 방안을 우선 고려해볼 수 있다. 또는 국무총리 산하에 'AI 스마트정부실'을 두어 일상적인 조정과 프로젝트 관리 기능을 전담하게 해 민간 전문가들의 아이디어를 정책에 신속히 반영하고 부처 간 이견을 조율하는 민관 합동 추진 체계를 갖추는 방안도 있다.

이와 함께 공공과 민간의 인적 교류를 확대해 민간의 우수한 ICT 인재가 공공부문에서 일정 기간 일하며 경험을 제공하고, 공무원도 민간 기업으로 파견돼 신기술 감각을 익히도록 하는 인사 교류 프로그램도 도움이 될 것이다. 예를 들어 매년 주요 부처별로 민간 AI 전문가를 일정 수 이상 채용하거나 자문위원으로 위촉하고, 반대로 공무원은 기술 기업으로 1년 정도 파견 근무 후 복귀해 배운 것을 행정 혁신에 적용하게 하는 방식이다. 또 공공부문 채용과 보상 체계를 유연화해 민간 전문가의 공직 진출 경로를 확대하는 방안도 있다. 데이터 과학자, 화이트해커, 클라우드 아키텍트 등 전문인력을 특별채용으로 모집하고, 성과에 따라 민간 수준의 처우를 제공해 정부 내 부족한 디지털 인력을 보충해야 한다.

디지털 인재 양성 측면에서는 중앙과 지방에 AI 교육 및 연구 허브를 구축해야 한다. 대학과 대학원에 AI·사이버 안보 등의 트랙을 확대해 가는 동시에 실무 교육을 위한 이노베이션 아카데미와 같은 프로그램을 전국적으로 운영하는 것도 고려해볼 수 있다. 공무원 교육에서도 디지털 리터러시와 AI 활용 능력 향상을 위한 상시 재교육 프로그램을 도입해 모든 공직자가 기본적인 데이터 분석 역량을 갖추도록 해야 한다.

### 거버넌스 개편 및 추진 체계 정비

앞선 모든 전략이 성과를 내려면 이를 뒷받침할 정부 조직 개편과 법제도 정비가 필수적이다. 우선은 정부 내 디지털 관련 기능을 통합 조정하는 (가칭) '디지털혁신부'를 신설하는 방안을 검토해볼 필요가 있다. 현재 과학기술정보통신부, 행정안전부, 개인정보보호위원회 등에 분산된 디지털정부 추진 기능을 하나로 모아 전담 부처로 격상함으로써, 일관된 정책 추진이 가능하고 책임성을 확보할 수 있을 것이다. 다만 새로운 부처 신설에 시간이 걸리는 만큼, 과도기적으로는 앞서 언급한 대통령 직속 특별위원회와 총리 산하 추진단으로 핵심 기능을 수행하다가 중장기적으로 부처를 만드는 로드맵을 제시해볼 수 있다.

둘째, 법령 및 규제를 정비하는 일이다. 전자정부법을 개정해 AI 기반 스마트정부의 법적 근거와 데이터 공유의 의무 조항을 명시하고, 국가 사이버안보법을 제정해 각 주체의 책무와 권한, 위기 대응 절차를 규정해야 한다. 또 AI 활용에 따른 개인정보 보호와 윤리 확립을 위해 AI 윤리 기준을 법제화하고, 필요한 경우 새로운 기술에 대한 규제 샌드박스를 도입해 혁신과 안전의 균형을 맞춰나가야 한다. 정부조직법 역시 개정해 새로운 거버넌스에 부합하도록 조정해야 한다. 특히 '디지털플랫폼정부위원회'의 경우 지금까지 대통령령 기반으로 운영됐으나, 향후 'AI스마트정부특별위원회'로 명칭을 변경하고 상위 법령으로 격상시켜 정권의 부침에 따른 정책의 단절 없이 연속성을 가지고 추진될 수 있도록 해야 한다.

셋째, 성과를 점검하고 피드백 메커니즘도 구축해야 한다. 국정 과제로 선정된 디지털 혁신 정책은 분기별로 성과를 점검하고 대통령 또는 국무총리가 주재하는 회의를 통해 진행 상황을 관리해야 한다. 또 민관 합동으로 정책 효과를 평가해 유연하게 보완할 수 있도록, 디지털 옴부즈맨 제도를 도입하거나 국민 참여 평가를 병행하는 것도 하나의 방안이다.

# 과학 외교:
# AI 시대의 기술 주권 확보 전략

AI 기술은 혁신적 기술이면서 국가의 안보, 경제적 리더십, 그리고 기술 패권을 결정하는 핵심 요소이며, 현대 국제질서에서 '권력' 개념을 근본적으로 재정의할 수 있을 정도의 잠재력을 지니고 있다. 최근 중국의 딥시크 모델 출시가 일으킨 파장에서 볼 수 있듯 AI 기술은 미국과 중국, G2 국가 간 패권 경쟁에서 갈등을 심화하는 요인이 되기도 한다. 급변하는 기술 환경 속에서 한국이 AI 기술 주도권 경쟁에서 뒤처지지 않으려면 무엇보다 기술 주권 확립과 글로벌 AI 생태계에서의 리더십 확보가 필수다. 이 지점에서 AI 시대의 기술 주권과 국제 협력이라는 두 가지 목표를 동시에 추구할 수 있는 전략적 도구로서 '과학 외교science diplomacy'가 주목받고 있다.

# 과학 외교의 진화와
## 작동 방식

21세기 국제사회는 기후변화, 감염병, 식량안보, 핵확산, 지정학적 분쟁 등 복합적이고 초국가적 문제에 직면해 있다. 이러한 도전 과제들은 한 국가의 힘만으로는 해결하기가 어렵다. 따라서 국가 간 협력과 신뢰를 증진하는 데 있어서 과학기술의 역할이 점점 더 중요해지는 추세다.

2010년 영국의 왕립학회Royal Society와 미국의 과학진흥협회AAAS는 〈과학 외교의 새로운 국경New Frontiers in Science Diplomacy〉이라는 보고서를 통해 '과학 외교'를 새로운 외교 패러다임으로 제시한 바 있다.[121] 과학 외교는 유동적인 개념인데, 다음과 같은 3가지 차원으로 구분된다. 첫째는 '외교 속 과학science in diplomacy'으로 외교정책을 수립하고 실행하는 과정에서 과학적 자문과 증거 기반 정책을 활용하는 접근법이다. 둘째는 '과학을 위한 외교diplomacy for science'인데, 외교적 자원과 채널을 통해 과학 분야의 국제 협력을 촉진하는 방식이다. 셋째는 '외교를 위한 과학science for diplomacy'이다. 이는 비정치적인 과학 협력을 통해 국가 간 정치적 긴장을 완화하고 상호 신뢰를 구축하는 기능을 가리킨다.

이러한 구분법이 과학 외교 전문가와 연구자들이 그간 중요한 준거로 삼아왔던 프레임워크인데, 최근 영국 왕립학회와 미국 과학진흥협회는 국제 환경의 변화를 반영해 다시 새로운 보고서를 내놓았다. 이 보고서는 기존 3가지 분류법을 더 간결하고 유연한 틀로 재구성해 2가지 구분 방식을 제안하고 있다. 하나는 '과학이 외교에 영향을 미치는 방식science impacting diplomacy'인데, 과학이 외교정책이나 국제 관계에 어떻게 영향을 주는지에 초점을 맞춘 접근법이다. 다른 하나는 '외교가 과학에 영향을 미치는 방식diplomacy impacting science'으로 외교적 활동이 과학 연구, 국제 협력, 연구 자금 지원 등에 어떻게 영향을 미치는지 다루는 관점이다. 이 새로운 구분법은 과학과 외교 간 상호작용을 더 직관적이고 실용적으로 이해할 수 있게 해주며, 빠르게 변화하는 국제 환경에 더 유연하게 대응할 수 있는 프레임워크를 제공한다.[122]

국제질서의 변화와 함께 과학 외교의 개념에 대한 정의 또한 진화하고 있다. 어쨌거나 과학 외교란 근본적으로는 과학과 외교가 상호작용하며 국제사회의 공동 도전 과제를 해결하고 국가 간 관계를 형성·조정·심화하는 모든 활동을 포괄하는 개념이다. 따라서 과학과 외교를 이분법적으로 나누기보다는 그 상호작용성이나 상보성에 주목할 필요가 있다. 복잡성과 상호 연결성이 점점 커지는 현대 국제질서에서 과학 외교는 국가안보, 기후 거버넌스, 보건 외교, 기술 표준 등 다양한 분야에 걸쳐 중요한 글로벌 의제로 부상하고 있다. 외교의 과학 활용, 과학의 외교 활용 등 단순한 구분법을 넘어, '과학과 외교의 공진화'라는 역동적인 체계로 바라보는 시각이 바람직할 것이다.

앞서 살펴본 구분 방식은 모두 과학 외교의 작동 방식을 기능적으로 설명하고 이해하는 데 유용한 틀이다. 하지만 AI와 같이 기술적 복잡성과 정치적 민감성이 중첩된 분야에서는 여러 기능과 역할이 상호 교차하면서 더 복합적인 양상으로 나타날 수 있다.

무엇보다 AI는 이중적 특성이 있다. 한편으로는 기후변화 대응, 보건 위기 예측, 자연재해 경보 시스템 등 국경을 초월한 인류 공동의 문제를 해결하는 데 기여할 수 있는 공공재 성격을 지닌다. 하지만 다른 한편으로는 국가의 기술적 우위와 안보 역량을 좌우하는 전략 자산으로서 지정학적 갈등의 핵심 요인이 되기도 한다. 이런 이중적 특성은 국제 질서 형성 과정에서 협력과 경쟁이 동시에 작동하게 만들며 구조적 긴장을 부를 수밖에 없다.


# AI 생태계의 특성과
# 과학 외교의 이점


AI 기술은 그 고유한 특성으로 복합적인 글로벌 생태계를 형성한다. 따라서 실현 가능한 과학 외교 전략을 수립하기 위해서는 AI 기술의 특성과 현상에 대한 이해가 선행돼야 한다. 무엇보다 AI 기술은 초국가적 성격을 띤다. 데이터의 자유로운 이동, 클라우드 기반의 연산 처리, 개방형 코드, API의 국제적 확산 등을 통해 AI 기술은 국경을 넘어 전 세계적으로 빠르게 전파되는 특성을 보인다. 초국가적 성격은 결국 표준화 경쟁의 중요성으로 이어진다. 알고리즘의 공정성, 설명 가능성, 안전성, 윤리적 설계 등에 관한 글로벌 기술 표준과 윤리 규범을 어떻게 형성하는지가 미국, 중국, EU 등 주요 기술 강국 간 정치적 경쟁의 대상이 되는 까닭이다. 물론 이러한 이슈에 대해서는 여전히 국제적으로 합의된 체계가 없는 상황이라서 국제적 규범과 거버넌스의 공백 문제가 우리가 당면한 최대 과제 중 하나다.

그런가 하면 기술 패권 시대를 이끄는 핵심 자산의 불균형 문제가 과거와 달리 중요한 글로벌 이슈가 되기도 한다. 대규모 데이터와 접근성, 고성능 컴퓨팅 자원, AI 인재 등의 편중 현상이 국가 간 기술 격차를 심화시키는 요인으로 작용하기 때문이다.

이러한 AI 글로벌 생태계에서 과학 외교를 추진함으로써 얻을 수 있는 이점은 무엇일까? 우선 글로벌 AI 거버넌스 체제에서 우리나라의 위상과 영향력을 높일 수 있으며, 국가 간 전략적 협력 관계를 심화시켜 안보와 기술 경쟁력을 동시에 강화할 수 있다. 또 AI 분야의 공동 연구 개발과 상용화를 통해 새로운 시장과 비즈니스 기회를 창출함으로써 국가 경제 성장의 새로운 동력을 확보할 수 있다.

기후변화, 팬데믹, 사이버 안보 등 초국가적 위협에 대응하기 위한 AI 기술과 데이터 네트워크를 구축하면 국가적 위기 대응 역량도 강화할 수 있다. 국제 협력을 통해 얻은 선진 지식과 경험을 국내 연구기관과 공유하고 이를 확산한다면, 국내 AI 혁신 생태계의 활성화도 기대할 수 있다. AI 기술을 활용한 글로벌 도전 과제 해결과 개발도상국 지원 등은 우리나라가 책임 있는 기술 강국으로서의 이미지를 구축하는 데 기여하고, 외교적 협상력과 국제적 신뢰를 높이는 효과도 발휘할 수 있다. AI 기술은 혁신성과 문제 해결 능력을 바탕으로 국가의 매력과 신뢰도를 높일 수 있어, 소프트파워의 핵심 자원도 될 수 있다. AI 분야를 선도하는 국가는 국제 협력과 국제적 규범 설정 과정에서 자연스럽게 주도권을 확보하며, 이를 통해 전 세계에 영향력을 행사할 수 있을 것이다.

## AI 과학 외교의
## 전략 방향

앞서 살펴본 것처럼, 글로벌 AI 이슈는 개별 국가가 독자적으로 해결하기 어려운 과제가 됐으며, 이는 과학 외교를 통한 국제적 협력과 정책 조율의 필요성을 의미한다. 이런 맥락에서 AI 기술을 과학 외교에 활용할 수 있는 몇 가지 전략 방향을 살펴보면 다음과 같다.

### AI 전문가 커뮤니티 중심의 공공 과학 외교 추진

공공 외교 차원에서 AI 과학 외교를 강화하고 글로벌 AI 거버넌스 구축에 적극적으로 참여해야 한다. 공공 외교란 국가가 문화, 지식, 기술 등을 매개로 외국 정부가 아닌 외국 국민, 기업, 단체를 대상으로 이해와 신뢰를 증진하는 활동을 아우른다. 오늘날 외교의 주체와 대상은 더 이상 정부에만 국한되지 않으며, 특히 과학 외교에서는 과학자, 과학 단체, 기술 기업의 역할이 중요하다.

AI는 국가안보, 산업 경쟁력, 사회 구조 전반에 미치는 광범위한 영향력으로 국제 관계의 핵심 의제로 부상했다. 그러나 AI 기술 발전 속도가 전통적인 정부 간 협상 과정과 속도를 앞질러 가고 있어, 과학 공공 외교 모델을 통한 실질적 국제 협력이 절실한 상황이다. AI 기술 특성상 정부는 정책 프레임워크를 제공하되, 실질적 기술 논의와 표준 설정은 전문가들이 주도하도록 지원하는 것이 바람직하다. 시민사회, 과학 기술 단체, 민간 기술 기업이 참여하고 외국 과학자 단체 및 기술 기업과의 협력·신뢰 관계를 구축하는 다층적 협력 체계를 통해 정치적 고려를 배제한 전문가 커뮤니티 중심의 공공 과학 외교를 추진하고 지원해야 한다.

AI 윤리, 안전성, 투명성, 프라이버시 보호 등 글로벌 이슈에 대응하기 위해서는 국제표준화기구ISO와 국제전기기술위원회IEC의 공동기술위원회, 그리고 인공지능글로벌파트너십GPAI 등의 다자협력 플랫폼에 전문가 그룹과 기술 기업이 참여할 수 있도록 지원을 아끼지 않아야 한다. 가령 인공지능글로벌파트너십은 각국 정부, 학계, 산업계, 시민사회가 함께 참여해 책임 있는 AI 개발과 데이터 거버넌스, 미래 일자리 등 주요 이슈에 대해 실질적 협력과 정책 조율을 돕는 과학 외교의 성공 사례다. 표준을 선도하는 국가는 국제 표준을 통해 기술 주권과 산업 주도권을 확보할 수 있으며, 이를 AI 과학 외교의 전략적 수단으로 활용할 수도 있다. 그 과정에서 정부는 국제 AI 포럼, 전문가 교류 프로그램 등 제도적 플랫폼을 구축하고 재정적·행정적 지원을 제공하는 역할을 맡아야 한다.

### 지식 공유와 과학 외교를 위한 플랫폼화

AI 분야 국제 연구 협력 및 과학 외교 플랫폼화도 필요하다. AI 국제 공동 연구 센터 설립이나 다국적 펀딩 설계를 통해 국가 간 연구 자원과 지식 공유 활동을 촉진해야 한다. 특히 2025년부터 한국이 EU 최대의 연구개발 지원 프로젝트인 '호라이즌 유럽Horizon Europe'의 준회원국으로 참여하는데, 이 기회를 잘 활용하면 AI 연구 및 윤리 규범 형성에 선도적 역할을 하는 유럽과의 협력을 강화할 수 있을 것이다.

### AI 선도국과 다층적 협력 체계 구축

중국의 AI 패권에 대응하기 위해서는 미국, 일본과의 AI 연구 협력을 한·미 간, 한·일 간, 한·미·일 간 등 다차원적으로 강화할 필요가 있다. 미국의 선진 AI 연구 역량과 한국의 응용 기술 및 데이터 처리 강점을 결합한 상호 보완적 협력 모델을 구축하고, 양국 간 AI 인재 교류 및 공동 교육 프로그램을 확대해야 한다. 다른 한편으로는 일본의 로봇 공학과 자동화 분야 기술과 한국의 디지털 전환 역량을 결합해 산업 AI 응용 분야에서 시너지를 창출하고, 아시아 지역 AI 윤리 및 거버넌스 프레임워크를 공동으로 개발하는 것을 생각해볼 수 있다.

### 과학 외교 전담 추진 체계 강화

과학 외교의 추진 체계를 정비하고 역량을 조직화하는 일도 시급한 전략 과제다. 글로벌 AI 기술 패권 경쟁이 심화하는 가운데, 우리나라의 과학기술 외교 전반에 대한 체계적인 정비와 조직화가 시급하다는 데는 이론의 여지가 없다. 현재 외교부 내 AI 외교를 담당하는 조직은 규모나 인력은 제한적인데, AI, 우주, 양자컴퓨터, 바이오 등 다양한 첨단 기술 외교를 포괄적으로 담당하고 있다. 이런 한정된 인력으로는 전문성과 대응 역량에 근본적 한계가 있다.

반면 주요 선진국들을 보면 과학 외교 전담 조직을 대폭 강화하고 있다. 미국은 사이버공간 및 디지털 정책국과 핵심신흥기술특사실을 신설해 90명 이상의 전문인력을 배치했으며, 영국은 2022년 6월 경제·과학기술국을 신설했고, 프랑스는 AI 및 디지털 전환을 전담하는 국무장관직을 두고 있다. 또 스위스는 번영 및 지속가능성국과 디지털화국 등 2개의 부서를 두고, 과학 외교 특별대표 대사직도 별도로 운영하고 있다.[123]

이처럼 선진국들이 과학 외교 역량을 체계적으로 강화하는 이유는 국제 AI 거버넌스 논의에서 자국 이익을 효과적으로 대변하고, 글로벌 규범 형성 과정에서 주도권을 확보하기 위해서일 것이다. 우리 역시 이러한 흐름에 발맞춰 기존 조직의 기능과 역할을 정비하고 전문 인력을 대폭 확충해야 한다. 동시에 부처 간 협업 체계를 강화하고 민간 전문가와의 연계를 확대하는 등 과학 외교 추진 체계를 유기적으로 재조직할 필요가 있다.

### 연결된 자율성 확보

글로벌 기술 질서 속에서 전략적 자율성과 영향력을 확보하기 위해서는 '연결된 자율성connected autonomy'이라는 새로운 기술 주권 개념을 반드시 전제해야 한다. 이는 글로벌 기술 생태계와의 연결성을 유지하면서도 핵심 기술 영역에서는 자율적인 의사결정과 전략적 영향력을 확보하려는 균형적 접근이며, AI 기술에도 적용해볼 수 있다. 예컨대 자율주행 차량이나 드론과 같은 첨단 AI 시스템이 글로벌 네트워크와 실시간으로 연결돼 데이터를 교환하면서도, 각국의 규제 환경과 현지 요구에 따라 독립적으로 의사결정을 내리는 구조는 '연결된 자율성'의 실용 사례라고 할 수 있다.

# 지식 외교 시대,
# 글로벌 AI 거버넌스와 한국의 역할

주지하다시피 과학기술은 국가경쟁력의 핵심 요소이며, 따라서 첨단 기술 분야에서 선도적 위치를 확보한 국가는 국제사회에서 더 많은 영향력을 행사할 수 있다. 한국처럼 단기간에 기술 강국으로 성장한 국가는 적극적인 과학 외교를 통해 국제사회에서의 지위에 걸맞은 역할을 찾을 수 있을 것이다.

AI는 단순한 과학기술 범주를 넘어 인류의 가치 체계와 미래 사회 질서에 근본적인 질문을 던지는 총체적인 의제가 될 수 있다. 따라서 AI 과학 외교는 기술 차원뿐만 아니라 윤리적·규범적·제도적 측면까지 포괄하는 다층적인 접근이 필요하다.

이런 복합적 도전에 대응하기 위한 실천적 메커니즘으로서 과학 외교는 공존의 질서를 설계하는 '지식 외교knowledge diplomacy'의 도구로 진화할 수 있다. 특히 글로벌 기술 질서의 공정성, 포용성, 지속가능성을 증진하는 핵심 수단으로 자리매김할 수 있다.

대한민국이 AI 강국으로 도약하려면 기술 경쟁력뿐만 아니라 과학 외교를 통해 글로벌 AI 거버넌스의 핵심 플레이어로 부상해야 한다. 이를 위해 외교부, 과학기술정보통신부, 산업통상자원부 등 관련 부처 간 유기적 협력이 필수이며, 학계, 산업계, 시민사회가 함께 참여하는 AI 거버넌스 구축도 병행해야 한다. 또 양자 협력, 지역 협력, 글로벌 다자 협력 등 다양한 외교 채널을 통해 AI 관련 국제 논의와 협력에 참여함으로써 국제사회에서 우리나라의 입지를 공고히 해야 한다. 요컨대 AI 과학 외교는 글로벌 디지털 질서 재편과 인류 공동의 미래 설계에 참여할 수 있는 강력한 수단이자 효과적인 방법이라고 할 수 있다.

# AI 인지전:
# AI가 바꾸는 전장의 모습

오늘날 AI는 강대국 간 기술 패권 경쟁의 승자를 결정짓는 가장 중요한 변수이자 국가의 경제·산업, 군사, 행정, 정보와 커뮤니케이션 등 전 영역의 발전을 좌지우지할 핵심 기술이다. 이미 현대 전쟁의 무기체계에 본격적으로 적용되고 있는 AI 기술의 파괴력은 최근의 러시아-우크라이나 전쟁과 이스라엘-하마스 전쟁을 통해 증명되고 있다. AI 기술이 탑재된 자율 드론은 장거리에서도, 야간에도 공격 대상을 정확하게 식별하고 정밀 타격을 수행하는 파괴력을 보여줬고, 이미 AI 드론전이 본격화되고 있다. AI 기술의 정밀 탐지 능력 및 실시간 정보 수집과 분석 능력은 정보의 우위가 곧 전장의 우세라는 점을 보여주며 앞으로 미래 전쟁의 승패는 화력에 앞서 정보전information warfare과 사이버전에서의 우위가 좌우할 것임을 예고하고 있다.

# AI에 의한 정보 우위와
# 전투력의 증강

이미 러시아-우크라이나 전쟁과 이스라엘-하마스 전쟁에서 AI는 적에 대해 실시간으로 수집한 정보를 즉각적인 공격으로 연결하는 역할을 하고 있다. AI 기술을 탑재한 다양한 사물인터넷과 드론 등의 감시정찰은 전장에서의 정보 우위를 확보할 뿐 아니라 타격 대상을 정밀 탐지하고 공격의 파괴력을 강화하고 있다. 우크라이나는 러시아군을 식별하기 위한 알고리즘 프로그램인 클리어뷰AI를, 이스라엘은 살상 대상 식별 알고리즘인 라벤더Lavender를 가자 지역에서 사용하고 있다.

AI 기술은 전장에서의 전투력을 강화하는 데 다양하게 적용되고 있는데, 예를 들어 미국 국방성은 마이크로소프트와 계약을 체결하고 'IVASIntegrated Visual Augmentation System'로 불리는 증강현실 기술이 적용된 스마트 헬멧을 개발하고 있다. 이 기술은 현실을 보여주는 영상과 컴퓨터가 생성한 영상을 혼합해 보여주는 것이 핵심이다.[124] 또 세계적 방산업체인 영국의 BAE시스템스BAE Systems가 개발한 전투기 조종사용 스마트헬멧인 '스트라이커 IIStriker II'는 야간과 저조도에서도 표적에 대한 정보를 조종사에게 실시간으로 전송해 신속한 의사결정을 돕는 데 효과가 있는 것으로 평가되고 있다.

또 AI 기술은 우주 기술과도 빠르게 융합되면서 전장에 중대한 영향을 끼치고 있다. 전통적으로 항공 수단을 이용해왔던 군의 감시정찰 활동이 최근 우주 영역의 임무로 전환되면서 국가의 감시정찰 능력이 획기적으로 강력해졌다. AI가 실시간으로 수집한 대규모 데이터를 위성에 탑재된 AI 시스템이 실시간으로 분석하는 것이 가능해졌기 때문이다. 이처럼 전장에서의 정보 우위는 AI 기술이 좌지우지한다고 볼 수 있다. 따라서 앞으로 국가의 안보는 국토에 대한 정밀하고 방대한 정보를 수집·분석하고 다양한 군사작전을 가능하게 하는 AI 기술이 적용된 우주 자산에 달려 있다고 해도 과언이 아니다.

AI 감시 기술을 통해 수집되는 데이터는 '핵 억지'와 같이 국제사회의 평화를 구축하는 데도 기여할 수 있다. 이미 군사 분야에 광범위하게 사용되고 있는 AI 감시 기술은 원거리 정밀 탐지를 통해 핵물질이나 핵무기 등 핵 프로그램의 안전 관리와 검증 효과를 증대시켜 국제적 핵비확산non-proliferation과 군축에 영향을 준다. 내전이나 테러리즘에 대해서도 AI 기술은 국가나 비국가 행위자가 취할 수 있는 다양한 위협을 감시하고 평화유지활동PKO, Peace-Keeping Operation을 지원할 수 있다.

한편 AI 기술을 이용한 사이버 공격이 발생했을 때, AI 기술을 이용한 탐지 시스템이 부재할 경우 시스템을 방어하는 것이 불가능하다. 결과적으로 오늘날 사이버 공격과 방어는 알고리즘과 알고리즘 간의 대결로 전환되고 있다.


## 정보 내러티브의 무기화와
## 인지전의 상시화

고도로 발전하고 있는 정보 통신 기술ICT의 전방위적 상호 연결이 등장시킨 초연결 정보 커뮤니케이션 환경은 이러한 네트워크를 통해 전달되는 정보의 양과 속도를 급증시키고, 국내 여론과 세계 여론의 경계를 무의미하게 만들고 있다. 개인, 언론, 사회단체, 정부 기관 등 다양한 주체가 생산하고 사이버 공간을 통해 발신하는 정보와 메시지는 자국 뿐 아니라 타국의 여론과 정책 결정 과정에도 영향을 끼칠 수 있다.

특히 '정보'의 역할이 어느 때보다도 결정적인 '전시'에는 군의 전투 의지와 전체 사회의 항전 의지를 무너뜨리고 전장에 대한 정확한 상황 인식을 방해해 '싸우지 않고도 이기는' 방식으로 전황을 좌지우지할 수 있다. 즉 물리적 충돌 없이도 적국 사회에 허위·조작 정보를 퍼뜨려 적국의 여론을 교란하고 극심한 혼란과 갈등을 유발 및 증폭시킴으로써 궁극적으로 공격 목표로 삼은 국가를 혼란에 빠뜨려 안보를 약화시키는 것으로, 이러한 심리전을 '인지전cognitive warfare'이라고 한다.

현재까지도 계속되는 러시아-우크라이나 전쟁과 이스라엘-하마스 전쟁에서 소셜 미디어를 이용한 인지전은 주로 소셜 미디어 플랫폼에서 허위·조작 정보나 가짜뉴스를 확산하는 방식으로 전개되고 있다. 인지전의 공격 무기인 허위·조작 정보의 유형은 자국의 전쟁 이슈를 뒷받침해주는 프로파간다 내러티브를 담은 텍스트 혹은 이미지나 영상으로 나타난다. 국가는 IT 기업, 범죄 조직, 학술 기관, 민간단체 등으로 은폐하거나 위장시킨 대리인, 즉 프록시proxy 세력을 이용해 이러한 콘텐츠를 만들게 하고 첨단 ICT와 AI 알고리즘 프로그램을 통해 대규모로, 그리고 실시간으로 확산시킨다. 이 때문에 공격 대상국이 경험하는 정보의 피해는 즉각적이고 무차별적이다. 싸우지 않고도 다른 국가를 붕괴시키는 이러한 인지전은 정보와 내러티브를 무기로 사용해 국가를 '전복'시키려는 목적을 추구한다.

인지전을 수행하는 국가는 자신의 위협을 과대 포장해 공격 대상이 정치적으로 빠르게 타협하도록 유도하고, 적국 지휘부와 대중 및 국제 여론도 공격 주체의 내러티브를 받아들이게 해 공격 대상에게 외교적 압력을 가할 수 있다. 인지전은 또한 공격 대상 국가의 정책을 비도덕적·비윤리적으로 보이게 만들고 법·정치 제도의 정상적 기능을 마비시켜 공격 대상 국가의 정치적 정당성political legitimacy을 훼손하고 정부에 대한 대중의 신뢰가 상실되게 만들 수도 있다.

최근 러시아는 개인 휴대전화나 PC를 감염시켜 허위·조작 정보를 지속해서 제공하는 앱이나 웹사이트를 사용하게 만들어 인지전 공격과 첩보 활동을 한꺼번에 수행하는 전술을 펴고 있다.[125] 러시아의 이러한 수법은 우크라이나의 군 징집 대상 시민을 대상으로 수행된 바 있다. 우크라이나 정부가 징집 대상 나이를 25세로 낮추고 징병 대상이 되는 우크라이나 국민이 개인정보를 업데이트하도록 하자 러시아 해커 조직(UNC5812)은 텔레그램에서 'Civil Defense'라는 계정을 통해 인지전을 펼쳤다. 이 계정은 사용자들에게 정보를 변조·유출할 수 있는 이른바 멀웨어malware, malicious software 바이러스가 숨겨진 소프트웨어를 내려받도록 유도했고, 이 앱을 통해 징집과 관련된 부정적 내용의 가짜 영상을 지속하여 제공한 바 있다.

이스라엘-하마스 전쟁의 사이버 인지전은 국가와 테러 단체 간 대결로서, 다양한 군사적 정보 작전IO, Information Operations 조직과 역량을 갖춘 국가에 대해서도 테러 집단이 디지털 커뮤니케이션 수단과 생성형 AI를 이용해 인지전 위협을 가할 수 있음을 보여준 계기가 됐다.

하마스의 사이버 인지전이 이스라엘을 압도한 것은 하마스가 AI 봇AI bot 계정을 더 공세적으로 사용했거나, 팔레스타인을 지지하는 중동권이 협공한 결과일 수 있으며, 혹은 금전적 이익을 위한 목적으로 팔레스타인을 지지하는 콘텐츠를 악용하는 세력이 있을 수 있다. 하마스의 사이버 인지전에는 이란, 러시아, 중국이 적극적으로 대외 메시지 발신에 공조했고, 이스라엘의 경우 민간인 희생자 급증 등의 전황에 서방의 입장이 영향을 받으면서 이스라엘에 대한 공세적 공조에 한계가 있었다.[126]

AI 기술 기반의 봇을 사용한 인지전은 2016년 전후로 시작되었다. 2016년 미국 대통령 선거 직전 1개월 동안 트위터에서 수집한 선거 관련 게시글을 봇 감지 프로그램으로 분석한 결과, 5분의 1이 봇에 의해 작성되었으며, 주로 트럼프 대통령 후보에 대해 우호적 성향을 보였다는 사실이 발견된 것이다. 러시아는 2024년 미국 대통령 선거 때도 미국 여론을 교란하기 위해 딥페이크 영상을 포함한 허위·조작 정보를 소셜 미디어 플랫폼으로 유포하는 인지전과 사이버 공격을 수행했다. 미 대선을 겨냥한 러시아의 사이버 인지전은 당시 바이든 대통령과 해리스 부통령을 공격하는 내용이 압도적으로 많았고, 러시아-우크라이나 전쟁과 이스라엘-하마스 전쟁에 대한 미국의 정책도 주요 이슈로 사용되었다.

이처럼 인지전이 전시와 평시 모든 상황에서 전개될 수 있는 점에서 사이버 공론장이 개방돼 있는 민주주의국가는 이러한 공격에 더 취약하다. 따라서 외부의 인지전 공격에 대응하려면 정보 분별은 물론 봇 계정이나 가짜 웹사이트 폐쇄와 같은 조치를 상시로 펼쳐야 하는 상황에 놓인 셈이다.

# 뇌과학의 발전과
# 인지전의 새로운 진화

인지전은 적국의 정치 지도자들과 군 지휘부의 의사결정 체계를 파괴하는 것을 목적으로 하기 때문에 궁극적으로 인간의 '뇌'에 대한 공격도 추구한다. 만약 허위·조작 정보나 가짜뉴스와 같은 정보를 무기로 사용하지 않고 직접 뇌를 공격하는 것이 가능하다면 인지전의 전개 주체는 후자의 공격 방식을 선택할 것이다. 뇌과학이 발전하면서 이러한 방식의 공격이 현실화되고 있다.

기존에 인간의 심리 차원에서 설명했던 인간의 감정이나 사고를 이제는 인간의 뇌에 대한 직접적인 관찰을 통해 설명할 수 있다. 인간이 슬프거나 기쁘거나 분노하거나 사랑에 빠졌을 때 뇌의 어떤 부분이 활성화되는지, 뇌파가 어떻게 달라지는지 관찰하고 실증적으로 설명할 수 있게 되면서 심리학에 근거해 설명해왔던 인간의 마음을 뇌과학으로 증명할 수 있게 된 것이다. 인지전 차원에서 설명하면, 사람이 특정 생각이나 행동을 할 때 나타나는 뇌파를 전기신호로 바꿔 AI로 분석하고, 그 결과를 활용해 특정 개인이나 그룹을 뇌파(전기신호)로 공격해 이들의 감정 상태를 바꾸고 특정 행위를 촉발하는 공격이 가능하다는 얘기가 된다.

AI가 적용된 무기체계에 대한 공격도 인지전의 일부로 볼 수 있다. AI가 인간과 하나의 팀이 되어 군 지휘부의 의사결정을 보완(인간에게 통찰력, 지식, 조언 제공) 혹은 대신할 수 있기 때문이다. 뇌과학 연구를 통해 얻은 실증적 데이터가 다시 인간의 뇌를 닮으려는 AI 알고리즘 개발에 사용되면서 뇌에 영향을 끼치려는 모든 인지전 공격은 곧 인간의 의사결정을 돕거나 대신하는 AI의 작동 방식에 문제를 일으키려는 시도, 즉 AI 학습 데이터에 대한 공격으로 이어질 것이다.

이러한 맥락에서 인지전 연구는 신경 무기neuro-weapon 개발이나 슈퍼 솔저supersoldier 개발과도 연결되고 있다. AI 기술이 적용된 외골격 로봇 엑소스켈레톤exoskeleton, 뇌-기계 인터페이스brain-machine interface, 야간 비전night vision, 생체 모니터링 기기biometric monitoring device, 그리고 GPS 및 커뮤니케이션 기능이 있는 웨어러블 기기의 오작동을 유발하는 일이 곧 인지전 공격이 될 수 있다. AI 기술에 대한 다양한 공격은 적군의 작전 수행을 방해하고 좌절시킬 수 있기 때문이다. 이렇게 볼 때 앞으로 AI 기술이 무기체계에 더 깊숙이 적용되고 군사작전에서 인간과 AI의 팀워크가 차지하는 비중이 더 커질수록 인지전은 경쟁국이나 적국의 알고리즘에 대한 공격의 성격을 띨 것이다.

이런 배경 속에서 세계의 주요 기술 강국은 뇌과학과 뇌-컴퓨터 인터페이스 기술의 개발에 총력전을 펴고 있다. 미국은 2013년 오바마 행정부 시기에 시작한 '브레인 이니셔티브'의 수정 계획인 '브레인 이니셔티브 2.0'을 출범했고, 국방부 산하 국방고등연구계획국이 주도하는 다양한 프로젝트를 통해 뇌과학과 AI 기술을 군사적으로 무기화하는 연구를 추진하고 있다. 다만 중국과 달리 이러한 프로젝트에 굳이 '인지전'이라는 자극적 용어를 붙이지 않고 있다. 유럽에서도 2013년 '인간 뇌 프로젝트'를 시작했고, NATO를 중심으로 뇌과학과 AI 연구를 융합한 인지전 연구를 활발하게 진행하고 있다.

중국의 경우 중국과학아카데미CAS의 주도 아래 뇌과학을 적용한 AI 기술을 발전시키기 위해 2016년부터 2020년까지 '중국 뇌 프로젝트'를 추진했다. 중국은 특히 군인의 전투 능력 증진에 활용하는 등 뇌과학을 군사화하고 있으며, 미국과 같은 경쟁국에서 영향력이 큰 인사에 대한 대규모 개인정보를 수집하고 있다. 중국군의 인지전 교리에는 초단파microwave를 이용해 적군의 뇌 기능을 조작할 수 있는 '인지 개입 기술'이나 수면 부족 상황에서도 신속한 의사결정 능력을 유지하게 하는 식의 '인지능력 강화 기술' 등이 포함돼 있다.

# 미래 전쟁에 대한
# 한국의 대응 방향

인지전과 국가 배후 허위·조작 정보의 유포 등을 심각한 안보 위협으로 인식해야 한다. 신경 무기 개발과 같은 뇌과학의 무기화에 앞서 우리의 사이버 공간에 대한 감시와 상황 인식 능력을 강화함으로써 대응해야 한다.

또 인지전의 다양한 가상 시나리오를 선제적으로 구상해 정부 각 부처와 민간의 각 기관이 국가 차원의 위기 사태를 가정한 시뮬레이션 훈련을 진행할 필요가 있다. 군사안보, 정치사회, 환경 등 다양한 영역에서 국가 위기를 유발하기 위해 유포되는 허위·조작 정보의 다양한 내러티브는 매뉴얼을 준비해놓을 경우, 유사한 상황에서의 대응을 효과적으로 이끌 수 있기 때문이다.

사이버 공간에서의 정보 분별 및 신속한 의사결정과 위기 대응을 위해서는 범부처 전략 커뮤니케이션 체제와 정보 공유 플랫폼도 필요하다. 사이버 공간을 감시하는 데 있어 민관 공조, 민간의 안보관 증진 및 시민사회에 대한 관련 정보와 지식의 신속한 제공도 사회 전체의 대응 역량을 강화하는 데 도움이 될 수 있다. 사이버 공간에서의 정보 이동에는 국가 간 경계가 없다는 점에서 동맹 및 우호국과 정보 협력을 강화하는 일도 필수 과제일 것이다.

# 6

## 경제 분야 미래전략
## Economy

# 금융 혁신:
# 신뢰 잃은 금융의 새로운 시도

지금 세계는 이제까지 한 번도 겪어보지 못한 구조적 변화를 겪고 있다. 지정학적 갈등이 고조되는 가운데 전략적 산업의 육성 및 낙후 사업 전환에 대한 금융 지원 기능이 미흡할 경우, 실물경제의 쇠퇴로 이어질 수밖에 없는 상황이다. 그러나 한국의 금융은 지금까지 양적으로는 과도하다 싶을 정도로 성장했지만, 본연의 자금 중개 기능을 제대로 해왔느냐는 부분에서는 의문이 제기된다. 과잉 금융으로 가계부채 문제와 주택 가격 불안이 야기됐고, 무분별하게 재연된 부동산 PF Project Financing 대출 집중으로 금융시장이 여전히 불안한 데다, 그간의 정책적 금융 지원 노력에도 많은 자영업자와 중소기업은 과도한 빚에 시달리며 재기하기 어려운 상황에 놓여 있기 때문이다.

금융의 신뢰도 크게 위협받고 있다. 라임, 옵티머스 등 사모펀드와 DLF(해외 금리 연계 파생 결합 상품), ELS(주가 연계 증권) 등의 판매 과정에서 심각한 고객 손실 사태가 발생했고, 금융권의 횡령 및 부당 대출 사태도 빈번하다. 이런 문제는 대형화된 금융회사에 그에 걸맞은 윤리의식과 조직문화가 형성되지 못한 데서도 연유한다. 금융 감독 당국은 범죄를 수사하듯 위반 사항을 적발하는 데 급급하고 정치적 영향으로부터 자유롭지 못한 모습을 보인다. 2024년 기준 코스피지수의 PBR(주가순자산 비율)이 0.84 수준인 데 비해 KRX은행 지수의 PBR은 0.44로 그 절반 수준에 머물고, KRX보험 지수는 0.50, KRX증권 지수는 0.46에 불과했다. PBR은 주가를 1주당 순자산(장부 가격에 의한 주주 소유분)으로 나눈 것으로 주가가 1주당 순자산의 몇 배로 매매되고 있는가를 나타내며, 경영의 종합력이 뛰어날수록 배율이 높아진다고 할 수 있다. 낮은 PBR에서 보여지듯 금융회사에 대한 시장의 평가는 저조하기만 하다. 그래서 지금 바로 금융의 근본적인 혁신이 필요한 것이다.[127]

## 미국과 유럽의 금융개혁 추진[128]

2008년 글로벌 금융위기 이후 각국은 국제 협력을 통해 금융 규제의 국제기준을 조율하고 강화해왔으나, 트럼프 2기 행정부의 출범으로 국제경제 질서에 근본적 변화가 일어났다. 그런 가운데 미국과 유럽 등 주요국은 자국 산업 경쟁력 제고를 위해 금융 부문에서 독자적 개혁을 모색하고 있다. 미국은 트럼프 대통령 재집권 이후의 보수적 정책 로드맵으로서, 싱크탱크인 헤리티지재단이 주도해 2023년 작성된 〈프로젝트 2025〉를 기반으로 시장 자율 확대 중심의 금융개혁을 추진하고 있다.

소비자금융보호국CFPB 해체를 시도한 데 이어 금융 감독 기관 간 기능 조정과 사모투자 저변 확대 및 공모제도 규제 완화를 통한 자본시장 활성화 등이 본격 추진될 것으로 보인다. EU는 2024년 9월 마리오 드라기 전 유럽중앙은행ECB 총재 주도로 작성된 〈드라기 보고서(유럽 경쟁력의 미래 보고서The future of European competitiveness)〉를 토대로 가계 저축을 생산적 투자로 연결하기 위한 '저축과 투자 연합SIU'을 중심으로 자본시장 규제 간소화, 유동화 시장 활성화, 공공·민간 매칭 투자 확대 등 금융개혁을 추진하고 있다.

미국과 유럽 모두 2008년 금융위기 이후 강화된 규제를 다시 조정하고 은행 건전성 규제의 완화, 감독 중복의 해소, 자본시장 중심 금융 구조로의 전환 등을 추진한다는 점에서 공통점이 있다. 다만, 미국은 규제 철폐와 시장 자율에 중점을 두는 급진적 접근을 시도하고, 유럽은 투자 활성화를 강조하며 과잉 규제의 정비를 추진한다는 점에 차이가 있다. 아울러, 미국은 연준FRS 감독 부문과 증권거래위원회SEC 등의 독립 규제 기관을 대통령 통제하에 두려는 반면, 유럽은 유럽증권시장청ESMA을 독립적 기관으로 강화하고 원칙 중심 감독 체계로 전환하고자 한다.

한국 또한 전략산업 육성과 혁신 성장을 뒷받침하기 위한 금융개혁이 절실한 상황이다. 다만, 규제 완화 일변도의 접근은 금융 안정성과 소비자 보호를 저해할 위험이 있다. 따라서 미국과 유럽의 금융개혁 사례를 균형 있게 참고해 규제의 적정성을 면밀하게 점검하면서 금융회사의 불필요한 부담을 줄이고 감독 기관 간 중복되는 기능을 조정하고 감독 방식을 효율화하되, 견실한 감독 체계와 금융회사의 내부 통제 강화를 병행해야 한다. 혁신 성장 지원을 위해 은행과 보험회사 자본 규제의 합리적 개선, 퇴직연금 자산의 모험자본 투자 확대, 증권 공모 제도의 개선 등을 통한 자본시장 활성화를 추진하는 한편, 국가 전략산업의 육성을 위해 정책 금융기관의 역할을 다시 정립해나갈 필요가 있다.

## 한국 금융산업의 성장과 자금 중개 기능

금융은 자금 거래를 가로막는 정보의 비대칭성과 불확실성을 극복하기 위해 발전됐다. 금융은 채권자를 대신해 사전에 채무자의 신용 리스크를 심사하고 사후적으로는 상환 행태를 모니터링함으로써 채무자에 대한 불신을 적극적으로 해소해주기 때문이다. 그래서 일반적으로 금융산업의 성장은 실물경제의 발전을 뒷받침한다. 그러나 2008년 글로벌 금융위기를 겪으며 무분별한 금융산업의 성장이 경제 발전이 아니라 금융위기를 불러왔다는 반성이 나왔다. 특히 금융산업이 너무 빠르게 팽창하고 금융 규제와 감독 체계가 이에 맞춰 정비되지 않으면 금융위기와 경제적 불안정을 초래할 수 있다는 것이다.[129]

무엇보다 자금 중개 기능의 질적 발전은 미흡했다. 가계신용에서 주택담보대출이 차지하는 비중은 2007년 51.7%에서 2024년 9월 기준 58.1%로 상승했다. 이는 정책대출이 차지하는 비중이 2007년 5.2%에서 2024년 9월 12.0%로 대폭 상승한 데 주로 기인한다. 게다가 국내은행의 전체 원화 대출금 중 부동산담보대출 비중은 2007년 48.4%에서 2024년 9월 54.1%로 상승했다. 특히 정부 보증기금 등의 정책금융 지원을 받는 보증부대출 비중은 2007년 6.0%에서 2024년 9월 17.4%로 3배 가까이 상승했다. 그간의 금융 부문은 양적으로는 과도할 정도로 성장했지만, 부동산 담보대출과 정책자금 지원에 크게 의존하면서 효율적 자원 배분을 위한 실질적인 자금 중개 기능의 제고는 하지 못한 것으로 평가할 수 있다.

# 금융혁신을 위한
# 규제 및 감독

금융은 신뢰를 바탕으로 하기에 역사적으로 규제 산업으로 확립됐다. 금융회사의 무분별한 신용 창출이 예금 인출 사태로 이어지며 금융위기가 반복됐기 때문이다. 금융혁신 또한 규제와 불가분의 관계를 맺고 있다. 먼저, 금융혁신은 규제를 회피하는 과정에서 발생한다. 60%에 달하는 금융혁신이 규제와 관련된다. 이 과정에서 금융 상품 중 하나로 만들었던 키코KIKO(외환 파생상품)처럼 순진한 투자자를 현혹해 위험을 전가하는 방식으로 금융혁신이 이뤄지기도 한다. 그러나 금융혁신은 자금 중개 비용을 감소시키고 시장을 더욱 효율적으로 만들 수도 있다. 제대로 설계되고 효과적으로 운용되는 금융 규제 및 감독은 더 완전한 금융 시장에 다가가기 위한 바람직한 혁신의 토대가 된다. 물론 금융혁신은 긍정적 효과가 있을 수도 있지만 부정적 결과도 낳을 수 있다는 점에서, 규제 취지를 벗어나는 측면을 효과적으로 관리하면서 금융 규제 및 감독의 속성을 혁신 친화적으로 정비하는 것이 필요하다.

금융혁신을 뒷받침하는 규제와 감독은 일반적으로 예측할 수 있고 시장 친화적이면서도 기술의 변화에 유연하게 적응하며, 시장참여자와 사전협의 등을 통해 마련돼야 한다. 구체적으로는 위규 적발 위주의 가

부장적인 규제 감독을 금융회사의 자율과 창의를 확대하는 방식으로 바꾸는 것이다. 2015년 박근혜 정부에서 추진한 금융개혁이 혁신 친화적 규제 및 감독을 목표로 한 대표적인 사례다. 금융 감독 당국을 코치가 아닌 심판으로 전환하고자 금융감독원의 위규 적발을 위한 검사를 제한하고 평가 위주의 검사로 전환토록 하며, 금융회사 종합 검사를 폐지한다고 발표해 오히려 감독, 검사의 실효성이 저하될 것이라는 우려가 제기될 정도였다.

그러나 결과적으로 박근혜 정부의 금융혁신은 성공하지 못했다. 금융개혁이 가부장적인 금융 당국에 의해 하향식으로 추진됨에 따라 창의와 기업가 정신에 의한 근본적인 혁신이 일어나지 못했고, 금융회사가 원하는 방향으로 규제와 감독의 개선이 진행됐을 뿐 국민이 체감하는 금융 개선으로 이어지지 않았기 때문이다. 결국 금융소비자 보호와 내부 통제가 미흡해지면서 DLF, 라임, 옵티머스 등 이후의 대규모 고객 손실 사태가 잉태된 바 있다.


## 소비자 보호와 금융혁신을 위한 원칙 중심의 규제 감독

바람직한 금융혁신은 금융산업의 발전만 의미하는 것은 아니다. 한정된 자원을 보다 효율적으로 배분함으로써 거래 고객의 편의와 후생을 높이고 실물경제 발전을 뒷받침해야 한다. 금융은 대표적인 규제 산업이므로 금융혁신을 이끌려면 규제 및 감독을 혁신 친화적으로 정비할 필요가 있다. 금융 과잉과 불안을 초래하는 탐욕적 혁신이 아니라 금융 본연의 자금 중개 기능을 높일 수 있는 책임 있는 혁신을 뒷받침하기 위해서는 원칙 중심의 규제 및 감독을 정착시킬 필요가 있다.

## 금융산업에 대한 신뢰와 원칙

DLF, 라임, 옵티머스 등 사모펀드와 최근의 ELS 판매상의 심각한 고객 손실 사태에 더해 금융권의 횡령 및 부당 대출 사태가 빈번하게 발생하면서 금융산업의 신뢰가 크게 손상되고 있다. 신뢰는 금융회사의 존립 근간이다. 부당한 영업과 금융 사고로 인한 신뢰 붕괴를 막기 위해서는 금융회사 스스로 내부 통제가 적절하게 작동되도록 운영해야 하고, 금융 감독 당국은 금융회사의 내부 통제가 책임감 있게 작동하는지 감시하고 평가해 필요한 조치를 해야 한다.

DLF 사태 당시 법에서 요구되는 내부 통제 기준을 실효성 있게 마련하지 못했다는 점을 들어 관련 은행장에게 중징계가 내려졌다. 이에 반발해 이뤄진 소송에서 대법원은 제재의 법적 근거가 미흡하다고 판결했다. 결국 경영진에게 내부 통제에 대한 관리 의무를 명시적으로 분담하도록 한 '책무구조도' 제도가 도입돼 2024년 7월 시행됐다. 책무구조도 제도는 원칙 중심의 규제를 근간으로 하는 영국에서 시작됐다. 원칙 중심의 규제가 자리 잡지 못하면 금융회사가 규제를 형식적으로만 이행해 실질적인 내부 통제 강화로 이어지지 않을 우려가 있기 때문이다.

물론 원칙 중심의 규제 및 감독이 법규를 고치는 것만으로 정착될 것이라 기대하기는 어렵다. 감독 당국의 공정성이 중요하며, 이를 바탕으로 감독 당국의 판단에 대한 금융회사의 신뢰 형성과 사법 당국의 수용이 요구된다. 감독 당국의 공정성을 확립하기 위해서는 감독 당국의 지배구조가 독립성과 책임성을 갖도록 개편돼야 한다. 금융산업 정책과는 분리돼 온전히 감독 책임을 갖는 금융 감독 기구가 독립적인 최고 의사 결정 기구를 갖추도록 하는 것이 중요하다.

### 원칙 중심의 규제 vs 네거티브 규제

원칙 중심의 규제는 금융회사 자체의 역량으로 규제를 준수할 방법을 정하기에 자율과 창의에 토대를 두는 금융혁신에 부합한다. 디지털 혁신의 가장 큰 특징은 규정을 중심으로 한 기존 규제 체계로 포섭되지 않는 새로운 금융 서비스가 출현하는 것이다. 소비자 보호를 위한 내부통제의 정착뿐만 아니라, 디지털 전환으로 급변하는 환경에서의 금융혁신을 위해서도 원칙 중심의 규제 감독의 도입이 시급하다.

물론 네거티브 규제에서는 명확하게 금지된 것이 아닌 한 어떠한 업무라도 법적 리스크 없이 시도할 수 있으므로 혁신적인 상품과 서비스가 더 활발하게 나타날 수 있다. 네거티브 규제 시 무책임한 시장참여자들이 제도를 악용할 수 있으므로 결과에 대해 크게 책임을 지는 징벌적 배상제를 함께 도입하기도 한다. 그러나 징벌적 배상제만으로 책임 있는 혁신을 제대로 이끌기에는 한계가 있다. 불확실한 리스크를 효과적으로 관리해야 하는 금융시장에서는 현실적으로 일어난 사고의 결과보다는 금융회사가 올바른 지배구조를 갖추고 제대로 된 고객 대우 및 위험관리에 대한 원칙과 절차를 마련해 실효성 있게 운영하는 과정이 더 중요하기 때문이다. 따라서 혁신을 뒷받침하기 위해서는 네거티브 제도가 필요하지만, 징벌적 배상제만으로는 책임 혁신을 담보하기 어렵다는 점에서 원칙 중심의 규제 감독이 필요한 것이다.

### 원칙 중심 규제의 어려움

영국 금융 감독 당국의 정의에 따르면 원칙 중심의 규제는 '대상자에게 규제 기관이 제시하는 결과와 과정에 부합하도록 최선의 방식을 결정하게 만드는 시스템'이다. 원칙에서는 금융회사가 소비자를 공정하게 대응해야 한다는 결과를 제시할 뿐, 이를 달성하기 위한 구체적인 행위는 금융회사가 스스로 기준을 정하고 실행하도록 한다. 감독 당국은 강행규정이 아닌 가이드라인을 제시하고, 감시·점검·평가해 규제 준수 여부를 판단한다.

원칙 중심의 규제가 실제로 구현되기 어려운 것은 이처럼 감독 당국의 평가 및 판단에 따라 규제를 준수하는지가 결정돼, 금융회사로서는 불확실한 측면이 있다고 여기기 때문이다. 감독 당국의 전문성과 공정성에 대한 사회적인 신뢰가 없으면 자의성에 대한 우려가 더욱 커질 수밖에 없다. 감독 당국이 정치적으로 독립돼 있지 않아 판단 기준이 정치적 상황에 따라 달라진다면 공정성에 대한 우려는 더욱 커질 것이다. 따라서 원칙 중심의 규제 감독은 감독 기관의 전문성과 공정성을 필수적으로 요구하며 그에 대한 사회적인 신뢰가 바탕이 돼야 한다.

### 지배구조 연계의 긍정적 효과

금융 감독 기구가 독립성과 책임성을 동시에 강화하려면 제대로 된 이사회와 같은 형태의 상위 의사결정 기구가 무엇보다 필요하다. 이사회는 감독 기관이 정치적 간섭이나 특정 이해 집단의 압력에서 벗어나 독립적으로 운용돼야 하고, 투명성과 책임성을 확보해야 한다. 현재 금융정책의 의사결정 기구인 금융위원회는 금융감독원과 분리돼 금융 감독의 독립성과 책임성을 담보하기에는 상당히 미흡하고 금융 산업 정책과 금융 감독 정책이 혼재돼 금융 감독 업무의 중립성과 엄정성을 담보하지 못하고 있다. 금융 감독 기구가 쌍봉형이어야 하는지, 정부 조직으로 두어야 할지 정답이 있는 것은 아니다. 다만, 금융 감독 기구가 금융산업 정책과 분리돼 온전한 감독 책임을 지며, 건실한 기업 이사회처럼 구성된 위원회를 정점으로 독립성과 책임성을 갖도록 하는 것은 중요하다.

최근의 횡령 및 부당 대출은 근본적으로 회사의 이익에 반하는 범죄 행위라는 점에서 내부 통제 이전에 금융회사의 조직문화와 윤리가 심각한 위기에 직면했음을 보여준다. 조직문화와 윤리를 바로잡기 위해서는 '위로부터의 분위기'가 중요하며, 이사회가 바람직한 조직문화와 윤리경영을 이끌 수 있도록 지배구조에 대한 규율을 확립하는 것이 급선무다.

금융 감독의 지배구조 개선은 금융회사뿐 아니라 비금융 기업의 지배구조에도 긍정적 영향을 주어 경제 전반의 자원배분 효율화에 영향을 끼칠 수 있다. 즉 금융 감독은 금융시장과 금융회사를 감시하는 역할을 하여 금융회사의 주요 의사결정 기능을 향상시켜 금융회사의 지배구조 개선에 기여하고, 금융회사는 비금융 기업에 대해 감시자 역할을 함으로써 해당 기업의 지배구조 개선에 기여하는, 이른바 '지배구조 연계governance nexus'가 작동하기 때문이다. 지배구조 연계의 긍정적 효과는 지배구조와 조직문화에 대한 실효성 있는 점검이 가능한 원칙 중심의 규제 감독이 뒷받침돼야 작동할 수 있다.

# 자금 중개 기능 미흡에 따른
# 금융 불안 대응

지금 한국의 금융산업은 가계부채 증가, 부동산 PF 부실, 자영업자와 중소기업의 어려움 등 3가지 중요한 불안 요인을 안고 있다. 모두 효율적인 자금 중개 기능이 제대로 작동하지 않고 부동산담보와 보증을 통해 양적으로만 빠르게 성장한 한국 금융산업의 고질적 문제에서 기인한다. 자금 중개 기능은 단지 규제 당국의 지시로만 발전하지 않는다. 금융회사의 자율적이고 창의적인 노력과 정보의 축적을 통해 가능한 일이다. 금융회사 본연의 자금 중개 기능을 회복하는 근본적 변화를 이끌기 위해서는 그에 걸맞은 간접 규제 수단과 유인 체계를 마련해야 한다.

우선 은행별로 가계대출 증가 수준을 직접 통제하는 것은 1980년대 이전의 통제 금융으로 회귀하는 것이므로 지양해야 한다. 엄정한 DSR(총부채 원리금 상환 비율) 규제를 적용하면서 가계부채 위험가중치를 인상하고 그만큼 산업 정책적으로 필요한 부문의 위험가중치를 낮추는 간접 규율 조치가 필요하다. 부동산 PF는 재구조화를 지속 추진하되, 전세 위주의 주택 임대 시장을 기관 투자가 중심의 안정적인 주택 임대 시장으로 전환함으로써 가계부채를 늘리지 않고 시장 안정을 도모할 필요가 있다. 자영업자와 중소기업은 코로나19 이후 채무상환 유예 조치 등을 통해 필요한 기업구조 조정을 뒤로 미뤘는데, 이제 기업 파산 및 연체 등으로 문제가 가시화되고 있다. 지금 절실하게 필요한 것은 금융회사가 자영업자와 중소기업의 잠재 부실에 대해 더 적극적으로 구조조정을 할 수 있도록 지원하는 일이다.

# 격변하는 환경 변화 대응과
# 전략산업 육성

최근 보호무역 정책과 분열로 인한 지정학적 변화는 국제적 거버넌스를 통한 문제 해결 능력을 약화하고 있다. 금융은 전 세계적으로 연결돼 리스크가 전염되고 확산되는 양상을 보이는데도 리스크 관리와 감독은 각자도생의 문제로 여겨진다. 이제 우리나라의 금융 규제도 국제 기준을 기계적으로 따르기보다는 어느 정도는 우리나라 실정에 맞추어 정비하고 수정해야 한다.

전략적이고 혁신적인 산업을 지원하기 위한 민간 금융회사의 직접투자 등 금융 활동에 대해서는 규제상의 혜택을 주는 방안도 전향적으로 고려해볼 수 있다. 아울러 인내 자본과 모험 자본을 육성해 생산적인 분야에 혁신적이면서 전략적인 투자가 뒷받침될 수 있도록 대출 위주의 금융시장 성장보다는 자본시장 중심의 금융 활성화 방안을 적극적으로 모색할 필요가 있다. 유럽의 〈드라기 보고서〉가 제시하는 바와 같이 민간의 저축을 은행 예금과 비생산적인 부동산 부문이 아닌 생산적투자로 연결하는 것이 지금의 경제적 난관을 극복하는 데 긍정적 영향을 줄 수 있기 때문이다.

그런가 하면, 글로벌 경쟁과 기술 패권 경쟁, 공급망 리스크 증가로 선진국을 중심으로 산업정책이 다시 중요해지고 있다. 특히 국가경쟁력을 확보하기 위해서 AI 및 디지털 전환과 기후 위기 대응을 위한 전략적 산업정책을 펼칠 때 공공 금융이 핵심역할을 한다. 민간 금융이 담당하기 어려운 대규모·장기·고위험 투자 영역에서 공공 금융이 시장 실패를 보완해야 한다. 그러나 한국의 현재 공공 금융 체계는 산업정책 기능이 약하고, 자금 배분이 비효율적이며, 기관 간 업무가 중복되는 문제가 있다. 따라서 경제·산업구조의 전환과 전략산업 경쟁력 강화를 목표로 현행 공공 금융 지원 체계를 개편해 독립적인 공공 금융 전략 투자 기구인 한국형 '국가전략투자청'과 같은 기구를 설립해야 한다. 미국의 국가투자청NIA을 모델로 지분투자를 중심으로 하는 부문과 신용을 중심으로 하는 부문, 두 갈래로 운영해 한국의 혁신 성장을 전략적으로 촉진해야 한다.[130]

# 소부장 기술: 글로벌 공급망을 주도할 결정적 기술

소재·부품·장비 기술을 통칭하는 소부장 기술은 제조업의 핵심 부분으로 제조업은 물론 국가경쟁력을 결정하는 요소다. 소부장은 시장에서 경쟁력 있는 혁신 제품을 만들어내고 생산력을 결정하므로 선진국은 물론 모든 나라의 중요한 정책 대상이며, 2019년 일본의 수출금지 조치로 일반인에게까지 익숙한 개념이 됐다. 특히 코로나 19 팬데믹과 글로벌 패권 경쟁을 통해 거미줄같이 얽힌 글로벌 공급망GVC, Global Value Chain이 맥없이 무너지는 것을 보면서 소부장의 전략적 의미가 더욱 주목받고 있다.

공급망이 세계로 확대된 최근에는 최고의 강대국이라 하더라도 혼자서 소부장, 즉 소재·부품·장비 공급망을 독점하기는 어렵다. 전체 공급망에서 핵심이 되는 결정적 소부장 기술을 보유하고 있느냐가 관건이다. 결정적 소부장 기술은 초격차를 확보한 핵심 기술이자 대외적으로 전략적 가치를 가진 기술을 말한다. 결정적 소재로는 희유원소 소재나 초고강도 탄소섬유, 결정적 부품으로는 일본 화낙Fanuc의 수치제어 부품(모듈), 결정적 제조공정으로는 7나노미터 이하의 반도체 제조 기술, 결정적 장비로는 네덜란드 ASML이 독점하고 있는 7나노미터 이하 반도체 공정용 극자외선 노광 장비를 예로 들 수 있다. 첨단소재는 산업 분야뿐 아니라 사회경제적 측면에도 적잖은 영향을 끼치므로 현재의 선진국은 물론 선진국으로 도약하고자 하는 국가도 우월한 첨단소재 기술을 확보하기 위해 국가 차원의 노력을 기울이고 있다. 선진 경제에 접어든 우리나라도 예외일 수 없다.

## 소재·부품·장비 간
## 관계

소재는 완제품이나 중간제품(부품)을 제조하는 데 사용하는 원료 혹은 그 원료를 만드는 데 필요한 물질을 말한다. 부품은 기계나 장치를 구성하는 부속품 혹은 부분품이며, 소재를 가공해 만든다. 장비는 소재를 제조하거나 다른 형태나 구조로 가공할 때, 소재로 부품을 만들 때, 물성이나 성능을 측정하고 평가할 때 사용하는 기계나 장치를 일컫는다. 따라서 소재, 부품, 장비는 서로 떼려야 뗄 수 없는 관계다. 특히 품질이 좋은 소재나 정밀한 부품을 값싸게 제조하기 위해서는 성능이 우수한 장비가 필요하다. 새로운 첨단소재나 부품을 개발하는 과정은 새로운 장비의 개발을 동반하는 경우가 일반적이다.

금속, 세라믹, 플라스틱 등 기반이 되는 소재 외에도 이를 조합한 복합 소재 등 세상에는 무수히 많은 종류의 소재가 있고 다양한 소재만큼이나 많은 장비가 개발돼왔다. 첨단산업을 대표하는 반도체 산업은 1980년대에는 대략 17개 원소(소재)를 활용했는데, 지금은 62개 이상의 원소를 활용하고 있다. 자연계에 존재하는 전체 원소 수가 92개임을 생각하면 이렇게 많은 원소를 활용하게 되기까지 얼마나 많은 소재와 장비를 개발했을지 짐작해볼 수 있다.

반도체 기술은 설계 기술과 함께 소재 기술·공정 장비 기술을 결합한 결정체인데, 실리콘 웨이퍼로부터 첨단 반도체 칩이 완성되기까지는 1,000개 이상의 공정을 거치며, 여기에는 70여 개국, 1만 6,000여 개 기업이 공급하는 소재와 장비가 사용된다. 자동차와 스마트폰은 세계에 흩어져 있는 기업을 연결하는 공급망을 통해 각각 2만 개, 1,600개 이상의 부품을 공급받아 만든다. 첨단소재를 생산하는 정밀화학 분야에서 다루는 물질만 해도 10만 가지가 넘는다. 이처럼 소재, 부품, 장비를 공급하는 기업이 그물망처럼 촘촘하게 세계를 연결하고 있다.


## 소부장의
## 전략적 중요성


지난 2019년 있었던 우리나라에 대한 일본의 수출규제 조치로 소부장에 대한 정부나 산업계의 관심은 확연히 달라졌고, 정부는 여러 정책을 계속해서 추진해오고 있다. 하지만 소부장에 대한 지속적인 관심과 추진 동력을 얻기 위해 소부장의 전략적 가치를 좀 더 깊이 이해하고 공감대를 넓힐 필요가 있다.

### 국가경쟁력의 원천

제조업은 국가경쟁력을 만들어내는 원천이다. 강한 제조업은 상대적으로 우월한 생산수단을 보유하고 있어야만 가능하다. 생산수단의 핵심은 장비(기계) 기술이며, 성능이 우수한 소재로 만든 정밀한 부품이 있어야 우수한 장비를 만들 수 있다. 우수한 소재 기술에 바탕을 두지 않은 우수한 장비 기술은 생각하기 어렵고, 우수한 장비 기술 없이 우수한 소재와 부품을 제조하기는 어렵다. 정보통신, 에너지, 바이오 분야의 기술 혁신에 첨단소재가 기여하는 비율이 전체의 반을 넘어선 시점은 각각 1997년, 2005년, 2015년이었다.[131]

### 독점성·영속성

소부장 기술은 긴 세월에 걸쳐 대규모 투자를 해야 하는 기술 축적 과정이 필요하다. 하지만 일단 개발에 성공해 우월적 위치를 확보하면 시장을 장기간 독점적으로 지배할 수 있다는 특징이 있다. 제1·2차 세계대전과 같은 세계적 격변을 거치며 신소재 기술을 사업화할 기회를 포착해 기술과 자본을 축적한 글로벌 소재 기업과 장비 기업이 여전히 시장을 장악하고 있는 것도 그런 특징 때문이다. 시장을 선점해 부를 축적한 국가나 기업은 다시 기술과 자본력을 바탕으로 차세대 기술을 미리 개발해 시장 지배력을 키워간다. 이처럼 우월한 경쟁력을 유지하려면 대규모 투자를 지속해야 한다. 이는 곧 미래 시장을 예측하고 장기간에 걸쳐 선제적으로 투자하는 것이 얼마나 중요한지 보여준다.

### 새로운 기회

대형 자연재해나 감염병 확산, 지역적 불안으로 글로벌 공급망이 훼손되는 사례가 잦아지면서 공급망이 재편되고 있다. 특히 세계 각국이 탄소 배출을 줄이고 환경 보존에 필요한 노력을 본격화하면서 친환경 소재나 친환경 제조업에 대한 관심이 높아지고 있다. 시장에서 기술이나 제품을 판단하는 기준을 단순히 비용 대비 편익(가성비)에 두는 대신 친환경성 또는 저탄소 인증 여부와 같은 요인을 중요시하고 공급망을 다변화함에 따라 그동안 신기술을 갖추었으나 시장에 진입하기 어려웠던 소부장 기업에 새로운 기회가 열리고 있다.

### 소재 안보

일본의 수출규제 조치와 코로나19 팬데믹이 불러온 공급망 붕괴, 격해지는 기술 패권 경쟁을 경험하면서 소부장 영역이 곧 '국가안보'와 직결됐다는 인식이 굳어가고 있다. 심화하는 경제 블록화의 중심에 반도체 기술과 배터리 기술을 포함한 소부장이 자리하고 있어 소재 안보의 중요성이 더 커진 것이다. 따라서 공급망을 안정적으로 관리하기 위해 주요 생산 기업을 자국 내에 두려는 지역화가 진행되고 있고 첨단소재, 부품, 장비를 전략 자산으로 활용하는 사례가 늘고 있다. 또 한편으로는 프렌드쇼어링friend-shoring도 추진되고 있다. 이는 공급망 안정화를 위한 지역화on-shoring 혹은 제조업 회귀re-shoring의 약점인 경제적 취약성을 극복하기 위해 지정학적·경제적 이익을 공유할 수 있는 국가들과 공동으로 공급망을 구축하는 것을 뜻한다.

# 소부장의 혁신

소부장 경쟁력을 단기간에 끌어올릴 수 있는 지름길은 없지만, 어려운 길이라고 포기할 수도 없다. 우리는 선진국의 발 빠른 움직임을 넘어서는 고도의 소부장 전략을 마련해야 하고, 그러기 위해서는 소부장을 둘러싼 산업과 사회경제 환경의 동향을 정확하게 읽어야 한다. 동향 분석을 통해 변화의 방향을 예측해야 새로운 패러다임에 맞는 전략을 수립할 수 있다.

### 소부장이 불러온 기술 혁신

2000년대 초반은 첨단 소부장 기술을 바탕으로 혁신 제품이 쏟아져 나온 소부장 전성기였다. 무기반도체 소재와 정밀 공정에 기반을 둔 LED(발광다이오드) 조명은 100년 이상 사용해온 필라멘트 전구와 브라운관 TV 시대의 막을 내리게 했으며, 유기반도체 소재를 활용한 OLED(유기발광다이오드) 기술은 디스플레이 기술을 무기물 영역에서 유기물 영역으로 확장했다. 코로나19 팬데믹을 극복하는 데 큰 역할을 한 mRNA 백신은 불안정해서 백신으로 사용할 수 없었던 변형 mRNA를 나노 공정을 활용해 안정화함으로써 개발에 성공할 수 있었다. 스마트폰이 여러 가지 센서, 방수 기능, 접이형 기능, 고성능 카메라 수준의 렌즈를 도입하면서 고속으로 진화할 수 있었던 것도 모두 소부장 기술 덕분이다.

### 제품 혁신과 공정 혁신의 동조화

1970년대까지만 해도 소재의 신기능을 제품화한 제품 혁신 이후에 제조공정을 개선해 원가를 절감하고 성능을 높이는 공정 혁신이 상당한 시차를 두고 일어났다. 당시 공정 혁신의 효과는 제품 혁신보다 덜했다. 하지만 1990년대 이후 제품 혁신과 공정 혁신 사이의 시차가 좁아졌으며, 공정 혁신의 효과가 제품 혁신보다 오히려 더 커졌다. 2000년대에는 제품 혁신과 공정 혁신이 거의 시차 없이 동시에 진행돼 따로 구별할 수 없는 양상으로 변했으며, 소재 개발과 함께 공정(장비) 개발이 이뤄져야 혁신의 효과를 온전히 볼 수 있게 됐다.

### 소재 개발 패러다임 전환

얼마 전까지만 해도 신소재를 먼저 개발한 다음 이 소재를 활용할 제품에 요구되는 특성을 확인하는 마케팅을 거쳐 신제품을 개발하는 것이 일반적이었다. 그러나 지금은 신제품을 먼저 구상하고 시장을 조사한 다음 신제품에 맞는 기능이나 성능을 충족하는 소재를 개발하는 방식이 자리 잡아가고 있다. 즉 개발한 소재를 신제품으로 만드는 것에서 신제품을 먼저 설계하고 거기에 필요한 맞춤 소재를 개발하는 방향으로 패러다임이 바뀌고 있다. 이러한 패러다임 전환이 가능했던 것은 산업용으로 바로 활용 가능한 후보 소재가 다수 존재할 뿐만 아니라 축적된 소재 정보 빅데이터와 전산모사simulation, 계산 재료 과학, AI 등 새로운 소재 개발 수단을 융합해 용도에 맞는 소재를 짧은 기간에 개발할 수 있는 환경이 구축됐기 때문이다.

### 가치사슬 단순화

소재·공정 기술의 발달로 특수 소재가 범용 소재로 일반화되는 데 걸리는 기간이 짧아짐에 따라 소재 기업의 사업 모델이 달라지고 있다.

2000년대 들어서면서 소재를 가공하거나 부품을 제조하는 기업에 원소재를 공급해오던 기업들이 완성품을 만드는 최종 수요 기업에 맞춤 솔루션을 제공하는 방향으로 전환하고 있다. 원소재를 가공해 부가가치를 높이는 중간 영역이 점차 좁아지는 데다, 특히 공급망 붕괴를 방지하려는 지역화 추세와 맞물려 가치사슬이 점점 짧아지고 있다. 한편 첨단 소재를 대규모로 사용하는 전기자동차 제조사나 정보통신 기업과 같은 글로벌 대기업이 원가 비중을 줄이거나 친환경 기업 이미지를 강화하기 위해 직접 소부장 산업에 뛰어드는 경우도 늘고 있다.

### AI로 더 가열되는 기술 개발 경쟁

첨단 제품의 수명주기가 극도로 짧아짐에 따라 선진국을 중심으로 10~20년 걸리던 신소재 개발 기간을 4~6년으로 단축하려는 노력이 전개되고 있다. 미국의 MGI(소재 게놈 프로젝트), EU의 EuMaT(첨단 재료 공학기술 유럽 플랫폼), 독일의 하이테크 전략, 중국의 중국제조 2025 등이 대표적인 예다. 계산 재료 과학, 소재 정보, 소재 지식 네트워크, 첨단 연구개발 인프라 등을 망라해 소재 개발의 성공률을 높이고 개발 기간을 단축해 비용을 줄이려는 국가 차원의 전략 프로그램이 진행되고 있다. 특히 최근 생성형 AI 기술을 소재 개발에 접목하면서 신소재 탐색 효율이 크게 높아지고 있고 자동화된 소재 검증 실험 시스템(자율소재개발실험실·A-Lab)이 개발되고 있어 소재 개발 속도가 더욱 빨라질 것으로 예측된다. AI는 향후 신소재 개발의 중요한 수단이 될 전망이다.

# 대한민국
# 소부장 현황

우리나라는 1980년대 후반 이후 첨단 제품 수출이 급증하면서 일본으로부터의 첨단소재 수입이 동시에 늘었고, 이에 정부는 확대되는 대일본 무역적자를 줄이려는 노력을 계속해왔다. 첨단소재의 수입 대체 정책은 신소재 개발 사업의 형태로 진행돼오다가 2000년대 들어 첨단소재 개발이 본격 추진됐다. 정부는 2001년 5년 주기의 '소재부품발전계획'(1차)을 수립했고 2013년 '소재부품발전계획'(3차)으로 명칭을 변경했으며 4차 계획 기간 중인 2019년 〈소재부품장비산업 특별조치법〉으로 전면 개편해 소부장 산업 육성을 제도적으로 뒷받침해왔다. 최근에는 일본의 수출규제 조치 이후 공급망 안정에 필요한 100대 품목 기술 개발에 착수했고 차세대 원천 기술 개발, 인프라 구축, 제도 개선 등이 포함된 '소부장 2.0'을 추진하고 있다.

소부장 산업은 2021년 기준[132] 사업체 수 3만 108개, 종업원 수 144만 4,052명, 생산액 1,026조 원의 규모를 기록했다. 이는 우리나라 전체 제조업 사업체 수의 41.5%, 종업원 수의 49.2%, 생산액의 57.6%로 제조업 분야에서 거의 절대적인 비중을 차지한다. 한편 소부장 기업의 약 82.2%를 차지하는 종업원 수 10명 이상 50명 미만인 중소기업이 전체 생산액의 약 16.8%를 차지하는 반면 약 15.7%인 중견기업이 약 27.0%, 약 2.1%인 대기업이 56.2%를 차지하고 있다. 이는 소부장 산업이 중견기업, 대기업에 주로 의존하고 있고 중소기업의 역량이 매우 취약하다는 것을 시사한다.

2019년 이후 2023년까지 소부장 무역 현황[133]을 보면, 수출 증가율이 2019년 -12.1%로 낮아졌다가 2020년 감소율이 둔화(-2.7%)된 후 2021년 코로나19 이후의 일시적 수요로 21.1%로 급증했다. 2022년에는 증가율이 다시 2.8%로 떨어졌으며 2023년 -10.7%로 대폭 감소했다. 수입은 2019년 -7.4%의 증가율을 기록했으며 2020년 실질적인 증가(2.2%)로 돌아선 후 2021년 25.6%로 크게 늘어 최고점에 이른 후 2022년 6.3%로 증가세가 둔화했으며 2023년 -7.8%로 감소했다.

무역수지를 보면 흑자가 2021년 정점에 이른 후 계속 줄어들고 있다. 그중 소재 부문은 2019년 이후 회복돼 2021년 정점에 올랐다가 이후 흑자 규모가 줄어들고 있다. 장비 부문은 계속 적자 상태다. 2021년 최대의 적자를 보인 후 적자 규모가 비교적 빠르게 줄어들고 있다(다만 장비 부문의 적자 규모가 개선되는 것처럼 보이는 것은 경쟁력 하락으로 첨단 장비 수요(수입)가 줄어든 영향이 반영돼서다). 무역수지로 보면 2021년 이후 소부장 경쟁력은 지속적으로 떨어지고 있어 반전시킬 전략을 시급히 수립해 실행에 옮겨야 한다.

2023년 우리나라가 발표한 소재 부문의 논문 수는 중국, 미국, 인도에 이어 세계 4위로 평가된다. 2017~2022년에는 세계 5위였으나 2023년 영국을 추월했다. 그러나 논문 수 비율은 중국의 10.5%, 미국의 55.7%, 인도의 72.5%에 해당해 큰 차이가 있다. 미국 특허청에 등록된 특허를 기준으로 평가하면 2022년 873건을 등록해 우리나라는 미국, 일본, 독일에 이어 세계 4위인데, 특허 역시 미국의 17.8%, 일본의 23.5%, 독일의 88.4%에 해당해 격차가 크다.

# 대한민국
# 경쟁력 강화 방안

이제 소부장에 대한 높은 관심을 소재 강국으로 성장하기 위한 도약대로 삼는 지혜가 필요하다. 우리 경제에서 제조업 비중이 큰 것이 문제로 지적되기도 하지만, 이를 통해 글로벌 경쟁력을 강화할 수 있다면 오히려 장점이 될 수 있고 서비스산업의 경쟁력을 높이는 기반이 될 수도 있다.

우리나라 제조업의 경쟁력은 2013~2016년 세계 5위까지 상승했지만, 인도, 멕시코, 대만, 브라질, 싱가포르, 폴란드 등이 바로 뒤에서 우리 위치를 넘보고 있다. 소부장의 경쟁력을 강화하려면 정책의 초점을 속도와 질을 동시에 잡는 것에 두어야 한다. 여기에서 속도는 급변하는 GVC에 대응할 민첩성과 회복 능력을 말하며, 질은 GVC가 재편되거나 새로 구축될 때 핵심 위치를 차지할 수 있는 수월성을 말한다.

## 디지털화 및 인프라 강화

소부장 영역에서도 디지털 데이터를 기반으로 하는 디지털화가 진행 중이다. AI의 적용으로 소부장 기술의 디지털화는 더욱 가속될 전망이지만 아직 예상보다 빠른 속도를 내지 못하고 있다. 그 이유는 소부장 기술은 대부분 암묵지暗默知의 성격이 강하기 때문이다. 암묵지 기술일수록 숨어 있는 경쟁력의 원천이 될 수 있으므로 더욱 중요하다. 하지만 디지털화하지 않은 정보는 쉽게 사라질 수 있고 공유하거나 활용하기도 어렵다. 기술의 축적과 관리를 체계화하기 위해서라도 소부장 기술의 디지털화는 반드시 진행해야 한다. 구축된 디지털 정보는 빅데이터,

계산 재료 과학, AI 등 디지털 기술을 융합할 수 있는 기반으로 활용돼야 한다.

소부장 기술은 개발 이후에도 지속해서 개선·변형되는 과정을 거치므로 유망한 기술을 빠르게 검증하고 사업화할 수 있는 측정·분석·평가 인프라를 고도화하고 그에 필요한 운영 인력을 정예화해야 한다. 특화된 전문 공정 시설을 구축해 3D 프린팅 전용 소재, 새로운 복합 소재, 신기능 코팅 소재 등을 적은 비용으로 시험하고 적용할 수 있게 한다면 연구자나 예비 창업자, 스타트업, 중소기업이 적은 비용으로 전문적인 서비스를 받으며 다양한 시도를 해볼 수 있다.

### 기술 개발 포트폴리오 다양화

수월성 있는 소부장 기술은 대부분 기초연구에 뿌리를 둔다. 따라서 기초연구에서 활용 가능한 성과가 나왔을 때 이를 소부장 영역으로 연결할 수 있는 통로를 마련해야 한다. 다시 말해 유망한 성과를 신속하게 성숙시키고 곧바로 사업화로 연결하는 파이프라인이나 패스트 트랙을 구축해야 한다. 기술의 최초 개발자뿐 아니라 기술을 성숙시키거나 사업화에 기여한 개발자에게 합당한 보상을 제공해 지식 생태계, 즉 과학(연구자)과 공학(개발자) 간 협업 체계가 더욱 원활히 작동하게 만들어야 한다.

소부장 기술 개발에서는 사업 기획이나 과제 선정 시 경제적 효과 외에 기술의 수월성, 가치사슬 위치, 기술의 확장성, 대체 혹은 경쟁 기술의 동향 등도 함께 평가해야 한다. 또 시장이 요구하는 제품을 먼저 확인하고 필요한 소재를 개발하는 문제 해결 중심의 소재 개발 패러다임을 정착시켜야 하며, 공정 및 공정 장비를 포함한 소재 솔루션 개발을 지원해 성공률을 높이고 개발 기간을 단축해야 한다. 특히 소재 관련 연구 기관이나 그룹이 기술을 축적해 산업계에 소재 솔루션을 제공하는 플랫폼으로 성장할 수 있도록 지원해야 한다.

그 밖에도 탄소 배출 저감, 친환경화 강화, 지속 가능한 성장 목표 실행 등 글로벌 동향에 대응하는 그린 소재, 탄소 자원화 촉매 소재 등의 전략 소재 개발도 중요하다. 그와 함께 새로운 원가 체계나 거래 규정 등 국제 관계에 영향을 미칠 소부장 영역의 국제 표준이나 규제 동향을 적극적으로 모니터링하고 대응해야 할 것이다.

### 기업 및 투자 지원

소부장 기업을 지원할 때는 개별 제품 개발에 주목하기보다 주요 소부장 영역의 역량을 강화하는 데 초점을 맞춰 강소 기업, 플랫폼 기업, 히든 챔피언hidden champion으로 성장하도록 유도해야 한다. 즉 특정 제품 개발보다는 기업의 민첩성, 회복 능력, 기술 역량을 키워 GVC에 변화가 생겼을 때 대응력을 높이고 변화된 GVC 내 핵심 기업으로 자리 잡을 수 있도록 지원할 필요가 있다. 특히 핵심 기술을 갖춘 기업이 대외 전략에서 지렛대 역할을 할 수 있도록 집중적으로 지원해야 한다. 전체 소부장 기업 중 대다수를 차지하는 중소기업의 역량을 높여 소부장 영역의 기술 혁신 기반도 강화해야 한다.

최근 벤처캐피털의 투자 중 눈에 띄는 것은 이른바 딥테크에 대한 투자 확대다. 소재 기술은 대표적인 전통 기술 분야임에도 딥테크로 분류할 만큼 기초연구 성과와 밀접한 관련이 있으며 글로벌 도전 과제를 해결하는 데 꼭 필요한 기술이다. 하지만 딥테크(고난도 혁신 기술)의 의미에서 알 수 있듯 소재 분야의 창업이 성공하는 일은 그리 쉽지 않다. 이런 점을 고려해 첨단 소재 스타트업 전용 펀드를 조성해 창업을 촉진하고 창업한 기업이 계속 성장할 수 있도록 공공 부문 및 전후방 기업과 투자자가 참여하는 생태계를 조성해야 한다.

# 딥테크: 고난도 기술에 도전하는 스타트업 육성

'딥테크deep tech'는 과학이나 공학engineering 영역의 새로운 성과를 이용해 사회경제적 도전 과제를 해결하는 새로운 제품이나 기업을 만들어내는 돌파 기술을 말한다. 즉 딥테크는 오늘날 인류가 직면한 기후변화, 에너지, 식량, 난치병 치료와 같은 큰 도전 과제를 근본적으로 해결해 지속적인 성장을 뒷받침하는 기술이다. 따라서 딥테크는 특정 성격의 기술이라기보다는 해결해야 할 큰 도전 목표에 먼저 주목하고, 과학이나 공학의 새로운 지식을 활용해 목표를 달성해가는 도구적 접근법을 말하기도 한다. 이런 딥테크를 사업화하는 창업 기업을 '딥테크 스타트업'이라 하며 종종 '딥테크'로 줄여 말하기도 한다.

딥테크라는 용어는 록히드마틴과 같은 군수업체에서 처음 사용하던 것이었으나 2010년대 중반 이후 글로벌 벤처 투자, 대기업, 스타트업으로 확산됐다. 딥테크는 기존 기술 플랫폼에 새로운 아이디어를 얹는 소프트웨어 중심의 '섈로 테크shallow tech'와 대비되는 비즈니스 형태라고도 볼 수 있다. MIT가 운영하는 딥테크 허브인 '디 엔진The Engine'은 같은 의미로 딥테크 대신 '터프 테크tough tech'로 부르기도 한다.


# 딥테크 스타트업은
# 무엇이 다른가?


딥테크 스타트업은 새로운 과학 지식이나 공학적 성과를 기반으로 전 세계적인 문제를 해결해 새로운 비즈니스로 연결한다는 점에서 일반 스타트업이나 벤처기업과 구별된다. 딥테크 스타트업은 일반 스타트업에 비해 고도로 기술집약적이다. 새로운 비즈니스 인프라와 시장을 만드는 데 큰 투자와 상당한 기간이 필요하긴 하지만 손익분기점 도달 기간이나 실패율에서는 일반 스타트업과 큰 차이가 없다. 또 딥테크 스타트업은 기술 위험technology risk, 개발 위험development risk, 자본 강도capital intensity가 크며 경쟁 대상이 없는 관계로 시장 위험과 경쟁 위험은 오히려 적다. 반면 고도의 과학기술 지식을 기반으로 한 비즈니스이기에 경영 위험이 크다. 딥테크 스타트업은 AI, 빅데이터, 핀테크 등 소프트웨어 부문의 비즈니스를 하기도 하지만 대부분 하드웨어 중심의 물리적 비즈니스를 추구하는 것도 차이점이다.

딥테크 스타트업은 일반 스타트업과 달리 초기에 잠재 고객이나 시장이 분명하지 않아 수요를 특정할 수 없으므로 이른바 설계design-제작build-시험test-학습learn의 DBTL 과정을 반복하면서 기술을 완성해가는 접근 방식상의 특징이 있다. 따라서 장기간 전문지식을 축적해온 연구자나 연구 팀이 창업하는 것이 일반적이다. 성공 시에는 새로운 산업(시장)의 창출이나 유니콘 기업의 탄생과 같은 대규모 경제적 효과를 기대할 수 있다.

### 일반 스타트업과의 차이

일반 스타트업은 최소 기능 제품MVP, Minimum Variable Product을 제작해 시장(고객)의 반응을 분석하는 사업 모형을 상대적으로 우선시하며 이를 바탕으로 새로운 사업 모형에 어느 정도 검증됐거나 성숙한 기술을 덧붙이는 경향이 있다. 그러나 딥테크 스타트업은 도전 과제 해결을 최종 목표로 설정하고, 최신 과학 지식, 신기술, 신공정 등 새로운 기술을 단계적으로 접목해 목표를 달성하는 과정을 중시하며 적합한 사업 모형을 만들어간다. 이런 차이로 인해 딥테크 스타트업은 기존 기술을 활용하는 일반 스타트업보다 기술 개발에서 사업화까지 시간이 오래 걸리는 편이다.

또 딥테크 스타트업은 일반 소비자보다는 대기업이나 중견기업, 정부를 잠재 고객으로 하는 사업 모형을 가지며, 초기 단계의 기술 개발과 인프라 조성에 대규모 자금이 투입된다. 기존 기술이나 플랫폼을 활용하는 일반 스타트업은 기술 사업화에 따르는 위험이 적어 초기 단계에서 대규모 기술 개발이나 자본 투자보다는 수요 확대에 더 많은 투자를 하며 시장 위험을 낮추는 데 집중할 수 있다. 반면 딥테크 스타트업은 새로운 기술을 완성하기 위해 계속해서 기술을 흡수하고 융합해야 한다. 이를 위해 장기간에 걸쳐 대규모 자본 투자가 필요하며 새로운 기술 및 시장이 동작하는 플랫폼을 새로 구축하는 데 긴 기간이 소요된다.

연속적 성장을 보이는 일반 스타트업과 달리 딥테크 스타트업은 장기간의 기술 개발과 투자 후 성공했을 때 대단히 큰 경제적·기술적 파급 효과를 얻게 되므로 기하급수적 또는 불연속적으로 급성장하는 경우가 빈번하다. 이러한 특성으로 인해 일반 스타트업이나 벤처기업보다 정부 정책에 대한 의존도가 훨씬 더 높다. 정책 의존성은 통상 딥테크 산업이 성숙돼 정부 투자가 민간투자로 대체되는 선순환 시점까지 계속된다.

### 딥테크 스타트업의 역할

딥테크 스타트업은 사회나 환경 영역의 도전 과제를 해결하거나 우주개발과 같은 새로운 과제에 도전하는 과정에서 과학이나 공학 분야의 새로운 유망 기술을 연구실에서 시장으로 이동시켜 새로운 산업을 일으키거나, 기존 기술과 융합해 신기술을 탄생시키는 역할을 한다. 이를테면, 빅데이터를 활용해 난치성 질환의 신약을 개발하거나 머신러닝을 이용해 사용자와 실시간 협업하는 협동 로봇을 만들거나 AI를 활용해 맞춤식으로 신소재를 개발하는 방식이다.

그런 점에서 딥테크 스타트업은 대기업이나 중견기업의 체계에 담기 어려운 고도의 전문성과 유연성을 바탕으로 딥테크를 사업화하므로 첨단 과학기술을 현실의 비즈니스로 바꾸는 전문화된 전환 주체인 셈이다. 즉 딥테크는 선진국들이 집중하고 있는 목표 지향적 기술 개발의 전형이며 그 수행 주체의 역할을 하는 것이 딥테크 스타트업이다. 거시적으로는 이전에 없었던 새로운 산업과 일자리를 창출함으로써 국가 경제의 지속 발전에 필요한 성장 동력을 만드는 역할을 한다.

### 딥테크 스타트업의 사례

딥테크의 성격을 이해할 수 있는 전형적인 딥테크 기업으로는 미국의 스페이스X를 꼽을 수 있다. 스페이스X는 화성 이주라는 원대한 목표를 이루기 위해 로켓의 재활용이나 공중 회수 등 비용 절감 방법을 찾고 있으며 대용량 화물을 운반할 수 있는 초대형 로켓 등 일련의 기술을 사업화하고 있다. 로켓 발사를 반복하면서 3D 프린팅 기술, 양자 기술 등 새로운 과학 및 공학 지식을 접목해 기술을 완성해가고 그 과정에서 스타링크, 인공위성 발사 대행 서비스(2024년 전체 인공위성 발사의 87% 점유) 등의 새로운 비즈니스를 탄생시켰다. 목표 달성까지 들어가는 막대한 비용을 중간 과정에서 성공한 비즈니스를 통해 조달하는 모델에 해당한다. 코로나 팬데믹을 잠재운 mRNA 백신 개발도 전형적인 딥테크의 성공 사례로 꼽힌다. 스페이스X나 mRNA 백신 개발의 사례로부터 성공적인 딥테크의 사회경제적 파급효과를 가늠해볼 수 있다.

해외 딥테크 스타트업을 더 꼽아보자면, AI 연산에 특화된 전용 반도체를 설계하는 그래프코어Graphcore, 물류 창고에서 3차원 고속 이동이 가능한 로봇을 만드는 엑소텍Exotec, 빅데이터를 기반으로 항암제를 개발하는 오킨Owkin, 데이터 머신러닝을 기반으로 의사와 로봇 간 자율 협동 수술을 위한 시스템 소프트웨어를 제공하는 액티브서지컬Active Surgical, 스텔스 고속 비용과 장시간 비행이 가능한 민군 겸용 드론을 만드는 안드루일Andruil, 미생물로 탄소를 분해해 친환경 화학물질을 만드는 솔루젠Solugen, 사이버 공격을 차단하는 보안 솔루션 제공 업체 옵시단Obsidan 등이 있다.

국내에도 다양한 분야에서 딥테크 스타트업이 활동하고 있다. AI 전용 반도체를 설계하는 퓨리오사AI, 머신러닝 기반 협동 로봇을 만드는 뉴로메카, 유전자가위 원천기술을 이용해 신약을 개발하는 지플러스생명과학, 빅데이터와 AI를 활용한 의료 영상 판독과 진단 플랫폼을 제공하는 루닛, 사물 인식 기술을 이용해 자율주행차 카메라용 소프트웨어를 만드는 스트라드비젼, 배터리 소재인 단결정 양극재를 만드는 에스엠랩, 세계 최초로 신소재인 그래핀 대량 합성 기술을 개발해 그래핀 필름을 제작하는 그래핀스퀘어 등이 딥테크 스타트업이다.

# 딥테크 동향

이미 우주개발이나 에너지 기술, 바이오 기술, 양자 기술 등 다양한 영역에서 딥테크 유니콘(기업 가치가 10억 달러 이상이며 주식시장에 상장되지 않은 스타트업)이 연이어 탄생할 정도로 딥테크 산업이 부상하고 있다. 에너지 분야의 소형 원자로SMR나 핵융합 발전 기술을 상용화 단계까지 진입시키고 있는 기업, 민간 우주산업을 견인한 스페이스X, 코로나 백신을 기록적으로 단기간에 개발한 바이오엔텍BioNTech 등 게임 체인저 기술을 사업화하는 데 성공한 딥테크 스타트업이 속속 등장하고 있다. 이런 추세에 따라 딥테크에 대한 투자가 전체 스타트업 투자의 약 30%에 이를 만큼 확대됐으며 딥테크에만 투자하는 전문 투자 그룹도 나타나고 있다. 많은 국가가 딥테크를 정책적으로 육성하며 투자를 확대하는 모양새다.

### 딥테크 투자 동향

유니콘의 약 20~25%가 딥테크 스타트업에서 성장했을 정도로 딥테크 스타트업에 대한 민간투자가 활발해지고 있다. 이는 첨단 신기술의 발전, 딥테크 스타트업의 성공 사례, IT 산업의 성장으로 축적된 거대

자본과 관련이 있으며, 기후변화, 환경오염, 자원 부족과 같은 글로벌 이슈의 등장과도 관련이 있다. 이에 바이오, AI, 광학, 반도체, 로봇, 신소재와 관련된 딥테크 분야에 주로 투자가 이뤄졌다.

딥테크에 대한 투자는 2010년 이후 급격하게 늘어나다가 2021년 최고점에 도달한 후 감소 국면에 있으나 이는 일반 스타트업에 대한 투자가 절반 이상 줄어든 것과 비교하면 상대적으로 양호한 상황이다. 미국과 유럽은 최근 글로벌 투자의 약 70%, 20%를 각각 차지했다. 유럽에서는 영국, 프랑스, 독일, 스웨덴, 스위스 등 상위 5개국이 전체 유럽 내 딥테크 벤처 투자의 80% 이상을 담당했고, 전체 벤처 투자액 중 딥테크 투자의 비중은 약 21~33%였다. 코로나19 팬데믹의 영향으로 딥테크 스타트업에 대한 투자는 일시적으로 감소했으나 2022년 이후 다시 증가하고 있다. 딥테크 투자가 활발한 국가는 미국, 영국, 인도, 캐나다인데, 딥테크 스타트업의 72%는 미국에 있으며 유럽에 14%, 아시아에 11%가 있다. 중국 역시 딥테크에 적극적으로 투자하고 있으며 다수의 유니콘 기업이 나타나고 있다. 우리나라에는 1,500개 이상의 딥테크 스타트업이 있는데, 그중 650개 이상의 기업이 양산 단계(series A+)의 투자를 받고 있다.

### 딥테크 스타트업 지원 정책 동향[134]

미국, 영국, 프랑스, 독일 등 해외 주요 선진국의 경우, 일반 스타트업과 비교해 딥테크 스타트업의 성장 잠재력과 사회경제적 파급효과가 월등히 크므로 별도의 정책을 수립해 지원하고 있다. 우리나라도 2023년 딥테크 스타트업을 육성하기 위한 지원에 본격 착수했다. 그러나 국내 딥테크 스타트업은 주요 선진국과 비교하면 아직 수가 적을 뿐만 아니라 창업, 투자 유치, 성장 과정에서 어려움을 겪고 있다.

유럽의 주요 선진국은 딥테크 투자에서 미국과의 격차를 줄이고 자국의 딥테크 생태계를 육성하기 위한 지원책을 시행하고 있다. 영국은 2023년에 발표한 '과학기술 프레임워크'를 토대로 2030년까지 혁신 과학기술을 기반으로 하는 스타트업을 육성하고 지원하기 위한 시드 투자 펀드(UK Innovation and Science Seed Fund) 규모를 기존 4,000억 파운드에서 5,000억 파운드로 증액했다.

프랑스는 2019년부터 '딥테크 플랜', 2022년부터는 '산업과 딥테크 스타트업 전략'을 시행하면서 딥테크 스타트업뿐 아니라 관련 생태계에 대한 투자를 강화하고 있다. '딥테크 플랜'은 프랑스의 국가 단위 대형 투자 계획(France 2030)과 대표적 스타트업 지원 정책(La French Tech)과 연계돼 있고, 이런 상위 계획에 따라 조성된 정책 펀드에서 투자 재원과 지원금을 조달하며, 딥테크 스타트업의 인큐베이팅, 엑셀러레이팅, 양산화를 지원한다. '산업과 딥테크 스타트업 전략'은 딥테크 스타트업을 포함해 혁신 스타트업과 중소기업에 대한 투자와 딥테크 사업화를 지원한다.

독일은 2021년부터 딥테크 투자를 위한 정책 펀드 '딥테크 퓨처 펀드'를 조성해 간접적으로 투자하고 있다. 이 정책 펀드도 프랑스와 비슷하게 국가 단위의 산업·혁신 지원 정책(High-Tech Strategy 2025, National Industrial Strategy 2030)에 근거해 조성됐다. 특히 정책 펀드의 운용 기간이 최대 25년에 달할 만큼 장기적으로 딥테크 스타트업을 간접 투자 형식으로 지원하며, 딥테크 기업과 중견기업 간 협력도 지원한다.

국내에서도 딥테크 스타트업에 대한 투자가 증가하고 있지만, 미국과 유럽 선진국과 비교하면 규모나 양산 수준이 미흡한 편이다. 바이오, 반도체, AI, 빅데이터 등 딥테크 분야에서 원천기술을 기반으로 성장한 기업도 극소수였다. 2023년 국내 벤처 투자 중 딥테크 분야 투자 비중이 약 30%가 될 만큼 커졌지만, 그동안 국내 유니콘 중 딥테크 유니콘의 비중이 낮았다는 사실은 그동안 딥테크 스타트업에 대한 민간 투자가 충분하지 않았고 딥테크 스타트업의 양산화가 어려웠던 상황을 반영한다.

정부도 이런 문제점을 인식하고 2023년부터 '초격차 스타트업 1000+ 프로젝트'를 통해 딥테크 스타트업을 육성하고자 노력하고 있다. 이 정책은 독보적 기술을 바탕으로 글로벌 시장을 선도하는 초격차 스타트업을 10대 신산업·기술 분야에서 1,000개 이상 발굴해 기술 개발, 사업화, 글로벌 협업, 투자 유치 등을 지원하는 내용을 담고 있다. 기존의 유사 정책(BIG3 혁신 분야 창업 패키지 사업, TIPS 사업)보다 지원 기간, 규모, 분야를 확대했을 뿐만 아니라, 기술 측면에서는 딥테크 적합성을, 성장성 측면에서는 신시장 창출 및 파급효과, 글로벌 진출 가능성을 모두 평가해 지원 대상을 선택한다는 점에서 기존 스타트업 지원 정책과 차별화된다.


## 딥테크 스타트업 육성을 위한
## 생태계 구축 지원 필요

성공한 딥테크 스타트업의 사례[135]에서 딥테크 스타트업 육성에 참고할 몇 가지 시사점을 확인할 수 있다. 딥테크 스타트업은 개발 위험, 자본 위험, 경영 위험이 있으며, 이런 위험 요인을 줄여줄 수 있는 기술 생태계와 창업·벤처 생태계와의 협력을 통해 기술이 완성되고 양산화를 거쳐 고속 성장하게 된다. 또 딥테크 스타트업은 창업 후 양산까지 장기간에 걸쳐 인내 자본이 뒷받침돼야 한다. 해외 사례를 살펴보면 일반 스타트업의 초기 투자자는 주로 엔젤투자자나 일반 벤처캐피털인 반면, 딥테크 스타트업의 초기 투자자는 주로 기술 창업 투자에 특화된 벤처캐피털, 보완적 기술을 갖췄거나 딥테크 스타트업과 협력하는 등 직간접적으로 관련된 대기업이나 벤처기업, 공공 부문(정부, 대학, 과학기술 연구기관 등)으로 다소 차이가 있다.

딥테크 스타트업이 출현하고 성장하기 위해서는 딥테크 생태계의 조성이 필요하다. 딥테크 스타트업을 포함한 다양한 기업군, 대학과 연구소, 정부, 투자자, 최종 수요자, 연결이나 멘토링을 위한 중개 조직 등이 이런 생태계를 구성하고, 이들 간의 상승적인 상호작용을 통해 딥테크 생태계가 발전한다.

세계적으로 딥테크 생태계는 아직 초기 발전 단계에 있거나 성숙하지 못해 진화가 필요하다. 2010년대 이후 미국, 독일, 영국 등지에서 딥테크 스타트업의 성공 사례가 증가하고 있지만, 선진국에서도 딥테크 스타트업에 대한 대규모의 장기 투자를 회피하는 경우가 여전히 문제로 지적되고 있다.[136] 딥테크 스타트업은 기술 위험과 시장 위험을 지닌 데다 장기적으로 큰 수익이 예상되더라도 기술 사업화 성공에 이르기까지 오랜 시간이 걸리므로 단기 수익에 민감한 민간투자자가 단독으로 딥테크 스타트업에 적극적으로 투자하기는 쉽지 않다.

따라서 딥테크 스타트업을 육성하고 성장시키기 위해서는 지원을 통해 생태계를 조성하고 강화해야 한다. 특히 공공 부문의 지원이나 벤처캐피털 투자뿐만 아니라 민간 부문의 상호 협력과 지원도 필요하다. 딥테크 스타트업의 제품은 대기업이나 중견기업 혹은 국가(정부)가 수요처이므로 이들과의 협력이 특히 중요하다. 대기업이나 중견기업은 딥테크 스타트업의 신개념 제품에 관심은 있으나 비용을 들여 실증하는 데는 인색하므로 정부의 역할이 매우 중요하다. 정부의 조달 기능을 활용해 수요 기업이 요구하는 실증을 지원함으로써 성능을 개선하고 생산 비용을 줄여 신제품이 시장에서 살아남을 기회를 제공해야 한다. 딥테크 스타트업과 정부 간 협력의 사례로는 NASA가 국제 우주정거장에 인력과 물자를 운반하는 업무를 스페이스X에 위탁한 것을 들 수 있으며 코로나 백신을 단기간에 개발한 바이오엔텍과 화이자 간의 협력이 딥테크 스타트업과 대기업 간 협력의 전형적인 사례다.

산업·기술 생태계에서 수요-공급 기업이나 보완적 관계에 있는 기업과의 협력이 어렵거나 실증을 위한 인프라가 마련돼 있지 않으면 딥테크 스타트업이 출현하더라도 독자적으로 성공하기는 어렵다. 예를 들어 AI 반도체를 설계하는 경우라면 반도체를 제조·생산하기 위해서는 파운드리 대기업, 반도체의 성능을 검증하기 위해서는 IT 서비스 대기업과의 협업이 필요하다.

하지만 관련 대기업이나 중견기업도 딥테크 스타트업의 기반 기술 불확실성으로 자체적으로 실증 프로그램을 대규모로 운영하는 것은 부담이 될 수 있다. 실험실 수준의 기술을 사업화 단계로 진입시키려면 관련 기업의 후원이나 전략적 투자를 유치하면서 상호 협력하거나 공공 부문의 적절한 지원이 필요하다. 국내 딥테크 스타트업을 다수 인터뷰하거나 문헌 조사한 결과에 따르면, 학술 논문이나 개념 수준(Technology Readiness Level(TRL) 3~4) 이하의 기술로 창업해 초기 생산 단계(TRL 8~9) 수준이 되기 위해서 최소 4~6년 이상의 기술 고도화 및 보완·실증 과정을 거쳐야 한다. 특히 이 과정에서 대규모 투자금뿐만 아니라 대·중견 기업 수준 이상 기업과의 협력이 필요하다. 딥테크 생태계 내 상호 협력은 딥테크 스타트업의 사업화를 지원하고 벤처캐피털과 같은 민간투자자의 투자를 유도하는 토대가 될 수 있다.

# 미래를 위한 정책과
# 전략 방향

국내에서 딥테크 스타트업이 더 많이 출현하고 기존 딥테크 스타트업이 질적·양적으로 성장하려면 생태계 차원의 장기적 접근이 필요하다. 우선, 딥테크 스타트업을 육성하려면 기술·산업 생태계와 창업·벤처 생태계가 연계돼 발전해야 한다. 정부에는 각 생태계를 주도적으로 지원하는 주무 부처가 있고 관련 정책도 있지만 두 생태계를 연계하는 부처 간 노력은 부족하다. 예를 들어 초격차 스타트업 1000+ 프로젝트는 딥테크 스타트업을 위한 창업·벤처 생태계를 지원하지만, 관련 산업 생태계 내에서 스타트업과 수요·공급 대기업 간 협업이나 산업 활성화-스타트업 육성-벤처 투자 확대 간 피드백 효과를 촉진하는 부분은 미흡하다. 딥테크를 포함한 신·첨단산업 육성이나 연구개발 투자 계획을 수립하는 단계에서 부처 간 실질적인 협업을 설계하고 협업 성과를 지속해서 추적·관리해야 한다. 성장 잠재력이 큰 딥테크 스타트업을 자체적으로 발굴하고 양산을 지원하는 민간 영역의 투자 역량 강화도 필요하다.

그동안 국내 벤처캐피털은 딥테크 스타트업을 발굴해 선제적으로 투자하는 데는 소극적이었다. 이는 국내 벤처 투자 중 정부의 모태펀드나 정책펀드의 비중이 높은 특성에서도 비롯되는 만큼 관련 제도도 보완해야 한다. 예를 들어 관련 펀드의 운용 기간 확대, 운용사 선정 및 성과 평가에서 수익성 이외의 사회·경제적 파급효과 등 고려, 투자 단계별 딥테크 벤처 투자 비중, 투자 성과의 장기 추적 등도 고려해야 한다.

· 딥테크 스타트업의 창업은 대학 연구실 기반 창업과, 기업이나 공공 연구 기관에서 기술 개발 업무를 수년간 경험한 후의 숙련 창업이 일반 적이다. 이러한 흐름을 볼 때, 이공계 출신 개발 인력의 딥테크 창업을 더욱 장려할 수 있는 지원 제도나 문화가 마련돼야 한다. 국내에서 대학 연구실 창업은 과거보다 수가 증가했지만, 해외 선진국과 비교하면 대 규모 후속 투자를 통해 성공적으로 양산화한 경우나 산업적 측면의 파 급효과가 큰 경우는 많지 않다. 교수나 연구원, 연구 팀 단위의 딥테크 창업이 활성화되도록 적극적으로 지원해야 하며, 특히 장기간 투자가 이어질 수 있도록 제도적으로 지원해야 한다. 일반 스타트업 지원 정책 에 딥테크 스타트업을 포함하는 경우 단기적인 경제적 성과에 집중하 는 일반 스타트업에 밀려 소외될 수 있으므로 미국이나 유럽처럼 별도 의 정책 설계가 필요하다.

딥테크 스타트업이 성숙하기 위해서는 무엇보다 산업 생태계에서 기 술 고도화와 실증을 위한 기술 스타트업 혹은 대기업·중견기업 간 협 업이 중요하다. 국내 딥테크 스타트업은 다른 나라들보다 창업 후 양산 까지 기간이 지체되고 초·중기 단계의 투자 규모도 크지 않다. 최근에 도입된 기업형 벤처캐피털 제도를 대기업과 딥테크 스타트업 간 전략 적 협력에 활용하는 것도 중요한 방안이 될 수 있다. 대기업과 딥테크 스타트업 간 협력을 통해 대기업은 고도의 전문성이 필요한 신사업을 단기간에 발굴할 수 있으며, 딥테크 스타트업은 부족한 사업화(공정 설계 등), 시장 창출, 재원 조달 역량을 보완할 수 있기 때문이다.

# 7

## 자원 분야 미래전략
### Resources

# 신소재: 디지털 전환과 친환경의 기반이 될 첨단 신소재 개발

시대를 불문하고 우월한 소재 기술을 지닌 국가나 문화권이 세상을 지배해왔다. 흔히 석기시대, 청동기시대, 철기시대와 같이 인류 역사를 소재 기술로 구분하는 것에서도 소재 기술의 중요성을 엿볼 수 있다. 소재 기술의 발전 과정은 그 자체가 역사의 흐름이라고 해도 과언이 아니다.

일상적인 의식주는 물론 산업 활동에서 사용하는 도구나 장비, 기기 등 일상생활에서 우리가 다루는 모든 제품을 구성하는 물질이 소재다. 제품의 편리한 기능은 소재의 고유한 특성에서 나온다. 새로운 소재가 나타내는 특별한 물성이 새로운 기능을 갖춘 신제품을 만들어낸다는 뜻이다. 따라서 소재 기술의 발전은 곧 산업 발전으로 이어지며 소재 기술은 국가의 경쟁력을 결정하는 요소라고 할 수 있다. 무수히 많은 소재 중 전략적으로 중요한 첨단소재는 몇몇 국가나 기업이 독점하고 있다.

이런 소재는 주요 산업의 국제 경쟁력뿐 아니라 국가의 안보 이슈와도 연결되므로 국가 전략의 대상이 될 수밖에 없다. 최근 축적된 소재 데이터와 AI의 활용으로 소재 개발 패러다임 또한 디지털 영역으로 빠르게 전환되면서 신소재 개발에 드는 비용을 절감하고 기간을 단축하는 경쟁이 매우 치열해지고 있다.

### 소재의 종류

소재는 다이아몬드와 같은 천연 무기물이나 코르크, 고무와 같은 천연 유기물부터 금속, 세라믹, 고분자와 같이 공업적으로 만든 소재에 이르기까지 종류가 매우 다양하다. 소재를 자연물에 의존하지 않고 공업적으로 만들어야 하는 이유는 천연 소재는 지역별, 부위별로 물성이 다르며 산업 수요를 충족시킬 만큼 양이나 종류가 많지 않기 때문이다.

새로운 소재는 곧 시장에서 우위를 점하는 새로운 제품을 의미하므로 경제적 필요에 따라 끊임없이 개발돼왔다. 소재를 제조하는 기술(공정)도 소재 화학을 넘어 나노 공학, 합성생물학 등으로 확장돼 이전에 없었던 소재나 이전과 다른 방식으로 제조되는 소재가 계속 등장하고 있다. 소재는 쓰임에 따라 다르게 부르기도 하는데, 가령 철이나 구리처럼 사회 인프라나 산업 전반에 사용되고 주력산업의 근간이 되는 소재를 '기반 소재'라 하고, 다양한 용도로 활용될 수 있어 여러 산업을 창출하는 소재를 '원천 소재'라고 한다. 또 의도적으로 설계designed, 개발engineered, 가공processed된 소재를 '첨단소재'라고 부른다.

### 소재 기술의 특성

소재는 화학적 방법으로 만들고, 물리적 수단으로 특성을 조절한다.

따라서 소재 기술은 기계산업이나 전자산업, 화학산업의 도움을 받아 성장하며 동시에 이런 산업이 발전하는 기반이 된다. 재료과학 혹은 재료공학(영어로는 합쳐서 'materials science and engineering'이라고 한다)이 독립적인 학술 영역으로 자리 잡긴 했으나 소재 기술 분야는 학제 간 성격을 지닌 전형적인 다학제 영역으로서 기초과학을 포함한 여러 학술 영역의 발전과 궤를 같이한다. 오랜 과학기술 역사를 지닌 나라들이 소재 강국인 것은 결코 우연이 아니다.

소재 기술은 짧게는 수십 년에서 길게는 수백 년의 긴 발전 과정을 거친다. 예를 들어 신기술인 양자점 TV와 관련이 있는 형광에 관한 연구는 16세기까지 거슬러 올라간다. 양자점이 발견된 것은 1981년이며, 최초의 양자점 TV가 출시된 것은 2013년이다. 또 다른 신기술인 OLED TV의 기반이 되는 전도성 고분자 소재는 1862년 발견됐으며 전기 형광을 나타내는 고분자 소재가 발견된 것은 1965년이었다. OLED의 디스플레이 응용 가능성이 확인된 것은 1990년이었고, 2007년 처음으로 TV에 적용되면서 디스플레이 소재로의 가능성이 확인된 이후 대략 20년이 지난 후에야 산업적으로 활용됐다.[137]

소재 기술은 시장에서 대체로 영속적이며 기반 소재일수록 영속성이 더욱 두드러지는 특징이 있다. 1차 산업혁명 이후 강철을 대량으로 값싸게 공급할 수 있게 한 베세머 제강법은 1856년 개발된 후 아직도 큰 변화 없이 쓰이고 있고, 제철산업에 쓰이는 코크스 제조법 또한 1709년에 발명된 이래 지금도 쓰이고 있다.

첨단소재는 개별 제품은 물론 산업의 경쟁력을 결정하는 출발점으로서 가치사슬 전반에 걸쳐 대략 10배에서 100배의 큰 경제적 승수효과를 일으킨다. 예를 들어 LED 핵심 소재인 질화갈륨GaN을 조명에 활용하면 원소재에서 부품(소자) 단계까지 약 5배, 시스템 단계까지 약 18배, 서비스를 포함하는 최종 소비 단계에서는 시장 규모가 약 78배로 커진다.[138] 질화갈륨을 TV나 마이크로 LED 등 디스플레이에 적용하면 또 다른 대규모 시장이 창출된다.

### 소재 기술 혁신의 결정적 계기

소재 기술은 사회경제적 혹은 지정학적으로 강력한 동기가 있을 때 빠르게 발전한다. 근대 들어 소재 기술이 비약적으로 발전한 계기는 제1차와 제2차 세계대전, 그리고 1970년대 이후 눈부신 발전의 계기가 된 디지털 혁신이었다.

제1차 세계대전 중에는 1차 산업혁명 때부터 발전해온 철강 소재 기술과 2차 산업혁명 초기 태동한 화학 소재 기술이 비약적으로 발전했다. 제2차 세계대전 중에는 고온 합금과 고강도 경량 신합금, 실리콘, 인조고무, 기능성 코팅 기술, 전기화학 소재 등의 기술이 급속히 발전했다. 전시戰時에는 기존 소재는 물론 새로운 소재를 대량으로 사용하고 개발 중인 소재까지 투입되므로 수십 년에 걸쳐 얻을 수 있는 소재 정보를 단시간에 축적할 수 있는 환경이 조성된다. 평시에는 생각할 수 없는 대규모 재원이 투입되는 것도 급속한 발전의 배경이다. 제2차 세계대전 후에는 동서체제 간 치열하게 전개된 생산성, 군비, 우주개발 경쟁이 첨단소재 개발을 견인했다.

세 번째 변곡점은 디지털 혁신으로 급팽창한 전자산업과 정보통신산업이 불러왔다. 스마트폰을 포함해 세상을 바꿔놓은 다양한 첨단 IT 제품이 연이어 쏟아져 나왔는데, 그 배경에는 혁신 제품 출시를 뒷받침한 첨단소재 기술이 있었고, 그런 소재 기술의 사업화를 뒷받침할 충분한 자본이 있었다. 세 번째 변곡점을 거치며 발전한 배터리 소재 기술은 전기차 배터리로 이어지고 있는데, 전기차 산업이 전망했던 것보다 더 빨리 발전하는 동력이 됐다.

## 소재 기술의 흐름

소재 기술은 시장의 변화나 주변 기술의 발전에 따라 변해왔다. 1970년대 이전에는 소재의 기본 구조와 물성에 관한 기초연구가 주류를 이뤘고, 1980년대 이후에는 이미 알려진 소재의 내부 구조를 미크론 크기(100만 분의 1m 크기) 수준에서 성능을 향상하거나 이종 소재를 서로 융합해 시장 수요에 대응하는, 이른바 응용 연구가 중심이었다. 1990년대에는 실험적이거나 시행착오 성격이 강했던 이전의 연구에서 벗어나 통계적이고 계산적인 방법으로 소재를 개발하려는 움직임이 시작됐고, 2000년 이후에는 나노 크기(10억 분의 1m) 영역인 원자나 분자 수준에서 소재를 제어하는 연구가 본격화됐다. 또 고성능 컴퓨팅과 소재 정보를 활용해 분자 수준에서 소재를 설계하는 연구가 잇따랐다.

한편 금속이나 세라믹 등 무기 소재가 주종을 이루던 기술이 고분자(플라스틱)를 포함하는 유기 소재로 확대됐고, 최근에는 합성생물학적 공정에 기반을 둔 소재가 등장하고 있다. 소재 구조 면에서는 성분이나 결정 상태에 관심을 두었던 단계에서 미크론 수준으로 조직을 제어하는 단계를 거쳐 원자 혹은 분자 단위에서 제어하는 나노 단계로 접어들었다.

원자와 분자 간 상호작용이나, 불순물이나 결함이 미치는 영향 등 물질과학 영역에 축적된 소재 정보와 이를 다루는 빅데이터, 소재의 구조나 공정을 설계하고 성능을 예측하는 고성능 컴퓨팅 기술 등 디지털 기술이 융합되면서 소재 기술은 디지털 소재 시대로 전환하고 있다. 이에 따라 강철처럼 강하되 납처럼 부드러운 모순 소재, 카멜레온처럼 환경에 따라 색상이 달라지는 소재, 생물학적 과정에 의한 친환경 대량 제조 등의 혁신적 기술이 개발되고 있다.

첨단소재 기술은 1980년대까지만 해도 미국의 독무대였다. 미국은 1980년대 중반 복합 소재 분야에서 잠시 일본에 추월을 허용했다가 다시 선두로 복귀했고, 1990년대 중반 합금 분야와 세라믹 분야에서 일본에 추월당했으나 여러 영역에서 여전히 최고의 기술력을 보유하고 있다. 독일, 러시아, 이탈리아, 프랑스, 영국, 스위스 등 유럽 국가는 촉매 소재나 복합 소재 분야에서 상당한 경쟁력을 갖추고 있으며 1990년대 이후 한국, 대만, 중국, 인도의 소재 기술 역량이 급상승했다. 소재 기술 영역에서도 세계화가 빠르게 진행돼 후발국의 기술력이 급상승했으며, 지식 거점이 세계 곳곳으로 분산되면서 기술 경쟁의 범위가 넓어지고 경쟁 양상이 복잡해졌다.

최근에는 소재 기술을 바탕으로 급격하게 커지고 있는 3D 프린팅 시장에 필요한 전용 소재나 폴더블이나 롤러블 전자기기를 포함하는 유연 전자용 소재 등 산업적 용도에 맞춘 소재 개발이 새로운 흐름이 되고 있다. 새로운 시장의 등장에 힘입어 첨단소재 기술은 앞으로 더 빠른 속도로 성장할 것으로 예측된다.

### 치열해진 첨단소재 개발 경쟁

2000년 이후 각국은 첨단소재 기술을 개발하기 위해 투자를 늘려왔는데, 특히 미·중 간 기술 패권 경쟁을 경험하면서 소재 기술의 전략적 가치를 재인식하게 됐다. 주요국의 대표적인 소재 기술 개발 장기 프로그램으로는 미국의 '소재 게놈 프로젝트MGI'(2011), 영국의 '8개 대형 기술Eight Great Technologies'(2013, 2014), EU의 '핵심 수권 기술Key Enabling Technologies'(2011), 호주의 '첨단 소재Australian Advanced Materials', 중국의 '프로그램 863'(1986) 및 '프로그램 973'(1997), 사우디아라비아의 '첨단 소재 기술 프로그램 전략적 우선 순위Strategic Priorities for Advanced Materials Technology Program'(2008), 일본의 '신원소 프로그램'(2012) 등이 있으며 캐나다, 이스라엘, 뉴질랜드 등도 소재 기술의 개발을 지원하고 있다.

한 예로 2000년을 전후해 미국 국립과학재단NSF의 소재 기술 분야 연구개발 투자 동향에 큰 변화가 있었다. 소재 개발을 위한 투자 규모가 1992~2000년에는 연평균 3%씩 증가했으나 2000~2004년에는 연평균 8%씩 증가해 투자 확대 속도가 2배 이상 커졌다. 미국과 패권 경쟁을 벌이고 있는 중국도 크게 다르지 않은데, 2008~2018년 소재 개발 부문의 투자를 4배 확대했다. 중국은 2017년 중국공정원이 만든 '2035년 신소재 기술력 전략에 관한 연구'에 따라 전반적인 기술력을 세계적인 수준으로 끌어올려 2035년까지 세계적인 소재 강국 대열에 오르며, 2050년 세계 최고의 소재 기술 국가가 된다는 목표를 향해 달려가고 있다.

## 소재 개발의 새로운 도전 과제, 탈탄소와 자원 순환

최근 소재 산업을 둘러싼 환경이 다시 급변하고 있다. 소재 산업은 기후변화, 환경 보존, 자원 부족의 문제뿐 아니라 고령화로 치닫는 인구구조 변화와 도시화, 소비 패턴 변화 등에도 대응해야 하는 상황이다. 무엇보다 소재 산업의 탄소 배출량은 전체 배출 탄소의 약 25%에 해당하는 큰 부분을 차지해 기후변화 문제의 중심에 있다.

소재 산업은 탄소 배출이 많은 전통적인 방식에서 벗어날 수 있는 소재 기술을 개발해야 한다. 사실상 기존과 완전히 다른 소재 기술을 개발해야 하므로 위기일 수 있지만, 저탄소나 탈탄소 소재 기술을 개발한다면 큰 사업 기회를 얻을 수도 있다. 이와 함께 핵심 광물자원의 전략 자산화가 대두되면서 자원 부족에 대응하는 소재 기술 또한 전략적 고려의 대상이 되고 있다.

이런 새로운 변화에 대응하는 패러다임의 방향은 ① 에너지 측면에서는 저탄소형 혹은 탈탄소형, ② 자원 측면에서는 (완전) 순환형 혹은 자원 절약형, ③ 환경 측면에서는 자연 친화형, ④ 기술 형태 측면에서는 자연 유래형 소재 기술이 될 것으로 전망된다.

우선 철강, 시멘트, 알루미늄, 플라스틱 등 탄소를 대규모로 배출하는 기반 소재 산업의 저탄소화, 탈탄소화가 변화의 방향이 될 것이다. 소재의 재사용 혹은 재활용 비율을 획기적으로 개선할 수 있는 기술은 탄소 배출을 낮추는 것은 물론 자원 부족을 해소하는 방법이 될 수 있다. 환경친화적인 소재와 제조공정을 개발하고 의무 채택 비율과 같은 정책적 규제와 연계해 환경 부담을 줄이는 것도 중요하다. 생물학적 공정이나 구조를 모방한 소재 기술을 개발해 혁신 기능을 창출하고 친환경 목표를 동시에 달성하는 것이 앞으로 큰 흐름이 될 것이다. 탄소세 부과나 기후변화에 대한 대중의 인식 변화 등 사회경제적 환경 변화로 이런 소재들이 시장에 진입하면 경제성을 개선할 기회를 얻으며 기존 소재를 빠르게 대체해갈 것이다.

# 소재 기술의
## 경쟁력 강화 전략

소재 기술의 전략적 목표는 새로운 소재를 신속히 개발해 새로운 산업을 창출하고 미래 유망 시장을 선점함으로써 국가경쟁력을 높이는 것이다. 이와 함께 첨단소재 기술의 전략 자산화 추세에 대응해 공급사슬을 주도할 전략 소재를 확보하는 것이다.

이를 위해서는 고도의 전문지식과 경험을 갖춘 인력의 양성과 첨단 인프라의 구축이 필수다. 소재 기술에서는 고도의 전문성을 갖춘 인력이 곧 핵심 플랫폼이다. 전문 인력은 장기간의 연구를 통해 양성되므로 같은 영역에서 장기간 연구할 수 있도록 지원해야 한다. 특정 소재 개발을 목표로 하는 연구(소재 중심)와 함께 연구자나 연구 그룹이 같은 소재 분야를 계속 연구(역량 중심)할 수 있게 해야 한다. 예를 들어 미국은 소재 기술 개발 프로그램이 원천기술 개발을 지원하고 개별 소재는 관련 있는 부처가 지원하는 이원 구조로 돼 있어 원천기술 개발부터 실용화까지 연구를 이어갈 수 있다. 또 첨단소재 개발에 필수인 분석 장비를 고도화하고 운영하는 인력이 전문화돼야만 소재 전문 인력이 신소재 개발에 집중하고 비용과 시간을 줄일 수 있다. 해외의 우수한 연구 그룹과 학술 교류를 통해 지식과 경험을 공유하면서 상호 간 시너지를 창출해야 한다.

무엇보다 소재 기술을 효율적으로 개발하기 위해서는 기초연구, 나노 기술, 첨단 제조업, AI 등 관련이 있는 여러 기술 영역을 연결해 시너지를 창출해야 한다. 정책적으로는 소부장이나 탄소 중립 정책을 아우르는 정책 혼합이 필요하며, 여기에는 참여하는 여러 부처의 역할을 명시한 구체적인 실행 로드맵이 포함돼야 한다. 첨단산업과 첨단 제조 기반을 새로운 소재 기술의 적용이 가능한 시험대로 활용해 시장 창출에 필요한 근거 자료를 효과적으로 확보하는 전략도 고려해야 한다.

또 소재 기술은 씨앗 기술에서 시작해 단계적으로 성숙해가므로 소재 전문 기업의 창업을 촉진하고 이를 지원하는 전용 펀드를 확대하며 조세를 획기적으로 감면하는 등 스타트업이 성장할 수 있는 환경을 조성해야 한다. 전후방 산업에서의 낙수효과 혹은 승수효과, 스타트업이 중견기업으로 성장했을 때의 경제적 효과를 고려하면 소재 전문 스타트업이 성장할 수 있도록 획기적인 특혜를 제공해야 할 타당성은 충분하다. 가치사슬이나 공급사슬을 구축하는 데 영향력이 큰 중견 혹은 대기업과 소재 전문 스타트업 간 협력을 정책으로 지원하는 한편, 인수합병을 촉진해 스타트업 기술이 대형 산업이 될 수 있게 해야 한다. 동시에 정부는 소재 전문 스타트업의 지식재산을 보호하는 제도적 기반을 구축해야 한다.

예를 들어 우리나라 소재 기술의 개발 역사에서 처음으로 글로벌 선두 경쟁을 벌이고 있는 배터리 소재의 사례는 첨단소재의 개발 전략이 어떠해야 할지를 함축적으로 보여준다.

### 배터리 소재 기술은 어떻게 글로벌 경쟁력을 갖출 수 있었나?

배터리 산업은 우리가 신산업 영역에서 치열한 선두 경쟁을 벌이고 있는 첫 사례다. 소재와 제조공정이 어우러진 기술이지만 소재 기술이 압도적인 비중을 차지하며 경쟁력을 결정한다. 배터리 소재는 종류가 많지만, 고용량 충전과 고속 충전의 목표는 항상 같았다. 1990년 이전 일본 기업이 독주하던 배터리 영역에 대기업이 뒤늦게 뛰어든 이후(LG

그룹은 1992년 리튬이온 배터리 개발에 착수했고 2000년 세계 최초로 전기차용 리튬이온 배터리 개발을 시작했다) 하나의 이차전지 기술을 개발하기 위해 산·학·연·관이 30년 가까이 일관되게 협력해온 보기 드문 사례이기도 하다.

그동안 중장기 기술 개발 사업 지원, 인프라 구축, 기술 로드맵 관리 등 수많은 기술 개발 사업과 다양한 정책 지원이 있었다. 정부는 1992년 '전기 자동차용 고성능 전지 기술 개발' 프로젝트를 시작으로 '차세대 소형 전지 중기 거점 기술 개발', '이차전지 경쟁력 강화방안', '이차전지 로드맵' 등을 통해 기술 개발을 지속해서 지원했으며 공공 연구소도 1990년대 중반부터 이차전지 연구에 착수했다. 이런 지원을 통해 지식과 경험을 축적할 수 있는 연구 조직과 시설이 대학과 연구소에 구축됐으며 이들이 많은 전문 인력을 양성해냄으로써 소재 기술과 배터리 제조 기술을 따라잡고 참여했던 기업들이 글로벌 경쟁력을 갖출 수 있는 바탕이 됐다.

또 1990년대 후반 모바일 전자 산업이 급성장하면서 배터리 내수시장을 확보한 것이 대용량 고밀도 배터리 소재 기술의 발전으로 이어지는 토대가 됐다. 휴대전화용 배터리 개발을 통해 축적한 소재 기술이 바탕이 돼 2010년대 후반 이후 급속히 발전하고 있는 전기자동차용 배터리 소재 기술에 대응할 수 있었다. 물론 휴대전화용 배터리의 무게가 대략 50g 안팎인 것에 비해 전기자동차용 배터리의 무게는 400~450kg으로 휴대전화 배터리 무게의 8,000~9,000배이며 높은 안전기준을 충족해야 하므로 차원이 다른 기술이다. 하지만 휴대전화 배터리 소재 기술은 독자적인 사업 영역이면서 전기자동차 배터리 소재 기술로 진화하는 중간 단계로서 큰 역할을 했다고 볼 수 있다. 최근에는 2000년 이후 축적된 탄소 나노 튜브, 나노 단결정 소재, 나노 코팅 등 나노 소재 부문의 기술 역량이 배터리 소재 기술에 융합되면서 대용량화, 고속 충전, 안전성 향상 등 배터리 소재의 혁신이 가속되고 있으며 전고체 배터리(고체 전해질을 사용하는 배터리)로의 패러다임 전환을 앞두고 있다.

# 지식재산권: 기술 패권 시대에 더 중요해진 국부

정부조직 개편(2025년)에 따라 특허청이 지식재산처로 승격되는 것에서 짐작할 수 있듯, 지식재산의 가치가 점점 더 중요해지고 있다. 지식재산의 대표적인 예 중 하나가 한류 콘텐츠다. 최근 세계에서 주목받는 다양한 한국 콘텐츠는 지식재산의 집합체나 마찬가지다. BTS의 음악, 드라마 〈오징어 게임〉과 유명 웹툰 등은 저작권, 상표권, 디자인권, 초상권, 퍼블리시티권 등 다양한 지식재산의 보호를 통해 막대한 경제적 가치를 창출하고 있다. 그런가 하면, 중국의 업체가 삼양식품의 '불닭볶음면'의 캐릭터와 포장 디자인을 따라 한 '마라 화계면'이라는 제품을 만들어 판매했다. CJ제일제당의 '백설 하얀설탕'과 '쇠고기 다시다'도 각각 '한국수입 하얀설탕'과 '쇠고기 우육분'으로 바꾸어 유통했다. 이에 대해 중국의 법원은 해당 업체들의 상표권 및 저작권 침해를 인정하고 배상 판결을 내렸다.[139] 하지만 이는 당시 제소된 지식재산 침해 소송 7건 중 5건에만 인정됐으며, 확인되거나 판결이 내려지기 전까지 피해는 고스란히 우리 기업의 몫이 됐음은 물론이다.

지식재산권을 놓고 국내외에서 법적 분쟁이 증가하는 이유가 여기에 있다. 또 다른 예를 보면, 삼성디스플레이는 2022년 12월 스마트폰용 OLED의 특허 침해를 이유로 중국의 기업 BOE를 상대로 소를 제기했는데 2년 3개월 만인 2025년 3월 승소했다. 미국 국제무역위원회ITC는 삼성디스플레이가 제기한 특허 침해 소송에서 BOE와 미국 부품 도매업체가 삼성디스플레이의 특허를 침해했다고 밝혔다.[140] 전략 자산이 된 지식재산IP, Intellectual Property을 확보하기 위해 국제 무대에서 벌어지고 있는 총성 없는 전쟁의 단면이다.

최근 IP 분쟁은 기업 간 경쟁 문제에서 국가의 기술 패권 전략과 직결되는 '경제안보 이슈'로 부상하고 있다. 특히 기술과 산업이 가파르게 변화하면서 지식재산의 범위는 기존의 특허·상표 중심에서 데이터·알고리즘·디지털 콘텐츠까지 확장되고 있으며, 이에 따라 보호 방식과 활용 전략 또한 근본적 재설계가 요구되고 있다. 나아가 글로벌 질서 변화를 단순히 따라가기보다는 유리 천장을 깨기 위한 파격적인 수준의 새로운 발상도 필요하다.


## 새로운 부를 창출하는
## 지식재산의 가치와 미래

초연결과 초지능을 특징으로 하는 4차 산업혁명 생태계에서는 기술의 플랫폼화가 더욱 심화하면서 표준 필수 특허standard essential patent와 핵심 원천 특허core patent 가치의 중요성이 더 커질 것으로 보인다.[141] 표준 필수 특허는 표준 문서의 규격을 기술적으로 구현하는 과정에서 해당 특허를 침해하지 않고서는 구현할 수 없는 특허를 뜻한다. 따라서 표준 필수 특허 보유권자는 표준으로 정해진 기술을 후발주자로부터 보호받을 수 있고, 표준을 따르는 기업으로부터 로열티를 받아 시장 지배력을 강화하고 지속적인 수익을 창출할 수 있다.[142] 즉 표준 필수 특허와 원천 특허를 선점한다는 것은 단순히 기술을 보호하는 것이 아니라 새로운 부를 창출하는 핵심 자산을 확보한다는 의미다. 이를 위해서는 기술과 산업 환경의 변화 방향을 정확히 분석하고, 표준화 과정에 선제적으로 참여하는 전략적 대응이 필요하다. 특히 5G, AI, 자율주행 기술 분야에서의 표준 선점 경쟁은 향후 글로벌 기술 시장 주도권 확보와 직결될 것이다.

### 지식재산과 지식재산권의 개념

지식재산은 인간의 창조적 지적 활동 또는 경험 등에 의해 창출되거나 발견된 지식, 정보, 기술, 사상이나 감정의 표현, 영업이나 물건의 표시, 생물의 품종이나 유전자원遺傳資源, 그 밖에 무형적인 것으로서 재산적 가치가 실현될 수 있는 것을 말한다(〈지식재산 기본법〉 제3조 1항). 그 예로는 특허patents, 상표trademarks, 디자인designs, 저작권copyrights, 영업비밀trade secrets 등이 있다.

지식재산권IPR, Intellectual Property Rights은 법령 또는 조약 등에 따라 인정되거나 보호되는 지식재산에 관한 권리로 저작권, 특허권, 실용신안권, 디자인권, 상표권 등을 말한다(〈지식재산 기본법〉 제3조 3항). 독일에서 개발돼 일본을 통해 들어온 초창기에는 유체재산권에 대응해 무체재산권이라고 했으나 세계화가 진행되면서 1986년경에는 지적소유권으로 용어가 바뀌었고, 1990년경 지적재산권을 거쳐 1998년경부터는 지식재산권이라는 용어가 확립됐다.

무형자산Intangible Asset은 물리적 실체는 없으나 일정 기간 독점적·배타적으로 이용할 수 있는 자산을 말한다(〈국가회계기준에 관한 규칙〉 제12조 4항). 기업의 경제적 가치 자산이지만 물리적 실체가 없는 자산으로 전통 회계상 포착이 어려운 지식과 노하우를 총칭하는 개념이다. 상표권 같은 브랜드의 가치 등이 이에 속한다. 무형자산은 재무제표상에서 '공정 시장가market value'나 '장부 가치book value'로 표시된다. 또 무형자산은 정보화 자산computerized information, 혁신적 자산innovative property, 경제적 경쟁 능력economic competencies으로도 구분된다.[143]

IP5 Five IP Offices는 한국, 미국, 중국, 일본, 유럽 등 지식재산 분야 선진 5개국 그룹으로, 전 세계 특허제도의 효율성과 품질 향상을 위해 협력하고 있다. 2023년 기준 IP5는 전 세계 특허출원의 약 85%를 차지하며, 세계 특허제도를 실질적으로 주도하고 있다.[144]

지적자본Intellectual Capital은 특허권, 저작권, 상표권 등 지식재산권과 영업권, 기업 조직의 노하우, 조직원의 능력, 브랜드 가치 등을 포함해 기업의 무형자산 축적 정도를 설명하는 개념이다. 인적자본human capital, 구조적 자본structural capital, 고객 자본customer capital으로도 구분된다.[145]

지식재산 금융은 기업이 보유한 특허권, 상표권, 디자인권 등 지식재산권을 금융자산처럼 활용해 자금을 조달하는 방식을 말한다. 단순히 재무성과나 신용도를 가지고 측정하기 어려운 기술력과 성장 가능성을 기반으로 자금을 공급한다는 점에서 혁신 금융 기법으로 여겨지고 있다.

데이터 기반IP Data-driven IP는 AI 학습 데이터, 사용자 행동 데이터, 사물인터넷 센서 데이터 등을 말한다. 방대한 데이터셋 자체가 기업의 핵심 IP로 인식되며, 데이터의 소유권·활용권·거래가 새로운 IP 시장을 형성하고 있다.

### 지식재산 집약 산업이 경제와 고용에 미치는 영향

지식재산 집약 산업은 지적 활동의 집약도가 높으며 이를 지식재산권으로 보호해 가치 창출에 활용하는 산업이다. 지식재산 집약 산업은 노동·자본·기술 대신 '지식재산'을 생산요소로 활용하는 데 중점을 둔다.[146] 미국 상무부는 2012년 미국 특허청 데이터를 기준으로 전체 313개 산업 중에서 특허와 상표 등 지식재산을 가장 집중적으로 활용하고 있는 산업 75개를 선별하고 이를 '지식재산 집약 산업IP-Intensive Industries'이라 명명했다. 현재는 미국 특허청이 2022년부터 특허, 디자인, 상표 등 지식재산권 유형별로 지식재산 집약 산업을 분류하기 위한 분석 방법을 '지식재산 집약도' 기준으로 통일하면서 전체 210개 산업 중에서 지식재산 집약 산업은 과거의 75개에서 126개로 확대됐다.[147] 미국 특허청의 〈지식재산과 미국 경제〉 2024년 보고서에 따르면 지식재산 집약 산업의 국내총생산은 2023년 기준 전체 GDP의 42%를 차지하며, 고용 기여도는 32%로 집계됐다.[148]

EU의 경우, 2020~2022년 기준 총 GDP의 47.5%가 지식재산 집약 산업에서 창출됐다.[149] 또 전체 지식재산 집약 산업은 EU에서 6,100만 개 이상의 일자리를 창출했으며, 이는 EU 전체 고용의 29.7%를 차지한다.

중국의 특허 집약 산업의 규모도 꾸준히 성장해 2022년 기준 특허 집약 산업 부가가치는 약 15조 위안(한화 약 2,908조 5,000억 원)으로 전년 대비 7.1% 증가했으며 GDP에서 차지하는 비중은 12.7%에 달했다.[150]

**IP 금융 부문 규모 10조 원 시대**

지식재산 기반 투자, 담보대출, 보증 등으로 누적된 우리나라의 IP 금융 잔액 규모는 2024년 8월에 10조 211억 원을 기록하면서 최초로 10조 원을 돌파했다.[151] 2021년부터 2024년까지 연평균 25% 성장을 기록했으며, 2024년 신규 공급도 3조 5,000억 원으로 증가했다.

이는 지식재산권이 단순한 금융거래 대상에서 경제적 자산으로 자리 잡기 시작했다는 것을 의미한다. 기업이 지식재산권을 금융거래 대상으로 적극적으로 활용하고 있음을 보여주며, 금융기관에서도 지식재산권이 물건 또는 서비스와 결합하거나 라이선스를 통해 현금 흐름을 창출할 수 있는 가치가 있다고 판단한다는 의미다.[152] 즉 지식재산이라는 담보물에 대한 가치평가의 중요성이 커지고, 특허권에 대한 가치 평가(특허의 유효성, 시장에서의 안정성, 특허의 수명, 특허의 활용성 등) 요소가 금융거래의 주요 항목이 됐음을 시사한다. 기업이 지식재산에 잠재된 미래 가치를 지식재산 금융을 통해 현실화하고 있는 셈이다. 이에 따라 은행들은 지식재산 가치를 평가하기 위해 각 분야 전문가(변리사, 변호사, 회계사, 금융인, 기술 전문가 등)와의 협업을 도모하고 있다. 또 정부에서도 혁신 기업이 지식재산 금융을 토대로 자금을 원활하게 조달하고 성장할 수 있도록 관련 정책을 추진하고 있다.[153]

**지식재산 환경 변화와 새로운 이슈**

최근에 등장한 혁신 기술로 지식재산 환경은 풍성해졌다. 그러나 빅데이터, AI, 사물인터넷, 메타버스 등은 기존 개념으로는 평가할 수 없는 새로운 양상의 보호 가치와 지식재산이 창출하기에 민감한 이슈도 함께 동반한다. 예를 들어 최근 AI 기술을 이용해 사진을 지브리 화풍으로 생성하는 것이 인기를 끈 바 있는데, 이렇게 생성된 이미지의 저작권 침해 여부가 논란이었다. 챗GPT는 지브리 스타일을 모방했을 뿐 지브리 작품 자체를 모방한 것이 아니고, 이와 관련된 법적 규정이 미비하여 판례가 축적되지 않아 저작권 침해 여부가 불분명했기 때문이다. 이에 대해 2024년 3월 일본 문화청은 AI와 저작권 보고서에서 '화풍' 같은 아이디어가 비슷할 뿐 직접적 유사성이 인정되지 않는다면 저작권 침해에 해당하지 않는다고 명시했으나, 학습을 위해 지브리에서 제작한 이미지를 사용한 경우, 추가적인 법적 논란의 여지가 존재한다.

이처럼 현재 저작권법에서는 저작권으로 보호받는 창작물은 '인간의 사상이나 감정을 표현한 창작물'이라고 규정하고 있다. 따라서 자연인이 아닌 회사나 장치, 기계 등은 발명자로 표시할 수 없다. 인간이 아닌 AI가 창작한 결과물 또한 창작물로 볼 수 없다는 것이 현재 다수의 의견이다. 예를 들어 AI가 발명자로 출원을 받을 수 있는지 확인하는 '다부스DABUS 프로젝트'가 세계 각국에서 진행되고 있는데, AI 다부스를 발명자로 기재한 특허출원에 대해 미국, 유럽, 영국, 호주에서 AI를 발명자로 인정하지 않는 것으로 확정됐다. 독일에서는 연방특허법원이 AI 발명자 불인정 판결을 내렸고, 상고하지 않아 사실상 확정된 상태이며,[154] 일본 지적재산고등재판소도 2025년 1월 현행 특허법상 발명자는 '자연인'이어야 한다고 명시했다. 한국의 2심 법원인 서울고등법원도 2024년 5월 AI를 발명자로 인정하지 않는 판결을 내렸으며, 출원인이 상고해 현재 대법원에 계류 중이다. 한편 남아프리카공화국에서는 다부스를 발명자로 하는 특허가 등록됐다. 다부스 관련 특허를 신청한 16개국 가운데 유일한 사례다.

저작권 분야에서도 최근 AI가 미술, 음악 등 저작물 제작에 기여한 사례가 잇따르고 있어 관련 논의가 확대되고 있다. 최근 미국저작권청USCO은 2025년 보고서를 통해 AI가 창작한 결과물의 저작권 침해 문제와 더불어 AI의 학습 데이터로서 저작물 이용에 따른 창작자의 경제적 손실과 저작물 이용이 창작 유인을 떨어뜨릴 가능성을 지적했다. AI가 창작 활동에 깊숙이 개입하면서 저작권의 권리 주체 및 보호 범위에 대한 근본적 재검토가 요구되며, 훈련 데이터에 대한 접근과 통제 방식의 재정립이 필요하다고 밝혔다.[155] 이처럼 AI 기술의 발전이 지식재산 분야에 야기하는 변화는 기술적·경제적·사회적 측면에서 다각도의 논의와 입법적 대응이 필요함을 시사한다.

### '지브리 사태'로 본 AI 저작권 논의 필요성

AI가 만드는 성과물의 소유권 논쟁은 점차 더 커질 가능성이 크다. AI 모델이 지브리의 캐릭터 스타일, 색감, 연출 기법 등을 학습해 이른바 '지브리풍 AI 작품'을 제작한 것이 대표적인 최근 사례다. 이를 두고 지브리 측은 강력한 법적 대응을 예고하며 AI를 통한 스타일 도용은 저작권 및 퍼블리시티권 침해라고 주장한 바 있다.

이처럼 앞으로는 AI 생성 콘텐츠가 기존 창작자의 권리를 침해할 위험이 크다. 특히 AI 생성물이 원작과 실질적 유사성을 띠는 경우, 혹은 상업적으로 이용될 경우 법적 분쟁 소지가 있다. AI 모델이 저작권 보호 대상 작품을 무단으로 학습했을 경우 저작권 침해 여부 또한 정리가 필요하다. 문화체육관광부와 한국저작권위원회는 2023년 AI 기술 상용화로 인한 시장 혼란을 최소화하기 위해 〈생성형 AI 저작권 안내서〉를 발표했지만,[156] 정부의 지침 개정 속도가 AI의 발전 속도를 따라잡지 못하고 있으므로 보다 현실적이고 효과적인 해결 논의가 요구된다.

# 지식재산의 질적 수준 향상을 위한 미래 전략

세계지식재산권기구WIPO에 따르면 2024년 국제 특허출원 수에서 우리나라는 중국, 미국, 일본에 이어 5년 연속 세계 4위에 올라 있고, 성장률은 7.1%로 세계 1위다.[157] 그러나 우리나라 특허의 실상을 살펴보면 기대와 다르다. 실제 등록이 돼도 활용이 되지 않는 특허권이 많고, 최근 5년간(2019~2023년) 등록 후 무효 심판을 청구한 특허 중 다시 무효가 되는 특허권 비율이 45.2%나 된다.[158] 2023년 기준으로 우리나라의 특허 무효율은 소폭 감소(44.4%)했지만, 일본(11.5%)이나 미국(31.3%)과 비교하면 여전히 높은 수준이다.[159] 이제 우리도 양적 성장에 안주하지 말고, 활용률 제고, 글로벌 협상력 강화, 기술 사업화 촉진 등 실질적 가치 중심의 전략적 전환이 필요하다. 이를 위해 국가 차원의 종합 IP 정책과 민간의 혁신 역량이 유기적으로 결합해야 한다.

### 신뢰할 수 있는 제도의 구축과 기술안보 대응 강화

지식재산권 권리자는 스스로 출원 국가도 선택할 수 있지만, 분쟁 발생 시 어느 나라 법원에서 재판을 진행할지, 어느 나라 기관에서 침해 여부를 다툴지도 선택할 수 있다. 당연히 지식재산권 보호가 체계적으로 보장되고 법적 안정성이 확보된 국가일수록 지식재산 출원이 집중되며, 분쟁 해결을 위한 소송 역시 빈번히 제기된다. 우리나라가 지식재산 분야에서 신뢰를 얻기 위해서는 권리자를 보호할 수 있는 예측 가능한 제도를 보유해야 한다.

이러한 맥락에서 우리나라는 지난 2019년 징벌적 손해배상 제도를 도입했고, 2020년에는 손해배상액 산정 현실화를 명문화한 바 있다.[160] 2024년 8월부터는 영업비밀 침해 시 징벌적 손해배상 한도를 손해액의 3배에서 세계 최고 수준인 5배까지로 확대하고 기술 유출 방지를 위한 안전장치도 강화했다.[161] 또 2024년에 〈산업재산정보법〉을 제정·시행하며 국가안보와 기술 유출 방지를 위한 국가 기관 간 협력 체계를 구축했다.[162] 이러한 법과 제도라는 보호망을 통해 우리 기업의 생존은 물론 국제적으로 신뢰받는 지식재산 제도를 구축하는 것도 우리가 지식재산 강국이 되기 위해서는 꼭 필요한 부분이다.

나아가, 지식재산은 국가의 기술 안보 차원에서도 핵심 자산으로 부상하고 있다. 반도체와 AI 등의 첨단 기술 분야의 특허는 공급망과 직결되며 경제적 안보의 근간이 되고 있고, 이에 따라 미국, 중국, 유럽 등은 자국의 핵심 기술과 특허를 보호하기 위해 국가 IP 방어 전략을 강화하는 추세다. 따라서 우리나라도 기술 유출 방지 등 산업 보안과 연계된 IP 관리 체계를 강화해, 특허 포트폴리오를 전략적으로 운용하고 국제 협상에서 활용할 필요가 있다.

### 지식재산 전문 인력 양성

지식재산연구원 조사에 따르면 2024년 기준 지식재산 활동을 하는 기업에서 지식재산 담당 조직 보유 비율은 45.7%로 전년보다(50.1%) 소폭 감소했다. 다만 독립된 전담 부서 형태로 보유한 비율은 4.7%로 전년보다 늘었다. 또 전담 인력을 보유하고 있는 기업의 비율은 16.1%이며, 평균 전담 인력은 1.6명 수준이었다. 외부 전문 기관을 통해 지식재산 서비스를 이용한 비율은 59.6%로 전년 대비(68.1%) 감소했다. 지식재산 관련 활동이 단계별로 필요한 것을 고려하면, 전문 인력 활용 정도는 미흡한 상황으로 평가된다.[163]

이러한 양상의 이유로는 그동안 지식재산에 대한 사회적 인식이 낮았던 것도 있지만, 지식재산의 관리·활용·라이선싱, 특허 사용권 계약·분쟁 해결 분야의 전문가 양성이 제대로 이뤄지지 못한 측면도 있다. 물론 정부의 지원으로 2010년 KAIST와 홍익대학교에 지식재산대학원이 설립된 이래 다른 학교로도 저변이 확대돼 현재 여러 대학에서 전문 인력이 양성되고 있다. 그러나 지금처럼 기술의 변화가 빠르고 융복합 혁신이 이어지면, 지식재산의 법리뿐 아니라 분야별 전문지식을 고루 갖춘 융합 지식 전문가가 더 필요할 것이다. 단순히 법리적 이해에 그치는 것이 아니라 AI, 뇌과학, 바이오 기술 등 첨단 기술의 흐름을 깊이 이해하는 융합형 전문가가 필요하다. '융합형 IP 전문가', 'IP 데이터 과학자', 'IP ESG 전략가' 등 새로운 직무가 부상하고 있는 것도 이러한 맥락이다. 아울러 국제적 소양을 갖춘 지식재산 전문가를 대거 양성해 국내외 특허 보호는 물론 특허 분쟁 시대에도 대응할 필요가 있다.

### 사회 전반의 지식재산 교육

전문가 육성 차원의 교육과 함께 국가 차원에서 지식재산 분야에 대한 전반적인 이해 수준을 높이는 것도 중요한 부분이다. 사회 전반에 걸쳐 지식재산의 가치를 인식시키고, 창의적이고 혁신적인 사고를 촉진하기 위해서 초등학교부터 대학교에 이르기까지 각 교육 단계에 맞는 지식재산 교육 커리큘럼을 개발할 필요가 있다. 소상공인 등 그동안 지식재산 교육에서 소외됐던 교육 수요자에 대한 교육 또한 강화돼야 한다. 이를 통해 지식재산에 대한 창의성과 혁신적 사고가 생활 전반에서 자연스럽게 활성화될 수 있도록 돕고, 계층 간 지식재산 격차를 줄여 누구나 아이디어를 보호받고 사업화할 수 있는 포용적 생태계를 조성해야한다.

### 지식재산 가치평가 고도화

지식재산권 사업화 과정이나 각종 분쟁에서 우리가 직면하는 문제 중 하나는 해당 지식재산 가치를 어떻게 측정하고 평가할 것인가다. 무형의 지식재산을 담보로 대출 및 기업 가치를 평가하는 일은 이전보다 훨씬 많아졌고, M&A 시장을 포함해 기업 자산 평가에서도 눈에 보이지 않는 무형자산의 비중이 높아졌다.

이런 가운데 정부는 2022년 12월 〈발명진흥법〉을 개정해 '지식재산 평가관리센터' 설치를 위한 법적 근거를 마련하고, 2023년 7월 운영을 시작했다.[164] 2024년 3월에는 지식재산 가치 평가에 대한 체계적인 조사·관리를 위해 '지식재산 평가관리 통합플랫폼IP-Hub' 서비스도 본격 개시했는데, 이를 그동안 별도로 운영된 IP 금융 통합 관리 시스템과 통합해 지식재산 금융, 지식재산 평가 지원 사업 등을 뒷받침할 계획이다.[165] 또 AI 기술을 활용한 자동화 평가 모델 등을 도입해 더 객관적이고 신속한 지식재산 평가가 가능하도록 하는 방안도 추진 중이다.[166] 새로운 무형의 가치가 계속 생겨나는 것을 고려해 심사 시스템에 지식재산 법리 전문가나 가치평가 전문가뿐만 아니라 무형지식 분야의 전문가들도 함께 참여하는 심사 환경이 구축돼야 한다.

### 새로운 유형의 지식재산 대비

전통적 산업재산권과 특허제도가 4차 산업혁명으로 불리는 지능화된 디지털 전환 시대에도 똑같이 적용될 수 있을지에 대한 논의도 필요하다. 4차 산업혁명의 첨단 기술이 여러 분야에 접목되고 있는데, 다양한 융복합 기술이 창출한 제품이나 서비스는 기존 지식재산권 범주 안에서 다루기 어려울 것이기 때문이다.[167] 즉 혁신 기업이 기술을 보호받기 전에 시장에서 경쟁우위를 상실할 위험이 있으며, 융합 기술은 기존 특허 분류 체계와 맞지 않는 경우가 있어 새로운 분류와 평가 기준이 요구된다.

또 AI, 메타버스, 생명공학 등의 기술 분야에서는 완전히 새로운 유형의 IP가 등장하고 있어 기존 법률 체계의 개정이 시급하다.[168] 특히 생성형 AI를 포함한 AI 기술은 발전 속도가 매우 빨라 특허를 출원하고 등록되기까지 상당한 시간이 소요되는데, 그 사이의 기간에도 기술이 급변해 이미 등록된 특허가 시장에서 더 이상 유용하지 않게 되거나 다른 새로운 기술에 의해 대체될 위험이 존재한다. 따라서 앞으로 출현할 지식재산의 유형이나 범위에 대해 새로운 시각으로 접근하고 글로벌 흐름에 부합하는 방향으로 대응 체계를 갖춰야 할 것이다.

### 산업 분야별 제도와 정책 세분화

제약 회사에서 신약 하나를 개발하는 데 통상 6.61년의 임상시험 기간이 소요되고 2조 원 이상의 비용이 투입되지만,[169] 제약업 특성상 창출되는 특허 수는 적다. 반면 정보 통신 기술 분야에서는 상황이 다르다. 스마트폰 하나에 통상 25만 개 이상의 특허가 적용된다. 이처럼 산업별 상황에 따라 지식재산을 창출할 가능성과 지식재산의 가치는 다르게 나타난다.

이러한 특성을 반영해 우리나라는 주요국 최초로 2023년에 한국의 핵심 전략산업인 반도체 분야를 지원하는 전담 심사국을 출범했다. 반도체 기술 전담 심사 조직은 반도체 설계부터 소재, 부품, 공정에 이르기까지 전 분야에 대한 특허출원 심사를 담당한다.[170] 이차전지 전담 심사 팀도 2024년 신설돼 2년 가까이 걸리던 특허 심사 기간이 2025년 기준 평균 2개월 이내로 단축됐다.[171] 최근에는 바이오·첨단 로봇·AI 분야도 우선 심사 대상으로 지정하고 민간 전문가를 특허 심사관으로 채용했다.[172] 이처럼 특허는 분야마다 특성이 다르므로 관련 특허제도에 대한 논의 또한 분야별로 세분화할 필요성이 있다. 산업별 기술 생애주기와 시장 특성을 반영한 유연한 심사·보호 체계가 지식재산 경쟁력의 핵심이 될 것이다.

### 지식재산 국제 협력 역량 강화

우리나라에서 2023년 열린 한중일 특허청장 회의에서 각국 특허청장들이 AI 발명 동향 등을 공유하며 첨단 기술 분야의 협력을 위해 전문가 협의체를 신설하기로 한 바 있다.[173] 또 글로벌 차원의 다양한 실무 경험을 공유하기 위해 WIPO와 진행하는 인력 교환 사업도 2024년 시작돼 2024년 5월 특허청 직원이 WIPO 본부에 파견됐으며, WIPO 직원 또한 2024년 10월부터 특허청 서울 사무소에서 국제출원 서비스의 민원 창구 역할을 하고 있다.[174] 2025년에는 스페인 유럽연합지식재산청EUIPO에서 개최된 청장 회담을 통해 한-EU 간 지식재산 협력 분야를 특허 심사에서 특허 정책까지 확대하는 소위 '포괄 협력 MOU'를 체결함으로써 국제적 공조를 강화했다.[175]

이처럼 현재 화두가 되는 기술 분야에 대한 논의와 대응을 공식화해 한국이 세계 지식재산 체계에 효과적으로 통합되고, 국제적 기준과 법률을 따르면서도 궁극적으로 국제적 경쟁력을 강화해야 한다. 특히 최근에는 'IP 글로벌 마켓플레이스', '국경 간 데이터·IP 이동 규범', '국제 공동 IP 펀드' 등 새로운 국제 협력 모델도 등장하고 있다. 따라서 지식재산 정보의 국제적 교류와 협력 강화를 위해 범정부적인 소통 플랫폼 구축도 필요하다.

한편 최근 해외 지식재산 환경의 가장 큰 변화는 유럽 통합특허법원 UPC의 출범이다. UPC는 한 번의 소송으로 협정에 가입한 유럽 17개국에 동시에 효력이 미치는 판결을 내릴 수 있어, 승소하면 신속하게 유럽 전역에서 권리를 행사할 기회가, 반대로 패소하면 유럽 주요 시장에서 특허가 무효가 될 수 있는 위험이 동시에 존재한다. 따라서 유럽 시장에 진출하는 우리 기업은 보유한 유럽 특허를 UPC의 적용에서 제외할지 혹은 새로운 통합 특허를 활용해 분쟁에 적극적으로 대응할지에 대한 법률적 검토를 통해 전략을 마련해두어야 할 것이다.[176]

### 승격된 지식재산처의 역할과 거버넌스 재정비

2011년 지식재산 기본법이 제정되고 국가지식재산위원회가 설치됐지만, 지식재산 정책을 종합적으로 주도하기 어렵다는 지적이 많았다. 지식재산을 담당하는 부서가 여러 부처에 나뉘어 있기 때문이다. 즉 특허청에서는 산업재산권, 문화체육관광부에서는 저작권, 공정거래위원회에서는 영업비밀, 과학기술정보통신부에서는 신지식재산 등을 주도적으로 다루기 때문에 정책의 일관성을 유지하기 어렵다. 따라서 승격된 지식재산처가 내실을 기하기 위해서는 부처별로 나뉜 지식재산 업무를 통합해 관할해야 한다. 특히 데이터, AI 등 신기술 기반 지식재산을 창출·보호·활용하기 위해서는 기존의 분산형 체계에서 벗어나, 정책의 일관성과 신속성을 담보할 수 있는 실질적 컨트롤타워와 융합 행정 모델 도입이 시급하다. 그런 점에서 대통령실에 지식재산정책비서관을 신설해 원활한 소통을 강화하고 정책 보좌를 용이하게 하는 방안도 생각해볼 수 있다.

영국, 캐나다 등지에서는 산업재산권과 저작권을 하나의 기관에서 관장하면서 효율성을 높였고, 미국에서는 지식재산집행조정관이 백악관에서 지식재산 정책을 총괄하고 있다. 단, 승격된 조직이 오히려 더 많은 관료적 절차를 초래하지 않도록 선제적으로 대응해야 한다.

### 특허 관리 전문 회사 육성을 통한 특허 시스템 선순환

특허 관리 전문 회사NPE, Non-Practicing Entity는 특허권을 매입해 지식재산 관리나 특허 소송을 진행해 수익을 창출하는 기업을 의미한다. 2019년부터 2024년 3분기까지 미국 전체 특허 소송 건수 중 특허 관리 전문 회사가 제기한 소송은 약 60%를 차지한다.[177] 이처럼 미국에서는 특허를 활용한 수익화 모델이 정착됐으나, 우리나라는 많은 특허 수를 보유한 특허 강국임에도 특허를 활용한 수익 창출은 여전히 부족한 상황이다.

물론 로열티 협상 과정에서 과도한 비용을 요구하거나 소송을 남발하는 일부 특허 관리 전문 회사가 '특허 괴물'로 불리기도 한다. 그러나 이들을 전면적으로 부정하기보다는 국내 기술을 보호하고 해외에서의

권리 확보를 지원하는 전략적 수단 차원에서 특허 관리 전문 회사 육성에 대한 고민도 필요하다.[178]

미국, 중국, 유럽 등 주요국에서는 NPE가 특허 거래·라이선스 시장의 중추적 역할을 하며, 특허 금융, 특허 펀드, 특허 담보대출 등 다양한 IP 기반 금융 상품과 연계해 특허의 실질적 가치를 높이고 있다. 일본의 'IP브리지IP Bridge', 대만의 '산업기술연구원'과 같이 공공성을 갖춘 NPE 모델은 국내에서도 참고할 만하다. 즉 앞으로는 특허 관리 전문 회사가 단순 소송 대행을 넘어 특허 포트폴리오 관리, 글로벌 특허 거래, IP 금융 연계 등 다양한 역할을 할 수 있도록 제도적 지원과 인력 양성, 시장 인프라 확충이 병행돼야 한다.

# AI 과학 자본:
# 국가경쟁력의 열쇠

AI는 사회 전반의 변화를 주도하고 있다. 기술 혁신과 생산성 향상, 신산업 창출, 복잡한 사회문제 해결은 물론이고, 국가안보 강화에도 기여하고 있다. 가령 의료 AI 기술 발전의 변화를 예측해보면, 최첨단 AI 진단 시스템이 수백만 건의 의료 데이터를 분석해 숙련된 의사도 놓칠 수 있는 초기 암을 발견하고 개인화된 치료법을 제안함으로써 국민 건강과 의료 체계의 효율성을 높일 것으로 기대된다. 실제로 모더나, 화이자 등 글로벌 제약 기업은 코로나19 팬데믹 상황에서 AI를 활용한 시스템으로 mRNA 백신 개발 시간을 획기적으로 단축하며 감염병 위기 대응력을 한 차원 높은 수준으로 끌어올린 바 있다.

최근 전쟁에서도 AI는 강력한 사이버 무기 역할을 하고 있다. 2022년 러시아가 우크라이나를 침공하며 전쟁이 시작됐을 때, 전문가들 사이에선 '세계 2위 군사 강국 러시아가 전쟁을 벌이면 국방 순위 25위 우크라이나의 주요 도시를 30분 안에 초토화하고, 3일이면 사실상 교전이 끝날 것'이라는 전망이 지배적이었다. 하지만 이러한 예측은 모두 빗나갔다.[179] 서방의 지원 등 다양한 요인도 작용했겠지만, 전장에서의 군사적 격차를 줄인 것은 무엇보다 기존 재래식 전력의 한계를 뛰어넘는 첨단 기술이었다. 저궤도 위성 기술은 우월한 정보를 제공해줬고, AI가 탑재된 무인 드론 체계는 전차 부대 진격을 무력화하거나 정확하게 목표물을 지정해주기도 했다.[180] AI가 승패를 좌우할 주요 변수로 떠올랐다는 뜻이다.

이처럼 AI는 여러 디지털 기술 중 하나가 아니라 산업 발전과 사회변동을 주도하는 핵심 동력으로 자리 잡고 있다. 따라서 AI 기술을 최우선 순위로 설정하고 투자와 인식을 강화하는 국가가 미래 주도권을 확보할 가능성이 크다. AI는 경제성장뿐만 아니라 윤리 문제, 저작권 이슈, 일자리 등에도 영향을 미칠 것이므로, 국가 차원의 'AI 과학 자본'이 중요해질 것이다. AI 과학 자본이란 한 사회가 보유한 AI 기술과 지식, AI에 대한 사회적 인식과 지지 기반, AI 정책과 제도 등 AI와 관련된 사회적 역량의 총합을 의미하며, 앞으로 국가경쟁력에서 핵심적인 부분이 될 것이다.


# 국가경쟁력이란 무엇인가?


국가의 위상이나 역량과 관련된 개념으로는 국부, 국력, 국가경쟁우위, 국가경쟁력 등을 들 수 있다. 우선 '국부'는 영국 정치경제학자 애덤

스미스의 저서《국부의 본질과 원인에 관한 연구》(1776)에 나오는 고전적 개념이다. 이 책은 무엇이 국가의 부를 형성하는가에 대한 과학적 설명을 담고 있으며 이후《국부론》이라는 제목으로 알려져 경제학의 고전으로 읽히고 있다. 스미스에 따르면, 국부란 모든 국민이 해마다 소비하는 생활필수품과 편의품의 양을 말한다. 그는 자유경쟁에 의한 자본의 축적과 분업 발전에서 한 국가가 동일한 재화를 생산할 때 더 적은 생산요소 투입으로 생산이 가능한 것, 즉 '절대우위'가 중요하다고 보았다. 스미스의 뒤를 이은 경제학자 데이비드 리카도는 '비교우위'라는 보완적 개념을 제시하면서 국제 교역에서 한 나라가 두 상품 모두 절대우위이고 상대국은 절대열위라도 생산비가 더 적게 드는, 즉 기회비용이더 적은 상품을 특화해서 교역하면 상호 이익이 가능할 것이라고 설명했다. 절대우위, 비교우위 등은 국부 창출을 위한 핵심적인 국가경쟁력으로 이해할 수 있다.

두 번째는 일반적으로 많이 사용하는 '국력' 개념이다. 국력은 보통 국방력, 경제력 등 경성 국력(하드파워)과 국정 관리력, 정치력, 외교력, 문화력, 사회자본력, 변화 대처력 등 연성 국력(소프트파워)으로 구분할 수 있다. 제국주의 시대에는 경성 국력이 압도적으로 중요했지만 21세기에는 연성 국력의 중요성이 점점 더 커지고 있다. 미국의 정치학자 조지프 나이Josephe Nye는 소프트파워란 단순히 하드파워에 대응하는 개념이 아니라 상대방을 매료시키고 상대가 자발적으로 변화하게 함으로써 원하는 바를 얻어내는 능력이라고 설명했는데, 그 핵심은 바로 문화이다. 과학과 기술도 문화의 한 부분이며, 중요한 역할을 하고 있음에 주목해야 한다.

세 번째는 하버드대학교 교수 마이클 포터Michael Porter의 '국가경쟁우위' 개념이다. 포터 교수는 자신의 저서 《국가경쟁우위》(1990)에서 어떤 국가의 기업이나 특정 산업이 경쟁우위를 점하는 것은 ① 요소 조건, ② 수요 조건, ③ 연관 산업과 지원 산업, ④ 기업의 전략, 구조, 경쟁 관계 등 4가지 속성에 달려 있다고 설명했다. 이들 조건이 상호작용하면서 산업을 활성화하고 혁신의 장애 요인을 극복하도록 이끌기 때문이다. 특히 기업 경쟁우위의 많은 부분은 기업 '외부'의 영향을 받게 되는데, 지리적 입지를 포함해 산업 클러스터가 중요하다는 것이 포터 이론의 핵심이다.

네 번째는 '국가경쟁력'이다. 사전적 정의는 한 나라의 총체적인 경제적 수준을 의미하며, 사회 간접자본 같은 경제의 하드웨어뿐 아니라 국제화, 경영 능력, 금융 등 경제의 소프트웨어까지 포괄하는 개념이다. 스위스 국제경영개발연구원IMD과 세계경제포럼은 매년 각국의 경쟁력 보고서를 발표하고 있고, IMD 산하 세계경쟁력센터의 경우 매년 경제 성과, 정부 효율성, 기업 효율성, 인프라 등 4대 분야에 대한 국가경쟁력 순위를 공개한다. 한국은 2024년 국가경쟁력 순위에서 평가 대상 67개국 중 20위를 차지해 역대 최고 순위를 기록했다.

그런가 하면, 영국의 정치경제학자 수전 스트레인지Susan Strange는 국제정치에서 국가의 구조적인 힘으로 안보력, 생산력, 재정, 그리고 지식 등 4가지를 꼽았다. 국가의 존립을 결정하는 안보 능력이나 자본주의 국제질서에서 국가의 경쟁력을 보여주는 생산력과 재정은 모두 매우 중요하다. 그런데 수전 스트레인지가 가장 중요하다고 강조한 것은 바로 지식이다. 지식이 있어야 어떻게 안보를 지키고 생산력을 향상할지, 재정을 어떻게 효율적으로 운용할지 알 수 있기 때문이라는 것이다. 과학기술의 발전도 과학기술에 대한 지식의 축적에서 비롯된다. 특히 AI

는 지식 엔진이자 지식 생성과 활용의 강력한 도구로 사용된다는 점에 비춰 볼 때, AI가 한 사회의 지식 역량에서 차지하는 비중은 점점 더 커질 것이다.

한편 최근 AI 기술이 국가경쟁력의 핵심 기술로 부상하면서 'AI 기술 경쟁력'에 대한 국가 간 비교 조사에도 관심이 집중되고 있다. 영국의 글로벌 조사 기관 토터스미디어Tortoise Media가 매년 발표하는 '글로벌 AI 지수'는 국제적으로 많이 인용되는 지수 가운데 하나다. 2024년 글로벌 AI 지수 발표에 의하면, 한국은 미국, 중국, 싱가포르, 영국, 프랑스에 이어 전 세계 6위로 나타났다. 평가 대상 국가는 83개국으로 전년 대비 21개국이 추가됐다. 새로운 지표와 개선된 데이터를 활용해 3가지 주요 축인 구현, 혁신, 투자로 나눠 평가했는데, 인재, 인프라, 운영 환경, 연구개발, 산업 생태계, 정부 전략 등이 포함돼 있다.

우선 미국과 중국이 이번 지수에서도 모든 분석 축에서 각각 1위와 2위를 기록했다. 3위부터 10위까지의 국가는 점수가 근접해 있다. 최근 10위권 밖이었던 프랑스가 정부의 적극적 지원과 AI 스타트업의 두드러진 기술적 성과에 힘입어 5위로 급상승한 점이 주목할 만한데, 특히 미스트랄 AI 등 자국의 기술 주권인 '소버린 AI'에 대대적으로 투자한 점이 높이 평가받았다.[181] 국가 간 패권 경쟁에서 AI가 중심축으로 부상하면서 치열한 기술 경쟁은 물론 AI 과학 자본 역시 AI 경쟁력을 가늠하는 척도로 중요해지고 있다고 볼 수 있다.

# 경제에서 문화로
# 자본 개념의 확장

우리가 살아가는 세상은 자본주의 체제다. 자본주의는 생산수단을 자본으로 소유한 자본가가 재화나 서비스 생산을 통해 이윤을 획득하는 경제체제를 말한다. 자본주의 체제의 생산 활동에서 기본이 되는 자금과 생산수단을 자본이라고 한다. 자본의 사전적 의미는 첫째 장사나 사업 따위의 기본이 되는 돈, 둘째 상품을 만드는 데 필요한 생산수단이나 노동력을 통틀어 일컫는 말이다. 그러나 근래 들어 자본 개념은 경제적 생산에서 '가치 창출'이라는 적극적 개념으로 확대되고 있다. 물건, 상품, 자본 중심의 경제에서 가치, 경험, 지식 중심의 경제로 변화하고 있기 때문이다.

자본 개념을 누구보다 독특하게 재해석한 이론가는 프랑스의 사회학자 피에르 부르디외다. 그는 경제 자본으로 환원될 수 없는 자본의 다양한 형태를 현대적 관점으로 재해석하면서 경제 자본 외에 '문화자본'이라는 새로운 개념을 제시했다. 교양처럼 사회화 과정에서 획득된 '체화된 문화자본', 골동품처럼 문화적 물건을 뜻하는 '객체화된 문화자본', 그리고 학위와 같은 '제도화된 문화자본'으로 세분화했는데, 이 가운데 가장 중요한 것은 체화된 문화자본이다. 과거엔 자본가라고 하면 경제 자본을 많이 보유한 사람뿐이었지만 이제는 그 자본이 지식, 소양, 인사이트 등 체화된 문화자본도 포함하며, 중요성도 점점 더 커지고 있다. 개인을 넘어 국가 단위로 확장하더라도 크게 다르지 않다. 따라서 국가의 경제 자본이나 금융자본뿐만 아니라 소프트파워라고 할 수 있는 문화자본과 AI 과학 자본에도 관심을 더 기울여야 한다.

# 과학 자본과
# AI 과학 자본

국가경쟁력을 가늠하는 주요한 잣대 중 하나인 과학기술 수준은 과학기술 문화를 통해서도 유추할 수 있다. 즉 고급 지식이나 암묵지 같은 체화된 문화자본 가운데서도 과학적 지식, 소양, 경험과 훈련을 통해 몸에 밴 숙련 기술 등을 살펴볼 수 있는데, 이를 별도로 과학 자본science capital이라고 할 수 있다. 앞의 자본 개념 확장 논의에서 살펴본 것처럼 과학 자본은 일종의 문화자본이다. 문화자본으로서의 과학 자본은 과학과 관련된 지식, 환경, 경험, 관계 등을 총칭한다고 볼 수 있다.

영국 런던대학교 교수 루이스 아처Louise Archer는 이를 좀 더 세분화해 과학 자본의 개념을 설명한 바 있다.[182] 아처 교수는 과학 자본을 구성하는 요소로 ▽과학 소양과 지식, ▽과학에 관한 태도와 가치 ▽학교 밖에서의 과학 활동 ▽가정에서의 과학 활동을 꼽았다. 그는 특히 어릴 때 과학을 좋아하는 사람은 많지만 정작 과학자를 꿈꾸는 경우는 적다며, 그 차이가 과학 자본에서 비롯된다고 했다. 과학 친화적인 가정환경, 유년기 과학관에서의 과학 경험, 꾸준한 과학 교양과 지식의 습득 같은 요소들은 과학 자본을 형성할 수 있게 해주며, 과학 자본이 풍부해야 우수한 과학 인재로 성장할 수 있다는 것이다.

국가 차원의 과학 자본이란 과학기술 연구개발, 과학기술 맨파워(숙련 인력), 과학기술 문화 등과 관련된 유무형의 모든 자본을 가리킨다고 할 수 있다. 훌륭한 과학기술 정부 출연 연구소나 과학관, 과학기술 연구개발 성과나 특허, 과학기술 지식 데이터베이스, 우수한 과학기술 인재 역시 과학 자본에 속한다.

과학 자본 개념을 AI 분야에 적용한 것이 AI 과학 자본이다. AI 과학 자본은 AI 연구개발, AI 전문 인력, AI 기술 문화 등과 관련된 유무형의 자본이며, 한 사회의 AI 소프트웨어, AI 하드웨어, 슈퍼컴퓨터, AI 제도 및 정책, AI 체험 시설과 인프라, AI 교육 시스템, AI에 대한 사회적 인식 등을 모두 포함한다.

AI 과학 자본을 구성하는 세부 요소는 매우 다양하고 방대한데, 하위의 AI 과학 자본으로는 다음과 같은 것을 들 수 있다. AI 인적 자본은 AI 연구자, 개발자, 데이터 과학자 등의 지식, 경험, 역량을 가리키며, AI 지식 자본은 관련 특허, 논문, 지식재산권 등을 가리킨다. AI 데이터 자본은 AI 학습에 필요한 고품질 데이터셋과 데이터 관리 시스템 등이며, AI 문화 자본은 AI에 대한 사회적 인식과 수용성, 시민의 AI 리터러시를 의미한다. 또 AI 연구개발자, 기업, 학계, 정부 간의 네트워크와 협력 체계는 AI 사회 자본이라고 할 수 있다. 이런 하위 자본이 모이고 축적되면 국가 차원의 AI 과학 자본이 될 수 있으며, 이것이 곧 AI 국가경쟁력이다.


# AI 과학 자본 축적을 위한
# 정책 방향과 미래


문화자본은 지속적인 학습, 자연스러운 환경, 사회적 관계 등을 통해 오랜 시간에 걸쳐 형성된다는 특징을 지니고 있다. 과학 자본이나 AI 과학 자본도 마찬가지다. AI 국가경쟁력을 높이려면 전 사회적인 AI 과학 자본의 축적이 필요하다. 이를 위한 몇 가지 정책의 기본 관점과 방향을 제시하면 다음과 같다.

첫째, 국가 차원의 AI 정책은 AI 연구개발만으로는 부족하며, 반드시 AI 교육 및 인재 양성과 AI 문화가 뒷받침돼야 한다. AI 교육을 통한 우수 인재 양성, AI 연구개발을 통한 가치 창출, AI 문화 확산을 통한 사회적 수용과 가치 확산 등이 유기적으로 연계되고 선순환되도록 하는 정책이 필요하다. 보통 과학기술이라고 하면 가장 먼저 떠올리는 것이 연구개발이다. 물론 과학기술의 핵심 영역이 연구와 개발이라는 데는 이론의 여지가 없다. 하지만 연구개발만 잘한다고 과학기술이 저절로 발전하는 것은 아니다. 연구개발을 뒷받침하는 교육과 문화의 역할이 절대적으로 중요하다. 그런 점에서 국가경쟁력의 기반이 될 AI 과학 자본을 축적하기 위해서는 내실 있는 AI 교육과 사회에 탄탄히 뿌리를 내리는 AI 문화가 바탕이 돼야 한다.

둘째, 인재 중심, 사람 중심의 관점을 일관되게 견지해야 한다. 기술이 중요하지만, 기술의 주체는 결국 사람이다. 우수 인재를 발굴하고 양성해야만 우수한 기술을 개발할 수 있다. 특히 혁신적인 첨단 기술은 혁신적인 기술 인재가 만드는 것이고, 혁신기업 또한 창의적 인재가 이끌어간다. 마이클 포터가 국가경쟁력의 핵심으로 꼽은 혁신 클러스터도 혁신 인재가 모여 있는 곳을 말한다. 첨단 과학기술의 성패가 인재에 달려 있다고 해도 과언이 아니다. 따라서 AI 혁신 클러스터를 조성할 때도 AI 혁신 인재가 지역에 매력을 느낄 수 있도록 유인책을 만들고, 창의적인 업무환경 및 주거환경을 만들어주는 것이 중요하다. 연구개발에 대한 투자와 지원이 연구자와 개발자에 대한 지원이라는 관점에서 이뤄져야 한다.

최근 디지털 대전환 과정에서 반도체 분야의 중요성이 커지고 있는 데, 한국의 차세대 반도체 기술은 미국의 기술 수준을 100%로 봤을 때, 2023년 86% 수준으로 평가됐다. 2022년의 90.1%보다 하락한 것이며, 특히 생성형 AI 개발의 핵심 경쟁력인 시스템 반도체의 경우에는 점점 더 뒤처지고 있다. 한국과학기술기획평가원 기술예측센터가 2025년 2월에 발간한 〈3대 게임체인저 분야 기술 수준 심층분석〉 보고서에 따르면, 전문가 설문조사에서 AI의 기반이 되는 반도체 기술이 중국에 추월당한 것으로 나타났고, 반도체 기초 역량이 중국보다 낮은 것으로 조사됐다.[183] 이런 엄중한 현실에서 국가적으로 AI 과학 자본 역량을 축적하려면 우수한 AI 인재를 확보하고 해외로의 인재 유출 방지 대책을 수립하는 등 인재 중심의 정책을 추진하겠다는 전략과 의지가 필요하다.

셋째 '모두를 위한 AI 교육'이 필요하다. 학교와 같은 공식 장소에서 표준 교육과정대로 의도적·계획적·체계적으로 진행하는 교육은 '형식교육'이다. 반면 '비형식 교육'은 의도성·체계성·지속성이 없거나 미약하지만 학교 교육 이외의 다양한 형태로 진행되는 교육이며, 학교 밖 학습이라고도 부른다. 학교의 형식교육뿐만 아니라 학교 밖에서 진행되는 비형식 교육에서도 AI 교육에 대한 지원이 대폭 확대돼야 한다.

교실에서 가르치고 배우고 지식을 전달하는 것만이 교육이 아니다. 가령 과학교육은 학교에서 과학 교과서를 통해서만 이루어지는 게 아니라 과학관이나 과학 센터에서 직접 실험하고 만져보는 체험을 통해서도 이루어진다. 하루가 다르게 새로운 지식과 기술이 생겨나 신기술과 지식이 끊임없이 기존 지식과 기술을 대체하고 있는 지금은 학교 졸업 후에도 새로운 지식과 신기술을 꾸준히 학습해야 하는 평생 학습이 요구되는 시대다. AI 교육이 그래야만 한다. 국가경쟁력을 높이기 위해서는 제도권 교육과정 안에 있는 학생뿐만 아니라 일반 시민에게도 AI

기술 지식과 소양을 교육하는 생애주기별 AI 평생 학습체계 구축이 필요하다.

넷째, 과학과 사회를 이어주고 과학계와 대중이 서로 소통할 수 있게 하는 과학 커뮤니케이션 활성화와 과학 커뮤니케이터 양성이 중요하다. 최근 소셜 미디어를 통해 대중과 소통하며 과학 지식을 쉽게 전달하려는 과학 커뮤니케이터가 늘어나고 있고, AI 기술과 지식을 대중적으로 확산하는 채널이나 전문적인 콘텐츠도 폭발적으로 증가했다. 첨단 기술 발전에서 AI가 차지하는 비중이 점점 커지는 것을 고려하면, AI 콘텐츠를 다루는 과학 커뮤니케이션 활성화는 AI 과학 자본 축적에서 중요한 부분을 차지한다. 특히 대중매체나 소셜 미디어 등 사회적 파급효과가 큰 미디어에서 AI에 대한 관심과 이해를 높이는 양질의 콘텐츠가 대폭 확충된다면, AI 문화의 기반을 조성하고 사회 전체의 AI 과학 자본을 축적하는 데도 효과적일 것이다.

다섯째, 지속적으로 AI 과학 자본을 축적하기 위해서는 중장기적 관점의 개방형 AI 생태계를 구축해야 한다. AI 기술 발전 속도가 빨라지는 상황에서, 개방형 생태계 구축을 통해 경쟁우위를 확보하는 전략이 시급하다. 데이터 공유 플랫폼 구축, 오픈소스 프로젝트 지원, 스타트업 육성 등을 통해 개방형 생태계를 구축하는 데 집중해야 한다. 데이터 공유는 연구와 개발을 빠르게 진행할 수 있는 기반을 제공하며, 오픈소스는 기술 접근성을 높여 협업을 촉진할 것이다. 가령 메타가 오픈소스로 공개한 대규모 언어 모델 라마 2Llama 2 등은 전 세계 개발자들에게 혁신적 도구를 제공해 빠른 실험과 적용, 혁신 기술 공유를 가능하게 했다. 또 스타트업 육성은 새로운 아이디어와 제품 개발로 이어져 시장 경쟁력을 강화해줄 것이다. 개방형 AI 생태계는 빠르게 변화하는 AI 시장에서 선진국과 기술 격차를 줄이면서 AI 과학 자본을 축적하는 데 필수인 요소다.

여섯째, AI 글로벌 협력 강화가 중요하다. AI 과학 자본 축적과 기술 경쟁력 제고를 위해서는 국제 공동 연구, 기술 표준화, 인재 교류를 통한 글로벌 협력 등도 중요하다. 국제 공동 연구는 다양한 국가와 기업 간의 협력을 통해 복잡한 문제를 해결하게 해주며, 기술 표준화는 신뢰성과 안전성을 보장해 시장 경쟁력을 높여준다. 유럽 주요 대학 및 연구 기관이 참여하는 'AI 얼라이언스AI Alliance'는 다양한 국가가 AI 연구를 공동으로 수행하고 지역 혁신을 촉진하면서 지역 AI 과학 자본을 축적하고 있는 좋은 사례다. 이러한 대응이 신속하게 이어져 '타이밍'을 놓치지 말아야 하는 것은 물론이다.

# 긴 호흡으로
# 미래를 바라보다

우리는 예지력으로 미래를 알아맞힐 수는 없지만, 우리가 원하는 미래를 만들기 위해 노력하고 대응할 수는 있습니다. 미래전략은 미래의 눈으로 현재의 결정을 내리는 것입니다. 이것이 바로 현재의 당리당략적·정파적 이해관계에서 자유로운 민간 지식인이 해야 할 일이라고 생각합니다. 더욱이 정권이 바뀔 때마다 국정 운영의 기조가 바뀌면서 달라지는 소모적 전략이 아니라 보다 장기적 관점에서 미래 청사진을 명확히 하고 긴 호흡의 전략을 일관되게 추진할 필요도 있습니다. 우리가 나아갈 길을 〈미래전략 보고서〉에 담아오고 있는 이유입니다.

올해에도 이러한 열망을 담아 열두 번째 보고서인 《카이스트 미래전략 2026》을 내놓게 되었습니다. 2015년판을 처음 출간한 이래 전문가 포럼, 토론회, 특강 등을 통해 수많은 전문가가 발표·토론하고 다양한 의견을 수렴하면서 보완해온 결실입니다. 물론 완벽하다고 생각하지 않습니다. 국가의 미래전략은 정적인 것이 아니라 시대와 환경의 변화에 따라 역동적으로 대응해가야 하기 때문입니다.

그러한 변화를 고려하면서 이번에도 변함없이 현재를 바탕으로 미래를 바라보며 그동안 축적한 논의를 더 정교하게 다듬는 데 힘을 기울였습니다. 또 다양한 분야의 전문가들이 참여해 새로운 의제를 추가하거나 기존 원고를 보완하는 등 통찰이 담긴 결과물을 만들기 위해 노력했습니다. 특히 이번에는 AI 혁명이라고 부를 만큼 AI 기술이 일상 깊숙이 들어오면서 기술 경쟁력뿐 아니라 미래 권력을 결정지을 새로운 패러다임으로 떠오른 양상을 집중적으로 조명했습니다. 아울러 사회, 기술, 환경, 인구, 정치, 경제, 자원 등 7개 분야의 주요 의제와 전략도 모색했습니다.

이제 우리는 미래를 향한 새로운 여정을 시작하면서 처음 생각했던 '선비 정신'을 다시 떠올려봅니다. 우리 선조들이 정파나 개인의 이해관계를 떠나 오로지 대의와 국가, 백성을 위해 시시비비를 가리고자 했던 그 '선비 정신'으로 시대의 물음에 답을 찾아가겠습니다. 국가 발전의 토대에 이 책이 작은 씨앗이 되기를 소망하면서, 미래전략 보고서를 만드는 데 함께해주신 모든 분께 감사의 마음을 고개 숙여 전합니다. 감사합니다.

기획·편집위원 일동

《카이스트 미래전략》 보고서는 2015년판 출간 이후 계속하여 기존 내용을 보완하고, 새로운 과제와 전략을 추가해오고 있습니다. 또한 '21세기 선비'들의 지혜를 모으기 위해 초안 작성자의 원고를 바탕으로 토론의견을 덧붙이고 다수의 검토자가 보완해가는 공동집필의 방식을 취하고 있습니다. 2015~2025년판 집필진과 이번 2026년판에 참여하신 집필진을 함께 수록합니다. 참여해주신 '21세기 선비' 여러분께 다시 한번 깊이 감사드립니다(직함은 참여 시점 기준입니다).

### 기획·편집위원(2015~2026)

이광형 KAIST 총장, 박성필 KAIST 교수(문술미래전략대학원 원장), 서용석 KAIST 교수(미래전략연구센터 센터장, 연구책임자), 곽재원 가천대 교수, 김경준 전 딜로이트컨설팅 부회장, 김상윤 중앙대 교수, 김형준

KAIST 교수, 김홍중 서울대 교수, 류현숙 한국행정연구원 선임연구위원, 박병원 과학기술정책연구원 선임연구위원, 박성원 국회미래연구원 연구위원, 박진 KAIST 초빙교수, 양재석 KAIST 교수, 윤정현 국가안보전략연구원 연구위원, 윤지웅 과학기술정책연구원 원장, 이규연 (사)미래학회 회장, 이명호 태재연구재단 자문위원, 이상윤 KAIST 교수, 이영 KAIST 초빙교수, 이종관 성균관대 교수, 임명환 한국전자통신연구원 책임연구원, 전우정 KAIST 교수, 전주영 KAIST 교수, 정우성 한국과학창의재단 이사장, 정재민 KAIST 교수, 정재승 KAIST 교수, 최연구 건국대 겸임교수, 최윤정 KAIST 연구교수, 최준호 중앙일보 논설위원, 한상욱 김앤장 변호사, 한지영 KAIST 교수

### 2026년판 추가 부분 초고 집필진

권은수 한국생명공학연구원 노화융합연구단 단장, 김건우 GIST 교수, 김병권 녹색전환연구소 연구위원, 김용삼 한국생명공학연구원 책임연구원, 김익현 지디넷코리아 미디어연구소 소장, 명승환 인하대 교수, 박승재 한국교육개발원 연구위원, 박일우 한국산업기술기획평가원 로봇PD, 박종구 성균관대 교수, 배희정 케이엠에스랩(주) 대표이사, 백서인 한양대 교수, 서용석 KAIST 교수, 송영근 한국전자통신연구원 기술전략연구본부 실장, 송태은 국립외교원 교수, 신태범 성균관대 교수, 오일석 국가안보전략연구원 연구위원, 윤인진 고려대 교수, 윤정섭 과학기술정책연구원 연구위원, 윤정현 국가안보전략연구원 연구위원, 윤천주 한국전자통신연구원 양자기술연구본부 본부장, 이승주 중앙대 교수, 이원태 아주대 연구교수/전 한국인터넷진흥원 원장, 임동균 서울대 교수, 정준화 국회입법조사처 입법조사관, 조상근 KAIST 연구교수, 최성

일 보험연구원 연구위원, 최연구 건국대 겸임교수

**2015~2025년판 초고 집필진**

강희정 한국보건사회연구원 실장, 고선규 대구대학교 교수, 고영회 대한변리사회 회장, 공병호 공병호경영연구소 소장, 곽재원 가천대 교수, 곽호경 삼정KPMG 경제연구원 수석연구원, 국경복 KAIST 겸직교수, 권석윤 한국생명공학연구원 책임연구원, 권영수 한국전자통신연구원 책임연구원, 권은수 한국생명공학연구원 책임연구원, 김건우 LG경제연구원 선임연구원, 김경준 딜로이트컨설팅 부회장, 김광석 삼정KPMG 수석연구원, 김남조 한양대 교수, 김대영 KAIST 교수, 김도원 이민정책연구원 부연구위원, 김동환 중앙대 교수, 김두환 인하대 연구교수, 김명자 전 환경부 장관, 김민석 뉴스1 기자, 김민석 중앙일보 논설위원, 김상윤 포스코경영연구원 수석연구원, 김소영 KAIST 교수, 김수현 서울연구원 원장, 김승현 과학기술정책연구원 연구위원, 김연철 인제대 교수, 김영귀 대외경제정책연구원 연구위원, 김영욱 KAIST 연구교수, 김용삼 한국생명공학연구원 책임연구원, 김우영 한국건설산업연구원 연구위원, 김원준 건국대 교수, 김원준 KAIST 교수, 김유정 한국지질자원연구원 실장, 김익재 한국과학기술연구원 AI · 로봇연구소장, 김익현 지디넷코리아 미디어연구소 소장, 김재완 고등과학원 부원장, 김재인 경희대 학술연구교수, 김정호 영국 뉴캐슬대학교 교수, 김종덕 한국해양수산개발원 본부장, 김주영 산업연구원 연구위원, 김준연 소프트웨어정책연구소 팀장, 김진수 한양대 교수, 김진향 개성공업지구지원재단 이사장, 김한호 서울대 교수, 김현수 국민대 교수, 김형운 천문한의원 대표원장, 김희집 서울대 초빙교수, 남원석 서울연구원 연구위원, 문영준 한국교통연구원 선임연구위원, 문종우 한국환경연구원 부연구위원, 문홍규 한국천문연구원 우주탐사그룹장, 민보경 국회미래연구원 부연구위원, 박남기 전 광주교대 총장, 박두용 한성대 교수, 박민희 한국에너지기술연구원 국가기후기술정책센터장, 박상일 파크시스템스 대표, 박상준 서울SF아카이브 대표, 박성원 과학기술정책연구원 연구위원, 박성필 KAIST 교수, 박성호 YTN 선임기자, 박수용 서강대 교수, 박승재 한국교육개발원 소장, 박원주 한국인더스트리4.0협회 이사, 박종구 (재)나노융합2020사업단 단장, 박중훈 한국행정연구원 연구위원, 박진기 동아시아국제전략연구소 소장, 박진한 한국환경연구원 부연구위원, 박한선 정신건강의학과 전문의, 배규식 한국노동연구원 선임연구위원, 배달형 한국국방연구원 책임연구위원, 배일한 KAIST 연구교수, 배희정 케이엠에스랩(주) 대표이사, 백서인 한양대 교수, 백순영 가톨릭대 명예교수, 서용석 KAIST 교수, 설동훈 전북대 교수, 소재현 아주대 교수, 손선홍 전 외교부 대사, 손수정 과학기술정책연구원 선임연구위원, 손영동 한양대 교수, 손준우 (주)소네트 대표이사, 송미령 농촌경제연구원 선임연구위원, 송영근 한국전자통신연구원 책임연구원, 송태은 국립외교원 교수, 시정곤 KAIST 교수, 신보성 자본시장연구원 선임연구위원, 신상규 이화여대 교수, 신윤정 한국보건사회연구원 국제협력단장, 신의철 KAIST 교수, 신태범 성균관대 교수, 심상민 성신여대 교수, 심재율 심북스 대표, 심현철 KAIST 교수, 안병옥 한국환경공단 이사장, 안상훈 서울대 교수, 양수영 더필름컴퍼니Y 대표, 양승실 전 한국교육개발원 선임연구위원, 엄석진 서울대 교수, 오상록 KIST강릉분원장, 오윤경 한국행정연구원 연구위원, 오태광 한국생명공학연구원 원장, 우운택 KAIST 교수, 원동연 국제교육문화교류기구 이사장, 원소연

한국행정연구원 규제연구센터 소장, 위승훈 삼정회계법인 부대표, 유범재 KIST 책임연구원, 유승직 숙명여대 교수, 유정민 서울연구원 부연구위원, 유희열 부산대 석좌교수, 윤기영 에프엔에스컨설팅 미래전략연구소장, 윤영호 서울대 교수, 윤정현 국가안보전략연구원 부연구위원, 윤창희 한국지능정보사회진흥원 수석연구원, 이광형 KAIST 교수, 이근 서울대 교수, 이동우 연세대 교수, 이동욱 한국생산기술연구원 수석연구원, 이명호 (사)미래학회 부회장, 이병민 건국대 교수, 이삼식 한국보건사회연구원 단장, 이상완 KAIST 교수, 이상준 국토연구원 부원장, 이상지 KAIST 연구교수, 이상훈 (사)녹색에너지전략연구소 소장, 이선영 서울대 교수, 이소정 남서울대 교수, 이수석 국가안보전략연구원 실장, 이승주 중앙대 교수, 이언 가천대 교수, 이원부 동국대 교수, 이원재 희망제작소 소장, 이재관 자동차부품연구원 본부장, 이재우 인하대 교수, 이재호 한국행정연구원 연구위원, 이종관 성균관대 교수, 이춘우 서울시립대 교수, 이혜정 한국한의학연구원 원장, 인호 고려대 교수, 임두빈 삼정KPMG 경제연구원 수석연구원, 임만성 KAIST 교수, 임명환 한국AI블록체인융합원 원장, 임정빈 서울대 교수, 임창환 한양대 교수, 임춘택 GIST 교수, 임현정 서울연구원 연구위원, 임화섭 한국과학기술연구원 인공지능연구단장, 장준혁 한양대 교수, 전병조 (재)여시재 대표연구위원, 전봉근 국립외교원 교수, 정경윤 한국과학기술연구원 에너지저장연구센터장, 정구민 국민대 교수, 정용덕 서울대 명예교수, 정재승 KAIST 교수, 정제영 이화여대 교수, 정지훈 경희사이버대 교수, 정해식 한국자활복지개발원 원장, 정홍익 서울대 명예교수, 조동호 KAIST 교수, 조명래 한국환경정책평가연구원 원장, 조미라 중앙대 강사, 조성래 국무조정실 사무관, 조영태 LH토지주택연구원 센터장, 조용래 과학기술정책연구원 연구위원, 조웅환 산업통상자원부 과장, 조재박 삼정회계법인 전무, 조철 산업연구원 선임연구위원, 조희정 서강대 사회과학연구소 책임연구원, 짐 데이토 하와이대 교수, 차미숙 국토연구원 선임연구위원, 차원용 아스팩미래기술경영연구소(주) 대표, 차정미 국회미래연구원 국제전략연구센터장, 차현진 한국은행 연구조정역, 채은선 한국지능정보사회진흥원 수석연구원, 천길성 KAIST 연구교수, 최병삼 과학기술정책연구원 연구위원, 최서리 이민정책연구원 이민데이터센터장, 최슬기 KDI국제정책대학원 교수, 최연구 건국대 겸임교수, 최은수 MBN 산업부장, 최인수 한국지방행정연구원 선임연구위원, 최항섭 국민대 교수, 하가영 서울대 국제문제연구소 연구원, 한상욱 김앤장 변호사, 한영준 서울연구원 연구위원, 한표환 충남대 교수, 허민영 한국소비자원 연구위원, 허재용 포스코경영연구원 수석연구원, 허재준 한국노동연구원 선임연구위원, 허태욱 KAIST 연구교수, 홍성민 과학기술정책연구원 과학기술인재정책연구센터장, 홍승아 한국여성정책연구원 선임연구위원, 홍윤철 서울대 교수, 황남희 한국보건사회연구원 연구위원, 황덕순 한국노동연구원 연구위원

### 2015~2026년판 자문검토 참여자

감혜림 산업통상자원부 사무관, 강병우 변리사, 강상백 한국지역정보개발원 글로벌협력부장, 강승욱 법무법인(유) 화우 변호사, 강윤영 에너지경제연구원 연구위원, 강주연 홈즈컴퍼니 전 서비스본부장, 경기욱 한국전자통신연구원 책임연구원, 고영하 고벤처포럼 회장, 공훈의 위키트리 대표이사, 곽승호 (주)액션파워 법무팀 변리사, 곽준영 대한민국 공군 대위, 구은숙 리앤목특허법인 파트너 변리사, 권오정 해양수산

부 과장, 권태혁 노무법인 숲 대표노무사, 길정우 통일연구원 연구위원, 김가영 SK바이오사이언스 특허팀 매니저, 김건우 LG경제연구원 선임연구원, 김경난 특허청 사무관, 김경동 서울대 명예교수, 김경록 기획재정부 서기관, 김계환 위특허법률사무소 변리사, 김광석 삼정KPMG 수석연구원, 김광수 상생발전소 소장, 김국희 동국대학교 산학협력단 변리사, 김기범 SGI서울보증 주임, 김나영 CJ주식회사 법무실 부장, 김남혁 특허법인 본 대표 변리사, 김내수 한국전자통신연구원 책임연구원, 김대규 카카오뱅크 감사역, 김대중 한국보건사회연구원 부연구위원, 김대호 사회디자인연구소 소장, 김동규 국방부 합동참모본부 통역장교, 김동욱 제11대 서울특별시의회 의원, 김동원 인천대 교수, 김동현 한국경제신문 기자, 김두수 사회디자인연구소 이사, 김들풀 IT NEWS 편집장, 김마리 국가과학기술인력개발원 부연구위원, 김민석 경상북도 미래전략기획단장, 김민성 국무조정실 과장, 김민지 아트앤테크 커뮤니케이터, 김민지 (주)하고하우스 전략팀 부장, 김병수 특허청 특허심사관, 김병준 삼성전자 연구원, 김부병 국토교통부 사무관, 김상배 서울대 교수, 김상윤 포스코경영연구원 수석연구원, 김상협 KAIST 초빙교수, 김석종 육군 소령, 김선우 한국특허전략개발원 전문위원, 김선화 한국특허전략개발원 주임연구원, 김소영 KAIST 교수, 김소희 이투데이 기자, 김수정 현대건설 책임매니저, 김수현 기획재정부 서기관, 김슬아 유미특허법인 변리사, 김승권 전 한국보건사회연구원 연구위원, 김시진 삼성디스플레이 책임연구원, 김아영 강남세브란스병원 국제진료소 과장, 김연철 인제대 교수, 김영우 KBS PD, 김영이 서울고등법원 국선전담변호사, 김영태 특허청 심사관, 김예슬 육군대학 전략학 교관, 김우철 서울시립대 교수, 김우현 정신건강의학과 전문의, 김원경 KB라이프생명 책임매니저, 김원석 전자신문 부장, 김원준 건국대 교수, 김윤배 국방부 군무원, 김인주 한성대 겸임교수, 김인채 GC녹십자 상무, 김재욱 특허정보진흥센터 전임조사원, 김정섭 KAIST 겸직교수, 김정헌 대전지방법원 부장판사, 김정훈 법무부 교정관, 김종호 이데일리신문 기자, 김준우 육군대학 전략학처 교관, 김준한 대한무역투자진흥공사 부장, 김준희 HP프린팅코리아 매니저, 김지나 방위사업청 사무관, 김지원 이연제약 선임, 김지원 한국노인인력개발원 대리, 김지현 SK이노베이션 변리사, 김진솔 매경비즈 기자, 김진훈 해군전력분석시험평가단 중령, 김창섭 가천대 교수, 김창욱 보스턴컨설팅그룹 과장, 김충일 (주)엘지씨엔에스 책임, 김치현 감사원 변호사, 김태연 단국대 교수, 김현경 변호사(개인정보보호위원회), 김현아 특허청 사무관, 김현준 국가보안기술연구소 실장, 김현준 티씨케이 대리, 나황영 법무법인(유한) 바른 변호사, 남관우 특허법인 고려 변리사, 남윤지 방송작가, 노재일 변리사, 류준구 판사, 류한석 기술문화연구소 소장, 문명욱 녹색기술센터 연구원, 문민주 전북일보 기자, 문영준 한국교통연구원 선임연구위원, 문해남 전 해수부 정책실장, 민주현 대한무역투자진흥공사 과장, 박가열 한국고용정보원 연구위원, 박경규 전 한국광물자원공사 자원개발본부장, 박기현 특허청 주무관, 박문수 한국생산기술연구원 수석연구원, 박미리 한미약품 특허팀, 박병원 경총 회장, 박보배 해양수산과학기술진흥원 연구원, 박상일 파크시스템스 대표, 박선영 인사혁신처 주무관, 박설아 서울중앙지방법원 판사, 박성민 (주)LG 홍보팀 책임, 박성필 KAIST 교수, 박성하 전 한국광물자원공사 운영사업본부장, 박성호 YTN 선임기자, 박세현 기아 책임매니저, 박수영 특허그룹 제이엔피 대표 변리사, 박연수 고려대 교수, 박영우 KLP특허법률사무소 변리사, 박영재 한반도안보문제연구소 전문위원, 박유신 중앙대 문화콘텐츠기술연구원 박사, 박윤재 유한킴벌리 데이터 융합팀장, 박은정 하나생명 Innovation Cell 팀장, 박정택 (주)델바인 기술보호 책임자, 박종선 법무법인 승리로 파트너 변호사, 박종현 현대자동차 책임매니저, 박종훈 특허청 사무관, 박주현 공인회계사, 박준규 헤럴드경제 기자, 박준오 미국변호사, 박준홍 연세대 교수, 박지윤 (주)엔딕 대리, 박진하 건국산업 대표, 박찬서 산업통상자원부 사무관, 박찬우 농림축산식품부 사무관, 박철기 삼성전자 수석 엔지니어, 박태홍 에스브이인베스트먼트 팀장, 박헌주 KDI 교수, 박희연 특허청 사무관, 배경화 기획재정부 서기관, 배기찬 통일코리아협동조합 이사장, 배달형 한국국방연구원 책임연구위원, 배은경 육군 소령, 백승호 롯데유통군HQ 팀장, 서범권 베리타스아카데미 대표, 서복경 서강대 현대정치연구소 연구원, 서용석 KAIST 교수, 서윤지 셀트리온 변리사, 서지영 과학기술정책연구원 연구위원, 서진교 KBS PD, 서훈 이화여대 초빙교수, 선종률 한성대 교수, 설동훈 전북대 교수, 설승은 연합뉴스 기자, 손수민 대한민국 공군 장교, 손수정 과학기술정책연구원 연구위원, 손영동 한양대 교수, 손종현 대구가톨릭대 교수, 손준우 (주)소네트 대표이사, 송다혜 LG에너지솔루션 팀장, 송미령 농촌경제연구원 선임연구위원, 송민주 코오롱인더스트리 지식재산팀 변리사, 송보희 인토피아 연구소장, 송석기 법무법인(유) 로고스 변호사, 송성한 cpbc 대구가톨릭평화방송 아나운서 겸 PD, 송영 현대자동차 책임매니저, 송영재 육군 대위, 송유승 한국전자통신연구원 책임연구원, 송종규 법무법인 민율 변호사, 송준규 Easygroup 대표, 송태은 국립외교원 교수, 송향근 세종학당재단 이사장, 송혜영 전자신문 기자, 신동근 (주)파라투스인베스트먼트 공인회계사, 신승민 리앤목특허법인 변리사, 신승환 스탠다드

에너지 피플팀장, 신은혜 500 Global 수석심사역, 신진욱 한국타이어 앤테크놀로지 디지털지능화팀 팀장, 신태범 성균관대 교수, 신혜원 법무법인 KCL 변리사, 심영식 해움특허법인 파트너 변리사, 심재율 심북스 대표, 안광원 KAIST 교수, 안병민 한국교통연구원 선임연구위원, 안병옥 전 환경부 차관, 안현실 한국경제신문 논설위원, 양승실 전 한국교육개발원 선임연구위원, 양재석 KAIST 교수, 어숙인 주식회사 노타 변리사, 오상연 MBC 기자, 오상진 고려대 산학교수, 오영석 전 KAIST 초빙교수, 오윤경 한국행정연구원 연구위원, 오혜정 삼성전자 경영지원실 부장, 우천식 KDI 선임연구위원, 우희준 육군 중위, 우희창 법무법인 새얼 변호사, 원정숙 서울중앙지방법원 판사, 유은순 인하대 연구교수, 유정민 서울연구원 부연구위원, 유희인 전 NSC 위기관리센터장, 윤장옥 대한무역투자진흥공사 과장, 윤정현 과학기술정책연구원 전문연구원, 윤혜선 프리랜서 작가, 윤호식 과총 사무국장, 이경숙 전 숙명여대 총장, 이광형 KAIST 교수, 이동욱 한국생산기술연구원 수석연구원, 이민수 서울중앙지방법원 부장판사, 이민화 일본 TBS 기자, 이보라 KB라이프생명 책임매니저, 이봉현 한겨레신문 부국장, 이삼식 한국보건사회연구원 단장, 이상룡 대전대 겸임교수, 이상윤 KAIST 교수, 이상주 국토교통부 과장, 이상철 특허법인 다나 변리사, 이선정 라인플러스 매니저, 이선행 (주)신세계 과장, 이성호 서울동부지방법원 부장판사, 이성훈 육군대학 소령, 이소정 디어젠(주) 변리사, 이소희 김장법률사무소 변리사, 이수석 국가안보전략연구원 실장, 이승주 중앙대 교수, 이시식 현대자동차 상무, 이신혜 조선비즈 기자, 이온죽 서울대 명예교수, 이용욱 교육부 서기관, 이용원 삼성전자 수석연구원, 이우준 티맥스소프트 매니저, 이원복 이화여대 교수, 이윤석 한국특허전략개발원 전문위원, 이장원 한국노동연구원 선임연구위원, 이장재 한국과학기술기획평가원 선임연구위원, 이재설 KBS 기자, 이재영 삼성전자 연구원, 이정민 한국지능정보사회진흥원 주임연구원, 이정원 특허법인C&S 변호사, 이정현 명지대 교수, 이정희 (주)올리브헬스케어 대표이사, 이종권 LH토지주택연구원 연구위원, 이준경 육군&UN PKO Military Observer 소령, 이준엽 변리사, 이지민 대한민국 육군 장교, 이지영 특허법원 고법판사, 이지현 산업통상자원부 서기관, 이지현 광주광역시 사무관, 이진석 서울대 교수, 이차웅 수원지방법원 부장판사, 이창훈 한국환경정책평가연구원 본부장, 이철규 해외자원개발협회 상무, 이철훈 군법무관, 이춘우 서울시립대 교수, 이헌규 한국과학기술단체총연합회 전문위원, 이혜리 SKC 매니저, 이환 대주회계법인 공인회계사, 임경아 Watcha PD, 임만성 KAIST 교수, 임명환 한국전자통신연구원 책임연구원, 임선민 법무법인(유) 율촌 변호사, 임우형 SK텔레콤 매니저, 임태혁 의정부지방법원 부장판사, 장용석 서울대 통일평화연구원 책임연구원, 장창선 녹색기술센터 연구원, 전영희 JTBC 기자, 정경원 KAIST 교수, 정다혜 (주)라포랩스 전략상품개발팀 MD, 정민지 변리사, 정상천 산업통상자원부 팀장, 정석호 한국특허정보원 대리, 정연찬 한국전자통신연구원 선임기술원, 정영주 법무연수원 검사, 정영훈 삼성바이오에피스 수석변호사, 정용덕 서울대 명예교수, 정용호 SK실트론 특허팀 Pro, 정유경 LG화학 변호사, 정진호 더웰스인베스트먼트 대표, 정찬우 한국방송광고진흥공사 대리, 정학근 한국에너지기술연구원 본부장, 정해성 JTBC 기자, 정해식 한국보건사회연구원 연구위원, 정현덕 KBS 기자, 정현미 서울고등법원 판사, 정홍익 서울대 명예교수, 조광곤 환경부 환경연구사, 조기성 (주)만도 책임, 조덕현 한국관광공사 단장, 조봉현 IBK경제

연구소 수석연구위원, 조상용 (주)글로브포인트 대표이사, 조승범 대한민국 육군 대위, 조영탁 육군미래혁신연구센터 중령, 조영태 LH토지주택연구원 센터장, 조정하 작가, 조준흠 미래에셋증권 IPO 본부 과장, 조철 산업연구원 선임연구위원, 조충호 고려대 교수, 조혜원 TJB 기자, 조호영 특허법인 C&S 변리사, 주강진 창조경제연구회 수석연구원, 지수영 한국전자통신연구원 책임연구원, 지영건 차의과대학 교수, 채윤경 JTBC 기자, 최나은 KISTI 행정원, 최석윤 현대자동차 책임매니저, 최성은 연세대 연구교수, 최승일 EAZ Solution 대표, 최연구 한국과학창의재단 연구위원, 최용성 매일경제 부장, 최윤정 KAIST 연구교수, 최정윤 중앙대 문화콘텐츠기술연구원 박사, 최준호 중앙일보 기자, 최지혜 신협중앙회 변호사, 최진범 (주)바오밥파트너즈 대표이사, 최창옥 성균관대 교수, 최필진 비씨카드 신사업TF 대리, 최호성 경남대 교수, 최호진 한국행정연구원 연구위원, 편정현 중소벤처기업진흥공단 부장, 하민지 한국특허전략개발원 전문위원, 하승수 서울회생법원 판사, 한상욱 김앤장 변호사, 한이삭 산업통상자원부 행정사무관, 한정인 법무법인 AK 변호사, 한희석 국회 보좌관, 한희연 (주)루닛 미국변호사, 함은영 팅크웨어(주) 법무팀장(영국변호사), 허성환 대전지검 공판부장, 허예나 육군대학 전술학교관, 허재용 포스코경영연구원 수석연구원, 허재철 원광대 한중정치외교연구소 연구교수, 허지현 네이버웹툰(유) 변리사, 허태욱 KAIST 연구교수, 현기택 MBC 영상기자, 호지훈 쿠팡(주) Principal, 홍규덕 숙명여대 교수, 홍성조 해양수산과학기술진흥원 실장, 홍연주 TV조선 기자, 홍인석 국토교통부 주무관, 홍창선 전 KAIST 총장, 황빛남 한국기초과학지원연구원 관리원, 황선우 육군 중위, 황승현 과학커뮤니케이터 울림, 황욱 서울대학교 지식재산전략실 연구원, 황호석 한국전력공사 전력연구원 연구원, 황호택 서울시립대 석좌교수, KAIST 문술미래전략대학원 2019년도 석사과정생: 강수경, 강희숙, 고경환, 김경선, 김재영, 노성열, 석효은, 신동섭, 안성원, 윤대원, 이민정, 이상욱, 이영국, 이재욱, 이지원, 임유진, 정은주, 정지용, 조재길, 차경훈, 한선정, 홍석민, 2020년도 석사과정생: 강선아, 곽주연, 권남우, 김경현, 김서우, 김승환, 김영우, 김재명, 김정환, 김지철, 김현석, 김형수, 김형주, 박종수, 박중민, 박태준, 배민주, 배수연, 백승현, 서일주, 성보기, 손래신, 송상현, 심재원, 오정민, 윤지현, 이아연, 이연수, 이정아, 이준우, 이태웅, 조정윤, 최영진, 홍기돈, 홍창효, 황수호, 2021년도 석사과정생: 강병수, 김봉현, 김순희, 김조을, 김필준, 김현주, 김희진, 류승목, 박은빈, 신수철, 윤채우리, 이민우, 이수연, 이승종, 이지현, 정대희, 2022년도 석사과정생: 오한울, 윤새하, 윤재필, 이기쁨, 이주연, 이준, 2023년도 석사과정생: 김선경, 김아영, 김지윤, 박종욱, 서인우, 손동규, 안혜민, 이형관, 정승호, 지은희, 최인원, 2024년도 석사과정생: 고은경, 권기환, 김필호, 김한울, 노한나, 양채린, 윤정민, 이상섭, 이소은, 이영직, 이종우, 임화영, 정인규, 정혜윤, 최효경, 한연희, 황윤진, 황해철, 2025년도 박사과정생: 김혜민, 장창섭, 석사과정생: 고광웅, 고형근, 권지현, 김관중, 김기춘, 김도영, 김빛나, 김선태, 김정수, 목진혜, 박대은, 박동훈, 박세원, 박윤재, 박혜성, 송재언, 신수빈, 안정재, 오진, 이규석, 이민기, 이원영, 이진호, 이호선, 이호찬, 정다혜, 정의성, 정지영, 조혜민, 최예린, 최효재, 황병준

- 2014년 1월 10일: 정문술 전 KAIST 이사장의 미래전략대학원 발전 기금 215억 원 출연(2001년 바이오및뇌공학과 설립을 위한 300억 원 기증에 이은 두 번째 출연). 미래전략 분야 인력 양성과 국가 미래전략 연구 요청
- 2014년 3월: KAIST 미래전략대학원 교수회의에서 국가 미래전략 연간 보고서(문술리포트) 출판 결정
- 2014년 4월: 문술리포트 기획위원회 구성
- 2014년 4~8월: 분야별 원고 집필 및 검토
- 2014년 10월: 국회 최고위 미래전략과정 검토의견 수렴
- 2014년 11월:《대한민국 국가미래전략 2015》(문술리포트-1) 출판
- 2015년 1~2월: 기획편집위원회 워크숍. 미래사회 전망 및 미래비전 토론
- 2015년 1~12월: 국가미래전략 정기 토론회 매주 금요일 개최(서울창조경제혁신센터)
- 2015년 9~12월: 〈광복 70년 기념 미래세대 열린광장 2045〉 전국 투어 6회 개최
- 2015년 10월:《대한민국 국가미래전략 2016》(문술리포트-2) 출판
- 2015년 10~11월: 〈광복 70년 기념 국가미래전략 종합학술대회〉 4주간 개최(서울 프레스센터)
- 2015년 12월 15일: 세계경제포럼·KAIST·전경련 공동 주최 〈WEF 대한민국 국가 미래전략 워크숍〉 개최
- 2016년 1~2월: 문술리포트 2017년판 기획 및 발전 방향 논의
- 2016년 1~12월: 국가미래전략 정기 토론회 매주 금요일 개최(서울창조경제혁신센터)
- 2016년 10월:《대한민국 국가미래전략 2017》(문술리포트-3) 출판
- 2017년 1~2월: 문술리포트 2018년판 기획, 발전 방향 논의 및 새로운 과제 도출
- 2017년 3월 17일: 국가미래전략 정기 토론회 100회 기록
- 2017년 1~3월: 국가핵심과제 12개 선정 및 토론회 개최
- 2017년 4~11월: 4차 산업혁명 대응을 위한 과제 선정 및 토론회 개최
- 2017년 1~12월: 국가미래전략 정기 토론회 매주 금요일 개최(서울창조경제혁신센터)

- 2017년 10월: 《대한민국 국가미래전략 2018》(문술리포트-4) 출판
- 2018년 1월: 문술리포트 2019년판 기획 및 발전 방향 논의, 2019 키워드 도출
- 2018년 1~12월: 국가미래전략 정기 토론회 매주 금요일 개최(서울시청 시민청)
- 2018년 10월: 《카이스트 미래전략 2019》(문술리포트-5) 출판(보고서 이름 변경)
- 2019년 1월: 문술리포트 2020년판 기획 및 발전 방향 논의, 2020 키워드 도출, KAIST 문술미래전략대학원 과목으로 〈국가미래전략특강〉 개설
- 2019년 2~6월: 국가미래전략 정기 토론회 매주 토요일 개최(KAIST 도곡캠퍼스)
- 2019년 10월: 《카이스트 미래전략 2020》(문술리포트-6) 출판
- 2020년 1월: 문술리포트 2021년판 기획 및 발전 방향 논의, 2021 키워드 주제 선정
- 2020년 3~9월: 국가미래전략 특강 진행(코로나19 감염 방지 및 예방을 위해 온라인 특강으로 전환), 주제별 원고 집필 및 검토
- 2020년 10월: 《카이스트 미래전략 2021》(문술리포트-7) 출판
- 2021년 1~2월: 문술리포트 2022년판 기획 및 발전 방향 논의, 2022 키워드 주제 선정
- 2021년 2~9월: 〈국가미래전략특강〉 진행 및 주제별 원고 작성·수정 토론
- 2021년 10월: 《카이스트 미래전략 2022》(문술리포트-8) 출판
- 2022년 1~2월: 문술리포트 2023년판 기획 및 발전 방향 논의, 2023 키워드 주제 선정
- 2022년 2~9월: 〈국가미래전략특강〉 진행 및 주제별 원고 작성·수정 토론
- 2022년 10월: 《카이스트 미래전략 2023》(문술리포트-9) 출판
- 2023년 1~2월: 문술리포트 2024년판 기획 및 발전 방향 논의, 2024 키워드 주제 선정
- 2023년 2~9월: 〈국가미래전략특강〉 진행 및 주제별 원고 작성·수정 토론
- 2023년 10월: 《카이스트 미래전략 2024》(문술리포트-10) 출판
- 2024년 1~2월: 문술리포트 2025년판 기획 및 발전 방향 논의, 2025 키워드 주제 선정
- 2024년 2~9월: 〈국가미래전략특강〉 진행 및 주제별 원고 작성·수정 토론
- 2024년 10월: 《카이스트 미래전략 2025》(문술리포트-11) 출판
- 2025년 1~2월: 문술리포트 2026년판 기획 및 발전 방향 논의, 2026 키워드 주제 선정
- 2025년 3~8월: 〈국가미래전략특강〉 진행 및 주제별 원고 작성·수정 토론
- 2025년 9월: 《카이스트 미래전략 2026》(문술리포트-12) 출판

- 고학수·박도현·이나래, 〈인공지능 윤리규범과 규제 거버넌스의 현황과 과제〉, 경제 규제와 법 제13권 제1호, 서울대학교공익산업법센터, 2020
- 구본권, 《로봇시대, 인간의 일》, 어크로스, 2015
- 국토연구원, 〈자율주행 보급 시나리오별 도시이동성 분석〉, 2024.3
- 김건우, 〈인공지능으로 인한 불공정성과 불투명의 문제를 다루는 제도적 방안〉, 《인공지능의 편향과 챗봇의 일탈》, 세창출판사, 2022
- 김건우, 《인공지능 규제거버넌스의 현재와 미래》, 파이돈, 2023
- 김광우, 〈자율살상무기(일명 '킬러로봇')에 대한 국제법적 문제와 우리나라에 대한 정책적 시사점〉, 국방과 기술 제473호, 한국방위산업진흥회, 2018
- 김대호, 《인공지능 거버넌스》, 커뮤니케이션북스, 2018
- 김명진, 《20세기 기술의 문화사》, 궁리, 2018
- 김상배 외, 《신국제질서와 한국외교전략》, 명인문화사, 2021
- 김태유·김대륜, 《패권의 비밀》, 서울대학교출판문화원, 2017
- 로버트 D. 퍼트넘, 《나 홀로 볼링》, 페이퍼로드, 2009
- 롭 라이히 외, 《시스템 에러: 빅테크 시대의 윤리학》, 어크로스, 2022
- 류병운, 〈드론과 로봇 등 자율무기의 국제법적 적법성〉, 홍익법학 제17권 제2호, 2016
- 마정목, 〈통제가능한 자율무기체계의 개념과 설계에 관한 연구〉, 국방정책연구 제36권 제2호, 한국국방연구원, 2020
- 마정목, 〈미 국방부 무기체계 자율성 훈령 개정에 따른 자율무기체계 정책 분석과 이해〉, 국방연구 제66권 제2호, 국방대학교, 2023.7
- 미야자키 마사카쓰, 《패권 쟁탈의 세계사》, 위즈덤하우스, 2020
- 박노형 외, 《EU 개인정보보호법-GDPR을 중심으로》, 박영사, 2017
- 박문언, 〈자율무기체계의 개념과 비례성의 원칙〉, 국제법학회논총 제64권 제2호, 대한국제법학회, 2019

- 박주훈·박기철, 〈미래전 양상을 고려한 전쟁윤리의 쟁점과 발전 방향: 정전론(Just War Theory)을 중심으로〉, 한국동북아논총 제27권 제3호, 한국동북아학회, 2022
- 백승종, 《제국의 시대》, 김영사, 2022
- 버지니아 유뱅크스, 《자동화된 불평등》, 북트리거, 2018
- 법무부, 〈출입국·외국인정책 통계연보〉, 각 연도
- 벤 와그너, 〈Codes만으로 충분한가? 행위는 필요하지 않은가? 인공지능에 대한 규율을 실행하기〉, 경제규제와 법 제12권 제2호, 서울대학교공익산업법센터, 2019
- 서울연구원, 〈공차 자율주행차의 도심 혼잡 유발 시나리오 분석〉, 2023
- 서울연구원, 〈자율주행 수용을 위한 도시공간 전략〉, 2024
- 송태은, 〈러시아-우크라이나 전쟁의 정보심리전: 평가와 함의〉, 국립외교원 외교안보연구소, 2022
- 송태은, 〈이스라엘-하마스 전쟁의 사이버 인지전: 전개 양상과 함의〉, 국립외교원 외교안보연구소, 2024
- 스튜어트 러셀·피터 노빅, 《인공지능: 현대적 접근방식 1, 2》, 제이펍, 2016
- 실라 재서노프, 《테크놀로지의 정치》, 창비, 2023
- 암스테르담 도시교통청, 〈AV and Walkable City Case Study〉, 2023
- 앨런 말라흐, 《축소되는 세계》, 사이, 2024
- 앨빈 토플러, 《앨빈 토플러 부의 미래》, 청림출판, 2006
- 앨빈 토플러, 《제3의 물결》, 홍신문화사, 2006
- 양지훈·윤상혁, 〈ChatGPT를 넘어 생성형(Generative) AI 시대로: 미디어·콘텐츠 생성형 AI 서비스 사례와 경쟁력 확보 방안〉, Media Issue & Trend 55호, 한국방송통신전파진흥원, 2023
- 웬델 월러치·콜린 알렌, 《왜 로봇의 도덕인가》, 메디치, 2014
- 유발 하라리, 《호모 데우스》, 김영사, 2023
- 유준구, 〈자율살상무기체계의 논의 동향과 쟁점〉, 국립외교원 외교안보연구소, 2019
- 윤주, 《도시재생 이야기》, 살림, 2017
- 이선구, 〈알고리듬의 투명성과 설명가능성: GDPR을 중심으로〉, 인공지능정책 이니셔티브 이슈페이퍼, 서울대학교, 2019.2
- 이중원 외, 《인공지능의 존재론》, 한울아카데미, 2018

- 인지훈, 〈정의로운 전쟁이론의 현대적 계승과 발전〉, 평화연구 제29권 제2호, 고려대평화와민주주의연구소, 2021
- 임예준, 〈인공지능 시대의 전쟁 자동화와 인권에 관한 소고: 국제법상 자율살상무기의 규제를 중심으로〉, 고려법학 제92호, 고려대법학연구원, 2019
- 정원섭 외, 《인공지능과 새로운 규범》, 아카넷, 2018
- 제러미 리프킨, 《노동의 종말》, 민음사, 2005
- 조영태 외, 《초저출산은 왜 생겼을까?》, 김영사, 2024
- 조현석, 〈인공지능, 자율무기체계와 미래전쟁의 변환〉, 21세기정치학회보 제28집 제1호, 21세기정치학회, 2018
- 최난설헌, 〈연성규범(Soft Law)의 기능과 법적 효력: EU 경쟁법상의 논의를 중심으로〉, 법학연구 제16집 제2호, 인하대학교법학연구소, 2013
- 최연구, 《미래를 읽는 문화경제 트렌드》, 중앙경제평론사, 2023
- 최연구, 〈애플, MS, 엔비디아 빅3 시대의 개막〉, 아레테 제7호, 경남대 교양교육연구소, 2024
- 통계청, 〈장래인구추계: 2022~2072년〉, 2023
- 통계청, 〈2024 출생·사망통계〉, 2025
- 프랭크 파스콸레, 《블랙박스 사회》, 안티고네, 2016
- 한국고용정보원, 〈지역소멸 위기 극복을 위한 지역 일자리 사례와 모델〉, 2022
- 한국교통안전공단, 〈2024 자율주행 수용성 설문조사〉, 2024.1
- 한국인공지능법학회, 《인공지능과 법》, 박영사, 2019
- 한희원, 〈인공지능 치명적자율무기(LAWs)의 법적·윤리적 쟁점에 관한 기초 연구〉, 중앙법학 제20집 제1호, 중앙법학회, 2018
- 행정안전부, 〈주민등록 인구현황〉, 각 연도

- Akaev, A., & Pantin, V., "Technological innovations and future shifts in international politics", *International Studies Quarterly* 58(4), 2014
- Ali, S., et al., "Explainable Artificial Intelligence (XAI): What we know and what is left to attain Trustworthy Artificial Intelligence", *Information fusion*, 99, 101805, 2023

- Almada, M., & Petit, N., "The EU AI Act: a medley of product safety and fundamental rights?" *Robert Schuman Centre for Advanced Studies Research Paper*, 2023
- Alpert, D., *The age of oversupply: Overcoming the greatest challenge to the global economy*, Penguin, 2013
- Andrew D. Selbst, "Disparate Impact in Big Data Policing", *Georgia Law Review* 52, 2018
- Casper, S., et al., "The AI Agent Index", arXiv preprint, 2025.2
- Center for Data Ethics and Innovation(CDEI), "Deepfakes and Audio-visual Disinformation", *CDEI Snapshot Series*, 2019.9
- Chesterman, S., *We, the Robots?*, CUP, 2021
- Clement, T., et al., "Xair: A systematic metareview of explainable ai (xai) aligned to the software development process", *Machine Learning and Knowledge Extraction* 5(1), 2023
- Cyberscoop, "Suspected Russian hacking, influence operations take aim at Ukrainian military recruiting", 2024.10.28
- European Commission, "AI and Data Use for Automated Vehicles", 2024
- European Commission, "Draft Report with Recommendations to the Commission on Civil Law Rules in Robotics", 2016
- Gohel, P., et al., "Explainable AI: current status and future directions", arXiv preprint arXiv:2107.07045, 2021
- Hendrycks, D., et al., "An Overview of Catastrophic AI Risks", arXiv preprint, 2023.6
- IIHS, "Challenges in Automated Vehicle Liability and Safety", 2024
- IPCC, "Synthesis Report of the IPCC 6th Assessment Report: Climate Change", 2023
- Irregular Warfare Initiative, "China's Focus on the Brain Gives it an Edge in Cognitive Warfare", 2023.7.6
- Jackson, T., *Prosperity without Growth: Economics for a Finite Planet,* Earthscan,

2009

- Michal, O., & Madeline, Z., "Emerging Technology and Nuclear Security: What does the wisdom of the crowd tell us?", *Contemporary Security Policy* 42(3), 2021

- Murphy, R., *Introduction to AI Robotics*, The MIT Press, 2000

- Park, Y. J., *The future of digital surveillance: why digital monitoring will never lose its appeal in a world of algorithm-driven AI*, University of Michigan Press, 2021

- NIPS, "A Step Towards Accountable Algorithms?: Algorithmic Discrimination and The European Union General Data Protection", 2016

- O'Neil, C., *Weapons of Math Destruction: How Big Data Increases Inequality and Threatens Democracy*, Broadway Books, 2017

- O'Neill, O., *From Principles to Practices: Normativity and Judgement in Ethics and Politics*, Cambridge University Press, 2018

- ProPublica, "Machine Bias", 2016.5

- Stuart, R., & Norvig, P., *Artificial Intelligence: A Modern Approach*, Prentice Hall, 2010

- Teitelbaum, M. S., *The Fear of Population Decline,* Academic Press, 2013

- "Killer Robots and the Laws of War", *The Wall Street Journal*, 2013.11.3

- Tokyo Metropolitan Government, "Smart Mobility Lab Results", 2023

- United States, "Humanitarian benefits of emerging technologies in the area of lethal autonomous weapon systems", CCW/GGE.1/2018/WP.4

- Uuk, R., et al., "Effective Mitigations for Systemic Risks from General-Purpose AI", arXiv preprint, 2024.11

- WEF, "Global Risks Report", 2024

- Weiner, M., & Teitelbaum, M. S., *Political demography, demographic engineering*, Berghahn Books, 2001

- Winter, J., & Teitelbaum, M., *The global spread of fertility decline: Population, fear, and uncertainty*, Yale University Press, 2013

- WMO, "State of the Global Climate", 2024

- Yeung, K., et al., "AI Governance by Human Rights-Centered Design, Deliberation, and Oversight,"(*The Oxford Handbook of Ethics of AI*, Oxford University Press, 2020)

**1** "Hi~ 로봇… 젠슨 황, '피지컬 AI, 곧 온다'", 문화일보, 2025.3.19

**2** "블루도 화이트도 아닌 4차 산업혁명 新인재 '뉴칼라'", 매일경제, 2020.12.11

**3** 제러미 리프킨,《노동의 종말》, 민음사, 2005

**4** 주요 시장조사 기관과 컨설팅사의 로봇 시장 전망 보고서, 그리고 피지컬 AI 및 로봇 산업의 연평균 성장률을 종합적으로 고려해 추산된 결과. "피지컬 AI, 인간 중심 노동시장에 독인가?", 아주경제, 2025.3.31

**5** 오일석, 〈딥페이크(DeepFake)에 의한 민주적 정당성의 왜곡과 대응 방안〉, INSS, 2024.5

**6** Sayler, Kelly M. & Harris, Laurie A., "Deep Fakes and National Security", *CRS*, 2023.4

**7** "오픈AI, 텍스트 기반 동영상 생성 AI '소라' 공개. OPEN AI 발전 급속도", 문화뉴스, 2024.2.19

**8** Chesney, B. & Citron, D., "Deep Fakes: A Looming Challenge for Privacy, Democracy, and National Security", *California Law Review*, 107(6), 2019

**9** Pawelec, M., "Deepfakes and Democracy (Theory): How Synthetic Audio-Visual Media for Disinformation and Hate Speech Threaten Core Democratic Functions", *Digital Society* 1(2), 2022

**10** Diakopoulos, N. & Johnson, Deborah G., "Anticipating and addressing the Ethical Implications of Deepfakes in the Context of Elections", *New and Media Society*, 2019

**11** "Wounded by Media Scrutiny, Trump Turned a Briefing into a Presidential Tantrum", *Guardian*, 2020.4.14

**12** Warren, Mark E., "A Problem-Based Approach to Democratic Theory", *American Political Science Review*, 2017.2.24

**13** "Deepfakes a 'Weapon Against Journalism' Analyst Says", *VOA*, 2024.1.24

**14** "Authoritarian Regimes Could Exploit Cries of 'Deepfake'", *WIRED*, 2023.2.14

**15** "Security Breach and Spilled Secrets Have Shaken the N.S.A. to Its Core", *New York Times*, 2017.11.12

**16** 오일석·지성우·정운갑, 〈가짜뉴스에 대한 규범적 고찰〉, 미국헌법연구 29권 1호, 2018.4

**17** "中 AI 딥시크 충격에 美 실리콘밸리 '전쟁'", 연합뉴스, 2025.1.28

**18** "EU, AI에 300조원 투입… 미·중과 경쟁은 이제 시작", 중앙일보, 2025.2.11

**19** "AI도 승자독식… 오픈AI·구글 떼돈 벌 동안 한국은 통계 '0'", 서울경제, 2025.4.10

**20** "인공지능 경쟁력이 곧 국가경쟁력, '소버린 AI'가 뜬다", 동아일보, 2024.9.17

**21** "韓 AI 전략, 미·중 패권 등 국제정세 속 국익 고려해야", 전자신문, 2025.3.12

**22** "If data is the new oil, then generative AI is the new rocket fuel", *KDnuggets*, 2024.11.1

**23** 빌 슈마르조, 《인공지능 데이터 리터러시, 데이터과학 속으로》, 언론진흥재단, 2024

**24** 앞의 책, 80쪽

**25** 김태균, 〈AI 플랫폼과 언론사의 제휴 동향〉, 한국언론진흥재단, 2025

**26** "머스크, 美 공무원 'AI·로봇·머신러닝으로 대체' 목표", 글로벌이코노믹, 2025.2.9

**27** "머스크, 트럼프 계정 영구정지 철회…", 연합뉴스, 2022.5.11

**28** "AI 패권 확보하는 오픈 AI 마피아, 관련 기업은 어디?", 지디넷코리아, 2025.4.27

**29** "The AI industry uses a light lobbying touch to educate Congress from a corporate perspective", *AP News*, 2024.9.8

**30** OpenAI, 〈OpenAI Charter〉, https://openai.com/charter

**31** 마셜 매클루언, 《미디어의 이해》, 민음사, 1964/2002, 82쪽

**32** 김용찬, 〈미디어, 흔들리는 개념〉, 한국방송학보 34권 6호, 2020

**33** "The Facebook-Cambridge Analytica scandal: A timeline", *Guardian*, 2018.4.10

34  "AI tools show biases in ranking job applicants' names according to perceived race and gender", *UW news*, 2024.10.31

35  "Amazon ditched AI recruiting tool that favored men for technical jobs", *Guardian*, 2018.10.11

36  "Racial bias in a medical algorithm favors white patients over sicker black patients", *Washington Post*, 2019.10.24

37  "The AI sharecroppers", *Axios*, 2019.5.15

38  유발 하라리, 《호모 데우스》, 김영사, 2018

39  유발 하라리, 《넥서스》, 김영사, 2024

40  이종관, 《포스트휴먼이 온다》, 사월의책, 2017

41  일분톡 테크레터, 2025.4.28, https://stibee.com/api/v1.0/emails/share/8HfK4AkH3H2dX5kgtOzp4-gc7xtS07w

42  "Scammers may benefit from ChatGPT's new image tool", *Axios*, 2025.4.3

43  Raji, Inioluwa Deborah, et al., "Actionable Auditing", AAAI/ACM Conference on AI, 2020

44  유발 하라리, 《넥서스》, 김영사, 2024, 293쪽

45  University of Helsinki, 〈Elements of AI〉, 2019

46  〈Democracy Lab: With AI〉, https://aicivic-labs.org/index-en.html?utm_source=chatgpt.com#community

47  European Commision, 〈AI Act〉, https://digital-strategy.ec.europa.eu/en/policies/regulatory-framework-ai

48  "AI기본법, 내년 시행 앞두고 진통… 유예 법안 발의, IT업계는 반발", 조선비즈, 2025.4.18

49  빌 슈마르조, 《인공지능 데이터 리터러시, 데이터과학 속으로》, 언론진흥재단, 2024

50  "FDA's plan to roll out AI agencywide raises questions", *Axios*, 2025.5.12

51  최종환, 〈생성형 AI와 저널리즘 방향성 연구〉, 한국언론정보학회, 2024.5

52  "IBM's Watson Health about 'augmented intelligence' for clinicians", *digitalhealth*, 2018.5

53 "What is TalkLife?", TalkLife, https://www.talklife.com/about/Contact?utm_source=chatgpt.com

54 로지 브라이도티, 《포스트휴먼》, 아카넷, 2013/2015

55 유발 하라리, 《넥서스》, 김영사, 2024

56 신상규 외, 《포스트휴먼이 몰려온다》, 아카넷, 2020

57 마정목, 〈미 국방부 무기체계 자율성 훈령 개정에 따른 자율 무기 체계 정책 분석과 이해〉, 국방연구 66권 2호, 2023.7(115쪽의 번역 부분을 전재함)

58 자율 무기 체계의 군사적 효용성에 관한 간략한 서술로는 다음을 참조하라. 김광우, 〈자율살상무기(일명 '킬러로봇')에 대한 국제법적 문제와 우리나라에 대한 정책적 시사점〉, 국방과 기술 제473호, 2018

59 Ronald C. Arkin, *Governing Lethal Behavior in Autonomous Robots*, Taylor & Francis, 2009

60 관련 비판으로는 다음을 참조하라. 이희정, 〈Codes만으로 충분한가? 행위는 필요하지 않은가? 인공지능에 대한 규율을 실행하기〉, 경제규제와 법 제12권 제2호, 2019

61 Gerry Mcgovern, *World Wide Waste: How digital is killing our planet-And what we can do about it*, Silver Beach Publishing, 2020

62 Alex de Vries, "The growing energy footprint of artificial intelligence", *Joule* 7, 2023

63 IEA, 〈Energy and AI〉, 2025

64 산업통상자원부, 〈제11차 전력수급기본계획〉, 2025

65 김병권, 《AI와 기후의 미래》, 착한책가게, 2025

66 티머시 미첼, 《탄소 민주주의》, 생각비행, 2011/2017

67 Ian Morris, *Foragers, Farmers, and Fossil Fuels: How Human Values Evolve*, Princeton University Press, 2015

68 Rudschies, C., "Exploring the concept of solidarity in the context of AI: An ethics in design approach", *Digital Society* 2(1), 2023

69 Luengo-Oroz, M., "Solidarity should be a core ethical principle of AI", *Nature Machine Intelligence* 1(11), 2019

70 정준화, 〈4차 산업혁명 시대, 일상의 디지털 전환이 초래한 사회갈등의 현황과 대응 방안〉, NARS 입법·정책 제104호, 국회입법조사처, 2022

71 전문가 50명이 참여해 2024년 5월 1일부터 31일까지 진행됐으며, 참여 기관은 국방부 국방혁신담당관실, 육군본부 정책실·인사참모부, 육군 미래혁신연구센터, 육군부사관학교 등이다.

72 "군인 모자란 우크라, 드론 전담 '여군 부대' 만든다", 중앙일보, 2024.5.1

73 "IDF's "Star" Drone Squadron: Eliminating Any Threat That Disrupts the Gaza Maneuver", ISRAELDEFENSE, 2024.2.21., https://www.israeldefense.co.il/en/node/61296

74 ""Not growing but thriving": The Beginning of a Paradigm Shift", *Green European Journal*, 2023.5.10

75 Chief, R. & Hasanov, F., "The Return of the Policy That Shall No Be Named: Principles of Industrial Policy", *IMF Working Paper,* 2019

76 김용균, 〈미국 '인플레이션 감축법'의 주요 내용과 영향〉, 국회예산정책처 나보포커스 제52호, 2022

77 박소희, 〈중국 신질생산력 정책의 동향과 시사점〉, KIET 산업정책, 2024

78 Ian Bremmer, "Trump Will Not Kill the Global Energy Transition", Project Syndicate, 2025.2.11

79 이동훈, 〈스마트 모빌리티, 어떤 기술을 통해 어디로 가야 하는가〉, Tech Focus, 2024.3

80 한영준 외, 〈자율주행 시대 서울의 도시환경 변화와 대응방향〉, 서울연구원, 2023

81 "국민 10명 중 4~5명 자율주행차 구매의향… 젊을수록 높아", 연합뉴스, 2024.1.7

82 Harb, M., et al., "Projecting travelers into a world of self-driving vehicles: estimating travel behavior implications via a naturalistic experiment", *Transportation* 45, 2018

83 박지영 외, 〈자율주행자동차 도입의 파급효과와 대응전략〉, 한국교통연구원, 2018

84 유경상 외, 〈미래 교통환경 변화에 대응한 도시교통관리 방향: 자율주행자동차

전용 지하도로 중심으로〉, 서울연구원, 2023.10.4

85 Mezghani, M., "How autonomous vehicles can be integrated with public transport systems for urban mobility", World Economic Forum, 2024.10.16

86 한영준 외, 〈자율주행 시대 서울의 도시환경 변화와 대응방향〉, 서울연구원, 2023

87 Rios, Joseph L., et al. "Flight demonstration of unmanned aircraft system (UAS) traffic management (UTM) at technical capability level 4.", Aiaa Aviation 2020 Forum, 2020

88 "Toyota Woven City, a Test Course for Mobility, Celebrates the Completion of Phase 1 Buildings" Toyota Woven City, 2025.2.22., https://www.woven-city.global/news/article/20250222

89 김원호 외, 〈서울시 자율주행차 주차수요 관리방안〉, 서울연구원, 2020

90 WEF, 〈Autonomous Vehicles〉, 2025

91 OECD, 〈Doing Better for Families〉, 2011

92 통계청, 〈2024 사회조사〉, 2024

93 여성가족부, 〈다양한 가족에 대한 국민인식조사〉 2021.9.15

94 통계청, 〈장래가구추계〉, 2024

95 행정안전부, 〈2025 행정안전통계연보〉, 2025.8

96 "결혼 안 해도 가족될 권리… '생활동반자법'을 아시나요?", 뉴스포스트, 2025.3.7

97 통계청, 〈1인 가구 사유〉, 2020

98 "결혼정보회사 듀오, 미혼남녀 혼인제도 외 필요한 제도 '사실혼 등록제'", 빅데이터뉴스, 2025.2.13

99 통계청, 〈2024 통계로 보는 1인 가구〉, 2024.12

100 통계청, 〈2024 통계로 보는 1인 가구〉, 2024.12

101 김석호 외 〈인구특성별 1인 가구 현황 및 정책대응연구〉, 여성가족부, 2018

102 PACE Program, https://www.npaonline.org/home

103 "'나홀로는 외롭다' 1인 가구 정책, 해외 선진국은 어떨까", 머니투데이, 2021.9.9

104 European Parliament, 〈Ageing policies-access to services in different Member States〉, 2021

105 "스웨덴, 손주 돌보는 조부모도 3개월 유급 육아휴직 준다", 중앙일보, 2024.7.3

106 "남성 육아휴직률 70% 가능할까…기업 의무화 관건", 이데일리, 2024.12.4

107 "일본 후생성, 기업별 '남성 육아휴직 비율' 공개 의무화", 이투데이, 2024.2.26

108 고용노동부 공식 블로그, 〈2024년 육아휴직 132,535명으로 역대 최고, 남성 사용 비율 최초로 3% 돌파했습니다!〉, 2025.2.24

109 고용노동부, 〈2024년 육아휴직 통계〉, 2025.2.23

110 법무부, 〈1인 가구의 사회적 공존을 위한 법제도 개선안〉, 2022.1.27

111 법무부, 〈출입국 통계〉, 2025.5.29 검색, https://www.moj.go.kr/moj/2412/subview.do

112 국토연구원, 〈그랜드비전 2050〉, 2010

113 통계청, 〈2022년 기준 장래인구추계를 반영한 내·외국인 인구추계: 2022~2042년〉, 2024.4

114 이상우, 〈일본의 외국인 간병 인력 양성화 정책〉, 고령화리뷰 25호, 2018

115 최민경, 〈일본에 있어서의 외국인 고도 인재 포인트제의 등장과 전개〉, 아태연구 23권 4호, 2016

116 Lin, H.-M., & Sung, Y.-H, "Experiences of International Students From the New Southbound Policy Countries in Taiwan: Their Motivations and Negotiations of Cultural Differences", *Journal of Research in Education Sciences* 65(3), 2020

117 조영희 외, 〈제4차 외국인정책기본계획 수립을 위한 연구〉, 법무부 출입국외국인정책본부, 2021

118 OECD, 〈International Migration Outlook 2022〉, 2022

119 윤인진, 〈인구 감소 시대, 경상북도 선주민의 이주민과 이민정책 인식과 수용성〉, 한국이민학 제12권 1호, 2025

120 이 내용은 명승환의 《스마트전자정부론》(윤성사, 2023)을 토대로 편집·작성됐다.

121 The Royal Society & American Association for the Advancement of Science, "New Frontiers in Science Diplomacy", 2010.1

122 The Royal Society & American Association for the Advancement of Science, "Science Diplomacy in an era of disruption", 2025.2

**123** "AI 외교 중요성 커지는데… 전담 인력 7명 불과", 세계일보, 2024.11.7

**124** "Is Europe's new satellite initiative already outdated?", *Politico*, 2023.12.7

**125** "러시아의 하이브리드 사이버 공격: 우크라이나의 군인 모집을 방해하고 동원에 부정적인 여론 조성", Google Cloud 블로그, 2024.11.1

**126** 〈이스라엘-하마스 전쟁의 사이버 인지전: 전개양상과 함의〉, 국립외교원 외교안 보연구소, 2024.6

**127** 최성일, 〈금융혁신을 위한 규제 및 감독〉, 《혁신경제 4.0》, 한울아카데미, 2025

**128** 최성일, 〈미국과 유럽의 금융개혁 추진 현황〉, 보험연구원 CEO리포트, 2025

**129** IMF, "Rethinking financial deepening: Stability and growth in emerging markets", IMF staff discussion note, 2015

**130** 한상범, 〈자본시장 선진화와 국가전략투자기관의 설립〉, 《혁신경제 4.0》, 한울아 카데미, 2025

**131** Sanford L. Moskowitz, *The advanced materials revolution-Technology and economic growth in the age of globalization*, Wiley, 2009

**132** 한국재료연구원, 〈소재기술백서〉, 2023(영역별로 2021년, 2022년, 2023년 통계 자료가 있음)

**133** 한국재료연구원, 〈소재기술백서〉, 2023(영역에 따라 2021년, 2022년, 2023년 통 계자료가 있음)

**134** 김정호, 〈딥테크 스타트업의 현황과 지원정책 연구〉, 산업연구원, 2023.6

**135** 김정호, 〈딥테크 스타트업의 현황과 지원정책 연구〉, 산업연구원, 2023.6

**136** Boston Consulting Group, "Meeting the Challenges of Deep Tech Investing", 2021.5; Dealroom.co, "The European Deep Tech Report", 2023.1

**137** WEF(World Economic Forum) with Deloitte, "Advanced materials systems chemistry and advanced Materials", 2016.3

**138** European Commission, "High-level export group on key enabling technologies", 2011.6

**139** "불닭볶음면 등 모방 K-푸드, 저작권·상표권 침해로 철퇴… 중국법원 '배상하 라'", 특허뉴스, 2023.5.25

140 "시대가 어느 땐데 아직도 베끼나… '중 카피캣'에 칼 빼들었다", 서울경제신문, 2025.3.22

141 손수정, 〈제4차 산업혁명, 지식재산 정책의 변화〉, STEPI Insight 197호, 2016

142 김병년, 〈글로벌 시장에서의 성공비결 첫걸음은 '표준·표준특허'〉, 기술과 혁신 456, 한국특허전략개발원, 2022.12

143 "인적자본과 무형자산의 이해", 머니투데이, 2024.4.24

144 특허청, 〈선진 5대 특허청(IP5), 서울에서 '지속가능발전' 논의〉, 2024.6.4

145 Stewart, T. A., *Intellectual Capital: The New Wealth of Organization*, Crown Currency, 2010

146 한국지식재산연구원, 〈지식재산 집약산업의 경제적 기여도 분석〉, 2018.12

147 한국지식재산연구원, 〈주요국 지식재산 집약산업의 경제 기여도 분석〉, 2024.4.30

148 USPTO, "IP and the U.S. Economy", 2024

149 EPO·EUIPO, "IPR-intensive industries and economic performance in the EU", 2024

150 한국지식재산연구원, 〈中 특허집약산업 부가가치, GDP 비중 12.71%에 육박〉, 2024.11.19

151 특허청·금융위원회, 〈제6회 지식재산 금융포럼〉, 2025.11.7

152 "실전 특허경영-지식재산권 금융과 담보대출", 특허뉴스, 2019.4.27

153 한국무역협회, 〈지식재산 금융 10조원 눈앞… 혁신기업 자금조달 기여〉, 2024.3.25

154 NRT, "Germany: AI can not be named as inventor –insights from the Bundesgerichtschof's DABUS decision", 2024.7

155 USCO, "Identifying the Economic Implications of Artificial Intelligence for Copyright Policy", 2025.2

156 문화체육관광부, 〈인공지능-저작권 안내서 발표로 시장의 불확실성 해소하고, 안무·건축 등 '저작권 사각지대' 없앤다〉, 2023.12.27

157 "한국국제특허출원, 5년 연속 세계 4위…성장률은 7.1%로 1위", 연합뉴스, 2025.3.30

**158** "국감자료, 특허무효율 46.8%", 리걸타임즈, 2022.9.28

**159** "특허 소송 제기되면 50% 무효 판결, 한국은 특허 강국인가", 중앙일보, 2025.3.18

**160** "특허침해하면…징벌적 손해배상 등 손해배상 현실화", 특허뉴스, 2021.1.5

**161** 특허청, 〈우리기술 지킬 '4중 안전장치' 완성, 본격 가동〉, 2024.5.13

**162** 특허청, 〈특허정보도 국가 자산… '산업재산정보법'제정·시행〉, 2024.8.6

**163** 지식재산연구원, 〈2024년도 지식재산활동조사〉, 2025.1.13

**164** "기술이 제값을 평가받을 수 있도록… 특허청, '지식재산 평가관리센터' 출범", 특허뉴스, 2023.7.12

**165** "발명진흥회, 지식재산 평가관리 통합플랫폼 'IP-Hub' 구축", 에너지경제, 2024.3.11

**166** "'AI로 특허 가치 평가'…지식재산평가관리센터 'SMART5' 고도화 추진", 전자신문, 2023.10.18

**167** 손수정, 〈신지식재산의 인식과 성장〉, 정보통신정책연구원, 2019.7.16

**168** iamip, "IP Trends in 2025: What to Expect and How to Prepare", 2025.1.9

**169** "높아진 신약개발 '리스크', 낮아진 '리턴'", 메디포뉴스, 2019.7.11

**170** 특허청, 〈반도체 분야 지원을 위한 전담 심사국 공식 출범〉, 2023.4.11

**171** 특허청, 〈2025 산업별 심사체계 현황〉, 2025

**172** 특허청, 〈바이오·첨단로봇·인공지능… 첨단기술 우선심사 6개 분야로 확대〉, 2025.2.19

**173** "4년 만에 손잡은 한·일·중 특허청장… 첨단기술 IP 협력 강화", 조선비즈, 2023.11.30

**174** "세계지식재산기구 한국사무소를 기대하며", 머니투데이, 2024.11.5

**175** "한-EU, 지식재산 협력분야, 심사에서 특허정책까지 확대", 뉴시스, 2025.3.4

**176** 대한변리사회, 〈IP.IN〉 6월호, 2024.6.28

**177** RPX, "Q3 in Review", 2024.10.8

**178** 심미랑, 〈국내 특허관리전문회사 육성의 필요성 및 그 방안〉, 한국지식재산연구원, 2024.4.18

**179** "30분도, 3일도 아녔다… 아무도 웃지 못한 우크라 전쟁 300일", 머니투데이,

2022.12.29

**180** "우크라, AI 자폭드론 배치… 위성통신 없이 자율주행", 머니투데이, 2024.4.2

**181** "AI 인덱스 순위 한국 6위, 프랑스 5위로 급부상… 미중 톱2 유지", 매일경제, 2024.9.23

**182** 2021년 방한, 국립중앙과학 관이 주최한 '과학 자본과 과학관'이라는 심포지엄에 참석해 발표한 기조연설 내용에 담겨 있다.

**183** "중 반도체 기술 한국 다 추월?… 기초연구부터 밀린다", 노컷뉴스, 2025.2.23

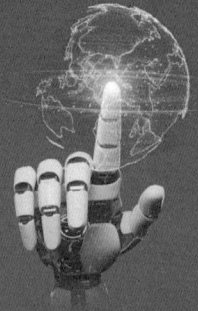

카이스트
미래전략
**2026**